外国货币史译丛　　石俊志 主编

U0877941

にほんかへいしがいせつ
ひさみつ・じゅうへい

日本货币史概说

[日] 久光重平 | 著
孟郁聪 | 译

法律出版社
LAW PRESS·CHINA
北京

久光重平
日本貨幣史概説

著作权合同登记号
图字：01-2023-3338

国民信托博士后工作站课题组

外国货币史译丛

编委会

总　序

货币史是经济史的重要组成部分。

古代货币研究可以分为两种形式：一是关于古代货币本身的研究，在中国有《钱谱》《古泉谱》等民间著作，西方国家亦有各种钱币目录流传于世，这种研究被称为“钱币学”；二是关于古代货币发展历程的研究，在中国有历朝的《食货志》以及近代学者撰写的货币史论著，西方国家亦有各种关于古代货币发展历程的专著。

近代社会史学蓬勃发展，促进了货币史学的崛起，各种货币史著作纷纷涌现，使我们能够在此基础上展开进一步的研究。

研究货币史可以使我们同时获得两个方面的学术成果：一是货币学的学术成果；二是历史学的学术成果。研究外国货币史更可以使我们深刻了解世界各国的社会结构、历史演变和文化根源。

货币史学借助货币学与历史学学科交叉的方式，通过对古代各王朝货币状况的分析，深入探讨货币起源、货币本质、货币演变规律等货币理论,使货币理论从历史实践上获得更加坚实的基础。

此外,货币史学更重要的意义在于揭示历史真实,辨真伪,明是非,以史为鉴,面对未来。

古代各民族、各王朝的盛衰兴替,都有政治、经济、军事、文化等诸多方面的原因。然而,传统的政治精英史对古代各民族、各王朝的败亡,多归咎于军事失败或政治失败,很少分析经济原因。

马克思主义主张:经济基础决定上层建筑。采取马克思主义的科学研究方法,分析古代各民族、各王朝的经济变化,才是找出其败亡原因的最佳途径。

从经济角度研究古代社会是一个比较可靠的视角。记述历史的人,大多难以摆脱其政治立场。因此,史书典籍中记载的帝王将相、社会精英们的政治、军事活动及其言论主张,多有虚假伪造。经过后世历代王朝基于各种不同政治立场的人们的反复篡改,历史变得更加扑朔迷离。然而,无论是伪造历史,还是篡改历史,都围绕着政治立场展开,很少在社会经济状况方面蓄意作伪。于是,从经济角度研究古代社会,我们就获得了一个比较可靠的研究视角。

无论是在中国古代,还是在外国古代,货币都是社会经济的纽带。货币发展对社会变化发挥着重要的影响。所以,研究外国货币史是拨开世界古代各国、各王朝盛衰兴替迷雾的钥匙。

然而,迄今为止,我国对世界各国货币史知之甚少,有关资料、书籍十分匮乏。为此,国民信托博士后工作站与华南理工大学货币法制史研究中心联手合作,针对世界各国货币史展开研究。在此基础上,我们邀请了一批国内金融学、法学、史学和外国语的专家学者,经过认真广泛的调查收集,筛选了一批外国货币史著作,翻译成中文,介绍给国内读者。

我们相信,这套《外国货币史译丛》的出版,对我国货币理论的研究以及我国关于世界各国历史、政治、经济和文化的研究，均具有一定的参考价值。

石俊志

2017年4月16日

加纳夏雄　试制币

背面　正面

图1　明治二年2日元半金币*

背面　正面

图2　明治二年1钱铜币

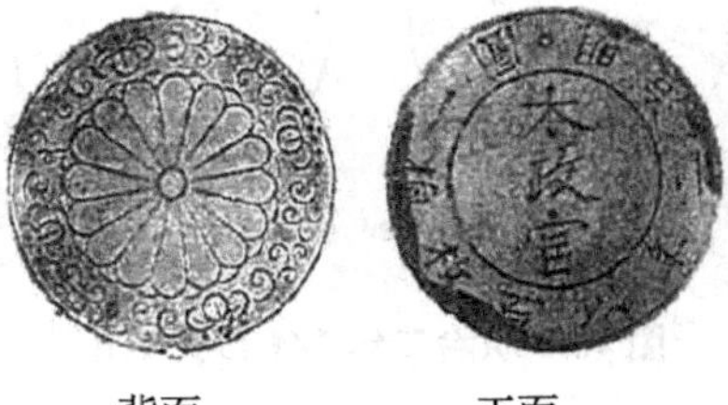

背面　正面

图3　明治二年1钱铜币

背面　正面

图4　明治二年10日元金币

---

* 提示：本书引用的古文献中的文字原本都是汉字，后被译成了现代假名。因此我在引用时直接将这些假名进行了修改，而未摘抄原文。这个做法是否恰当我也留有疑问，因此在这里稍作提醒。——作者注

背面 正面

图 5　明治二年 5 日元金币

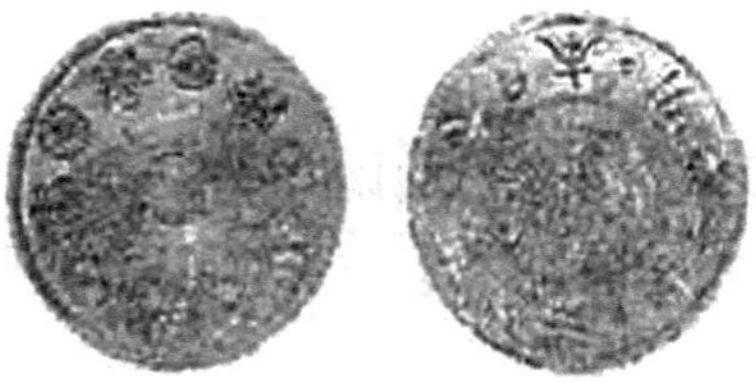

背面 正面

图 6　明治二年 2 日元半金币

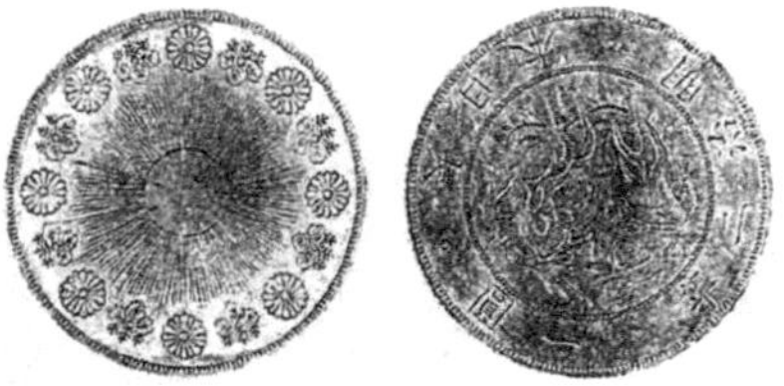

背面 正面

图 7　明治二年 1 日元银币

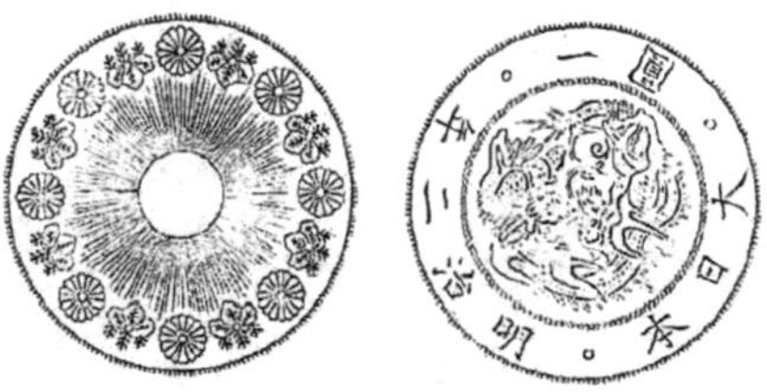

背面 正面

图 8　明治二年 1 日元银币

背面 正面

图 9　明治二年半日元银币

背面 正面

图 10　明治二年 1/4 日元银币

背面 正面

图 11　明治二年 1/10 日元银币

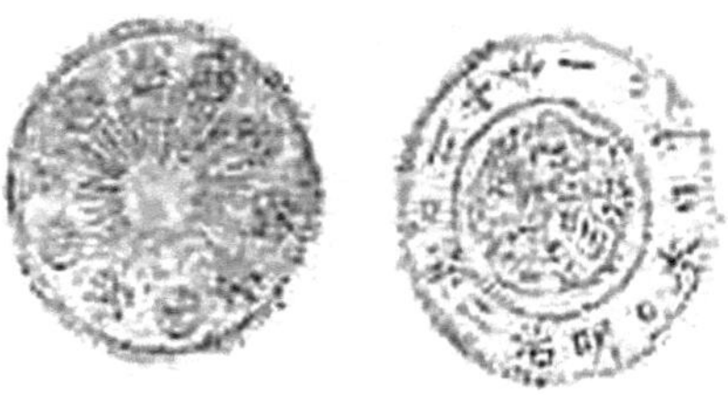

背面 正面

图 12　明治二年 1/20 日元银币

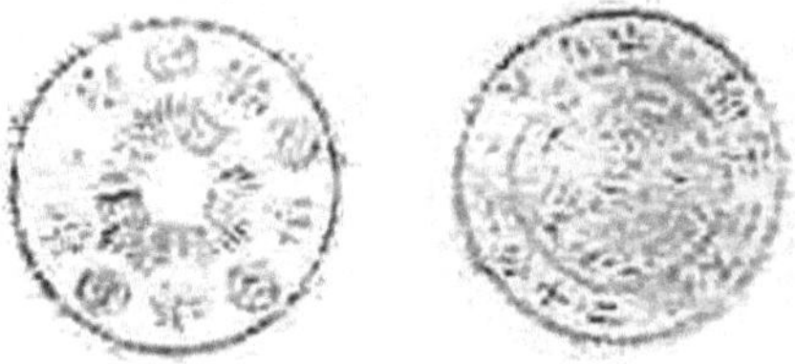

背面 正面

图 13 明治二年 1/20 日元银币

背面 正面

图 14 明治二年 1 钱铜币

背面 正面

图 15 明治二年 1 钱铜币

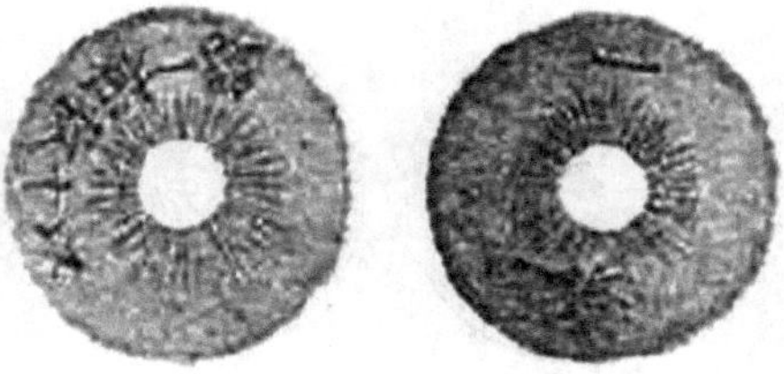

背面 正面

图 16 明治二年(推测)1 厘铜币

背面 正面

图 17 明治二年(推测)1 厘铜币

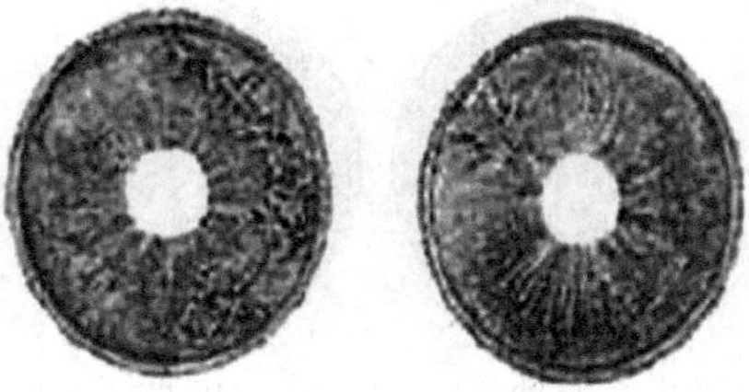

背面 正面

图 18 明治二年(推测)1 厘铜币

背面 正面

图 19 明治三年 2 日元半金币

背面 正面

图 20 明治三年 2 日元半金币

背面　正面

图 21　明治三年 1 日元银币

背面　正面

图 22　明治三年(推测)1 日元银币

背面　正面

图 23　明治三年 1 日元银币

背面　正面

图 24　明治三年 1 日元银币

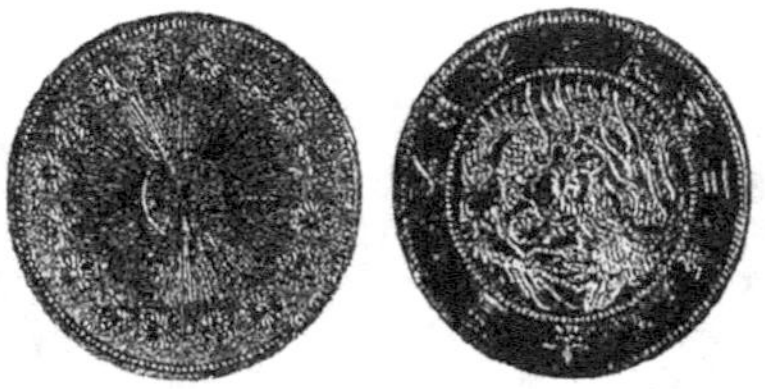

背面　正面

图 25　明治三年半日元银币

背面　正面

图 26　明治三年 1/4 日元银币

背面　正面

图 27　明治三年 1/10 日元银币

背面　正面

图 28　明治三年 1 钱铜币

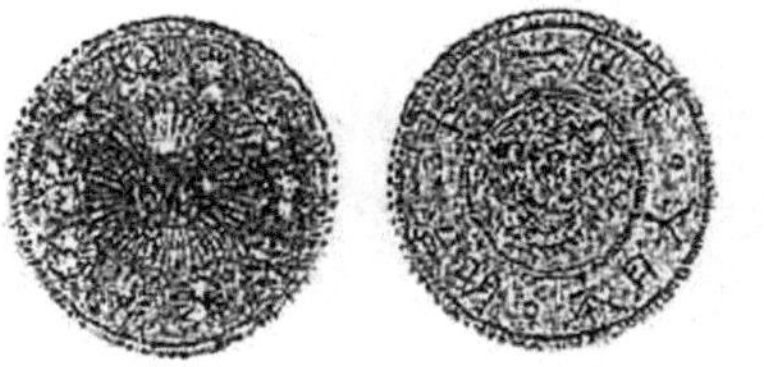

背面　正面

图 29　明治二年 5 日元金币

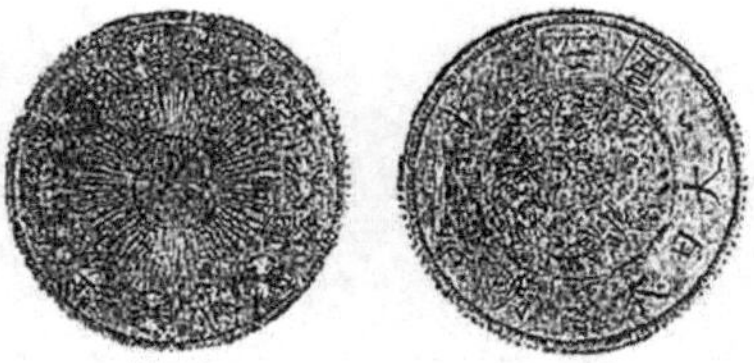

背面　正面

图 30　明治二年 2 日元半金币

背面　正面

图 31　明治二年 1 日元银币

背面　正面

图 32　明治二年 1/20 日元银币

背面　正面

图 33　明治二年 1 钱铜币

背面　正面

图 34　明治三年 1 钱铜币

加纳夏雄是日本造币史上的逸材，现在越来越被认为是一个传奇人物。据说他的作品曾经震惊了当时的欧洲人（详情见本书第十三章“造币局”雕金一代——加纳夏雄之项）。照片是加纳夏雄和其团队的试制品（与实物同大），图 1 至图 28 为日本银行收藏，图 29 至图 34 为造币局收藏。

复刊之际

1. 本书以昭和五十一年(1976年)六月发行的《日本货币物语》(每日新闻社)为原本改订复刊。

2. 本书复刊之际,得到了每日新闻社和已故久光重平氏夫人宣子氏的欣然答复,并表示同意。特别是久光宣子氏提供了原本和正文照片原版,并且还提供了久光重平对本书的修正、增添的原样。本书据此进行了修订。

3. 本书从昭和四十七年(1972年)到昭和四十九年(1974年)在杂志《泰星硬币月刊》上连载,之后又经编辑,刊行为《日本货币物语》。这次复刊时,在连载中得到了泰星硬币的安部英夫氏所提供的资料和很多宝贵的建议及协助。在此深表谢意。

另外,《西洋货币序说》(平成七年即1995年)从昭和五十三年(1978年)开始连载于杂志《泰星硬币月刊》。《西洋货币史3》由鄙社出版。作者的研究体现在这两本书中。

平成八年(1996年)六月

国书刊行会

序

久光重平君来了，对我说：“写一篇序文吧。”我试着答道：“是否应该有更合适的人选？”他一动不动地盯着我的脸说道，“就是你写了”，语气坚定。久光君的性格犹如离弦之箭，决定的事不会轻易更改，这一点是众所周知的。此外，我还知道他自从出任造币局局长时就开始在月刊上刊登有关货币的文章，于是建议他结集出版，因此可以说在精神上我也参加了这个“货币物语”的企划，所以他决定让我写这个序文。

真的要写这个序文了，我就从久光君那里借了样稿一读。首先，在明治初期，出现了新的没有开孔的铜币，世间因其稀奇而称为“小町钱”。光是想象一下这位严肃认真的久光君写这些内容时的神色就很开心了。通读之后，我感觉这本货币故事其实就是日本的经济史，同时也是日本的社会史。

迄今为止有许多货币方面的书籍，大多描绘了物理上、形状上的历史，但我认为货币故事的本质是透过货币的变化过程，揭示日本政治和经济的潮流、世态的变迁，这些都与货币的历史紧密地联系在一起。

这本书叙述了每个时代货币和物价的关系，例如，德川时代的反复改铸以及民间的反应；黑船（幕府末期美国人佩里所率军舰）驶来后的美币和本币的兑换比率等，读后受益匪浅。此外，本书“有关赝金”“今昔之货币”“现代的课题”等各章，具有流行读物的特性，这也很有趣。

从整体上来看，笔者的亲切之处在于让“硬币”读起来“很软”，特别是在目录中充分体现了对读者的体贴——如果您很忙，您可以浏览目录，找出感兴趣的地方。货币是我们日常生活中不可或缺的存在，对我们这些从事与货币直接相关工作的人就自不必说了，对一般人来说，也建议大家读一下，以轻松的感觉体味一下日本历史。

大藏事务次官

竹内道雄

昭和五十一年（1976 年）初夏

目录

表目录

序章　日本货币的起源

不言而喻,日本现行货币是造币局制造的西洋式货币。造币局是明治四年(1871 年)在大量进口西洋设备的基础上创设的。然而,该局制造的货币真的与日本古代货币毫无关联吗?

我们日常使用的货币中,50 日元和 5 日元货币的中间都有个圆孔。由于使用习惯了,所以也不觉得有什么特殊。实际上,明治以后发行有孔货币,应该始于大正五年(1916 年)的 5 分白铜货币。对此,据说明治末年某位政府高官在欧洲出差时,在比利时看到了有孔货币。[①] “什么?在欧洲不是也有打孔的钱嘛?”该官员回国后就建议采用有孔的样式。

幕府时代,在平民百姓看来,大判、小判遥不可及。他们最亲近的货币还是有孔的文钱。明治四年,随着造币寮的开业,新式货币开始制

---

① 比利时在明治四十三年即 1910 年以后发行的 10 生丁(centime)货币是有孔的。——译者注

造。当时为解燃眉之急，优先制造金银币，而铜币的制造被延迟了3年。因为机制铜币产量不能满足需求，故其与旧幕时代的小钱并行使用。直到昭和二十八年(1953年)，机制铜币才得到完全认可，成为当时的流通货币。这也是一个壮举。一般人的观念是小钱带有孔，因此新的机制铜币就被称为“小町钱”。

大正五年(1916年)以来的现行有孔货币和古代有孔钱的直接关系也许难以追寻。但1000多年前就开始被千千万万国民所喜爱的有孔钱，充满了悠悠乡愁。有孔钱就是容易被大众所接受，与欧美国家所说的一流国家、二流国家毫不相干。一个国家的货币总是带有印证各自传统的独特面貌。以上谨作为本书的导论。

(1)现在采用有孔货币的国家有英属西非(1便士)、丹麦(25克朗)、东非(5分)、斐济(1便士)、希腊(5雷普塔)、匈牙利(2福林)、印度尼西亚(2分)、老挝(10、20生丁)、黎巴嫩(1、2.5比塞塔)、蒙古(2图格里克)、尼泊尔(4派士)、尼日利亚(1便士)、北越(1盾)、巴基斯坦(1卢比)、南罗得西亚(1便士)、西班牙(50分)、土耳其(1里拉)、赞比亚(1便士)以及日本(5、50日元)等。

(2)幕府时代的铜币，根据明治四年十二月十九日的太政官布告，天保通宝(8厘通用)、宽永通宝4文钱(2厘通用)、文久永宝(1厘半通用)、宽永通宝1文钱(1厘通用)这四种以括号内的比价与新币及金札(代金纸币)并行流通。并且，根据明治五年九月二十四日的布告，宽永通宝4文铁币(8枚与1厘通用)、宽永通宝铁币(16枚与1厘通用)等与铁币的并行流通也被认可。其中，天保钱因市场流通量过多，根据明治十七年十月二日的布告(明治十九年以后禁止流通)及明治十九年十一月的敕令(延期至明治二十四年以后禁止流通)实施了禁止流通的政策。天保通宝以外的各种钱与天保通宝一起回收后作为铸造的材料出口到中国，但是之后法律上没有采取禁止通用的措施。三种铜币，根据明治三十年的《货币法》追认其通用效力(该法第

17 条),至昭和二十八年颁布了小额通货的整理以及支付时零头计算等方面的相关法律(该法第 2 条第 1 款第 2 项以及第 3 条第 1 款)为止,形式上保持流通(详见日银总裁宛大藏大臣通知《小额货币兑换事务的相关事项》昭和二十八年十二月二十六日藏理第二五二二九号)。

一、迷雾中的久远时代

在日本,首次制造货币是什么时候?这通常被认为是元明天皇的和铜年间(公元 708 年至 715 年),但这种说法并不是很清晰。很多学者和专家对此提出了各种各样的意见。进一步讲,找寻货币本身作为货币使用流通的时期,就像被困在浓雾中一样无法看清楚。即使出土了类似具有货币价值的东西,就其本身而言,是被当作货币,还是只被视为一种珍宝?各种见解分歧,至今悬而未决,没有定论。

这在古代中国乃至西方世界也是考古学上的共同难题,但只要有货币这一先进的社会经济物品存在,就应当认为存在可以流通相当数量物品的社会组织和控制其运营的相当复杂度的政治架构,具备这样的社会基础是货币流通理所当然、不可或缺的大前提。当然,即使在这个阶段以前,作为一般流通手段和价值尺度,发挥货币作用的东西也必定有其存在的必要。在日本,以该种用途被使用的东西,首先是稻米,然后是布帛。从使用弥生式陶器的时代(一般认为是公元前 300 年至公元 250 年)到统一为大和国家的过程中,日本从中国—朝鲜文化中所受影响的程度,现在已无须多言。在笔者看来,从中国等大陆国家流入的文物中当然有货币,因此货币一开始就是这样被自然接受和认识的。

二、古代中国的货币

先来看看一脉同源的中国货币的情况。19 世纪的学者刘师陆

(1784～1850年)将“梁的布泉”看作是夏朝(传说中自公元前2000年左右起持续了约500年)的货币,其著《虞夏赎金释文》一卷中认为“梁的布泉”是那时的赎罪金。这种说法到20世纪初仍为中国及世界学者广泛采信,但现在几乎没有人认同了。

玛瑙贝

商朝(公元前1600年左右到公元前1050年左右)是一个在历史存在性方面得到证实的朝代。从殷墟中出土了让人叹为观止的青铜器,据此可以推测商朝已存在专业化贸易,并且可能已经在使用货币。然而,学界普遍认为在商朝起到货币作用的是谷物、家畜、布帛、农具等所谓的物品货币和贝壳,特别是玛瑙贝及其仿制品(使用骨石以及其他种类的贝、青铜、石英、铁、象牙等)。玛瑙贝产于印度洋或南洋(南中国海)。因此,其中一部分应该是作为贡品或战利品输入中国,其余部分被认为是通过贸易进口的。这种奇异而美丽的贝壳,最初被用作装饰品,然后才充当交换媒介。作为佐证,商、周青铜器的铭文中记载着许多帝王用贝赏赐大臣的事例,而现代日本使用的一些最重要的、与经济有关的汉字,都以贝字为偏旁部首(賣買、財貨、賠償、貴賤、賃貸、貿、債、賊、貧、貯、賞、贈、賄、資、賜等,不胜枚举)。

西周(始于公元前1050年左右①)、春秋时期(始于公元前770年)以及后续的战国时期(公元前453年左右到221年②),已经铸造出了各种各样的金属货币。至于这些货币的铸造时期和地点,众说纷纭。但继仿制玛瑙贝的货币之后,又有一种叫作蚁鼻钱的货币。蚁鼻钱并不是蚂蚁鼻子的意思,而是因其有两种,一种表面纹饰类似蚂蚁,另一种表面纹饰似人面而令人联想到鼻子,后者又称鬼脸钱或鬼面钱。蚁鼻钱是青铜制的金属货币,从发掘地点来推测,主要用于南方楚国。

---

① 原文如此,现普遍认为西周始于公元前1046年。——译者注

② 原文如此,现普遍认为战国始于公元前475年。——译者注

蚁鼻钱——蚂蚁

蚁鼻钱——鬼

接下来真正铸币的代表应该是布币和刀币，都是青铜制的。布币类似用作农具的铲，刀币类似家庭用的刀。农具或者刀原本就作为交换的媒介物，逐渐被赋予了货币的功能，随着时代的推移，其大小尺寸减小了，其模型也逐渐被抽象化。“布”原本是织物的意思，但因其发音与“鎛”①相同而被转用。另外，农具又被称为“辰”，后来这个字就变成了对钱的一般称呼，直到今天都是如此。

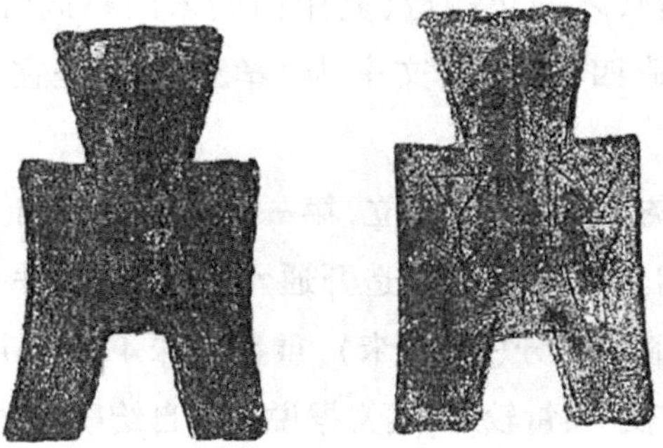

布币（右）正面，（左）背面

刀币（上）正面，（下）背面（原尺寸的1/2）

① 现音为 tuan，意为铁块。——译者注

作为主要的铸币，布币流通于当时中国疆域的中原地区和西部，刀币流通于东部和东北地区。这些铸币的铸造地多种多样，铸造者同样也有很多，可以是国王、家臣、民间人士等。在此期间，黄河沿岸地区开始铸造圆形币（环钱），其中的孔由圆孔向方孔变化。公元前221年，秦灭齐统一天下，秦始皇谋求币制统一，铸造圆形方孔、重12铢（黍1粒重1黍，10黍重1累，10累重1铢，24铢重1两。12铢即为半两）的半两钱流通使用，前朝所有繁杂的货币一概禁止流通。这种圆形方孔的货币形式，在之后的2000年里，成为从中国到东亚其他各国的货币基本形式。在秦始皇的手中，中国首次成为一个统一中央集权的大帝国。为了维持帝国统治，秦始皇推动了文字、法律、军事、度量衡以及货币制度的统一。

半两钱在使用时太大且太重。因此，汉代以后，铸币出现了逐渐追求小型、轻量的倾向。在各种名类的铸币中，五铢钱铸造最多且广泛普及，直到唐代才停止铸造（其中南朝宋的孝武帝在孝建元年即454年正月铸造四铢钱，其文书为“孝建”，这是在钱文中首次使用年号）。

经过短暂的隋朝，唐朝建立，第一代皇帝高祖于武德四年（621年）废除隋朝的5铢钱，开始铸造开通元宝（也有说法是对称读为“开元通宝”的）。直径8分（24毫米），重量2铢4累（10枚为1两），轻便小巧、使用方便、质量较好，面文据说是出自给事中（官职名）欧阳询之手，在整个唐代大量铸造。在高祖、太宗、高宗三代六十六年，唐朝版图扩大到史无前例的规模，东西方的通商极其殷盛，周边各国纷纷进贡以求其物，首都长安呈现出文化发祥地的气象，包括日本在内的东亚各国，都是采用这个开通元宝为范例进行铸币的，也就是说，该钱币成为之后各国的标准形制，在古钱界被称为平钱（也称小平钱，即1文小钱）的始祖。从宋朝开始，1文平钱在中国被称为“钱”，在日本1文平钱则被称为“文”，为表示重量单位再加写为“文目”（日文汉字简写为"匁"①)。另外,日本在表示布袜子或鞋的大小时也会有"若干文"的说法,即长度与若干枚钱排列起来相当。

继开通元宝之后,中国又铸造了很多铜币,但与西欧各国不同的是,金银货币没有占据货币的主流地位。在金币方面,秦始皇制定币制时,以黄金为上币,单位为"溢",其重量为1斤,是一款方形的金币。据说银币是汉武帝元狩三年(公元前120年)与皮币一起制作的,其使用宫中库存的大量银锡,最初是制造出龙(圆形、3000文)、马(方形、500文)、龟(椭形、300文)这三种货币。然而,总体来说,虽然历史上中国有时也会铸造金银币,但是大致型号并没有特别限定,更多的是所谓的称量货币,其用途也以赠予、贮藏为主。随着对外贸易的盛行,白银一度成为中国的主要流通货币。但由于中国本土金银矿的不足,白银主要依靠境外输入。

开通元宝
(上)正面,(下)背面

中国开通元宝及其后继的平钱,不仅成为日本皇朝的铸钱原型,其发行使用也是一个范例,对日本产生了很大的影响。例如,唐高宗乾封元年(666年)铸造了乾封泉宝,为直径1寸、重量2铢6分的新钱,与旧钱开通元宝并行流通,新钱1文折合旧钱10文。这种发行大钱敛财的做法之后也经常被采用,日本皇朝钱的发行也因循了这个恶例。

还有一个被称为"省陌"的制度。算账时把满100文的钱作为100文通用时叫作足钱(也叫丁钱),把不足100文的钱作为100文通

---

① "匁"为"文目"简写,在日文中主要指1文平钱的重量即3.75克。由于"匁"在日本后世的钱币计重中是重要的计量单位,本书后续部分在涉及此意项时沿用"匁"字。与之类似,"贯目"也常简写为"贯",因此贯除原意为1000文钱外,有时指1000文钱的重量即3750克。后文中常有出现。

用时叫作省钱(也称为省陌)。没人知道这个省陌的习俗是从什么时候开始的,但好像一直存在。在日本,很久以前就有九六结算的习惯,指的是绑成捆的96文就作为100文通用。这一习惯也同样不清楚是从什么时候开始的,但至少该做法因袭了中国的古老习俗。

省陌制度曾在《隋书·食货志》对南朝梁初期的记载中出现:"破岭以东以八十为一百,命名为东钱,江郢巳上以七十为一百,命名为西钱,京师以九十为一百,命名为长钱。大同元年(535年),天子诏令让人们通用足陌,诏命颁布后无人遵从。并且钱陌越来越少。到了末年终于以三十五为一百。"①虽然省陌制度一般被认为始于梁朝时期,但日本学者奥平昌洪引用了东汉灵帝光和七年(184年)的买地铅券铭文,可知在梁朝300多年之前,已有以钱950文为作为1000文的习俗了。(摘自《东亚钱志》)

三、稻一斛银一文

现在我们进入正题——日本古代货币。如下一章所述,元明天皇和铜年间铸造大量货币,不仅历史上有此记载,从该时期金属原材料的大量生产、各种促进流通的法制措施的出台,以及诸多实物的存在等来看,也可以得出毋庸置疑的结论。问题是,和铜以前的货币情况如何,主要依赖于古老文献进行推测。《日本书纪》等书籍被称为"官制史书",但其中原样记载了很多中国古籍中的内容作为本国史实,其内容的可靠性令人怀疑。能够成为证据的实物几乎已经在历史长河中湮灭,因此史学界难以达成共识。下面,我们追溯时代的脚步,列举

① 此处为作者将前人译成的古日文再译成现代日文。文言文原文如下:"自破岭以东,八十为百,名曰东钱。江、郢已上,七十为百,名曰西钱。京师以九十为百,名曰长钱。中大同元年,天子乃诏通用足陌。诏下而人不从,钱陌益少。至于末年,遂以三十五为百云。"——译者注

一下各文献中的相关记载。

1. 応神十七年(276 年)制造金、银货币。(《秘库器录》)

2. 反正二年(407 年)制造铜币。(同为《秘库器录》)

《秘库器录》是延喜年间(901 年至 923 年)编纂的,该书引用了淳和年间(指淳和天皇在位的 823 年至 833 年)编撰的《秘府略》的记载。但据说《秘府略》本来就是后世的伪作。

《秘库器录》的撰稿人源恒对《秘府略》进一步说明:“值得考虑的是,所藏的 30 枚银币钻有圆孔,其上文字被磨灭难解。但是金币缺少这个(藏品)。”对于后面一条关于铜币的记录,他说:“值得考虑的是,所藏的五十一枚四周有文字,如‘卍’字。”

3. 显宗二年(476 年)已有银币流通。(《日本书纪》)

《日本书纪》卷十五有一条很有名的记载:“时值天下太平,民无徭役,五谷丰登,百姓殷实富裕。一斛稻米用一文银钱即可买到。牛马成群漫山遍野。”这一记载是从中国《后汉书 · 明帝本纪》永平二年“是岁,天下安平,人无徭役,岁比登稔,百姓殷富,粟斛三十,牛羊被野”一段原样照搬过来的,仅翻译时对文义略有改动,所以通常被认为很难采信。不过,有人认为改动的地方有很大意义,他们将改动原文后提到的“银钱”,与《秘库器录》中记载的応神年间所铸货币关联起来,认为这种货币当《日本书纪》成书时仍在流通。

此外,日本现存货币中被视为最古老的,是宝历十一年(1761 年)十月摄津国天王寺村南的平野町禄屋茂兵卫从其土地中挖出的无文银币,以及昭和十五年(1940 年)五月大津市崇福寺(668 年创建)的塔址中发现的无文银币。有一种说法认为,这个有小圆孔的无文银币可以推定铸于显宗年间。

4. 白凤十二年(683 年)之前铸造了银、铜币。(《日本书纪》)

这是根据该年四月诏令“从现在开始,必须使用铜币,银币禁止使用”的推断。该书中又有记载:“白凤三年(674 年)对马朝贡白银。”《大日本货币史》的编者称:“这是本朝出银(矿产白银)十年之后的事情了。那么,这个银币是否在显宗天皇以前就已通用,难以明判。另外,尽管在日本历史记载中有使用铜币的记录,但铜币是哪一年铸造?在何处铸造?都没有明确史证。仅可确定日本历史上曾铸造铜币的事实。"

5. 持统八年(694年)三月以后开始铸钱。(《日本书纪》)

根据直广肆大宅朝臣麻吕[①]等三名官员被任命为铸钱司官员的记载来推测,既然设置了"铸钱司",那就会进行铸钱工作。《大日本货币史》的编者写道:"在此之后,文武天皇年间[②]才开始设置铸钱司。这看起来就像是《续日本纪》的记载,到底是持统年间已经设置铸钱司了?还是文武年间?无确切定论。还有一种说法是,可能持统年间已经设置铸钱司了,但当时还没有专门的官员负责,直到文武天皇时才开始设置专门的官员,所以这里会说'开始设置'。其实就算按照这个说法铸钱司得到确证,但是在橿原奠都[③]之后没有这一时期开采铜矿的记载,因此它也仅可能使用从外国进口的铜。"

6. 文武三年(699年)十二月以后开始铸钱。(《续日本纪》)

这是第一次设置铸钱司,由直大肆中臣朝臣意美麻吕出任该司长官。这一篇记载还是有根据的。

如上所述,各种文献记述了前后约432年间与货币流通和铸造有关的各种事实。而且,和同开珎分为朴素的古和同和精致的新和同两大类,也有观点认为如果后者的铸造晚至中国元朝、明朝,那么古和同当然是在那之前铸造的,这又与诸家学说有了很大出入。

对日本货币起源的研究考证,确实是一件令人感兴趣的事,但本

---

① 直广肆大宅朝臣麻吕,即大宅麻吕。直广肆(じきこうし)是官位(日本48阶官位第16位),大宅是姓,朝臣(あそん、あそみ)是赐姓,麻吕是名字。其中,"朝臣"是684年(天武天皇十三年)日本制定的八色姓制度中新产生的姓(カバネ),作为尊称赐给官阶五位以上官员。因八色姓中最上面的真人(まひと)主要被赐予皇族,所以朝臣是非皇族臣子实际上可获得的最高尊称。此处可知,日本古代官员的正式称呼通常较长,下文中亦有类似情况出现,不再作注,此处略作提示以免费解。——译者注

② 文武天皇(697~707年在位)在持统天皇(686~697年在位)之后。——译者注

③ 指持统天皇于694年从飞鸟迁都到藤原京。——译者注

书只能浅尝辄止。一方面，在和铜年间以前，通过与中国的交通往来，肯定进口了相当量的金属及金属制品，其中也包含货币，这是个可以确定的事实。另一方面，对于607年首次派遣的遣隋使，我们也很容易想象这些努力吸收中国文化的出国人士，肯定会对目睹的货币流通及铸造状况进行研究。和铜元年二月设置了“催铸钱司”[①]，同年五月初就开始发行银币，这说明在此之前铸造技术和铸造设备都已经相当完备了。因此可以理解多次铸钱司的设置及人事任命，至少也应该是在正式铸造之前，政府进行试铸的努力。

但是，如果不能确保金属原材料的大量供给，货币的正式铸造是很难开始的。因此，随着货币铸造的时机逐渐成熟，终于迎来了万事俱备的和铜年间。

---

① 原文注：催铸钱司与铸钱司不同，可以理解为统筹民间铸钱事务的机构。与此相对的铸钱司则是政府自己铸钱的机构。催铸钱司由平城、平安两京设置在各地，并且对原铸钱司进行了相当大的裁撤和改编。从设置催铸钱司的国别来看，已确定有大和、长门、太宰府、山城、河内、局防六国。这六国多位于日本西部。其原因应该是西部靠近铜产地，且可利用濑户内海运输，铸造技术人员也相对容易招聘。

第一章　货币的诞生

第一节　和同开珎的诞生

我们来看一下和同开珎诞生的年表：701年（大宝元年）律令[①]制定完成，次年702年（大宝二年）律令发布到日本各国，707年（庆云四年）审议迁都平城，708年（一月改元和铜）武藏国献上自然铜，设置了催铸钱司，710年（和铜三年）迁都平城，接连不断地发生了一系列历史事件。要落实天皇发布的律令，就需要建造与大唐首都长安相媲美的新都。这样，铸造货币对新都的营造本身，以及在新都的东、西设置市场作为全国物资流通中心的构想，都是不可或缺的润滑剂。708年在武藏国秩父郡发现天然铜矿，恰逢其时，因此可以说是非常偶然的。我们联想到在相距遥远的庆长年间，关原之战的胜者德川家康在江户创立幕府之时，从各国

① 律令，日本效仿唐代中国制定的法律。律令制，指基于律令的社会制度。日本律令制兴起于奈良时代，没落于平安时代。——译者注

的矿山中如泉水般涌出大量金银，仿佛冥冥中自有天意。

由于发现了大量的天然铜（和铜），期待已久的金属原材料就得以确保了。朝廷将年号从“庆云”改为“和铜”，二月新设催铸钱司，任命从五位上多治比真人三宅麻吕为该司长官。五月就开始发行银币。七月命令近江国铸造铜币，八月开始发行铜币。大规模的铸钱事业终于开始了，第二年（和铜二年）一月禁止银币私铸。三月出台规定：“杂物的交换，其物价四文以上则使用银币，三文及以下则使用铜币。”尽管有此规定，八月却又停止银币的发行，再次年（和铜三年）九月进一步禁止银币的使用（《续日本纪》）。由此可知，当时的背景是：包括私铸在内的大量银币广泛流通，并且阻碍了新铜币的流通使用。即便如此，对这些银币、铜币来说，没有可以追根溯源的古籍记载，也没有像之后的皇朝钱那样的钱文。和同开珎是和铜年间以后铸造的货币，还是“和同”二字仅是单纯的吉祥话？又或是“和铜”的省略字体？这些问题至今争论不休，尚无定论。不管怎么说，和同开珎被认为是新和同中铸钱技术非常优秀的一类。据说这是养老四年（720 年）以后经由中国工人之手，直接按照开通元宝的规格铸造的。这种直径 8 分（24 毫米）、重量 1 匁（3.75 克），规制基本统一的货币，成为之后日本货币的规范，直到江户时期仍有在钱座[①]开业时首先铸和同钱以为吉利的习俗。

和同开珎

（上）古和同，（下）新和同

① 钱座、银座、金座分别为日本古代铸造钱币（铜、铁等贱金属币）、银币、金币的机构，下文多有提及。——译者注

第二节 宝珍论争

和同开珎的最后一个字“珎”怎么读？有人说应该读作“bao”（日语发音为 hao），有人说应该读作“zhen”（日语发音为 qin）。从江户时代开始就存在这两种说法的对立。读作“bao”即为“宝”，是将“寳”字的宝字盖和“貝”字去掉之后的字的简写字。“开珎”是开通元宝的简称，所以应该是“宝”字。读作“qin”的说法认为“珎”是“珍”的古体字，“珎宝”（珍宝）这个词被广泛使用，因此应该是“珍”字。“开宝”“开珍”两种说法都对各自的主张提出了很多论证，直到今天仍无定论。如果不选择其中一个说法的话就无法开口发音，所以笔者觉得也只有根据各自的喜好来决定了。①

第三节 小钱奖励政策

那么，如上所述发行的货币并不单纯是经济发展的产物，而是由官府制造并发行而来的，因此，对官府来说，就必须让一般大众都正确认识和看待货币，也就是说，当时还是物物交换，或者用稻米布帛等物品货币进行交换的时代，所以有必要在大力宣传货币效用的同时，采取有效的推广措施。以下列举的各项措施，像蓄钱叙位令那样鼓励储蓄货币的，反而会阻碍其流通。但当时之所以采取这样矛盾的措施，从急于普及官铸货币的角度来看也是可以理解的。

第一，推广官铸货币首先是确定货币的法定价值。和铜二年（709

---

① 原文注：西方对和同开珎的研究虽然没有谈及宝珍论争，但是在 Bonanza 刊物第 8 卷 4 号、6 号、11 号以及第 9 卷 1 号、4 号、6 号的一系列特辑中都汇集了两种主张。另外，在中国有关和同开珎钱的论文中，郭沫若采用了和同开宝的说法。

年)，规定在杂物交易中物价 4 文以上的使用银币，3 文及以下的使用铜币。和铜四年(711 年)五月十五日诏书中，规定以谷 6 升为 1 文钱。次年和铜五年十二月诏书中，规定调庸(贡物/劳役)等物品以钱 5 文布 1 常(1 常为长 1 丈 3 尺，宽 2 尺 4 寸)为基准。银币很快就被停发(和铜二年八月)，接着又被禁止使用(和铜三年九月)，从而形成了铜币单一流通。铜币法定价值大大超过其实际价值，这既可以认为是官府铸造新币的目的之一(借此敛财)，又成为之后铜币价值持续下跌的直接原因。

第二，官府根据禄法开始使用铸币向官员支付俸禄。根据和铜四年十月制定的禄法，职事二品二位的官员待遇为各种绸缎(粗绢——没有网眼的绢)30 匹、丝 100 絇[①]、钱 1000 文；八位/初位为绸缎 1 匹，钱 20 文。根据品位(按大宝元年制定的位阶表，从亲王一品到四品，从各王诸臣的正一位到少初位的十八位阶)来决定其俸禄额，之后也有很多使用铸币给群臣发放俸禄以及赏赐的例子。此外，向服劳役的平民支付工资时，也会用铸币代替以前使用的实物来支付。由于法定货币价值的强制性，发行铸币在新都以及各大寺院的建设经营方面，起到了难以忽视的作用。

第三，著名的蓄钱叙位令(和铜四年十月诏)规定，储蓄货币的人可以晋升官阶。其中一条规定，从六位以下储蓄 10 贯(1 贯是 1000 文)以上货币的人晋升一级，储蓄 20 贯以上货币的人则晋升二级，初位以下每储蓄 5 贯则晋升一级。对正六位以上的人，储蓄 10 贯以上的人将临时听敕，也即立即成为审查(晋升)的对象。为了杜绝借用货币满足该项规定的行为，官府还设置了惩罚条例，即“借用他人货币欺骗检查官员的，其钱没收充公，徒刑一年”。此外，该令还规定可向储蓄货币并进献给官员的人授予官阶。

---

① 絇(音同渠)，古代丝线重量单位，日本最初规定丝 6 两为 1 絇，后因丝的质量差异而发生了变化。中国古代一般规定丝 5 两为 1 絇。——译者注

第四，在地方官员的任职要求中规定了储蓄货币的金额。和铜五年诏书中写道："即使是廉政胜任的人，如果储蓄金额低于六贯的，也不能任命为郡司、少领以上的职位。"（大宝令制定的官员任用标准中，郡司的任用标准是：从廉政胜任的人中择优选取任命为大领、少领）

第五，建议旅行者随身携带货币，官府在各国干道旁设置稻米卖场，供旅行者用货币购买（和铜五年诏）。

第六，允许以货币方式缴纳租税。同样是在和铜五年，官府颁布了以货币替代各国调庸（贡物、劳役）的诏书。

第七，规定买卖田地时必须使用货币交易，如果使用其他物品进行交易，则没收该交易物品和所涉田地（和铜六年）。

第八，规定了禁止选钱（区分使用良钱/恶钱）的制度（和铜七年）。明知是官铸钱却避而不用的人，则处以杖刑 100。禁止选钱的措施在日本货币史上长期存在，而这是日本禁选钱令的开端。

第九，采取了严禁私铸钱的措施（其内容将在第十五章详述）。

第 8 项和第 9 项还有针对钱币实施的奖励及保护措施。但是这种广泛实施的"胡萝卜加大棒"的措施，在其发源地中国的历史上也不多见。当时的政府希望迅速学习唐朝文化，快速披上唐朝文化盛装的姿态也跃然纸上。

第二章　王朝命运与皇朝12钱

第一节　什么是皇朝12钱

从奈良年间到平安年间,统共约250年,包括和同开珎在内的12种钱币都是由官府铸币司铸造的。这就是所谓的皇朝12钱或者本朝12钱。之后日本却进入持续600年左右的无铸币时代。王朝政治鼎盛的时代和铸造12钱的时代相辅相成,这也佐证了货币的发行离不开政治权力的支持。即便如此,通过这期间的发行情况很容易看出,继和同开珎之后的万年通宝将其与旧钱的比价定为1对10,此后几乎每次发行新币都采用这个法定比价。正如序章所述,唐高宗乾封元年(666年)新铸乾封泉宝,以其1枚折合开通元宝10枚,是为前例。唐朝后续的肃宗时代,于乾元元年(758年)铸造乾元重宝,也是以其1枚折合开通元宝10枚,并号称乾元当10钱,这些前例不能说对日本没有影响。日本在新币发行的诏书中往往插入这样的词句:"母子并行""子去母随""子母相通"

"母子相随"。因为中国曾经把大钱称为母钱,把小钱称为子钱。乾封泉宝和乾元重宝,在大小和重量上虽然远达不到名称上的天地之差,但确实稍微超过了旧币。由此应该可以看到发行者所表现出来的良心吧。但是日本的皇朝钱,反而以旧钱为母钱,以新钱为子钱。隆平永宝以后的钱,在大小、重量以及品位上都变得很差。虽说其原因是原料铜的不足,但是如果这样的暴行反复发生,最终无疑将使货币的信用无法维系,导致选钱(区别使用良钱/恶钱)和私铸钱的横行,也导致物价的暴涨。

第二节　各种皇朝12钱

一、和同开珎

这是日本最早的官铸币,上文已经进行了较详细的叙述。在皇朝钱中它的铸造时间最长,达52年之久。当时的铸造技术不够成熟,因此母钱(此处指用于制作模具的模钱)钱范(用于铸造的模具)也各不相同。按照文字的差异、穿(中央的孔)的宽窄、郭(孔的周围)的宽窄以及边缘(钱的外周部分)的宽窄等可以分成很多类,是钱币爱好者的乐见之处,形成了不同的收藏偏好。

在该币铸造期间,圣武天皇时代各国都有国分寺、国分尼寺等大型建设工程,其中东大寺是以金铜大佛为核心的巨大建筑工程。据说仅是大佛就使用熟铜约79.9万斤。当时尽管(出羽、陆奥、但马、播磨、摄津、备中、石见、纪伊、长门、丹波、飞驒、越前、伊势、若狭、因幡、上野、阿波、近江、备后、佐渡)都出产铜,但为了满足这个巨大的需求,导致铸造钱币的原料铜的不足。受此影响,不久之后铸币的质量、大小也就下降了。

这期间的另一件事是天平宝字二年(758年)藤原仲麻吕被授予

铸钱权。仲麻吕作为孝谦前女帝的宠臣，被赐予复姓，名字分别为藤原惠美、押胜。此外还赐予近江的铁穴（含有铁砂的矿）两处，允许其出举（出租稻种）稻子收取利息，允许其刻惠美氏家徽并凭此发布命令。对私钱的认可在中国已有先例。唐朝建立之初，特许泰王[①]、齐王各三炉，功臣裴寂一炉，用以铸钱。[②] 分配国家铸币权，其利益之巨大可想而知。据推测藤原仲麻吕铸造的货币是和同开珎。

二、万年通宝

和铜元年（708 年）开铸和同开珎 52 年后，官府在天平宝字四年（760 年）三月的敕令中写道：钱的铸行已有很长时间。轻重缓急的公私事务，都在使用铸钱。然而如今私铸钱越来越多，滥铸导致流通中的过半货币为假。如果一味姑息不进行禁止，必将影响国计民生。因此应发行新版钱与旧版钱并行流通。希望金钱无损于民、造福于国。该新钱的钱文为“万年通宝”，以其 1 枚折合旧钱 10 枚；新发行银币钱文为“太平元宝”，以其 1 枚折合新钱 10 枚；新发行金币的钱文为“开基胜宝”，以其 1 枚折合银币 10 枚。日本官方同时铸造金、银、铜三币就是从这一年开始的。其中金币为首次铸造，银币也是时隔很久后重新铸造。但金币、银币铸造数量很少，恐怕只有贵族、大豪门才可以授受。铜币万年通宝的直径和重量仅稍稍超过和同开珎，是前文所述法定比价 1 对 10 的开始。此后在宝龟三年（72 年），太政官[③]奏请新旧铜币等价获批（之后各种货币改铸时，其法定比价的设定，即使没有可考的明文规定，事实上也是逐渐趋于等价兑换的）。

---

① 原文是“泰王”，应该是秦王即李世民。——译者注

② 实际上，中国认可私钱的先例远早于此。——译者注

③ 太政官，是日本古代执掌国家行政、司法、立法大权的最高国家机构。——译者注

万年通宝

三、神功开宝

万年通宝发行五年后,铜币神功开宝于天平神护元年(765 年)九月开始发行。《续日本纪》中的记载非常简洁:“再铸新钱。钱文曰:神功开宝。与以前的新钱(指万年通宝)一并发行。”那一年是藤原仲麻吕去世的次年,也是继任者道镜大显身手的一年。不过,这枚新币的发行可能仅仅为了消除仲麻吕留下的印记,因此其与旧币等价发行,没有颁布发行新钱的诏书加以说明。

神功开宝

这款神功开宝钱也是奈良年间铸钱史的收官之作。奈良年间发行了和同、万年、神功这三种钱。其中,万年通宝有过 1 对 10 的法定折价设定,品质良好,形状也很大。在以后的渡来钱(大部分是中国铜币)时代,得以并行通用的日本本国钱就是这三种。那些私铸的恶钱也是模仿这三种。由此可以证明这三种钱的品质和品位之高。

四、隆平永宝

从称德、光仁两帝时代至桓武帝时代，都城重新迁移到了平安京。但在此期间约 30 年，没有铸造新钱。律令政治已施行了一个世纪，政治和财政的形势也逐渐缓和，政府为了实现紧缩，在行政上进行了大刀阔斧的裁撤。作为裁撤的一部分，铸钱司也在延历元年(782 年)四月，与造宫、敕旨省、法花司一起被废除，铸钱事业就此告一段落。但是，当时政治上的两大课题，即虾夷(今北海道)经济战略和新都建造，都不允许在铸币事务上留有空白。延历九年(790 年)十月，官府重设铸钱司。延历十五年(796 年)开始铸造新钱隆平永宝。当时诏书曰："如今私炉越来越多，奸商乱铸扰乱民生。使用这些私铸钱进行交易有辱经济。并且这些私铸钱也不堪储蓄。本应立即禁止，但毕竟突然着手清理会面临诸多困难。因而力求平稳过渡，以救流弊。由是再制新钱，并且增加其价值。钱文曰：隆平永宝。新钱 1 枚折合旧钱 10 枚，新旧两钱可以并行兼用。但旧钱从明年开始，最多在 4 年之内将被废止。"

隆平永宝

如上所述，四年的并行期限过后，旧钱废止，仅新钱有效。但实际上该项规定还是难以落实。在大同三年(808 年)五月的敕令中写道："民间新钱尚且不多。应该继续新旧兼用，以求暂时缓解民间缺钱之困。"这个敕令正是旧钱在之前数年难以废止的佐证。从那时起，原料铜的产量明显减少，新钱的重量变轻，品位中的铜减少，砷却增多了。

在质量下降的前提下,官府依旧推行 1 对 10 的法定比价,使民间不得不将旧钱贮藏起来。政府为维持流通中的货币量,在延历十七年(798 年)和延历十九年(800 年)再次以太政官符颁布禁止令,禁止囤储货币以及蓄钱叙位(后项详述)。自和铜四年发布蓄钱叙位令以来历经 90 年,官府转而采取了完全相反的措施,不得不让人感叹时代的变迁。

五、富寿神宝

隆平永宝发行 22 年后,官府于弘仁九年(818 年)又铸造了富寿神宝。由于文献的欠缺,该币与旧币是否按 1 对 10 的法定比价兑换尚不清楚。但与隆平永宝相比,其铅含量明显增加,且大小和分量都有所减少。原材料铜的获得越来越难。弘仁十一年(820 年)对大藏省的通知中写道:“铸钱司正在铸造的新钱,虽说币面文字不很清晰,但字势尚在。况且,即使存在小瑕疵也不妨碍其流通使用。因此还是应该研究一下予以接受为盼。”第二年(弘仁十二年),铸钱使奏称:“从(弘仁)九年至今,铜矿开采量日趋减少,不足以铸造货币。希望铸造计划由 5670 贯减少为 3000 贯,且今后每年均按此计划执行。”《类聚三代格》称,此申请经过审查后定为 3500 贯,于天长五年(828 年)开始实施。自天长六年至承和元年(834 年)共按计划铸造了 11,000 贯(《三币图汇》作者草间直方推测:天长六年以后反而增加了,这一数额应该是 6 年的总额,每年各 1830 贯)。

富寿神宝

六、承和昌宝

自弘仁九年(818 年)起至承和二年(835 年)的 17 年间,官府又铸造了承和昌宝。这是首次用年号作为钱名。虽然诏书规定该币与旧币法定比价为 1 对 10,但其大小和重量明显下降,且铅的比例进一步增加。从当时的记录可以看出,随着官铸币品质的恶化,私铸钱的横行愈演愈烈。

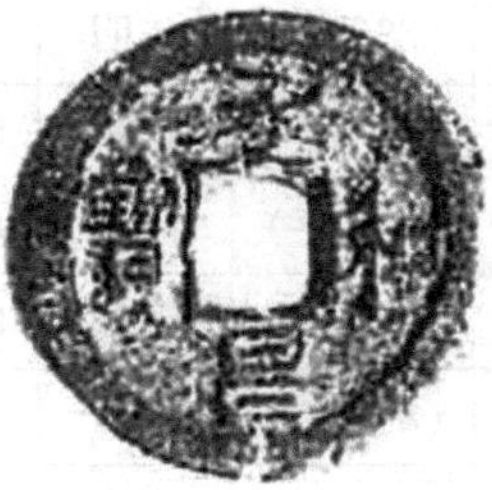

承和昌宝

七、长年大宝

承和昌宝发行 13 年后,官府于嘉祥元年(848 年)又铸造了新币长年大宝。那一年太宰府献上白龟。因此吉兆,朝廷将承和十五年改为嘉祥元年,并颁布新钱发行的诏书。诏书称:"如果改变年号而不改变币制就会违反定制,将会受到世言的谴责。以此为由,规定以 1 枚新钱折合 10 枚旧钱,新旧钱并用。"然而,长年大宝的容姿和质量都比之前的承和昌宝更差。如皇朝钱一览(表 1)所示,其重量连奈良年间皇朝钱的一半都不到。

长年大宝

表1　皇朝钱一览

名称	始铸年份(公历)		天皇名	直径/分	重量/匁
和同开珎	和铜元年	(708 年)	元明	8	1.2
万年通宝	天平宝字四年	(760 年)	淳仁	略多于 8	1.2
神功开宝	天平神护元年	(765 年)	称德	略多于 8	1.5
隆平永宝	延历十五年	(796 年)	桓武	略多于 8	0.9
富寿神宝	弘仁九年	(818 年)	嵯峨	略多于 7.58	0.8
承和昌宝	承和二年	(835 年)	仁明	略多于 6.58	0.7
长年大宝	嘉祥元年	(848 年)	仁明	略多于 6	略多于 0.5
饶益神宝	贞观元年	(859 年)	清和	略多于 6	0.5
贞观永宝	贞观十二年	(870 年)	清和	略多于 6	略多于 0.6
宽平大宝	宽平二年	(890 年)	宇多	略多于 6	略多于 0.6
延喜通宝	延喜七年	(907 年)	醍醐	6	略多于 0.6
乾元大宝	天德二年	(958 年)	村上	6	略多于 0.6

注:直径、重量均为标准品数据。

八、饶益神宝

饶益的日文读音如果读作"jyoueki"则是"富足"的意思,如果读作"nyouyaku"则是佛教语"给予很多东西"的意思。贞观元年(859年),在长年大宝问世 11 年之后,该款新钱问世,仍然是以 1 对 10 的法定比价新旧折合。但与钱名相悖的是,其重量是 12 钱中最轻的。颁布诏书曰"谨以至诚,经年愈深,豁然洞悉货币流通乃是(贵)以贱为本之道",阐明新币本身就是为供一般庶民使用而发行的。如此这般,恶钱相继发行,一般庶民间骤起选择货币(选钱)的风气。当然,政府于贞观七年(865 年)颁布禁令,严令禁止选钱行为。其内容是:"弘仁十一年六月通知大藏省。铸钱司正在铸造的新钱,虽说文字不很清楚,但是字势尚在,另外,如果有小瑕疵也不妨碍流通使用,因此还是应该研究一下接受为盼。然而,如有愚昧无知者不明白这个道理,放纵自己的心去挑选,或不接受,或者以文字不全为由,在10枚中弃舍2~3枚拒收,或者以缺边少角为由,从100枚中弃舍8~9枚拒收,则需要米充饥的人则难以糊口,需要买棉的人则难以御寒暖身。为此,在路头张贴告示,严加禁止。如有违背者,就地施以仗刑。"政府还在贞观九年(867年),扩大了延历17年的蓄钱禁令的范围,为了确保落实,还颁布了严格的敕令。

饶益神宝

九、贞观永宝

饶益神宝也和前钱一样,在11年后的贞观十二年(870年),被贞观永宝所代替。官府仍然规定以1对10的法定比价新旧折合,并且新旧两钱并用。贞观永宝形状小,质量更加恶化,铜成分已经降至接近一半,铸钱的做工也更粗糙了。根据《三代实录》的说法,两年后的贞观十四年(872年)九月,新铸的贞观永宝钱文就磨毁了,轮廓也没有了,以致在日常交易中大多被弃用。朝廷对铸钱司进行了严厉的批评,要求采取有效的措施改善铸造工艺。当时官府铜收入的窘况,在该书记载中可见端倪:这一年(贞观十七年)三月二十七日的法令曰:"听凭民意滋长而不加管制,私采长门国的铜矿,制造日用杂器,进行商品买卖,日渐成为恶习。这是铜矿收入减少的原因。因此要予以制止。"

贞观永宝

十、宽平大宝

宽平大宝的发行时间有两种说法：宽平元年（889 年）五月（《拾芥抄》《古钱背文考》）、宽平二年四月（《日本纪略》）。《三币图汇》阐述了这期间的情况（日语文言文译为日语白话文）："宽平大宝的铸造在国史上是看不到的。《本朝世纪》因为是宇多天皇一代的国史，故应有记载。《宽平御记》中也应有记载。但是这两本书都已失传。"由于没有明确的记载，其新旧钱的法定折算比例也存在两种说法：同价兑换抑或按 1 对 10 折合。

宽平大宝

宽平大宝的铸币量相比之前几种钱币锐减。宽平八年（896 年）的太政官符中记载，每年来贡（从各国送来的铸造原料）也就能铸造五六百贯而已。

十一、延喜通宝

宽平大宝发行17年后的延喜七年(907年),延喜通宝发行,再次以1对10的比率进行新旧折合并并行流通。其质量的粗劣程度据《钱谱》记载,因为不舍得使用铜,实际上就是模仿铜币制作的铅钱。因此该钱的表面极易磨损,很难看明白钱文。延喜通宝的发行诏书中明文规定:“如果钱文中有一字能够看明白,大家都应该使用。如果有人进行挑选或者弃之不用,则将追究责任。”延喜通宝通过这种方式强制其流通,铸造量又少,因此流通陷于停滞。再加上其铸造后期的天庆二年(939年),藤原纯友为响应平将门在西国叛乱,将铸币中心周防的铸币司烧毁,使该币的铸造受到了进一步的打击。

延喜通宝

十二、乹元大宝

“乹”为“乾”的俗体字。乾元即为天道之义。官府之前发行的延喜通宝在51年细水长流般地持续铸造,直到天德二年(958年,村上天皇时代)三月,新铸了乹元大宝。因为该币发行条件尚待考证,其新旧钱的法定比价同样存在两种说法。混入铅钱致使该币质量极度下降,激化了选钱(挑选良钱/恶钱)风气。官府不得不在应和三年(963年)七月颁布公卿论奏(大臣、纳言、参议总称公卿,召开内阁会议审议政策,但是少纳言不参加内阁会议),停止新旧两钱的并行流通,只允许新钱流通使用。对于该项政策的实施时间也有两种说法:一是从这一年开始只允许新钱流通使用;二是到隔年的康保二年(965 年)三月只允许新钱流通使用。

乾元大宝

此外,该钱铸造的持续时间也没有确切的记录。如后文所述,当这个论奏颁布时,铸造量可能正在自然消减,直至停止。该钱是皇朝 12 钱中的最后一款,曾历经反复改铸,且每次都是以 1 对 10 的比价进行折合,作为政府的筹措资金的工具。在此之后,持续了约 250 年的皇朝钱时代就结束了,日本进入长达 600 年的无铸币时代。

第三节　皇朝钱流通的范围

皇朝钱在日本国内的流通范围有多大?首先,货币要充分发挥其功能,就必须存在大量商品的生产销售,也就是以资本主义社会的建立为前提条件。铸造皇朝钱的时期,虽说之前的氏族制已被替代,且模仿唐朝律令制引入了货币制度,但基本上仍是自给自足性的农业经济结构,货币流通的范围也不得不局限在一定区域内。当然不可否认的是,在中央集权体制下,通过征收和分配租税资金,可以看到中央和地方经济的交流,并且通过政府积极运用各项措施,为货币的流通提供一个平台。再者,虽说在 300 年的时间中施行的都是律令政治,但是货币流通形势发生了相当大的变化。

从货币循环的角度来看,官府铸造的货币通过官员的俸禄、工钱支付和物资的采购、对皇族以下人员的赐予、对寺院神社的供奉等流向民间。反过来,货币又通过各国的纳税、宝物进献、商品交易以及对临近地区农民和小贩的盘剥兼并等,从地方向中央移动。当金钱和物品相遇时,金钱因此就在市场上占据了压倒性的比重。当时最大的市场是都城的东西市,最初于大宝三年(703年)设在藤原京,并且在平城、平安两京也分设了市场。这些市场是由隶属大藏省的市司进行管制的所谓官设市场。市司对物资的价格、店铺的设置等进行监管,并通过《沽价法》对物价进行政策调整。在地方上,举行祭礼的地方和码头等场所往往自发形成市场,并最终固化为常设化市场。

通过古籍中的零星记载可以推断出,随着发行量的增加,铸币逐渐渗透全国各地。但即便如此,铸币的主要流通区域还是临近中央政府的京都及其周边地区(畿内)地区,因为这些地区受中央政府直接统治,交易物资也更加丰富。因此养老六年(722年)九月设置的"调钱"税收制度,其实施范围局限于伊贺、伊势、尾张、近江、越前、丹波、播磨、纪伊这些畿内附近的八国范围内。我们可以推测养老六年之后货币流通范围并没有扩大。货币流向上述区域以外的其他地方,也许是通过国司以下级别的官员进行的,主要是豪族入京畿时在市场上交易所携的物资,换得货币并带回各地。但是,这些流向各地的货币大多被原封不动地储藏起来。有的储藏是因指望再次实施"蓄钱叙位令",有的则是为了显示自己的财富之盛。因此,各地再次投入流通的货币仅占很小的一部分。这不仅妨碍了货币在远离京畿的地方普及,还带来了日本全国货币量的紧缩。

无论如何,对那些在社会最底层度日的老百姓来说,除了服徭役的役夫以及一部分工人和小贩之外,货币与他们没有什么关系。在必要的时候,他们用实物货币[1]进行交换。结果,在那个时代,货币的流通仅局限于以京畿为中心的地区,并且仅在一部分阶层之间进行。

第四节　物价上涨

如前所述,皇朝12钱每次发行新币时,原则上都会按1对10的法定比价折合旧钱。但是,实际上新钱在发行后不久往往就与旧钱等价兑换了。若非如此,严格按照1对10的比价连续兑换7次就是1000万倍,连续8次就是1亿倍了,这显然是毫无可能的。

尽管如此,即使是短时间内以1对10的法定比价来进行交易,也不可避免地导致物价体系混乱。原本原材料价值就很低的货币,随着发行量的逐渐增加而价值继续下降。这就是官府屡次明令禁止,也无法杜绝私铸钱的内在原因。这些因素叠加在一起,必然引发激烈的通货膨胀。在古代,当然不可能存在物价统计的社会学管理手段,但通过古籍文献的记录也可以窥见一斑。

米谷是基础物资。《续日本纪》中有这样的记载:"和铜四年(711年)五月,谷6升值1文钱,农民按照这个价格进行交易,各得其利。"和铜元年官府首次正式铸钱,到第4年货币流通已走上正轨,流通量达到了相当的程度。所以对和同开珎的购买力进行规定,可以理解为官府了解物价变动的基本手段。另外,该书还记载了次年,即和铜五年颁布的政令:"今年闰十二月,调庸等(贡物/劳役)可用钱替代,钱5文即可替换布1常,以此为基准。"由此可以看出当时的代表性物资大米和布帛的基准价格。

把这两个基准放在脑子里,然后将之后史书上随时出现的物价关

---

① 原文直译为自然货币,但为与中国货币史惯例用法保持一致,译为"实物货币"以便理解,下同。——译者注

系摘录下来：

○ 729年（天平元年）四月各国兵卫的俸禄，如前例所述可用钱、物相互替代，上等绸缎1匹相当于白银2两，上等绢丝小2斤、庸丝小8斤、庸布4段以及米1石皆相当于银1两。（《续日本纪》）（养老六年也即722年诏书曰：200钱相当于1两银）

○ 764年（天平宝字八年）兵祸骤起，再加上天下大旱，米1石的价格暴涨为1000钱。（《续日本纪》）

○ 765年（天平神护元年）二月，1斗稻谷（稻米、糙米）相当于100钱，左右京的稻谷都是竞价出售。（《续日本纪》）

○ 849年（嘉祥二年）四月的敕令中写道："在承和七年（840年）各国制定了谷价。现在听闻谷价暴涨，钱币贬值。必须根据陆海漕运进贡京师的物价，以京师物价的均衡价格为准，按照其沽价（官府制定的物价）形成惯例。"（《续日本后纪》）这就是所谓的《京都东西市沽价法》。"沽价"的"沽"同"估"，日语是买卖的意思，"沽价"即为物价，沽价法就是物价统制令。该政令在皇朝12钱时代屡次颁布。另外，当时的米价估计为：白米1升26文，黑米1升18文。

○ 866年（贞观八年）二月经太政官批示，定左右京白米1升的价格为40文，黑米1升的价格为30文。（《三代实录》）据说当时难波津、大津的实际米价是白米1升72文、黑米1升41文。（《三代实录》）

○ 867年（贞观九年）四月开仓出售官米。米1升的价格为新钱8文，前来购买者聚集如云。此时饥荒，米1斛（石）的价格为新钱1400文。为此，官府开仓放粮以救民生疾苦。（《三代实录》）

○ 909年（延喜九年）正月常平所（左右京设置的官方常备仓库）的谷物每升提价宽平钱3文。（《扶桑略记》）

○ 942年（天庆五年），因自天庆二年以来频发饥荒，大米每升钱十七八文。（《本朝世纪》）

以上皆为史书上的米价记录。除此之外，记载了米以及其他各种物资价格的书籍还有《正念院文书》《东大寺古书》等，都是重要的史料。从这些史料可知米和布的价格为：天平九年（737 年），大米 1 石约为 160 文。天平十一年（739 年），调布一端长度 2 丈 8 尺、宽度 9 尺 9 寸为 200 文。天平胜宝三年（751 年），大米 1 石为 500 文。天平宝字六年（762 年），大米 1 石为 1000 文至 1500 文，调布一端为 350 文至 450 文。在 300 年间，市场价格波动无法由货币主导的主要原因，是歉收和兵火导致的物资匮乏以及由此引起的物价上涨。天平宝字年间就是一个具有代表性的例子。通过上述情况可知恶性通货膨胀一直在持续。

整个皇朝 12 钱的时代一直在进行度量衡的调整，新旧币的标识也相当混乱，如果按照上述内容很难进行正确的比较。好在日本银行编写的《日本的货币》（东洋经济新报社刊）对此予以修正，进行了归总和有趣的估算，如下所示：

①711 年（和铜四年）五月“以谷 6 升为 1 文钱”。在此的“谷”是指“稻米”，把它换算成白米，约得一半，即白米 3 升为 1 文钱，因此每石白米约为 33 文钱。但是，由于当时的 1 升约是现在的 4 合，所以按现在的升去称量，约 1.2 升米就是 1 文钱，因此每石白米约 80 文钱。

②737 年（天平九年）神户调钱（日本古代租税名）567 文换算成稻 70 捆 8 把 5 分（和泉监正税簿），稻 1 捆 = 谷 1 斗 = 白米 5 升，白米 1 石≈160 文。但是当时的 1 升相当于现在的约 6 合，所以如果按照现在的升去称量，每石白米约为 260 文。

③751 年（天平胜宝三年）十一月，有记录称：食米 6 升相当于钱 30 文（正仓院文书），由此可知每石米为 500 文。当时的 1 石与②相同，所以按照现在的升去称量，应该换算为每石白米约 830 文。

④ 根据 762 年（天平宝字六年）同本书的记录（《正仓院文书》），白米 1 升为钱 6 文至 8 文。如果按照现在的升去称量，可换算为每石白米 1000 文至 1300 文。

⑤764 年（天平宝字八年）每石白米为 1000 文。如果按照现在的升去称量，可换算为每石白米 1600 文。

⑥765 年(天平神护元年)每石白米 2000 文(官方价格)。如果按照现在的升去称量,可换算为每石白米 3300 文。

⑦866 年(贞观八年)每石白米 4000 文(官方价格),或 7200 文(市价)。如果按照现在的升去称量,可换算为每石白米 6600 文(官方价格)或 12,000 文(市价)。

⑧867 年(贞观九年)每石白米 800 文(官方价格),或 1400 文(市价)。如果按照现在的升去称量,可换算为每石白米 1300 文(官方价格)或 2300 文(市价)。

⑨909 年(延喜九年)每石白米 300 文(官方价格)。如果按照现在的升去称量,可换算为每石白米 500 文。

⑩939 年至 942 年(天庆二年至五年)每石白米 1700 文至 1800 文。如果按照现在的升去称量,可换算为每石白米 2800 文至 3000 文。

从①到③显示同一货币——和同开珎的购买力。如果将皇朝 12 钱视为同一种货币,米价最高的⑦与①之比约为 150 倍,被认为是米价常年平均值的⑧与①之比约为 30 倍。

下面再看一下调布的价格。

①712 年(和铜五年)的"钱 5 文即可替换布 1 常"。布 1 常长度为 1 丈 3 尺、宽度为 2 尺 4 寸。因此每平方尺布的价格约为 0.16 文。

②739 年(天平十一年),布一端的价格为 200 文(《正仓院文书》)。布一端长度为 2 丈 8 尺、宽度为 9 尺 9 寸(同上)。因此每平方尺布的价格约为 3.67 文。

③762 年(天平宝字六年),布一端为钱 350 文至 450 文(《正仓院文书》)。因此,每平方尺布的价格为 7 文至 8 文。

③与①之比约为 44 倍至 50 倍。

第五节 再次回到实物货币

不久随着庄园的出现及扩大，以及所依存的摄关政治（摄政/关白实际统治）的兴起，律令政治的命运也就日趋终结了。皇室本身也转变成了巨大的庄园领主。在这种形势下，强力中央政府控制下的有效货币发行已经变得遥不可及。在封闭的庄园经济中，由于其自给自足的倾向，对货币的需求从一开始就不可避免地逐渐减退。另外，官府反复施行 1 对 10 的法定比价，再加上铸币量的减少，使人们对货币的信任也显著减退。

皇朝 12 钱是随着乹元大宝的停止流通而退出历史舞台的，但乹元大宝的铸造从村上天皇天德二年（958 年）持续到什么时候还不清楚。如上所述，根据文献记载应和三年（963 年）七月进行了公卿论奏，议定停止旧钱流通，只准使用新钱（《西宫纪里书 · 禁秘抄》）。可以想象大概是从那个时候开始就停止了乹元大宝钱的铸造。

就这样，世间形势变了。“从去年九月中旬至今，没有人用钱购买物品，货币不再流通，人民无不叹息。”［《本朝世纪》，宽和二年（986年）六月］。另外，官府方面表示要派遣“检非违使”，制止不用钱而用物物交换的行为。［《扶桑略记》，永延元年（987 年）十一月］，并且“为了让天下民众使用货币，而命令 15 大寺的 80 位僧侣进行一个星期的祈祷”（《日本纪略》，同年同月），但没有任何效果。

钱币就这样在日本销声匿迹了。取而代之发挥货币作用的是稻米、布帛等实物货币，也就是说，经历了约 250 年，日本货币再次回归到和铜年间以前的旧貌。自平安时代末期从中国大量进口外来货币开始，这种状态持续了大约 200 年。

金属货币让位于实物货币是一个逐渐演变的过程。在距离和同开珎发行不到一个世纪的延历十六年（797 年，即第四款皇朝钱——

隆平永宝开铸的第二年）二月，敕令中写道："租税之本在于防备旱涝。钱帛之财，在饥荒之时不能充饥食用。如今各政府机构多以货币形式收取租税，未来肯定会面对货币的贬值。我们应以粮食为本，不再要求缴纳货币。考虑到人民有贫富之差，对那些无法积蓄粮谷的人，也可允许其缴纳货币，但货币总计不能超过所纳租税的1/4。"（《日本逸史》）接着在延历十七年九月，敕令规定禁止储存货币："使用钱币的好处是轻便、利益均等、彼此相宜。然而，据说畿外的吏民储蓄了很多钱币，京畿的吏民反而缺乏钱币。这已经违反了利益均等的基本原则，也不符合彼此相宜的方针。因此，应该严加管制，杜绝该等不良现象。所有钱币都应在缴纳正税（田租的一种，上缴给官府仓库）时按官定比价交给官府，且应将运送钱币至京畿的费用记入其中。如果将钱币储存于仓库不进行申报，则视为涉嫌匿藏，无论是否试图补报赎罪，都应依法处罪。所匿钱币分成5份，1份奖给告发者，另外4份没收充公。但是，伊贺、近江、若狭、丹波、纪伊等国不受上述禁令之限。"（《类聚三代格》）。在延历十九年二月颁布的敕令中还写道："从现在开始严禁农人储存钱币追求爵位。"（《日本逸史》）这些政令都与和铜年间采取的鼓励存钱的政策相反。

另外，在905年实施的《延喜式》①中规定：用稻子而不用货币来表示物品的价格，且官方价格由各国自行规定。例如，畿内绢1匹值稻子30束、丝1絇值6束、棉1屯值3束、调布1端值15束、庸布1段值9束、锹1口值3束、铁1挺值5束等。

根据学者对史料的研究，一条天皇的长保二年（1000年）时，远江、伊豆、甲斐、上野、能登、越中等偏远地区封户所应上缴的绸缎、布、棉、油等地方产品，都是用钱币代为缴纳的。在此之后约100年，据说甲斐、远江、能登、纪伊都是用准布、准绢、准米（"准"的意思是"比作、

① 《延喜式》是日本平安时代中期的法律实施细则，是当时律令政治的基本法。——译者注

当作”,准米是指用米价来表示的意思)来缴纳调绸缎(调:贡物)、调丝绸等,没有使用钱币,这个事实是很清楚的。另外,从延历四年(785年)到康和二年(1100年),从田地、房屋的买卖来看,尽管山城、大和等地前期的很多交易都是使用货币进行的,但是长保年间以后就完全不使用货币,转而使用米谷、绢等进行交易(小叶田淳《日本货币流通史》及《日本的货币》)。让我们回忆一下和铜六年的诏书:“买卖田地要用钱币来支付,如果有人用其他物品充当支付款项,则所涉田地及物品都会被官府没收。若有告密者,则这些财物将用于奖赏告密者。”这一政令究竟何时不再施行?总之,至此货币已经不再是通用的交换手段了,它的价值尺度功能好像也完全消失了。

第三章　无铸币时代

第一节　开始进口中国货币

村上天皇天德二年(958 年)铸造乾元大宝一段时间以后,日本进入大约持续两个世纪的货币空白时代。[①] 因为货币流通量极少,其信誉也下降了。此外,实际上由于庄园制度逐渐普及,其自给自足的体制也不需要太多货币。

但到了平安末期,对货币的需求又开始旺盛起来。因此中国货币(被称为渡唐货币或中国币)的进口就拉开了帷幕。货币进口在平清盛掌权时曾经急剧增加,之后也继续盛行不衰。

随着公地庄园化的深入发展,农业生产力得到进一步的提高。其主要原因是残酷的徭役制度被废止,实现了农业集约化。同时,庄园领主——中央贵族们的生活也越来越奢侈,各地的手工业生产开始兴隆起来。在这种形势下,

---

① 此处指 200 年间日本通行物物交换,没有一般意义上的货币。实际上,自 958 年至 1573 年,在长达 600 年的时间内日本官方没有铸行金属货币。——译者注

京畿、地方以及庄园内的市场开始登上历史舞台，各地之间的物资交流开始萌芽，商业资本和商贸活动终于开始活跃起来。

商业的活跃不仅限于日本国内，在国际上也盛行开来。宽平六年（894 年），经营原道真的奏请，遣唐使活动被停止了。在那之后，各国政府间的公共交流途径被长期关闭。直至宋初，随着阿拉伯人退出对日贸易，宋商代表中国开始对日贸易，贸易形势逐渐趋好。到了 11 世纪中叶，宋商相继来航，民间的贸易活动终于又开始活跃起来。

从《大日本货币史》上整理各部史籍所得记录来看，“宋商来日”确实是相当频繁：宽和二年（986 年）、永延元年（987 年）、长保五年（1003 年）、宽弘二年（1005 年）、万寿三年（1026 年）、万寿四年（1027 年）、长元元年（1028 年）、长历元年（1037 年）、宽德元年（1044 年）、永承三年（1048 年）、康平三年（1060 年）、治历二年（1066 年）、延久四年（1072 年）、永保二年（1082 年）、长治二年（1105 年）、元永元年（1118 年）

现在让我们把目光转向中国。唐朝灭亡以后中国步入“五代十国”的乱世。北宋建立、太祖即位是在 960 年。这一年是日本村上天皇的天德四年，也就是皇朝 12 钱中最后一款——乹元大宝开始铸造后的第 2 年。之后北宋被北方政权攻灭。1227 年高宗在应天府（今河南商丘，后旋即迁都临安即今杭州，原书误为南京，译者勘正）即位，在中国南部建立南宋。直到 1279 年被元灭亡，南北两宋合计存续 300 余年。宋朝建立初期经济形势较好，农业生产力和手工业得到长足发展，货币需求量很大，官府因此积极致力于铸钱事业。宋太祖即位当年，即开铸宋通元宝，之后每逢改元都会改铸。终宋一朝大约铸造了 70 种钱币。据说仅在北宋时期就铸造了大约 2 亿贯（1 贯是 1000 文）的铜钱。到了南宋时期，尽管每年铸钱量急剧下降到 10 万贯左右的水平，但这大量的精良货币对日本经济来说是一个重要的供给源，并因此成为商人们的目标。

从平安末期到镰仓时代，日本向宋出口的物资有砂金、汞、硫、板木、描金画、水晶、螺绳、倭画、壁风、扇子、铜器、刀剑之类。日本从宋进口的物资以铜币为最大部分，此外还有沉香、丁字、龙脑、南廷、棉、绢、经文、书籍、文具、唐画、什器之类。

宋商的贸易对象当然不限于日本，从东方的日本到西方的伊斯兰诸国，还伸展到南洋诸岛和非洲东海岸等地。其证据就是在这些地区都出土了宋钱。结果，宋朝发挥了东洋造币局的作用。货币大量向日本以及其他国家流出，最终导致宋朝本国货币的不足，史称"钱荒"。宋朝朝廷不得不采取保护措施，发出钱币出口禁令。然而，据说对宋商来说走私钱币的利润已高达约 10 倍。所以中日商人合作避开官方指定港口宁波，在福建、广东的偏远地带进行交易。他们深造船底把钱币藏在其中，让官员难以查出；或者事先将钱币藏匿在靠近海岸的岛屿上，待归途时装船；或者干脆贿赂收买检查官。商人们用各种手段瞒天过海，导致禁令实际上没有得到贯彻执行。一个极端情况是，据说台州城内的铜币曾在一天之内被悉数收购，一个子儿都没有剩下。如此庞大的宋钱的进口，不仅在南宋时期进行，在以纸币（交钞）为本位货币的元朝（日本镰仓时代）也在继续。因此，在日本现存古钱中，宋钱留存是比较多的。

平清盛

于是，平安末期日本货币的来源逐渐转变为进口中国钱币。随后,平清盛时代拉开了帷幕。中国钱币通过民间贸易加速进口。常言道:西国的平家、东国的源氏。平家本就着眼于贸易利益。当时平忠盛(平清盛之父)管理鸟羽院肥前神崎御庄的对外贸易,肯定知道进口中国钱币的可观利润。平清盛很早就被任命为安艺守,在保元之乱[①]10年之前的久安二年(1146年)开通了音户濑户的航道。平治之乱[②]结束后的第2年也即应保元年(1161年),平清盛开始在摄津的兵库建设一座大港,其花了3年时间拆毁盐槌山,填埋须佐地区江沿岸的30多丁[③]洼地,并建设了护岸工程,接下来又历时九年建设岛屿,终于在承安三年(1173年)完成了大港的建设。据说平清盛为了方便船只夜间出入,提议在和田的松原建造灯炉堂,将其作为夜间出入船只的灯塔。灯塔建成后发挥了积极作用。在谋求船只往来方便的同时,平清盛与宋使的交往也不因循守旧,而是积极交往。其结果就是宋贸易呈现空前繁荣的景象。宋钱进口即使在其去世后也长盛不衰。因此,虽然当时日本官方铸钱处于中断状态,但是经济社会再次步入货币时代。平清盛是日本历史上非常有名的政治家。在日本货币史上,其同样是划时代的人物,应予以高度评价。

第二节　黄金之岛

"Zipangu(马可波罗所称日本)是一座大岛,位于距离大陆1500英里的大洋中。居民是肤色白皙、礼仪端正、优雅的教徒。他们建立了一个独立国家,拥有自己的国王。在这个国家到处都能找到黄金,

---

① 保元之乱是一场平安时代末期(1156年7月)发生于日本的内战,对阵双方为后白河天皇和其支持者平清盛、源义朝等,以及崇德上皇和其支持者平忠正、源为义等。内战以后白河天皇和其支持者的胜利告终。——译者注

② 保元之乱结束后,源氏首领源义朝于1159年拘禁上皇和天皇,但被平氏首领平清盛击败。从此平氏彻底专揽朝政。史称平治之乱。——译者注

③ 丁为日本古代长度单位,1丁=1.2公里。——译者注

所有国人都拥有数额巨大的黄金。没有人从大陆去过这个国家,连商人也不曾去过,丰富的黄金因此从未被带到国外去。上述大量黄金之所以存在于那个国家,完全是这个原因。”

“接下来谈谈这个岛国国王所拥有的那座雄伟的宫殿。这位国王的大宫殿是用纯金建造而成的,就像我们欧洲人用铅板铺设房屋和教堂的屋顶一样,这座宫殿的屋顶都是用纯金铺设。因此,其价值不可估量。宫殿内各个房间的地板全都是用有两根手指宽度的纯金铺成。此外,无论是大厅还是窗户,一切都是用黄金建造。因为这座宫殿是如此的奢侈,即使有人正确评估其价值,也一定令人难以置信。”(《东方见闻录 2》,马可波罗著,爱宕松男译,平凡社出版)

《东方见闻录》中对日本的这一举世闻名的记载,引起欧洲人对东方的关注,并最终导致哥伦布发现新大陆。1271 年,马可波罗被身为威尼斯商人的父亲带到元朝首都开平府(元上都),在中国一直待到 1295 年才回国。他回国后汇总出版了对东方各国情况的所见所闻,即《东方见闻录》。这本书的内容极其客观,几个世纪后的今天读来,同样如此。尽管马可波罗令人钦佩,但他关于日本的记载为什么这样荒诞无稽呢?

马可波罗

马可波罗本人当然没来过日本。所以他的记述源于各种传说，以及根据其目睹事实所进行的想象。平安末期奥州的淘金热开始进入高峰。数额巨大的砂金为换取铸钱而流入中国。当时中国和日本的金、铜币比价完全颠倒。中国希望获得黄金，而日本想要获得铜币。因此在马可波罗之类旅者眼中，日本肯定是一个黄金取之不竭的国家。另外，当时日本置办经文时也会投入大量砂金（据说藤原清冲收藏在中尊寺经堂的经文，是用 10.5 万两砂金购买的），同时又出产漂亮的描金画，或许使得马可波罗的印象更加深刻。尽管忽必烈两次远征日本的文永、弘安之役都失败了，但他又第三次下令准备对日远征。为什么忽必烈对征服日本抱有如此执念，有一种解释是他认为远征失败有损其所向披靡的大帝威仪，但还有一种解释是他对日本抱有和马可波罗一样的幻想。

那么，接下来就日本的黄金，特别是砂金的情况进行概括。

砂金

日本正史上最初出现黄金的年份是圣武天皇天平二十一年（749年）。该年二月“陆奥首次朝贡黄金。于是奉币向畿内七道诸神社报告”（摘自《续日本纪》）。接着在同年四月（为表彰黄金出产已改元天平感宝，旋即又改元天平胜宝），陆奥守百济，王敬福进献了陆奥国小田郡出产的黄金 900 两，并使用该黄金为大佛镀金身。同年五月，朝廷恩免陆奥国三年调庸(贡物/劳役),对小田郡除另下敕令外永免调庸,陆奥国介佐伯宿祢全成以下诸官员全部晋升。由此可见朝廷的欣喜之情。当时的黄金究竟是什么形态尚不清楚。但该书中写道:"天平胜宝二年(750 年)三月,骏河守楢原造东等人在辖内多胡浦获黄金,献之。棒金一份,砂金一份。"这是日本正史中首次出现"砂(沙)金"这个词。对此,草间直方解释说:"炼金(冶金)是从原矿中提炼出黄金。砂金有的是从水沙中淘得,有的是从砂山中挖掘而来,并不是冶炼出来,而是天然产生的。"他还推测当时所获砂金中,有一半是经冶炼后朝贡的,另一半是以原始状态朝贡的。但按照当时粗劣的冶炼工艺,炼金效率很低,大多是生金,也就是砂金。出现切遣金和竹流金是战国时代之后的事情了,在此之前文献中出现的基本上都是"砂金"。本书从《日本货币史》上摘录了一些关于砂金的史籍记载。

○ 宝龟七年(776 年)四月,赏赐前遣唐大使藤原清河书、沙金 100 两以及其他物品。(《续日本纪》)

○ 延历十五年(796 年)五月,渤海国使者吕定琳等回国,赏赐沙金小 300 两。(《日本纪略》)

○ 承和元年(834 年),赏赐遣唐大使藤原常嗣御衣及沙金。(《大日本史》)

○ 承和二年(835 年)二月,封下野国武茂神为从五位下。这位神镇坐于采沙金的山上。(《续日本后纪》)

○ 承和三年(836 年)诏,在陆奥国白河郡从五位下勋十等八沟黄金神殿设置封户二烟。这是因为国司祈祷后,采掘沙金的数量倍增,能够负担遣唐的费用。(《续日本后纪》)

○ 元庆三年(879 年)十月敕令,将太宰府库存的代沙金 633 两、水银 170 斤计入官簿。(《三代实录》)

○ 宽平六年(894 年)七月,赏赐旅唐的僧中瓘沙金 150 小两。(《大日本史》)

○ 延喜九年(909 年)正月,赏赐旅唐的僧中瓘国书。由外记官

将其封入函中,且将沙金100两置于木壶,用绢包之,一并赐予。(《扶桑略记》)

○ 延长七年(929年)九月,藤原忠平在法性寺举办50大寿庆贺会。将沙金100两放入银壶,用青朽叶纱包裹,挂于五叶松枝。(《扶桑略记》)

○ 天历元年(947年)吴越王钱俶使臣蒋衮来日本,赠书于右大臣藤原实赖。实赖回赠书以及沙金200两。(《本朝文粹·国史略》)

○ 宽仁元年(1017年)失盗。盗贼进入前摄政(道长)家偷沙金1300两。(《日本纪略》)

○ 万寿四年(1027年)八月,公家献沙金100两。(《野府记》)

○ 长元二年(1029年)九月,前陆奥守孝义记录其见沙金10两,金粒硕大,非同往常。孝义认为这些金沙不可充作杂用。(《小右记》)

○ 长元四年(1031年)二月,陆奥守贞仲请求以沙金1两抵绢2匹进贡,而因为诸卿任免的惯例为沙金1两抵绢1匹所以没有被允许。(《野府记》)

○ 仁平元年(1151年)九月,左大臣送给宋朝客商刘文仲沙金,作为去年刘文仲赠送书籍的回赠。(《百练抄》)

○ 承安三年(1173年)三月,收藏了法皇(后白河)的用品:描金画神龛1个、彩色皮革30张、同平箱1个、沙金100两。(《玉叶》)

○ 治承元年(1177年)二月,平重盛进献沙金千两、南镣百两[①]作为祈祷费用。(《源平盛衰记》)

○ 治承二年(1178年)十一月,安德天皇诞生,相国平清盛因其外孙出生而大为喜悦,将沙金1000两、富士棉2000两献给法皇。(《平家物语》)

○ 文治二年(1186年)十月,陆奥守藤原秀衡进献沙金800两。(《东鉴》)

---

① 南镣,又称南良,意指优质白银,下文亦有提及。——译者注

○ 建久三年(1192 年)十月,敕使中原泰定在拜见征夷大将军源赖朝并宣旨之际,被授予 100 两沙金。(《平家物语》)

以上只不过是文献所见关于沙金记载的一小部分。史籍中还有诸如给黄金山的守护神封一个小官,以及当权者藤原道长府上被偷走大笔黄金等不少有趣的故事。

自古以来,日本出色的产金地是被称为陆奥的奥羽地区,也就是从现在的宫城县北部延伸到岩手县的北上川流域。自天平二十一年(天平感宝元年,即 749 年)首次进献黄金以来,陆奥国在很长时间内将黄金作为一种调(贡物)向朝廷进贡。百余年之后的延长五年(927 年),《延喜式》仍规定:"交易杂物类:陆奥国砂金 350 两。"之后,随着庄园制度的普及,私人贸易取代了官定贸易,贵族希望获取贸易的收益,进贡——这种掠夺式的做法逐渐瓦解。黄金的进贡对象也从朝廷转向本地领主。同时,客观上即使采用原始的淘金工艺,能够采集到砂金的地区也越来越多。作为偏远边境地区(指陆奥,日文意为路途的尽头)势力的安倍氏,通过掌握金、马产地而迅速兴起。继承其衣钵的清原氏、藤原氏,从俘囚长、押领使一路高升至镇守府将军,大大提高了自身地位,巩固了势力。藤原三代(清衡、基衡、秀衡)统治陆奥时正值产金的鼎盛时期,其治所平泉的繁华程度已经超过了京都。千百年后,留存至今的金色堂依旧让人对那时华丽绚烂的外表和文化产生无尽联想。据说仅是收藏在其经堂内的经文,都是用 10.5 万两砂金从宋朝购入的。

说到平泉,就不得不提到源义经。① 将源义经介绍到奥州藤原秀

---

① 源义经是日本名气很大的悲情色彩传奇英雄,平安时代末期的名将。源义经之父源义朝在平治之乱中为平清盛所败。源义经投奔奥州,受到奥州藤原秀衡的庇护。治承四年(1180 年),源义经与同父异母的兄长源赖朝一齐举兵讨伐平家,在著名的战役源平合战中战功彪炳,但也因功高震主为源赖朝所猜忌,最终兄弟反目成仇。源义经在走投无路之下再度投靠藤原秀衡。藤原秀衡死后,其子藤原泰衡开始排挤源义经。文治五年(1189 年),藤原泰衡突袭源义经所在的衣川馆,源义经战败自尽。随后源赖朝率兵讨伐平泉,藤原泰衡战败被杀。——译者注

衡身边的金卖吉次也很有名。据说当时有很多黄金商人从事从奥州运送砂金到都城,再从都城运送各种物资到奥州的生意。其中将规模做大了的还从事被称为“kawashi”(古日语发音)的汇兑业务。但是,从藤原秀衡晚年开始,当地黄金产量开始减少。文治三年(1187 年)九月,源赖朝命令藤原秀衡进贡用于大佛镀金的黄金 3 万两。藤原秀衡拒绝道:“近年来商人涌入辖内买卖砂金。砂金已基本上都被挖光。”合理的推测是,这不仅是个拒绝的借口。事实上,藤原氏灭亡后,尽管奥州到近代也没有中断产金,但完全无法再现当时那种巨大产量的荣光了。藤原泰衡突袭衣川馆将源义经杀害后,当即就被源赖朝攻灭,被世人评说为“不孝的愚者”。虽然大多数人认为奥州藤原氏的败亡是因为藤原泰衡的愚昧,但也有人认为产金的减少导致奥州难以维持足以对抗源赖朝大军的防卫力量。无论怎么说,随着英雄源义经的陨落,奥州的产金高峰也随之结束了。

这些黄金,除在天平宝字四年(760 年)极少量地铸造了名为“开基胜宝”的金质样币外,基本上都是被直接使用了,也就是说,除对中国出口外,这些黄金只用作制造器物,或当作礼物赠送,几乎没有被当作货币使用。从前述文献中可以看出,这一时期的黄金被用于向皇室、将军进贡,然后又被皇室、将军反过来赐予臣下,以及向寺院神社供奉。这似乎说明当时黄金贵为珍宝。但只有当黄金兑换成大米或者丝绸时,它才成为货币。黄金在日本真正登上货币的宝座,又是许多年之后的事情了。

第三节　南廷[①]

刚才谈到了黄金,现在顺便也谈一下白银吧。在皇朝 12 钱中,和

---

① 意为南镣(优质白银)一廷。廷,也作铤,指专门铸成的各种形态的金、银块。——译者注

铜元年曾发行和同开珎银币，天平宝字四年又发行了大平元宝银币，但这两枚银币都是在短时间内少量铸造后就停止了。除此之外，白银也像同时期的黄金一样被未经加工地使用了。

日本首次出产白银的记录载于《日本书纪》。天武天皇三年(674年)三月七日，对马国司守忍海造大国报告称该国首次出产白银，且很快进贡，有人说这些白银是供奉诸神之物。忍海造大国因此被授予小锦下位。之后，在伊予、但马、陆奥、伊豆、石见、摄津、肥后等地也陆续出产白银。其中，对马仍是很有代表性的产银地，僧人奝然入宋时曾说过的"东奥州产黄金，西别岛出白银"，被记载在《宋史日本传》中(奝然在永延元年即987年返回日本)。延喜五年的《延喜式》中，规定白银作为调(贡物)之一："各国年费杂物中太宰府应纳银890两，交易杂物中太宰府应纳银300两。"这里分配给太宰府的白银即是对马出产。大江维时[①]在《对马国贡银记》中介绍了对马国产银的状况。如下所示：

对马岛位于本国最西端，属太宰府，四处绝壁，四面环海，其名可见于隋唐史籍。从肥前国博多津向西航行，一天即可到达壹岐岛。从壹岐岛再到对马岛，还需要一天的航程。如果遇到大风，则不能航行。对马岛与高丽隔海相望，相去不远。遥望高丽，金海府牧场的马、帆分明可见。八幡大菩萨的神威无处不在，没有窥探他国的心情，从钦明天皇时代开始，传播佛法，普度众生。他在此岛上化作一个比丘尼[②]，以吴音表述心声(吴音：日语词汇的汉语发音)。日习经论、皆用吴音。故以对马之音称之。对马岛完全没有田垄，只有贫瘠的土地。若勉强耕种，或可上缴租税，以至于该岛只能以大豆为正税。岛中珍货充溢，白银、铅、锡、珍珠、金漆之类，可以长期朝贡。其采银之地，极其险难。

---

① 大江维时888(生年存疑)～963年，醍醐、朱雀、村上三位天皇的侍读，官至中纳言。——译者注

② 比丘尼，指满二十岁出家，受了具足戒的女子。——译者注

多年开掘的银矿穿地而入,从口入底有两三里深(1 里为 545 米),终年不见阳光。采银时三人合作效率最高。一人举烛(这个烛是荻属的落叶灌木做成的火炬,也就是星点之光。但是燃烧的时间比较长),一人拿器皿收纳矿石,一人拿铁锤采矿。之后用斗斛称量,将其放置在可以被高山上的四面风吹到的地方,用松树木柴煅烧数十天。以水洗之,对每个斛确定率法,其灰为铅锡,满 1200 两即成年轮。推测单产时,还要通过计算。如果建造未竣工时,雨水积存在矿井里的话,就需要连接起三四百人的草垫当作笼筐使用,置于矿井汲水。三里深的水渐渐被汲取出来,十分耗费民力,让人长叹。矿工每人每年可得粮米 2200 余斛,由其原籍所在地分配。游历各国无边无际的大海,走向偏绝之境,划船航渡是最重要的事情。来到太宰府后都不停留。特别挑选笼筐,前往藏人所。从岛到府须经海路,带上 50 丈的绳子准备入海。从太宰府到京须经陆路,在运输期间根本没有人接近。

根据文献记载,这些银主要是与砂金一并用作赠礼。从平安末期开始,“南廷”这个词较为常用。南廷也写作南挺、软挺。“南”字源于南镣、南良,是优质白银的意思。南挺即为“南镣一挺”的意思。据说这个称呼源自中国,①如果说是“南挺贰”或者“南挺百”,其具体形状和重量尚难确定。其重量单位和黄金一样,多以“两”表示,1 两 = 10 匁。值得注意的是,随着两由重量单位变为价格单位,它的重量减少了一半以上。镰仓后期开始,黄金 1 两为 4.5 匁,银 1 两为 3.4 匁的折算比例成为惯例,而黄金的重量单位又进一步细分为京目、乡村目等。室町中期以后,出现了切遣银和丁银,但都被认为是由南廷发展而来的。

① 我国唐代对一定形状的金、银块多称“铤”,有长条形、船型等;宋代及以后多称“锭”。——译者注

第四节　早期武家政治与钱币

镰仓幕府是什么时候创立的？对此有很多说法，如设立公文所、问注所的1184年，设置守护、地头的1185年，以及源赖朝成为征夷大将军的1192年。无论按哪一种说法，社会经济结构都不会有根本性的变化，政治上源赖朝也仅是关东御家人的总帅。至少在承久之乱[①]之前，那时的政治中心还是京都。例如，《吾妻镜》[②]（又称《东鉴》）中有如下的记载（日文口语摘要）。

由于建久二年（1191年）二月的佐佐木定重、定纲[③]对延历寺僧人、神镜的暴力事件以及随之而来的骚动，院宣敕命将两人流放。源赖朝对这一不公正的裁决提出异议，但也难以违抗。佐佐木定纲随后被流放到萨摩国。定重则于当年五月二十日被斩首。因为定纲自治承四年（1180年）以来有很大战功，所以源赖朝为爱将深深惋惜但又无可奈何。两年后的建久四年三月，佐佐木定纲因旧院的佛事被赦免。源赖朝十分欢喜，旋即恢复其近江国守护的官职，当年十二月又返还其全部原有领地等。从这样的状况来看，对于货币的措施来说，其主导权应该是在京都。当时朝政是赖朝派的关白九条兼实主导掌控。其著作记录中的日记、玉叶（专指九条兼实的日记），详细记录了从长宽二年（1164年）到正治二年（1200年）30多年每天的事件活动，

---

① 1221年（承久三年），后鸟羽上皇代表的朝廷与源赖朝之妻北条政子控制的幕府爆发战争。朝廷战败，包括后鸟羽上皇在内的三位上皇被流放。朝廷自此丧失军权。皇位继承及朝廷政治也由幕府决定。——译者注

② 镰仓幕府官修编年体史书。——译者注

③ 佐佐木定纲为源氏所封近江、长门、石见、隐岐守护，定重为其次子。1191年因近江水灾引发的贡纳问题和延历寺产生争执。定重不小心划伤了延历寺的神镜，因此引发骚动。——译者注

作为史料被高度评价,他自己的感想和感情也坦率地记载在内,也是可以窥视当时贵族代表性的想法的好资料。根据这一资料,可以看出他对平清盛所施行的对宋贸易积极政策有着厌恶之情,认为其结果是宋钱的大量进口,应该采取断然禁止流通的措施,并认为这会对物价产生不良影响。在得出结论之前,他以公卿身份慎重审议了10多年,多次召开会议。在《吾妻镜》中,建久四年正月二十六日的记载中写道,"去年十二月三十日,因停用钱币,就此事上报一条殿",去年建久三年的岁末终于宣告停用钱币(玉叶中没有这篇记载内容,建久四年二月二十六日的记载"这一天,记录所下发评定。钱币停用与否等",同年同月二十九日的记载"这一天,记录所下发评定。钱币停用事宜",但记载内容也仅限于此)。据法曹至要抄(三卷,据说是平安时代末期坂上明兼所撰)记载,建久四年七月四日"从现在起以后永远停止使用宋朝钱币,这应该严格遵守。右大臣宣。奉诏云云。与其阻止钱币的交易,不如直接法定为和市(和市:遵循市场行情或通过协商进行交易)。立即派出检非违使以及京职官员,从现在起以后长期停止",这样颁布了停止宋钱通用的禁令。不管是重复颁布了多次,还是《吾妻镜》中所记载的日期错误,无论是哪一种情况,都可以看出保守派宫廷贵族的执着观点。

但是,经济界的流动不可能通过一纸通告就轻松改变。在那之后,中国钱币的进口反而越来越多。随着新设幕府开始完善机构、充实政治力量,其认为不应继续实行这一不现实的政策。嘉禄二年(1226年,承久之乱五年后)八月一日幕府颁布政令,废除准布(以布匹为基准计算物价)启用铜钱(《吾妻镜》)。至此,钱币公然地恢复了它的地位。

直到镰仓时代,货币流通才终于普及日本各地的所有阶层。从作为基础产业的农业来看,通过两季作物的普及、农具牛马的私有化、耕地的增加以及以关东平原为中心的新田开发等,这一时期的农业生产力显著提高。同时,农业管制权原本由朝廷任命的国司以及幕府任命的藩国守护、庄园地头共享。如今这一权力日渐向后者移动。尤其是在承久之乱(1221 年)后,幕府设置了新补地头,朝廷在各地任命的官员变得有名无实。而且,作为一个地方庄园领主与幕府官员勉强和解的过渡现象,"下地中分"(庄园领主与幕府地头将庄园一分为二分别管辖)和"请所制"(地头承包一定的年贡)的实施已经提上日程。与此同时,各种手工业作为独立自营的职业发展促进了社会分化,促使各地不断出现新的市场和集市,在大城市更形成了常设大市场。以上这些因素互为因果、相辅相成,共同提高了全社会对货币的需求。高利贷、当铺、汇兑行、钱庄以及从事货物管理、运输、贩卖的"问丸"等也在这个时代兴盛起来。

从对外贸易方面来看,进入镰仓时代后,幕府从太宰府手中取得了对外贸易的管理权,并将其移交到新设的镇西奉行手中。文治元年也即 1185 年,幕府任命天野远景为第一任镇西奉行。在其监管下,民间对外贸易得到认可,与中国的贸易往来更为频繁,甚至超越了平清盛的时代。例如,据记载,在仁治三年(1242 年),西园寺公经的船从宋朝带回 10 万贯铜钱。极端严谨且强势的政治家北条时赖不满于来航宋船太多,于建长六年(1254 年)四月二十九日决定仅限五艘船只停泊,若超过五艘则强令离港。但这也只能是一时之策,幕府很快就开始筹备经营"御分唐船"业务,即用御用贸易船直接进行对外贸易。

这时候大海彼岸的东亚大陆正在发生一场翻天覆地的变化。从北方草原上兴起的蒙古起兵攻击金国,并于 1234 年将金国攻灭。1260 年,忽必烈大汗即位。1271 年(日本文永八年)将国号定为"元"。1279 年(日本弘安二年)完全灭亡了南宋。即便如此,日本对外贸易仍在继续,只是将对象由宋朝变为元朝,即使在双方交战①时也未中断。

---

① 指忽必烈于 1274 年和 1281 年两次派军攻打日本而引发的战争。——译者注

作为与中国贸易的回报,大量中国钱币被进口到日本。其中元朝虽也铸造了若干铜钱(至大通宝、至元通宝、至正通宝等),但还是以纸币为主。“中统元宝交钞”和“至元通行宝钞”的流通几乎贯穿于整个元朝统治时期。因此,日本从元朝进口的铜钱仍然以宋钱为主。

经过以上这些供需两方面的变化情况,钱币取代了以往以大米为代表的实物货币。在从镰仓时代向室町时代变迁的过程中,日本通过进口中国货币逐步进入了金属货币时代。根据《吾妻镜》的记述,可对当时的状况有所了解:

○ 嘉禄二年(1226 年)八月一日:从即日起废除准布(以布匹计价),启用铜钱(计价)。

○ 历仁二年(1239 年)正月十一日:陆奥国郡乡所当事来信。信中提到之前讨论的准布之事,认为当地纳贡人以及百姓都喜欢用钱币缴纳年贡。至于贡物的准备,其认为若年年追加贡物,则难以实施且会激起反抗。根据这一信息,若白河关以东①偏远地区的人都已拥有货币,则不宜再禁止以货币纳贡。至于说绢布粗劣则无实据。应该确认实物以核定标准。命令撰写公文下达通知(不再禁用钱币纳贡)。

○ 仁治元年(1240 年)十二月十六日:御所②有需评定事宜。二所三岛以及春日等神社,每天应举行御神乐仪式,以及将军家御立愿。这些事应该花费巨大。而每月通知的事,更使得御家人难以应付。捐税中神社募集的部分是否应汇集到一处(统一管理),这些钱所经之处,应以方便行事为宜,无须硬性规定。(钱的使用)应该制定相关制度,而且应当终止每日的仪式,改为每月一次等。而后是御家人任官献金的事宜,有待议定。这些钱进献时或 100 贯或 50 贯,均被纳入官

---

① 白河关为日本奈良时代设立的关卡,位于现福岛县白河市,为关东平原向东北方向延伸的尽头。一般认为,白河关以东就是陆奥国所在的日本东北。——译者注

② 御所,此处用于指代当时实际掌握幕府和国家权力的北条泰时。古代日本常以居所名称指代掌握实际权力的幕后显贵,后文亦有多处体现。——译者注

库。应该收取返抄(收据),交给六波罗[①]等。

○ 仁治二年(1241 年)九月十日:御禊大尝会[②]所需花销的事。天皇已有谕旨,每一段用地应为此再上缴 200 文钱。公家[③]宣布,关东御分国及没官御领[④]等应立即进献。除此之外还有地头所的事,今天已经议定。在下个月(十月)以前,上述事项应该以御教书(公文的一种)的形式下发通知。

上述记录仅仅是短短数年间有关钱币的记载。由此可以清楚地看出当时钱币已经被广泛用于官府事务了。特别是最后一条仁治二年的记录,即以钱币形式进行临时征税,表明钱币在当时已可用于纳税纳捐。这已经是相当大的进步了。另外,惯于使用实物货币的各地领主,也开始承认钱币的效用。为了避免大米等实物货币的运输费用以及路途中可能发生的各种困难,年贡也逐渐变成钱纳(以钱币缴纳)。其结果就是所谓的"贯高法",即用钱来表示年贡的多少,以及由此用年贡多少(钱)来标注领地(领主给地头、家臣的土地)大小强弱的方法。这一方法被广泛采用,直到丰臣秀吉改用石高法(以大米收获量为基准)为止。

随着经济结构的变化,特别是市场的发展,当时钱币已经逐渐渗透全国,甚至渗透普通老百姓身上,虽然在渗透程度上还不十分充分。

---

① 六波罗指镰仓幕府在京都所设行政机关的首领。其主要的任务是监视朝廷、统辖西国的御家人。后又称六波罗探题。——译者注

② 日本天皇在大尝会的前一个月,会在京都贺茂川的河滩等地举行禊祓仪式。大尝会,也称大尝祭、践祚大尝祭,是从古代延续至今的天皇即位仪式。禊祓,是一种水边举行的祭礼,意在洗濯去垢、消除不祥,古代我国汉族亦有此民俗。——译者注

③ 公家,特指服务于天皇与朝廷的、住在京畿的五位以上官僚,与其相对的是武家。武家代表源氏建立镰仓幕府实际掌权后,公家成为傀儡。公家与武家的概念下文多有提及。——译者注

④ "关东御分国"是朝廷授予源赖朝的知行国(封地),最初有伊豆、相模、上总、信浓、越后、骏河、武藏、下总、丰后九国,后来去掉了丰后。"没官御领"是源平合战后没收平氏的领地,以及"承久之乱"后没收京都公家的领地。这两部分领地的收入是镰仓幕府的主要财源。——译者注

1231年左右，离开关东回到京都的亲鸾[1]开始了大约30年的专心著述。在这期间支持他生活的是从东国信徒那里不断寄来的钱币，每次都有数百文。在当时的文献中可以看到很多像这样的例子。在此就引用有名的(青砥左卫门)的故事。(载于《太平记》[2]卷三十五，北野通夜物语之事，附青砥左卫门之事)

有一个叫青砥左卫门的人，侍奉于报光寺最胜园寺二代的相州，曾经从事过经纪业……有一次这个青砥左卫门上夜班，从一直带在身上的火袋里取出10文钱，却不小心掉进了滑河里。按理说遗失的钱也不多，不管怎样让这件事过去就行了。但是他慌慌张张地让人去附近的商铺，用50文钱买了十把续松(火炬)，点燃后终于找到了那10文钱。日后有人问他，为了找10文钱而花掉50文钱买续松，点燃后再去找，是否会被人笑话丢了西瓜捡芝麻。他皱起眉头回答说，正因如此，你们才是愚蠢的，不懂得世上的花费，也无心于恩惠百姓。这10文钱如果我不找到它，就会沉入滑河底，永远也不能被流通使用了。我让人买续松的50文钱，虽然留在了商铺，但是它没有丢失，还能继续流通使用。我的损失其实换来的是商人的利益。我们彼此之间的合作让60文钱保持了可以流通的功能。这些钱留在他和我手上又有什么差别？如果不承认天下之利，或者对其漠不关心，只顾嘲笑身旁的人，难免让人感到只会搅弄口舌是非。

这个故事虽然很有名，但青砥左卫门这个人物不怎么为人所知。实际上，在《弘长记》《太平记》以外的史书中，这个名字都没有出现过，所以甚至让人怀疑他不是真实的人物。接下来再介绍一个有关青砥左卫

---

① 亲鸾(1173～1263年)，日本佛教净土真宗初祖。——译者注

② 《太平记》是日本古典文学之一，以日本南北朝时代为舞台，描写从后醍醐天皇即位、镰仓幕府灭亡到室町幕府二代将军足利义诠死去，即1318年(文保二年)至1368年(贞治七年)大约50年间的诸多事件。——译者注

门的小故事,讲的是"小钱也是贿赂"的事。(同载于《太平记》)

有一次,在德宗领(北条家的家督领地)法庭,一个身份低下的公文(庄园官员)和高高在上的相模守(执权人)展开了一场诉讼。尽管该案是非分明,公文所述处处有理,但由于奉行头人评议众都是德宗领的人,忌惮相模守权势,还是判了公文败诉。只有青砥左卫门一人不畏权贵,以理相争,终于让相模守败诉。幸运胜诉的公文总算是家业安顿了,于是他决意报恩,就把300贯钱夹在草袋中,从青砥左卫门屋后的山里潜入宅院。青砥左卫门看到之后非常气愤,告诉他自己在诉讼时明判是非,是为相模守着想,完全不是要帮助公文。如果我为了收礼物而不惜留下恶名,我且从相模守那里收了。胜诉的公文知道这个礼物无法送出,只得收回金钱,回到遥远的乡间老家去了。

第五节 雾中看花的货币

元弘三年(1333年)五月,镰仓继两六波罗之后也告陷落,实际控制镰仓幕府的北条氏灭亡,镰仓幕府在距源赖朝创立约140年后崩溃。

后醍醐天皇于当年六月从隐岐回到京都开始亲政,推行了一系列新政,被称为建武中兴。但新政仅仅过了两年半就失败了,日本进入被称为南北朝①时代的漫长乱世。

据说在这短暂的建武新政期间,也曾计划制造和发行新的钱币、纸币。该事在《建武记》和《太平记》中有所记载。

---

① 后醍醐天皇推翻镰仓幕府后,推行的新政未能满足武士的要求。倒幕大将足利尊氏逼迫后醍醐天皇退位,另立光明天皇。并被光明天皇策封为征夷大将军,建立室町幕府,是为北朝。而后醍醐天皇被迫退位后设法逃出,持着天皇象征的三神器退往大和(今奈良县)的吉野,是为南朝。——译者注

在《建武记》的“建武二年”一节中，记载了朝廷于建武元年（1334年）三月二十八日以诏书的形式颁布的如下政令（原文全部为汉字，括号内作者、译者注）：

圣人处于大宝之为（天子在其位），深究变通之理，法天地之道厉行沿革。洞察时弊，定制法规。岂能偏执一途。国家殷实，诸侯来朝。开创周武国基（像周武王那样开创一国基业），初兴九府圜法（姜太公为周朝立九府圜法，即货币之法）。汉文（汉文帝）广播繁荣，四铢（西汉四铢钱）形制添彩。金铁之品，龟龙之类，虽然有万物之象可取，但仍须勿忘勤俭。本朝垂范上世之规，屡屡修改官文，以简牍（文书）传载。自所谓天平宝字至天德①变化十度有余，悠悠历史源远流长。继往开来到了近古，向外国寻求之（货币），未行管制便遍布市井。如同忘却官府王法之存在，颇为违反彝典（常理、常典，见于中国南朝梁江淹“业不题於宗器，声靡记於彝典”），枉废政令。如今，以新化（改革）一扫旧弊，故应开铸官币，利归天下。济世救民。于斯降昭。钱文曰：乾坤通宝。铜楮（纸币，因宋、金、元时发行的各种纸币多用楮皮纸制成而得名）并用，切莫拖延。仁义之所在，夯实经济定享其成。以宸衷（天子之心，见于《旧唐书·杨发传》“礼之疑者，决在宸衷”）诏告天下，天理浩荡，令各有司厉行。

《太平记》在卷十二“大内里营建之事，附圣庙之御事”的条目中也有相关记载：

安元二年（1176年）日吉山王（近江日吉神社的旧称）降罪，大内（皇宫）各社宇都被烧毁，无有一栋留存。国力衰退，世代圣主至今无

① 太平宝字（757年八月十八日至765年一月七日）是奈良时代孝谦天皇、淳仁天皇、称德天皇年号。天德（957年十月二十七日至961年二月十六日），是日本平安时代村上天皇年号。——译者注

重建之意。现在兵戈初休,天下黎民尚未安定,国弊民苦,马不能放牧于花山之阳食草,牛不能放牧于桃林之野觅食。大内裹圣意已决:自古而今,我朝还未使用过纸币,拟用纸币发行解决向各国的地头御家人领地课役(收缴贡物、劳役)之难题,不可纵之违背天意而骄傲不逊。许多足智多谋的大臣皱眉深虑。

后醍醐天皇的目的是发行名为“乾坤通宝”的新币,以期获得铸造收益,确保财政收入,并控制当时已货币化的京都经济;同时发行日本最早的纸币,以谋求皇宫“大内裹”的重建。“大内裹”是天皇的正式皇宫,自承久元年(1219 年)被大火烧毁后就未能重建。皇宫临时设置在贵族的大宅邸中,即所谓的“里内裹”。后醍醐天皇的皇宫重建计划是为了彰显天皇亲政的形象。为筹集资金,其之前提出的加税 1/20 的计划备受恶评,此次将计划大幅调整为发行纸币,但也始终未能如愿。

自皇朝 12 钱以来,日本终于在时隔近 400 年后重新制订新的铸钱计划。然而,朝廷虽然颁布政令设置了铸钱司,任命了铸钱长官、次官,但不知是否真的实施了行动。由于迄今也没有找到可以作为铸钱证据的实物,而且建武新政的持续时间很短,所以该铸钱计划应该是在准备阶段就被终止了。明治初年《大日本货币史》的编者认为:“据史书记载当时通行的钱大多都是外国货币,所以确应重新铸钱。但是乾坤通宝究竟是什么样的钱,其形制如何,不得而知。回溯到那个时代,建武中兴的太平日子很短,可以开展铸钱业务的时间也很有限。即使当时确已开始铸钱,其数量也不会很多。因此现在当然不太可能看到它的形制。”当今学者基本都认为乾坤通宝实际上根本就没有发行。因此该货币被称为“雾中看花的货币”。

当时朝廷有发行纸币的构想。这大概是从当时元朝流通的被称为“交钞”的纸币中得到了启发。但是正如前述,元朝货币是一种极其例外的情况,他们采取了将纸币作为主体货币的政策。元朝百姓纳税时,只能用实物缴纳最多一半的田租,其余统统必须使用纸币。同时不可忽视的是,元朝发行中统元宝交钞是用金银作为储备,以便保证物价的平稳,其制度相当周全。元朝在整个存续期间一直维持了纸币经济体制。从客观条件来看,这一结果其实离不开元朝建立前的社会发展背景。前朝北宋时期的铸币业繁盛。随着国家统一币制的确立,被广泛接受的货币经济已经渗透北宋全国的各个角落。纸币本身也是从 11 世纪初(北宋仁宗的天圣至庆历年间[①])开始兴起,并且逐渐由民营转为官办。因此纸币在中国其实很早就已成熟了。

无论如何,关于日本最早的纸币发行计划,有两点是不容置疑的:第一,因为建武新政在较短时间内就结束了,新政时期的纸币发行计划最终受挫;第二,即使当时实际发行了纸币,也未必能让其真正发挥货币功能。

第六节　从南北朝到室町

建武新政期望将历史的齿轮倒拨回延喜、天历[②]的天皇亲政时代,但其严重背离了当时世俗观念和现实的客观情况,最终无可奈何地成为镜中花、水中月。日本社会随后经历了南北朝的战乱,开始进入室町时代。"二战"后,日本史学界对此时期的研究取得了一些显著进展,透过"混乱""下克上"这些传统研究中常用的简单词语,对当时的政治、社会等方面进行了更为深入的分析。虽然本书没有余力去详细介绍这段历史,但简而言之,在从镰仓时代到南北朝、室町、战国时代的变迁过程中,日本并没有在每次变迁时都开启社会经济的新局面,

① 天圣(1023 年至 1032 年十一月)、庆历(1041 年十一月至 1048 年)均是宋仁宗年号。——译者注

② 延喜(901 年七月十五日至 923 年闰四月十一日)是平安时代醍醐天皇年号。天历(947 年四月二十二日至 957 年四月二十七日)是日本平安时代村上天皇年号。——译者注

而是逐渐地从古代社会的崩溃,走向独特封建制度的确立。因此,在考察这个时代货币经济的状况时,对于构成其背景的各种社会经济现象都可以通过本章"早期武家政治与钱币"所述要素,来把握其进化发展的轴线。

在现存文献史料的记载中,这个时代的交易几乎都是通过钱币来进行的。但是,这些文献史料记载的大多数是以畿内为中心的人和事。因此,若按文献史料仅仅分析京都居住者或庄园领主建造的神社寺庙,未必能够窥其全貌。此外,记载中提到用钱币标价的东西,是否都意味着实际上用钱币结算了?这些疑问恐怕难以在文献史料中找到答案。据江户时代的学者荻生徂徕①所说,货币渗透日本农村的各个角落是在元禄时代(1688 年至 1703 年)以后的事。尽管如此,考虑到南北朝、室町时代经济的发展阶段,以及货币供给不得不全部依赖于进口外国货币等客观情况,可以说当时的日本经济已经极大程度地依赖于货币了。在经济流通方面,从镰仓时代所出现的各种现象和制定的各项制度来看,能够看到时代的进步和发展。庄园领主委托被称为"问丸"的运输业者进行年贡米的转运。但是由于战乱,这些贡米在中途可能遭受扣押、抢夺、私设关卡收费等损失。庄园领主因此苦恼不已,所以希望就地货币化纳贡。如此一来,以往仅存于特定中心城市的市场,逐渐在地方也开始随处设置,并得到较大发展。与此同时,"问"(在沿岸城市开展运输、仓储、代理销售等业务的商户)也在各地海、湖、河的主要港口和城市日渐兴盛起来。"问"的同业之间相互联系,使用"割符"(一种信用凭证)的方式实现了汇款,将现金的运输也省略了。不久之后,"问"发展成专门从事汇兑业、运输业的"问屋",其主要依靠积蓄的资金经营金融业务,同时也对零售业者起到了批发商的作用。另一种金融业形态"土仓"(当铺),在室町中期以后也取

① 荻生徂徕(1666 年三月二十一日至 1728 年二月二十八日),日本德川时代中期的哲学家和儒学家,被认为是江户时代最有影响力的学者之一。——译者注

得了很大的发展。土仓(到了江户时代后被称为质屋)承担缴纳役金的义务,并因此受到幕府、寺社的保护。但随着土仓力量的增强,日后也成为贫民暴动时被烧毁和掠夺的对象,蒙受了德政暴动[①]带来的损失,并受到了更多的关注。那个时候在京都,酒屋也与土仓一样一度非常繁荣。另外,商人和手工业者从权门(大豪族)、寺社得到在庄园内制造、贩卖的特权,从而组织起各种“座”(商会)。在后来的发展过程中,旧“座”不断被新“座”兼并和取代,其内部一度混乱不堪。但“座”作为当时工商业的基本组织机构,客观上较好地发挥了行业商会的作用。作为其开展特权业务的对价,“座”还需承担被称为“座役”的纳贡义务。“座役”主要以货币形式缴纳,但有时也缴纳一部分日用品。

为应对日益膨胀的钱币需求,幕府不得不积极开展对外贸易进口钱币。再加上被称作“倭寇”的非经济行为,[②]以及日本国内颇为盛行的私铸,钱币需求勉强得以满足。

接下来介绍当时外国人眼中所看到的日本社会状况。朝鲜李朝成宗二年(1471 年、日本文明三年),该国领议政[③]申叔舟奉命进献的《海东诸国记》中,描述了当时日本的一些风俗(原文为汉文):

人们喜欢喝茶。路旁设有茶馆卖茶。行人扔上一文钱即可喝上一碗大茶。人聚集地多了,就开设市场和商铺。富人留住无家可归的女子,供其衣食,梳妆打扮使其倾城。随后留宿过客,提供酒食,收取费用。因此行人只要有钱即可衣宿无忧。

---

① 德政暴动,指日本室町幕府时期农民以争取“德政”(废除债权债务关系)为主要目标的一系列斗争。在 1428 年及其之后的数十年,暴动者攻入京都,占领寺院,袭击土仓和酒屋,夺回抵押品,并烧掉典当契据,迫使幕府基本上答应其要求。——译者注

② 实际就是抢掠。钱币是抢掠的主要对象之一。——译者注

③ 古代朝鲜官名,李氏朝鲜最高行政机关——议政府的最高领导人,为正一品位阶,相当于中国的宰相或丞相。——译者注

这段文字中顺便提到了“女郎屋”的事情。应永外寇①之后的应永二十八年,宋希璟②在其所著的旅行记《老松堂日本行录》中,也对“女郎屋”有所记载。宋希璟还提到,对于当时几乎看不到货币流通的朝鲜人来说,用钱买女人的场所是非常少见的。

第七节 海狼

倭寇的起源到底如何,至今仍不清楚。即使是在其最盛行的时候,日本历史中也没有系统的记录。一部分经历过文永之役(第一次元日战争)的九州、四国武士,在战争后主动袭击元朝统治区并以此泄愤。弘安元年(1278 年),日本武士攻击朝鲜的合浦。弘安三年,日本武士又逼近固城、漆浦、金州,袭击了朝鲜南部沿海地区。

据朝鲜史书《东国通鉴》③记载(原文为汉文),高丽忠定王二年(元朝至正十年即 1350 年)二月,“倭寇入侵固城、竹林、巨济等地。于合浦、千户、崔禅等地激战,终破之。贼死三百余人。倭寇犯境,从此开始”。由此可以认为从那时开始就有倭寇了。高丽忠定王二年四月,“倭贼一百余艘,攻击顺天府,掠夺南原、求礼、灵元、长兴府的船只”。高丽忠定王二年六月,“倭贼二十艘,攻击合浦,焚烧其军营。接着又以迅雷之势进攻固城、会源、长兴府”。之后,《东国通鉴》上连年记录了倭寇事项。倭寇的规模和行动范围都在逐渐扩大。恭愍十三年(元朝至正二十四年即 1364 年)三月,“倭船二百余艘,入侵河东、固城、泗州、金海、密城、梁州”,船数比以前加倍。恭愍二十一年(明洪武五年即 1372 年)四月,“倭船集结于东西江,入侵阳州,迅即兵临汉阳

① 指 1419 年(日本应永二十六年),李氏朝鲜攻打对马岛。——译者注

② 宋希璟为李氏朝鲜官员。应永外寇之后,日朝双方互派使者。宋希璟为朝方回礼使,曾途经日本西部多地,到达京都。——译者注

③ 成书于李氏朝鲜成宗十五年(1484 年),由徐居正等编纂而成,为朝鲜半岛三国时代至高丽末年的编年史。——译者注

府。焚烧房屋,杀戮人民。数百里哗然,京城大震”。辛禑王元年(明洪武八年即1375年)七月记载了一个重大事件。“令全罗道元帅金先致,诱杀藤经光(1375年五月率众来投,安置于顺天燕岐等处并供给官粮)。金先致准备酒食,以粮饷为诱饵,欲杀之。但计谋不慎泄露。藤经光带领众人从海路逃走,仅有3人被捕杀。金先致惧怕被问罪,诈称斩取70余首级。但随后真相暴露,金先致被革职编入戍卒。最初,倭寇进犯州郡时并不杀人。经此事件后,倭寇大怒,每次犯境都是无论妇婴屠杀无遗。全罗杨广的沿海各州郡,荡然一空。”受倭寇劫掠影响,朝鲜南部这些地区越来越荒凉不堪。

此外,辛禑王四年(明洪武十一年即1378年)四月记载了另一重大事件。“判三司使崔莹①等,与倭寇于海丰激战,大败倭寇。在此之前,倭寇先后入侵德丰、合德等县,火烧都巡问使大营,并且在窄梁集结主力,大举入侵升天府。倭寇放言:打到京城②去。中外大震,高丽王朝全国进入戒严状态。诸军分别接受军令,向东西江开拔。于兵阙门严阵布防,等待倭寇前来。京城中人心惶惶……崔莹曰:社稷存亡,在此一战。接着与伯渊进攻倭寇。崔莹诈败向后逃走,引倭寇猛追。太祖(李成桂)③率领精骑直进,与伯渊两面合击,大败倭寇。崔莹遥望倭寇旗帜摇摆不定,随即率麾下反身回击,直冲敌阵,从侧翼攻击。倭寇几乎全军覆没,余众乘夜逃走。京城中听说崔莹败退,却不知他是诈败,更是人心惶惶。辛禑王也想撤走,与百官满身金银细软,聚集在宫殿观察形势。诸元帅先后喜报大捷,京城解除戒严。百官祝贺仪式结束后,朝廷以崔莹为首功,封为‘号安社功臣’。”其实当时朝鲜京城已经危如累卵。其后,辛禑王六年(明洪武十三年即1380年)六月又有记载。“倭贼五百艘,进犯镇浦口。用粗绳索将船连接起来,分兵

① 崔莹,高丽王朝末朝名将。

② 此处指朝鲜半岛高丽王朝京城,本段下同。

③ 李成桂,朝鲜半岛朝鲜王朝太祖,于1392年以高丽王朝门下侍中(类似我国明代首辅)推翻高丽王朝统治,建立朝鲜王朝(亦称李氏朝鲜、李朝),1393年奉明太祖下旨改国号为朝鲜,向明朝称臣。

守之。然后立即登岸，散开队列侵入州郡。任意烧掠，藏尸山野。把谷物装船，因此洒落到地上的米有将近一尺厚。罗世、沈德符、崔茂宣等赶至镇浦，首先使用崔茂宣制造的火炮炮击倭寇船只，将其焚毁。当时满天烟火，倭寇几乎全部被烧死。跳入海中死者亦众。倭寇将其俘获的人全部杀掉，尸首堆积如山。所及之处，血流成河。（所俘获的人）只有330多人逃脱。退路已绝的倭寇向沃州突进，与登岸的倭寇汇合，焚烧利山永同县。”“倭寇兵败镇浦之后，攻陷郡县，掠夺杀戮。倭寇贼势越发炽热。周围沿海之地，荡然一空。自出现倭寇之患以来，未见如此严重程度。”倭寇最猖獗、最凶恶的时期想必就是在那个时候。而且，《东国通鉴》前述记载中所提到的李成桂，于1380年在云峰（今韩国全罗北道南原市云峰邑）大败倭寇，使之猖獗之势顿消。李成桂因此名声大震，于1392年击败高丽王朝，登上王位创立了李朝。李成桂即位后对倭寇采取了武力和怀柔并用的政策，迫使倭寇与其缔结和约，终于消除倭寇之患。此后，倭寇主力转战中国。

倭寇在朝鲜获得了什么呢？虽然其所获主要是米谷和奴隶，但金、银、铜币等也相当多。只是，朝鲜的铸币量很少，民间流通的货币量也很少，所以可以认为所获钱币不会太多。

接下来，让我们来看看倭寇在中国的侵略情况。在《明史》（清代张廷玉等奉旨编撰）上可以看到的关于倭寇的最早记录，是明太祖即位伊始的洪武元年（1368年）。“方国珍、张士诚相继被诛或臣服。诸豪强亡命之徒往往纠集岛上之人入侵山东滨海的州县。”从那以后，尽管明朝不断颁布政令禁止，并且努力镇压，但是倭寇之乱逐年愈演愈烈。《明史》洪武二年又记载了从山东半岛到南方沿海的倭寇之患。“又进犯山东，转而向温州、台州、明州沿岸突进，抢掠沿海民众，继而很快泛滥至福建，入侵福建沿海的各郡。”洪武四年以后的记载中，也提到了各地的连年倭寇之患。到了洪武二十年（1387年），明朝不得不采取正式措施，在福建、浙江的海岸建设要塞，招兵买马，配备军船，加强海防，同时切断了与日本的贸易，做好了应对倭寇之患的各项准备。之后,明太祖在其祖训中列举了 15 个不征之国。日本也在其中,此事颇为有名。永乐十七年(1419 年[①])望海埚(辽东金州半岛)之役[②]后,倭寇的主力从北方转向南方,但其狡诈通过《明史》的记载历历在目。正统四年(1439 年)五月记录:"倭寇,极其狡猾,经常载着土产和武器出没海滨,一旦得手就挥动武器进行抢掠,否则就把那些土产呈上,自称前来朝贡。祸患东南海滨。"另外,倭寇的主体不仅是日本人,参与其中的明人也不在少数。有一些巨商从事走私贸易,一方面贿赂官员,另一方面又借此大肆敲诈驻防官员,向朝廷举报受贿。这种风气在当时非常盛行。这些明人穿上日本服装、挂上日本旗帜,装扮成倭人,分乘船只进行掠夺。如此一来,明朝海防的警备体制就更加松弛,以至于到了一触即溃的程度。《明史》对此有如下记载:"于是,经过朝廷审议重新设置了巡抚一职,于三十一年(1552 年)七月由金都御史王杼出任。但倭寇之势已经非常猖獗,难以剿灭。明初,朝廷曾在沿海要地建立卫所,驻屯战船,由都司负责巡视,并设副使等官员进行周密控制。但此时天下承平已久,战船破旧不堪且数量相当匮乏。官府没有办法只得招募渔船充当战船。哨兵的素质也今非昔比。驻屯军队看见倭寇的船往往旋即望风而逃,上司无法统率驾驭。因此,贼船所向之处,无不一败涂地。"

翌年(1553 年)开始起兵的汪直出身安徽,早年通过海盗走私成为海上的一大势力,受到平户松浦氏的优待,[③]自称徽王。其势力集团被称为倭寇后期的霸主。起兵后 3 年间,汪直沿长江进行大掠夺,并一度威胁南京。嘉靖四十一年(1562 年)十一月,倭寇攻陷兴化府,《明史》对此有如下记载:"最初倭寇进犯浙江,虽有数以百计的州县

---

① 原文误为 1420 年,译者勘正。——译者注

② 1419 年,明朝军队在望海埚(今辽宁大连金州区东北金顶山)全歼入侵倭寇。此后百余年,倭寇未侵犯辽东。——译者注

③ 汪直曾接受日本战国大名松浦隆信的邀约,以九州外海属于肥前国的平户岛(今属长崎县)为基地,从事海上走私贸易。汪直亦接受松浦氏为其建造的住宅,并长期居住。——译者注

卫所被攻破,但从未攻陷府城。如今倭寇已经严重到了这般程度,远近震惊。”

倭寇如此猖獗,也是明帝国崩溃的原因之一。最终在天正十六年(1588 年)七月八日,丰臣秀吉颁布禁令,才让倭寇之乱落下帷幕。

现在想来,室町时代日本的渡来钱大概是通过朝贡、通商、倭寇这三条途径进口的,而且这三者之间也并不一定界限分明。朝贡船只通常与通商船只相伴来往。朝贡被拒绝时就都变成通商,若通商再被拒绝,则可能又变成倭寇了。还有假装通商却实为倭寇的。总而言之,这三者都是奔着同一个目的——获得货币。当然,这些途径不可能有统计数字,所以无从得知各个渠道分别向日本提供了多少货币。但从倭寇活动的年限、规模等方面来考虑,这种非经济行为给日本带来的货币应该数量庞大。竹越与三郎在其著作《日本经济史》第三卷(昭和二十一年再版,平凡社)中,对倭寇带来大量金银的问题进行了阐述,现摘要如下:

到了近代,有人找寻倭寇带来的财宝遗物,但据说一无所获。明朝中叶以后,倭寇抢掠的地方是江苏、浙江等中国最富裕的区域。虽然据说那些抢掠而来的财宝都被挥霍一空,但是如果说一件财宝也找不到,应当说也是奇怪。这大概是因为倭寇的后人们成了诸侯豪族,时间一长就对财宝来路感到羞愧,不将其告诉子孙,只说是从明朝进口的贵重物品。后人不知实情,就这样不知不觉地将其作为普通的贸易品传承下来。另外,当时倭寇所希望得到的,主要是眼下就有价格的金、银、铜,所以需要特别向后人交代说明的也就少之又少了。《草卢闲谈》中引用了《四家合考》一书,说是 1504 年(永正元年)天下饥荒,东北的会津地方米价飞涨到了 1 升 100 钱,而当时流通的货币是大观通宝。大观是宋徽宗年号,大观元年是 1107 年。大观元年以后宋、元、明各代新铸钱币在日本多有流通,但只有东北地区大观通宝很多。这难道不是东北出身的倭寇,不断抢掠拥有很多该钱币的地方,所以才出现的结果吗……后来到了丰臣、德川二氏的年代，日本的金银尤其是黄金的数量非常多。当时的矿业开采产量却无法匹配其巨额数量。因此，我想倭寇曾经的贡献程度还是不少的吧？倭寇抢掠最多的朝鲜，明明是最富有黄金的国家，但在倭寇进犯以后贫寒不已。从中是否也可以看出一些端倪呢？

第八节　勘合贸易和明钱

说起室町时代的贸易，应该马上就会联想到足利义满卑躬屈膝地对明外交。应永八年（1401 年），足利义满派遣僧祖阿和九州商人肥富为使者赴明，让其携带了若干日本物品。《善邻国宝记》[1]对此有如下记载：（原文为汉字）

足利义满

日本准三后某，向大明皇帝陛下呈上国书。日本国开辟以来，无

① 《善邻国宝记》为日本相国寺僧瑞溪周凤所编著，收集了文明年间（1469 ~ 1486 年）的日明、日鲜交往文书。——译者注

不通聘问于上邦。某幸秉国钧,海内无虞。特遵往古之规法,而使肥富相副祖阿通好,献方物:金千两、马十匹、薄样千帖、扇百本、屏风三双、铠一领、铜丸一领、剑十腰、刀一柄、砚筥一合、同文台一个。搜寻海岛漂寄者几许人还之焉。某,诚惶诚恐,顿首顿首谨言。

1402年八月,在遣明使回国的同时,明朝使节也同行来到了日本。① 足利义满跪下拜读明朝回复的国书如下:

奉天承运皇帝诏曰:复载之间,土地之广,不可以数计。古圣人疆而理之,于出贡赋力役、知礼仪、达于君臣父子大伦者,号曰中国。而中国之外,有能慕义而来王者,未尝不予而进之。非有他也,所以牵天下,而同归于善道也。朕自嗣大位,四夷君长朝献者以十百计。苟非戾于大义,皆思以礼抚柔之。兹尔日本国王源道义,心存王室,怀爱君之诚,逾越波涛,遣使来朝,归逋流人,贡宝刀骏马甲胄纸砚,副以良金,朕甚嘉焉。日本素称诗书国,常在朕心。第军国事殷,未暇存问。今王能慕礼仪,且欲为国敌忾,非笃于君臣之道,畴克臻兹。今遣使者到彝一如班示大统历,俾奉正朔,赐锦绮20匹,至可领也。呜呼!天无常心,惟敬是怀。名无常好,惟忠是绥。朕都江东,于海外国惟王为最近。王其悉朕心,尽乃心,思恭思顺,以笃大伦。毋容逋逃,毋纵奸宄。俾天下以日本为忠义之邦,则可名于永世矣。王其敬之,以贻子孙之福。故兹诏谕,宜体眷怀。

建文四年(1402年)二月初六

于是,尊奉明朝统治的足利义满,在应永九年的上表文中署名为日本国王臣道义②,将生马20匹、硫黄1万斤、大小玛瑙32块共200

① 时值明建文帝朱允炆在位。——译者注

② 道义,即源道义,是足利义满将征夷大将军之位让给长子足利义持后,剃度出家的法号。——译者注

斤、金屏风3幅、枪1000柄、太刀100把、铠1领、匣扇100把等方物（土产）献上。明朝则对每次上表和朝贡，都赏赐各种各样的礼物。显而易见，足利义满称臣纳贡的目的就在于此。例如，明朝对应永十二年（1405年）的使者，赐予钞50锭、钱1500缗等。对1406年的使者，赐予白金1000两等。对应永十四年的使者，赐予足利义满花银1000两、铜币15,000贯、棉锦缎丝纱罗绢410匹、僧衣10套，赐予义满夫人花银250两、铜币5000贯、棉锦缎丝纱罗绢84匹。

足利义满的这种态度，在日本自古以来就被认为是最严重的国耻外交，因而受到了很大的谴责。但同时，这是因为他想要使自己和家族在日本国内处于皇室之上的地位。他最终的归宿是在去世时宣布了太上法皇的尊号（对此有两种说法，一种说是实际宣布了，还有一种说是在非正式提出的阶段就被其管领斯彼义将劝退了）。有学者认为，他之所以以日本国王的身份尊奉明朝的统治，是想在国际上确立其最高主权者的地位，得到法理上的支持。实际上，室町幕府的财力基础与德川幕府相比十分薄弱。其直辖领地只有30万石左右，而德川幕府为400万石，即使其征收1/20税，也相差甚远。因此室町幕府自然而然试图利用贸易收入来弥补财政的不足。为此，足利义满打倒了大内义弘，又追讨今川了俊①，终于得以控制九州，并按照明朝的贸易方针独占朝贡贸易，垄断明钱进口，以此增强财政实力，树立幕府权威。

室町幕府的实力越是衰退，对明朝货币的渴望也就越强。据《善邻国宝记》记载，足利义政②在文明七年（明宪宗成化十一年即1475年）给大明皇帝的上表中写道："近来铜钱混乱散失，造成官库空虚。

① 今川了俊本名今川贞世，曾在足利义满时任九州探题，在大内义弘协助下用21年（1371～1392年）平定了九州地区的南朝势力。应永六年（1399年）大内义弘举兵反叛，史称应永之乱。叛乱平定后，足利义满因怀疑今川了俊参与叛乱，对其下达追讨令，后又以其不参与一切政事为条件予以赦免。——译者注

② 足利义政，室町幕府第八代征夷大将军，第六代将军足利义教之子，第三代将军足利义满之孙。——译者注

土瘦民贫，却没有办法赈济民苦。永乐年间对此多有恩赐，我们感恩不忘。书籍也毁于兵火，与秦始皇时如出一辙。弊邑小国所需，也就（铜钱和书籍）两物为急。谨此奏上，叩请恩准。书目列在左边（列有12种书的名称）。”另外，在文明十五年（明宪宗成化十九年即1483年）的上表中，足利义政又写道：“近来弊邑小国承受着长期兵荒马乱的洗劫，铜钱都荡然无存。官库空虚，以何赈济民苦。现在派使者入朝，唯有一事相求。圣恩浩荡，请赐给我们10万贯钱吧。请满足该请求，再也没有比赐给我们铜钱更重大的事了。谨此奏上，叩请恩准。”前一篇上表除铜钱之外，还要求赐给一些书籍。不知这是因为足利义政是个文化人，还是因为其受到了禅僧们的压力。而后一篇上表就已经没有那么斯文了。其行文表意非常露骨，一心想着10万贯钱，低头哈腰、屈膝恳求的样子尽览无遗。

明日之间的贸易，是与上述进贡合为一体，通过勘合符[①]来进行的一种朝贡贸易。明朝完全不承认一般的私人对外贸易。其给臣属国当局颁发勘合符，规定只有出示“割符”[②]比对后进行的贸易才算合法。在明日贸易中，写有“日”字和“本”字的割符分别由中国船和日本船携带出国。其中中国船携带“日”字割符，日本船携带“本”字割符。船只到达后分别与对方国家所持有的同字底册进行比对，比对合格则认可所进行的贸易。这一政策是为了应对倭寇而被苦心设计出来的。通过这种勘合贸易，日本方面出口了刀剑、枪、屏风、描金画、金、铜、硫黄之类商品，中国方面则出口了铜钱、生丝、织物、毛皮、陶瓷、书籍等。其贸易利益是巨大的。在《寻尊大僧正记》第九十五节文明十二年十二月二十一日的条目中有这样的记载：“唐船[③]的盈利莫过于生丝。唐丝一斤250目，来日本值5贯文。在西国备前、备中铜一驮为10贯文。在唐土明州、云州，如果将丝换成铜钱，则为40贯到

---

① 勘合符，是一种编有字号、用于校勘比对以防欺诈的纸质文书。——译者注

② 割符，指勘合符一分为二后的其中一部分。——译者注

③ 唐朝灭亡后，日本仍长期以“唐”称呼来自中国的各种事物。——译者注

50 贯。"根据明书的记载,以足利义持①中断贸易为界,勘合贸易分为两个阶段。在此之前有永乐要约,规定勘合贸易船的派遣为 10 年 1 次,每次限船只 2 艘、船员 200 人以下。之后又有宣德要约,同样规定 10 年 1 次,但每次限定改为船只 3 艘、船员 300 人以下。实际上,中断贸易前幕府直营勘合贸易船 6 次 37 艘,重开贸易后又进行了 11 次(其中幕府直营 7 次)50 艘。重开贸易后幕府直营减少了,但是大名和社寺的船增加了。再之后的永正年间②,勘合贸易被交由大内氏经营。天文十六年(1547 年),勘合贸易最终宣告结束。之后,明日之间进入相互进行走私贸易的时代。天文十六年,日本正处于一个室町幕府权力崩溃的时代。在其之前,日本发生了细川晴元攻击足利义晴、义藤,导致足利义晴等人逃往近江的事件③。而明朝在嘉靖(1522 年至 1566 年)中期之后,因倭寇活动最为猖獗,于公于私都必须将外来者拒之国门外。所以,在历史推移的进程中,结束勘合贸易是迫不得已的结果。一方面,一个有趣的现象是,过去一度单向进口的铜钱,在日本私铸钱出现后不久,转而在贸易中反向出口国外。而一件值得关注的史实是,进入 16 世纪后,日本和葡萄牙的贸易开始了,白银的出口也日趋盛行。另一方面,起到日本货币供应源作用的明朝货币,其情况又是如何呢?明太祖朱元璋在其称帝即位之前的吴国公、吴王时代,就已经铸造了名曰"大中通宝"钱币(初铸是元朝至正二十一年即 1361 年)。明太祖即位时改元洪武,并于洪武元年(1368 年)以后,铸造了包括小平钱、当十钱在内的五种洪武通宝。自洪武八年以后,又仿照元朝的做法发行五种大明通行宝钞,并力图使其在全国流通。

---

① 足利义持,室町幕府第四代征夷大将军,第二代将军足利义满之子。——译者注

② 永正(1504 ~1520 年)为日本年号,其时天皇为后柏原天皇,幕府将军为足利义澄、足利义稙。——译者注

③ 大永六年(1527 年),拥立将军足利义晴的管领细川高国,在争夺细川氏家督的战争中败给细川晴元,不得不携足利义晴、足利义藤(后任将军,改名为足利义辉)逃往近江国。之后 20 余年的享禄、天文年间,细川晴元又先后与细川高国、一向宗暴动、法华宗暴动等作战,最终败于三好长庆,导致近畿毁于战火。在此期间,幕府将军足利义晴、足利义辉先后受制于细川氏、六角氏、三好氏。——译者注

洪武通宝

之后，明成祖永乐帝于永乐六年（1408 年）铸永乐通宝。明宣宗又于宣德八年（1433 年）铸宣德通宝。太祖、成祖、宣宗三帝在位时是明朝立国后最辉煌的时代，铸造的钱币也比后代所铸要好得多。下一节要说的撰钱令中，就提到了“洪武”“永乐”“宣德”这三种货币。过了几代之后，明孝宗于弘治十六年（1503 年）铸造了弘治通宝。两年后武宗即位，并第一次铸造了黄铜货币。再之后，黄铜货币就开始被大量铸造。至于明朝纸币，由于其不受民间喜欢，其价值随着时间的推移不断下降。纸币一贯的市价曾经跌至铜币 12 文。明朝之初曾被禁止作为货币流通的白银，却在正统元年也即 1436 年得以恢复货币地位。随后白银的使用越来越盛行。因为国产白银的不足，从 16 世纪前半叶开始，明朝走私船开始漂洋过海来到日本各地，以便寻求当时显著增产的日本白银。

永乐通宝

宣德通宝
（上）正面，（下）背面

第九节　混乱的货币和选钱

由于上节所述的经济和非经济行为，大量中国钱币流入日本。其中以当时中国铸造的洪武、永乐、宣德等制钱[①]为主，还有此前宋朝、元朝的古钱以及中国南方的私铸钱等。当时在日本已经存在皇朝12钱，以及在更久远年代就已进口的其他中国钱。如此一来，大量种类各异的钱币混杂流通、相当混乱。再加上日本私铸钱，更令钱币流通状态雪上加霜。

虽说日本在这一时期出现“私铸钱”，但由于当时没有进行官铸，因

① 制钱，指我国明、清两朝官府监制铸造的铜钱。因形式、分量、成色皆有定制而得名。——译者注

此严格来说这些“私铸钱”并不符合其定义。实际上，当时民间模仿制式钱进行私铸，只要有简单的设备和原料就能够较为容易地进行。各种铸钱条件都一应俱全的九州、日本本州岛西部地区，则是主要的私铸聚集区域。但具体的产地和铸造量几乎无法知悉。

日本私铸钱中只有一种具有明确的铸造地。这种在大隅国始良郡加治木村（现鹿儿岛县始良郡加治木町）铸造的货币，如今通称为“加治木钱”。该币特征是背面铸有“加”“治”“木”这三个字中的任意一个字。币体呈类似铁钱的灰白色，主要以“洪武通宝”为正面文字（钱铭[①]）。有意思的是，后来曾于德川幕府末期在萨摩藩被大量铸造的伪造钱币，也与加治木钱的谱系存在一定关联。还有一种叫“长崎钱”的私铸钱，据推测是在长崎附近铸造的。从江户时代万治二年（1659 年）开始的 25 年，长崎町年寄曾在取得幕府许可后铸造长崎贸易钱。从钱铭和制作特征来看，长崎钱与长崎贸易钱属于同一个谱系。

除此之外，在日本古钱收集界还有一种被称为“岛钱”的系列。据推测，这种别具风格的私铸钱采用一种独特的制作方法，即先在铅等柔

加治木钱
（上）正面，（下）背面

① 钱铭，指钱币正面文字。

软金属的圆板上进行雕刻或刻印，再以此为母模进行铸造。至于“岛钱”这个怪异名字的由来，有一种说法是“在野蕃小岛上由夷人制作的钱”的意思，还有一种说法则称，江户时代的古物界将不清楚来源的东西统称为“岛物”，“岛钱”因此得名。

岛钱
（上）正面，（下）背面

日本私铸钱铸造时，主要是将中国钱和皇朝12钱直接作为样板，使用另行仿制的母模进行铸造。因此，私铸钱与真品相比，必然会出现形状较小且薄、钱文易碎、内轮廓不太均匀等现象，难免外观不佳，材质粗劣脆弱。从元龟天正年间①开始，这样的恶钱一般被称为“鐚”（这个字是和制汉字②），在关东则被称为“丑八怪”钱。如上所述，在日本本州岛西部，劣制的私铸钱大行其道。同时，原有的各种官制钱也因长期流通和天灾人祸而出现较多的磨损、破损、火烧等情况。因此，人们开始区别对待各种钱币，从中挑选出良钱和恶钱，并拒收恶

① 元龟、天正均是日本的年号，分别指1570～1573年、1573～1592年，属于室町幕府时代。——译者注

② 和制汉字，又称日制汉字，指诞生于日本的自造汉字。——译者注

钱,或要求增加恶钱数量凑足应收价值。这种区别对待货币的现象被称为“选钱”,或称“精钱”“精撰”等。在当时社会经济秩序尚不规范的形势下,并未形成标准货币的公认规格,以及区别恶钱、良钱的统一标准。选钱标准仅仅因为时代、地域以及当政者政策的不同就有所不同。例如,在关东被当作标准钱的永乐钱,在京都以西却被当作恶钱。“京钱”这个概念,既可以指在京都地区使用的除了永乐钱以外的所有钱币,也可以指代全部的恶钱,还可以作为南京钱的省略语。总而言之,对于日本本州岛西部出产的私铸币,日本学界有各种各样的解释,没有一个通用的固定说法。

面对货币流通的这种混乱状态,幕府诸大名以及大社寺等,都经常发出管制令,站在各自的立场上尝试对选钱进行管制。这些管制令有着“定”“定撰钱事”“定精撰条”等各种各样的名字。日本学界将其统称为“选钱令”(日文汉字为“撰钱令”)。此外,这些管制令的内容也各不相同,代表各个机构的立场。我们看一下下面列举的有代表性的几种选钱令。

文明十七年(1485 年)四月的大内氏条令,是室町幕府时期最早颁布的著名选钱令。这说明大内氏在当时诸大名之中,较早地在其领国经营上下了很大的功夫,并因此脱颖而出,从开展对外贸易开始,迅速地促进了领国内的经济货币化进程。该条令分为两个部分:前一部分,要求缴纳租税时以良钱为准,但又从尊重农民意愿的宗旨出发,允许其混入 20% 的永乐、宣德钱;后一部分,要求一般民间交易,无论质量形式如何,一概不能将永乐、宣德钱作为选钱的对象。界钱(指在堺这个地方私铸的日本恶钱)、洪武钱(钱名为“洪武通宝”,但其实是俗称为“绳切”的日本私铸恶钱)、打平(指经过锤子敲打使其面积延展变大的劣质的小钱,往往夹杂在正常形制的钱当中穿到绳子上以图蒙混过关)这三种钱可以作为选钱的对象。但是,有些仅仅使用永乐、宣德钱的交易场合不在此限。有些交易场合则按规定可以混用 30% 的永乐、宣德钱。实际上,明朝所铸永乐、宣德钱本应是良钱。现代分析结果表明，明铸永乐钱金属成分为铜 72%、铅 16%、锡 10% 等，品质相当优良。这意味着在当时日本流通的货币中，存在大量冒充永乐、宣德钱的劣质私铸钱，这才导致西国不喜欢明朝钱。但是大内氏通过与中国的国际贸易，进口了大量钱币，当然不可能把这些进口钱币都一概当作恶钱对待。所以大内氏折中分别规定了在纳税和在民间交易时混入明朝钱的比率，并设置了 10% 的差额。由此可以看出大内氏的良苦用心。

永正五年（1508 年）八月的幕府政令，则是室町幕府所颁布的 19 次选钱令中的第六部。该政令对选钱的规定是：“除了京钱、打平（如前所述解释）之外，其他诸如渡唐钱、永乐、洪武、宣德、割钱，允许在使用时混入 1/3。禁止一切买卖恶钱的行为。违反上述规定者，不论是何种身份，一概严厉惩处、没收家宅。”

永禄十二年（1569 年）三月，织田信长在四天王寺内发布的名为《定精撰条》的政令也很有名。该政令的内容是：“小钱（未经延展的劣小钱币）、宣德、火烧钱以及更小的古钱，一概以折半价值进行流通。惠明钱（古日语，指外观不整、形状各异、钱质不全的货币）以及存在较大缺口、破裂、磨损的货币，一概以 1/5 价值流通。打平、南京钱（指在京都以南、本州岛西南地区私铸的恶钱；又因当时铅被称为南银，所以也有一种说法是指铅币）则需以 1/10 价值进行流通。反钱、地子钱、公事钱以及金银、唐物、绢布、土产、五谷及其他商品应按往常的行情支付款项。所有支付应以精钱（良钱）、恶钱各约一半来进行结算。在双方就货币精选区分尚未达成一致之前，不得超出规定范围压低物价、无理取闹，违者将被严加惩处。”就在发布该政令当年的正月初，织田信长第二次进京并确立了织田政权。其通过对堺（地名，当时为重要的明日贸易港口）的统治，终于在军事上迈出了统一天下的第一步。同时，其在政治上也有了新的抱负并开始付诸实践。正如在这个政令中所看到的，织田政权通过选钱令规定了各种货币的流通比例，将货币分成了多个不同的类别，并且进一步对每个类别的混用比例一一作了更为细化的规定。因为当时货币流通的实际情况已经表明，粗略的管制方法其实是完全无效的。

然而，由于当时根本就不存在法定货币，所以仅通过法制手段应该不可能压制选钱行为。除了上述政令之外，织田信长再也没有颁布其他选钱令。其继承人丰臣秀吉也始终没有对选钱表示过关心。丰臣秀吉构想的币制，是从规定金银币的形制开始，逐步向近世统一币制的方向发展。再之后，德川氏继承了该构想并且最终予以实施。

第十节　永乐钱

各种各样的钱币混在一起流通，自然会产生选钱风潮。如前所述，各代当权者为了限制选钱而发布选钱令。但无论是哪个选钱令，通常都将钱币大致分为古钱、良钱、恶钱、鐚钱等类别进行处理。在此期间，只有永乐通宝钱①逐渐得到了独有的好评，并在关东地区②占据了标准货币的地位。

江户时代的商人学者草间直方在其著作《三币图汇》中引用了《武家盛衰记》的如下记载：

后小松天皇时期，应永十年（1403 年）秋八月二日，刮大风，神社、佛阁、民屋等全部倒塌，几乎无一幸免，全部受灾。大风从二日未时开始，一直到第三天的巳时才停下，风力之大，让人吃惊。在三日申时下刻，一艘唐船漂到了相州三浦的崎（地名）。当时镰仓公方足利满兼任朝廷重臣。在他的命令下，东二郎右卫门贞次、梶原能登守景宗、三浦

① 永乐通宝是明朝永乐年间对外贸易的主要货币，除日本以外，在南中国海及印度洋周边的很多国家和地区也有较大数量的发现，包括肯尼亚、坦桑尼亚、阿曼、伊朗、斯里兰卡、印度、泰国、马来西亚等国均有出土记录，在中国本土却出土并不太多。除日本以外，越南也曾大批仿铸使用。——译者注

② 日本关东地区，指大致以今日本东京为中心的本州岛中部地区。下同。

备前守义高奉命查办。经过审议,(查明唐船)是被大风刮到岸上的。在对船上的杂物进行彻底盘点后,发现其装载了数百万贯永乐钱。幕府据此扣押该唐船,将船上使者送至京都,向前将军足利义满入道道义、新将军足利义持报告详细情况。唐船一旦到了关东,则被视为闯入足利满兼的领地,因此船中财宝被全部没收。幕府随后允许唐船回国,在估算其回途所需天数后,略多给了些兵粮,又给了盐、味噌、木柴等,打发他们回唐(此时已经是明朝,但当时日本仍将中国概称为“唐”)。

针对上述事件草间直方批判道:不是已经实施“和汉合运”①了吗?应永十年八月三日唐船来了,却办出了这种事情。此外,据《明史》记载,永乐通宝钱是于成祖永乐九年开始大批铸造并对外使用的(始铸于永乐六年)。永乐九年时值日本的应永十八年,也即上述唐船事件八年之后。这样一来,这批钱币就不可能是永乐通宝。同时,上述记载中的数百万贯这个数字过于庞大。即使永乐通宝在永乐初年就开始铸造,只是到永乐九年才开始公开发行,这么大的数量也不可能不见记载。因此,上述“永乐钱”可能并不是用于对外贸易的永乐通宝,而是在中国某地铸造并用于本国流通的钱币。然而,用于本国流通的钱币即使在其国内用船运送,遇到大风是否也应该只能漂到中国沿岸?这些情况都难以解释。只不过,从永乐通宝钱现在在日本的巨大存世量来看,上述记载倒也有其缘由。明朝永乐以前铸有洪武通宝,从时间上来看更有可能是唐船事件中的钱币。但上述《武家盛衰记》明确记为“永乐”而非“洪武”。接下来,草间直方继续引用了如下记载:

之后,足利满兼颁布政令,规定关东以此钱进行交易。这样民众

---

① 和汉合运,指室町幕府将军接受明朝皇帝册封。——译者注

就广泛使用永乐钱了。随后在天文十九年(1550 年)左右关八州(关东)成为北条氏领国的时候,关东民众开始使用被称为“鐚(铔)”的恶钱,并将其与永乐钱以同等价值流通。进行交易的人非常讨厌这个钱,为此争论不断。因此在天文十九年,北条氏康召集家臣山角信浓守定信、笠原越前守康朝以及其他奉行头人商议此事。北条氏康说道:“钱币虽然有很多种,但都不及永乐钱。从现在开始,计划命令关东仅使用永乐钱,而禁行其他钱。其理由有三:一是钱这个东西不可能一个一个地去挑选良、恶;二是为了制止民众的争斗;三是为了解决交易中的纠纷。诸位意下如何?”经过商议,众人一致表示同意。于是官府在各个十字路口、城镇、郡庄、乡村竖起告示牌,向全民公示会议结果。之后,从市町开始,关八州的民众都只使用永乐钱,即使是偏远乡村甚至一些临近藩国的人,也把恶钱从永乐钱中挑选出去。如此一来,恶钱自然就被废除了。同时,永乐钱自然都会流向关东城市,并且成为关东流通的唯一货币,而恶钱自然会流向京都等关西城市。据说从那时起,“鐚”钱就被叫作“京钱”了。

之后时光流转,直到天正八年(1580 年)七月十一日,北条左京大夫氏政、其子北条新五郎氏直掌管北条氏之时,丰臣秀吉攻下小田原城,致使北条氏政自杀,北条氏直隐遁野山。随后德川神君(指德川家康)接管了关八州。再之后的庆长五年(1600 年),神君经关原之战一统天下。所以从庆长九年正月开始,决定在日本全国统一使用永乐钱。但并非完全丢弃“鐚”(恶钱)不用,而是在给永乐钱找零时,允许使用四种恶钱。然而,由于这种找零时的混用仍会让人争论良、恶,妨碍交易,常常给商人们带来困扰。庆长十一年十二月八日,神君在被问及此事时,向御家老大久保相模守忠邻、本多佐渡守正信等人提议禁止永乐钱,转而统一使用恶钱。于是,在武州日本桥上竖起了告示牌颁布政令,永乐钱又一次被废除了。自天文十九年永乐钱被认为优于恶钱以来,至此已经过去了 56 年。但这次永乐钱出人意料地又被废弃了。这说明即使是财宝也有盛衰之理,世俗人生更是如同浮萍。

以上记载仅用短短几段话就阐述了永乐钱自始至终的经历,总结了永乐钱的命运。然而,《武家盛衰记》本来就只是江户时代的演义之作,存在不少令人疑惑不解之处。草间直方也指出了其中不符合事实的情况。尽管如此,这一描述还是充分展现了永乐钱在当时所拥有的众望所归的地位。日本关东地区很少像日本西国那样受到直接贸易的影响,因此钱币的传播也很迟缓、可选钱币较少。由此推测,在精钱中形制优良的永乐钱当然会脱颖而出。实际上,永乐钱的优势地位很可能并不是一蹴而就的。在天文十九年(1550 年)北条氏最初颁布的撰钱令中,只是禁止使用四种恶钱。接着在永禄二年(1559 年)颁布的撰钱令中,允许精钱、恶钱按照规定折合比例混合使用。折合比例为 1 贯文 700 比 300、100 文 67 比 30、50 文 34 比 15、10 文 7 比 3、3 文 2 比 1。但是,这种折合使钱币流通情况发生了变化,进而导致北条氏的实际收入减少。于是在永禄七年(1564 年)北条氏颁布政令,要求栋别钱和悬钱①以精钱缴纳,段钱以大米缴纳。最终在永禄十二年,北条氏再次颁布政令,要求栋别钱、段钱等统统以大米缴纳。北条氏出此规定或许是因为精钱的绝对数量不足。但是这种一切税费均通过实物缴纳的做法,与经济社会的时代趋向背道而驰,实属罕见。在此期间,永乐钱逐渐在精钱中占据了独特的价值地位,得到了精钱等于永乐钱的好评。价格基准也以永乐钱来表示,即便在实物缴税的情况下也是如此。其结果是,永乐钱成为估计换算价格的通用钱,被称为"永代",甚至被用于表示田地的面积,被称作"永高"。这种情况从当时开始一直在江户时代都普遍存在。不过,也有人认为这个"永"字并不是指永乐钱,而是由日语"颖"(稻穗)字的省略语转变而来的。

顺便也说一下从那以后永乐钱的命运吧。德川氏在入主关东后,延续北条氏的做法,继续用永乐钱作为不同钱币的换算基准。并且,其在考虑民众习惯和经济界的实际情况后,于庆长九年(1604 年)允

---

① 栋别钱、悬钱以及段钱均为当时的税费名目。——译者注

许“鐚”钱按照与永乐钱4比1的比例使用。然而,之后(根据文献记载有庆长九年到十五年间的各种说法)德川氏发出了一概禁止使用永乐钱的政令,从而使永乐钱的概念被虚化,“永”仅仅成为计算单位。德川氏禁止永乐钱的理由目前还不清楚。据说,德川家康将其更换居城的想法告诉侧臣本多。侧臣本多却理解成了更换货币的意思,并因此采取了措施。更有坊间流言称侧臣本多早就积蓄了大量京钱,正待借此牟利。但是,实际上禁令颁布后永乐钱在民间还是和其他钱一样流通,从常年的习俗来看,选钱的倾向也依然存在。德川幕府在元和二年(1616年)规定除大缺口钱、裂纹钱、无制式形状钱、新铸恶钱以及铅钱以外,其他钱币一律禁止选钱,按照金1两兑钱4贯文的比率进行交易,并且颁布了相应的惩罚条例。元和八年以后,德川幕府又多次颁布了内容相同的政令。宽永十三年(1636年)以后,德川幕府铸造发行了宽永通宝。自此,日本长期以来所寻求的名副其实的标准货币终于面世,曾经不得不依赖于他国古钱的货币无序时代终于被打上了休止符。但是,这个休止符也只是暂时的。

第四章　近世的黎明[①]

第一节　石见银山争夺战

促使日本旧秩序崩溃的战国时代拉开了帷幕。众多战国大名割据各地、各保其国并不断侵略他国。军事方面出现了很多与以往完全不同的景象。第一是整编了强有力的战斗兵团。由于常备大量职业化的武士,各国必须拥有养兵的军费。第二是枪支传入日本带来了不可估量的影响。这种具有强大破坏力的武器的出现,改变了迄今为止的战斗方式。持有枪支的多少成为直接决定胜败的原因。第三是出现了以坚固的石城为基础的近世城郭。在此之前,日本所谓城堡只不过是在公馆的四周围上一圈栅栏和土墙,或者是在山上筑起土垒而已。火

① 一般而言,日本古代指镰仓幕府成立之前(1185 年之前)。中世是镰仓时代、南北朝时代和室町时代(1185 ~1573 年)。近世是安土桃山时代和江户时代(1573 ~1868 年)。近代指明治维新之后、第二次世界大战战败之前(1868 ~1945 年)。现代指第二次世界大战战败之后(1945 年以后)。相关概念下文亦有多处出现。——译者注

器的出现改变了以往的城郭概念。除此之外,合纵连横、远交近攻的谋略活动登上舞台,并大规模地开展。尤其是军资的大幅膨胀,迫使战国大名们不得不想办法充实财力。

战国大名们在致力于跨国合营、开发农业、培育工商业的同时,也注意到了金银的开采,毕竟金银的储藏和转移更为方便。因此,他们拼尽全力确保矿山的开发。当时恰逢金属冶炼技术被引进日本,各国的矿产量激增。这一时期开发或再开发的金银矿山主要有:石见大森银山、但马生野银山、但马中濑银山、摄津多田银山、岩代轻井泽银山、飞驒神冈、茂住银山、陆中尾去泽银山、佐渡相川金山、越后高根金山、越中黑川金山、加仓谷·尾添金山、陆中白根金山、甲斐黑川·保·中山金山、峻河富士·安倍金山等。

在此情况下,金银矿山当然就成了群雄争霸过程中各方争夺的对象。接下来,本书根据《石州银山纪闻》(《大田南畝集录》)中的银山旧记,介绍一下作为其代表的石见银山。据传石见银山是在花园天皇时代(1308年至1318年)由大内弘幸发现的,之后一度沦为废矿。大永初年(1521年至1527年)大内义兴任当地主官时,博多的贸易商人神谷寿祯与出云的铜山矿主三岛清左卫门共同利用来自中国的新技术在山中冶炼出大量白银。神谷寿祯因此一夜暴富。传说那时石见银山如同一座花园之都,相当繁华。

享禄元年(1528年),大内义兴带领矢滝城主想要拿下石见银山(矢滝城位于银山南侧一里左右),却在享禄四年二月下旬被小笠原长隆(温汤城主、大内义兴之前的石见山主之一)带领志谷修理大夫、平田加贺守攻下矢滝城。小笠原长隆在那之后的三年里一直占领着银山,其间银产量颇丰。天文二年(1533年),大内义兴之子大内义隆收复了石见银山,并请求吉田若狭守、饭田石见守两人协防银山。这一年神谷寿祯从博多带来名叫宗丹和桂寿的两个人,并在会商后于同年八月五日开始用熔"链"(银和石头的混杂物)的方法冶炼银。这就是所谓"灰吹法"的雏形。当时银山大工(总工程师)是妥女之丞、大藏之丞,而负责管理的是担任奉行的吉田若狭守、饭田石见守。改进冶炼方法后,石见银山当时每年可向大内氏进贡白银一百枚。天文六年(1537年)八月十六日,出云国的尼子氏攻击银山,杀死吉田、饭田。冶炼大工大藏逃回周防国大内氏领地,而妥女则继续跟随尼子氏冶炼白银。此役后,小笠原、三隅、益田等诸士都成了尼子晴久的家臣。天文八年五月下旬,大内氏再次攻回银山,任命内田正重为奉行掌管银山,命令大藏之丞、坂治郎、妥女之丞等在昆布山谷冶炼白银。这一期间,石见银山每年已可上缴白银五百枚。然而在天文九年九月十八日,小笠原长隆聚众蜂起,下令大久保肥前守、大谷远江守在银山哗变。大内氏的奉行内田正重虽然组织了多次进攻,却没能攻回银山,最终自杀。银山又一次归小笠原氏所有。天文十一年(1542年)小笠原长隆去世,小笠原兵部大辅长德进驻山吹城(跟银山相连的山吹山上的城塞,被称为山吹城或银山城)。天文十六年(1547年)八月二十一日小笠原长隆之子小笠原长德去世,其孙小笠原长雄在第二年入城。就这样,小笠原氏占领着银山,直到永禄三年(1560年)。其占领时间从享禄四年(1531年)起断断续续共计20多年。

但在永禄四年五月,毛利元就[1]攻取银山,派遣平贺山城守、高畑源四郎入驻山吹城。尼子氏的本城越中守常光闻讯立刻增兵5000余骑,由其五个儿子率领并开拔至须佐的高屋仓,又断绝了艺州、石州通往银山的粮道。毛利元就率领28,000人在别府忍原与尼子氏交战,最终战败。其大将大藏左卫门尉战死。尼子氏乘胜攻下山吹城。城中守将平贺、高畑自杀。时值永禄四年秋天,尼子伊贺守义久令立下大功的本城越中守常光驻防山吹城。此时石见银山的银产量已相当可观。毛利元就为夺回银山,在此后三年派遣忍者潜入忍原村创山鬼茶臼的每个山谷,窥探可乘之机。眼见尼子氏军队强大难敌,毛利元

---

① 毛利元就,日本战国时代大名,使毛利氏从安艺国小豪族跻身为统治十国的西日本第一大势力,被日本民众视为"战国谋神"。——译者注

就改用谋略智取，诱使本城常光投降，终于不战而胜拿下银山，并用吉川元春[①]的家臣森腰市郎左卫门驻防。元龟二年(1571年)毛利元就去世，嫡孙毛利辉元继承祖业继续占领银山。之后的天正年间，秀吉公[②]的部将上使近实若狭守、毛利家的部将使三井善兵卫先后任奉行掌管石见银山。

这一时期，丰臣秀吉计划将全国的金银矿山收归所有进行全面管制。因此，著名的生野银山等都成了直辖领域。但石见银山如上所述，仅派遣奉行对毛利氏所领有的银山进行监管，并令其上缴产银。作为丰臣秀吉征伐朝鲜军费的博多御公用银中，刻有石州银字样的白银非常有名。普遍认为，当时日本白银的整体产量中石州银的占比极大。庆长五年(1600年)，在被称为天下分界岭的关原会战中，毛利氏失败并失去石见以下七国。石见银山也成为德川氏的直辖领地。第二年德川氏派遣大久保长安作为奉行接管该地。在这个能力非凡的矿山经营者手中，石见银山迎来了其最昌盛的时期。

第二节　金银的货币化

在历经了战国时代的兵荒马乱之后，在此之前仅被视为贵重物品用于馈赠的金银，其货币功能迅速增强。金银货币化的直接原因和必要条件，是战国大名需要巨额战争资金，而金银具有很高的价值且转移储藏便利。与此同时，金银货币化的两个充分条件恰好都已具备，一是庄园制的崩溃和随之而来的领国化日益扩张，以及被商业资本促进的商品货币经济的发展；二是各矿山的相继开发，以及可以提供大量贵金属的生产体制逐渐成形。为了进口日本的白银，明朝商船不断

① 吉川元春，毛利元就次子，被过继给外祖母一族山阴名门吉川家。——译者注

② 秀吉公即丰臣秀吉，又名木下藤吉郎、羽柴秀吉等，继室町幕府之后首次以天下人的称号统一日本的战国三杰之一(另外两个是织田信长、德川家康)。——译者注

驶来，不久葡萄牙商船也参与进来。这显示出日本金银在国际上被认可的价值。

黄金在日本的流通形态，直到中世中期[1]还主要是砂金。由于砂金是像茄子籽一样细微的小粒，因此其存在每逢使用都极易散落的致命缺陷，很久以前人们就有避免这种不便的愿望。正好当时被称为“灰吹法”的新冶金技术从明朝引进，使在山金（金矿石）开采日益增长的同时，对黄金的冶炼生产形态也日趋成形，也就是说，当时已可将黄金加工成适当的大小，以便搬运和储藏。使用时再根据需要进行切割和称量，以便用其进行交易。如此加工出来的物件有各种各样的形态，主要有棹金（棒状）、竹流金（因为是用劈开的竹子浇注金液而成）[2]、蛭藻金（因为与蛭藻相似而得名）、让叶金（因为与过年时装饰供奉年糕的交让木叶很相似）、牛舌金（因为与牛舌相似）等。这些黄金都曾在石头上被敲打延展，特别是后三者呈椭圆形，表面都有锤子击打的印痕，可以认为是向“大判”过渡时期的产物。

竹流金

牛舌大判（原尺寸的2/3，
与牛舌金相仿，是江户时代的赏玩品）

① 日本中世一般指镰仓幕府创立至室町幕府终止（1185 ~ 1573 年）的约 400 年。——译者注

② 但日本现存竹流金的表面看起来都很平坦，并没有竹子那样的圆弧形状，所以一般认为竹流金实际上是用砂模浇注来制作的。也有一种说法是竹流金的名称来自其语源“丈长”（日语的“丈”和“竹”同音）。——作者注

大判在经历丰臣氏到德川氏时代后确立了其正币的地位。现有存世的有被称为无名大判或者无纹大判的古物。这些大判上都没有墨字或极印[①]。有一种说法认为,其是由织田信长首次下令制作的,但真实情况难以判断。通常的说法是,大判由竹流金自然而然的加工而来,很有可能在天正年间就已经定型。大判的名称"判金"是由"判二"极印和金属板(日语:板金)的意思转变而来的。对于其形态为何呈椭圆形则有很多说法,例如,仿照米袋子的形状、基于人手掌的形状以及基于鸡蛋的形状等不同说法。不过,如果将竹流金锤打平整,其自然会变成椭圆形,因此大判形状并无实际意义的说法也是妥当的,而通常被后世称为"熨斗目"的锤子印痕也是在其制作过程中形成的。与大判类似的小判,则是后来的德川氏时代为了经济交易的实用方便,而作为小额货币制造的。无论如何,大小判金是日本独有的金属货币,曾占据德川币制的本币地位,其出现具有划时代意义。

对于白银来说,从平安时代到镰仓时代,其以南廷(南镣、南挺、南庭)的名字出现在文献中,室町时代中期[②]以后引入"灰吹法"这一新的冶炼工艺,使白银的产量大增。之后,白银从不定形的灰吹银转变为海参形的让叶银。其上又被打刻上多个极印而制作成丁银。为区别于德川幕府年代的丁银,后世将这一时期的丁银称为古丁银。据说其名称是从"铤"字演变到"挺"字再简化成"丁"字的。丁银是称重货币,使用时需要先适当切割并称量重量。另外,日本还有方形的花降银等其他类型的白银。花降银是从何时开始制造目前还不清楚,但有一种说法认为其在镰仓时代就已存在了。后来,前田利家在入主加贺国后模仿古花降银,制造了闻名天下的加贺花降银。《三币图汇》中写道:"上品白银如果放在阳光中,其反射的光就犹如落花一般。因此自

---

① 极印,指古代日本加在货币之上的戳记印章。——译者注

② 室町时代(1336~1573年),是日本中世的一部分,上承镰仓时代,下启安土桃山时代。其中后期与日本战国时代(一般认为始于1467年)前中期重合。——译者注

古以来上品白银就被称为花降。”土州儒官谷氏曾说过一个故事：近年某人去出羽国的金山游览时，曾参观铸造白银。铸造工匠在把白银加工成花降银后，称“让您见识一下这银面落花（花降）”，于是就将手上沾满水，再让水滴飞落到白银上如花落下一般。不知道是这个铸银工匠以前就知道“花降”一词还是因其所言后世才把这种白银称为“花降”。花降银似乎也是需要先经过切割再使用的。因此，如上所述，金银在日本货币化的最初阶段并不是定位定量（固定品位、固定重量）的货币，而是在根据实际需要进行切割、称量之后才作为货币使用的。金银就这样在日本开始用作货币，然而其单位与重量的关系又是如何呢？直到日本中世初期，金银都是按照 1 两等于 10 匁的大称进行计量和使用的。先说黄金，从镰仓时代的后半叶到室町时代的前半叶，黄金的“京目”变为 1 两等于 4 匁 5 分。所谓“京目”就是京都的计量单位。与此相对，京都以外地区的计量单位被称为“乡目”。各地“乡目”不同，但 1 两均在 4 匁至 5 匁。到了元龟天正①时期，黄金计量变成了 1 两等于 4 匁 4 分。这减少的 1 分显然并非偶然，而是可以理解为伴随金银货币化出现的现象。具体而言，日本在古代仿照唐制度量衡，规定“1 两 =4 分 =24 铢”，但最终变成“1 两 =4 分 =16 朱”（“朱”由“铢”转化而来为日本货币单位）。在存于元龟天正时期的武田氏的币制中，货币计量单位还是“1 两 =4 分 =16 朱”。这一货币计量单位被之后建立幕府的德川氏继承下来，成为日本近世货币计量单位的基准。因此可以理解，若按这一货币计量单位把一两分成四份并用“匁”来标识重量，则 4 匁 4 分恰好可以用四除尽，使用中很是方便。至于白银，其计量单位从最初的 1 两等于 10 匁，到室町时代变为 1 两等于 4 匁 3 分，并就此固定下来。而且，白银的计量不存在“京目”和“乡目”的区别。

---

① 元龟、天正为相连的两个日本年号，大约为 1570 年至 1592 年，大约始于“织田信长包围圈”（1570 年），其间发生本能寺之变（1582 年），大致与织田信长及其继承者丰臣秀吉不断扩张、统一日本的时代相当。——译者注

花降银（江户时代）

日本古代砂金是按照一包10两为单位进行交易的。即使后来黄金的使用形态变成了切金、判金，其1枚为10两的重量规格仍被一直沿用。由此约定俗成，1枚黄金为10两，10两为1枚黄金，进而用“两”来度量其他商品的价值。所以，“两”很快就从重量单位转变成价格单位。但是，当时金银的价格又是如何呢？本书根据小叶田淳教授的研究[①]进行了推算。在13世纪到16世纪初期，日本金银价格大致为，金10两约等于钱30贯文，银10两约等于钱5贯文至6贯文。然而从天文十年（1541年）左右开始，金价逐渐下降。从天文末期到永禄、元亀、天正年间，金10两等于钱12贯文至16贯文，其价格大约降低到之前的一半。银价在天文年间以后的下跌程度比金价还要严重，从天文到天正初年银每10两仅等于钱2贯文，到了天正三年至九年更是进一步暴跌到略高于1贯文。因此，日本金银比价在天文年间

① 部分内容引自小叶日淳著《日本货币流通史》及《日本的货币》。——作者注

(基本为16世纪前半叶)及以前是5比1,在16世纪后半叶是10比1,到17世纪前期则是12比1至13比1。金银比价的变化也影响了对外贸易。日本在早期是黄金出口、白银进口国。以天文年间为界,日本反而变成了黄金进口、白银出口国。德川幕府锁国后的30年至40年,白银仍然是日本最重要的出口物资。

第三节 战国诸侯与金银货币

随着商业资本和商品经济的兴起,以及金银货币化的发展,对统一金银货币形制、重量、品位的要求越来越强烈。战国大名顺应这种要求,开始在有限范围内铸造流通于本方属地的金银货币。当然,大名们分别在何时何地,铸造了何种金银货币,其铸造量又是多少?这些问题都难以回答。江户末期学者近藤守重所著的《金银图录》中,记载的大判、小判、银判类别超过200种。虽然这些金银货币的来源各有说法,但实际上江户时代赝品多有出现,时至今日能够被鉴定判明的货币为数不多。这些金银货币品目繁杂,能够予以系统说明的只有甲斐的武田氏和加贺的前田氏。其中前者根据史实曾建立完善的币制,其领地内一直到德川时代都在持续铸造获得官府准许的货币;后者的铸币历史从前田氏受封加贺国开始,一直持续到德川幕府末期,并被收录到《加贺货币录》等典籍中,多半确有其事。

武田信玄既是杰出的军事家、谋略家,又是一位优秀的政治家。他的领地是深山叠嶂、物产匮乏的甲斐国,却能力压一众强邻,甚至窥探京都。其经略之才可见一斑。武田信玄维持精锐之师甲州军团所需的财源,据说就是来自税制和金币。暂且不说税制方面,单就金币来说,甲州从相当久远的时代就已开始出产黄金。但是在武田信玄时代,黑川下游的大量金山都前所未有地被迅速开发。著名的“金山众”

就是从此时起负责矿山业务。其中,黄金的开采集中在甲府,而甲州金的铸造则由松木、野中、志村、山下的各家负责。按照由武田信玄规划的币制,货币单位依次为两(黄金4匁)、分(1两的1/4)、朱(1分的1/4)、朱中(1朱的1/2)、丝目(1朱中的1/2)、小丝目(1丝目的1/2)、小丝目中(1小丝目的1/2)。这里的两、分、朱之间依次均为四进制。其后的德川币制也继承了这种做法。现存的武田时期金币有1两金(也称围棋金、露一两)、2分1朱金、2分金、1分2朱金、1分金、2朱中丝金、2朱金等各种单位及其组合。武田信玄将这些金币施往各处,充分发挥了它们的效用。例如在《甲阳军鉴》中,记载了他为了提高士气而使用金币的事例。如下引文所述:

信玄公包围伊豆韮山城,放火烧了周边的乡村。此时,韮山城的守将是山县三郎兵卫。他率领守兵从城堡杀出,与信玄军混战在一起。当时山县斗志昂扬,愈战愈勇,致使信玄本人难以撤退。正在敌人士气激昂杀入之时,信玄军中一个名叫河原村传兵卫的三河浪人,将写有“船”字的白色四角布料绑在矛上,来回挥舞驱散敌人。在信玄公安然撤退之前,他前后六次与敌人短兵相接。据说这个传兵卫的英勇事迹,即使在以勇武著称的信玄家军团中也不多见。事后,信玄公宣布立即犒赏有功之人,迅速召见传兵卫赐予美酒和佩刀,并当场亲手捧起围棋金作为奖励,交给河原村传兵卫。(山县同心广濑过弥兵卫武边公记事)

德川家康对武田信玄的民政举措深为赞同。因此,其创立幕府后虽然在其他方面创设了各种制度,但是在货币方面基本只是对武田信玄的制度进行简单的继承。甲州金作为德川幕府承认的地方金币,一直到文政年间(幕府创立200余年后)仍被允许铸造发行。为区别武田氏和德川幕府铸造的甲州金,后世将前者称作“古甲金”,将后者称作“新甲金”。元禄八年(1695年)幕府在实行货币改恶(铸造、发行劣质货币)政策之际,曾经禁止优质甲金的流通。当时的甲州领主柳泽吉保在向幕府申报后,降低了甲金的品位,使其与元禄金相同。如此进行改铸的甲金在第二年获准流通,被称为“甲安金”。之后甲金又被多次改铸,其中享保六年到九年(1721年至1724年)改铸的叫作“甲重金”,从享保十三年(1728年)开始改铸并一直流通到文政(1818年至1829年)前后的叫作“甲定金”。

根据古籍记载,加贺地区在前田利家领国之前,就有加贺切遣银、古极印切银、涩银等银币。前田利家受封为加、能、越三州守护时,利用加贺泽山村金矿生产的原料,铸造了大判、小判。除此之外,可能还有一种“牛舌小判”。然而,加贺毕竟是以银币而闻名,其中尤以加贺花降银为盛。这种银币是前田利家命令武藏治郎兵卫、金屋彦四郎制作的,分为正方形和长方形两种,分量有100匁、43匁,以及又被称为“加贺座花降一两判”的4匁2分。普遍认为,加贺花降银的伪造品非常多。这种银币的铸造一直持续到江户时代宽文九年(1669年)才被幕府禁止,前后近百年。但从形状大小等方面来看,很难想象其能普遍流通。从货币制度的完备以及货币流通的程度来看,加贺银显然无法与甲州金相提并论。

除上述二者之外,北条、今川、大内、山名、芦名等诸侯在各自的领国内也铸有金银币,但是现在均没有发现留存下来的实物。上杉谦信所铸造的天正越座金存有可供鉴定的实物,但其详细情况仍不十分明朗。

第四节　织田信长与金银币

织田信长在永禄三年(1560年)五月的桶狭间一战中打败今川义元。从那以后,他逐渐扫平周边诸强,室町幕府末代将军令足利义昭几度召见。同时其官位也日益高升,从内大臣开始,官至兼右大臣、右大将。天正九年(1581年)二月,在正亲町天皇见证下举行的马揃仪式,宣告了他事实上一人之下万人之上的地位。由此,一个崭新的历史时期拉开了序幕。织田信长废除关卡,并通过乐津、乐市、乐座等经济政策巩固国力。在其积极推行经济政策的过程中,当然涉及货币政策。正如上一章的"混乱的货币和选钱"所述,织田信长于永禄十二年(1569年)三月通过《定精撰条》规定了精钱和恶钱的成色和使用比例。同月又出台了《精选追加条》,在禁止以大米为货币或计价标准进行交易的同时,又规定一定金额以上的进口交易可使用金银,若借用金银则必须以金银偿还。可以认为这些政策的出台,是对当时已有相当数量的金银可用于经济交易,以及钱币尤其是良币不足的背景事实,进行了综合考量之后的结果。

织田信长施政时,从当时的文献可以明显看出,金银以"金(币)若干枚""银(币)若干枚"的形式流通。例如,在记载当时世风民情的《多闻院日记》[①]中,这类描述就曾反复出现。当然,这类描述中的"金银币一枚"并不是指规定形制的官铸币,而是以重量10两为基准随时制作的棒状或板状私铸币。当时被称为"金屋银屋"的贵金属工匠接受顾客的订单,对金银进行切割、称量、铸造和加盖极印等加工工序。例如,在《多闻院日记》天正九年(1581年)十二月一日的条文中写道:"先前与二郎通过中介借取的一枚金币,以50石米偿还。这批大米将于明天在大门交割。每月1匁5分的利息还没有支付。中介费和货币加工费等共计6斗米。其中借钱时的中介费为2斗米,由债权人负担。还钱时的中介费、货币加工费均为2斗米,由我方即债务人负担。"其中,月利1匁5分若换算成年利,再除以本金(金币1枚等于10两即45匁或44匁),可得这笔借贷的年化利率为48%或49.4%[②]。

---

① 该书以兴福寺僧多闻院英俊的日记为主体,收录有织田信长与丰臣秀吉掌权时期的政治情势与风土民情等内容,是了解当时日本社会状况的重要史料。——译者注

② 作者此处似有计算错误,但无碍文字表意。月利1匁5分,以复利计算年利应为19匁6分,计算得年化利率为43.6%。在考虑借贷双方中介费、货币加工费及复利影响的情况下,计算得年化利率为46.3%。——译者注

这一利率是高是低,只能由各自主观判断了。另外,若将当时的米价与现在的米价进行比较,还可推算出一枚金币的购买力。该日记中称金 10 两可兑米 50 石。1 石等于 150 公斤,而现在[①] 1 俵(60 公斤)大米的价格为 15,570 日元,则 1 石米的价格约为 38,925 日元,50 石米的价格就约为 1,946,250 日元,也就是说,一枚金币在当时的购买力相当于现在的 200 万日元左右。

金银不仅在当时日本经济中占有重要地位,在织田信长政权自身的财政运作中也亦如此。但马国的生野银山本是山名氏的领地。织田信长将其划为直辖领土。他又借鉴京都地子钱的做法,开始以白银(1 町银 13 枚)征税。其向各国及本愿寺征收的矢钱(军费)也多以白银纳入。关于织田信长对金银的使用,从富丽堂皇的安土城建筑装饰可见一斑,而天正日记、安土日记以及耶稣会士日本通信等史料中也有诸多记载。

有一种说法是织田信长铸造了天正大判。一般而言,天正大判是指丰臣秀吉铸造的天正菱大利、天正长大判之类的货币,两者很容易混淆。这种说法源于德川时代的金座长(金币铸币机关负责人)后藤家的《后藤家谱》。据其记载,天正九年(1581 年)织田信长命令后藤德乘制造分铜金(分铜即砝码)、大板金。近藤重藏在其所著《金银图录》中也引用过药王院古书相关记载,加强了这种说法的可信度。但是,在织田信长时代并没有留下记载定位定量大判的文献和史料。那么,是否可以有这样一个假说:在织田信长或稍早时代开始由民间自发铸造的大板金,经过丰臣秀吉时代至德川幕府时代,终于演化成了在制度上得以确立的、世界上最大的官铸金币(正币)。

---

① 指本书成书的 1976 年左右。——译者注

第五节 太阁金赋[①]和世界最大金币

到了日本近世黎明期,人们迅速理解了金银所具有的魔力,而最大限度地发挥金银作用的是丰臣秀吉。他接管了各国的诸多金银矿山,如在天正十年(1582 年)把织田信长的旧领地但马生野银山划为直辖领地,将上杉景胜转封至会津以便自己直辖佐渡的金山。他向未接管的矿山征收运上金(黄金进贡),以此全面掌握金银矿产的支配权。此外,他还通过保护和监管黑船贸易,大幅提升黄金进口集中化管理以及海外贸易盈利能力。每逢正月、八朔节以及其他重要活动,各地诸侯献上的金银更是多得惊人。

丰臣秀吉用这些方式收集金银,再以最铺张的方式散尽,以此力压群雄,不断稳固其一人之下万人之上的地位。很多史书都对这一情况有所记载。下面就介绍几个例子。

○ 天正十年六月,羽柴秀吉(丰臣秀吉)在听说本能寺之变后急忙动身赴京之际,调出姬路城天主阁中的金银,将银 750 贯、金 800 多枚全部分给将士。携带上原本用于迎战毛利辉元的金银,计银 10 贯、金 460 枚,前往山崎迎战叛乱的明智光秀。

○ 天正十三年(1585 年)十二月,长宗我部元亲父子出仕大阪[②]时,赏赐部下黄金百枚。这让第一次见到大判的部下们大为吃惊。

○ 天正十五年(1587 年)三月,丰臣秀吉征伐九州岛津氏时,在布阵过程中命令亲兵 5 人每人在肩膀上挂 1 贯用红绳穿起的金币,并用 16 匹马驮着金银,向众将士展示。在九州丰后攻打岩石城主秋月长门坚守的城堡之时,丰臣秀吉深知此战成败关系整个九州战局。为

---

① 太阁指丰臣秀吉,金赋指其大量赏赐和赠予金银币。——译者注

② “大阪”在明治前被写成“大坂”,明治三年以后始称“大阪”。本书为方便理解起见,统一写成“大阪”。——译者注

鼓舞士气，他亲自站在山上，左右摆放金币箱，亲手赏赐有功之士。当时的情况在《川角大平记》中有如下描述：

看到自方军队已经开进至城墙之前，他骑在马上，挥动帅旗，下令吹号冲锋。旋即，群马奔腾，冲向敌阵，顷刻间已经有人手提敌人首级。他从马上下来，抓起金币直接赏赐给这些人。很快就有二三十个人得到赏赐。紧接着，敌人的首级从四面八方送来，他已经目不暇接，于是说：大家好好看看，这里的金币多的是，人人有份。他又亲手拿起这些金币，交给两三位御小姓（部下），再由他们赏赐给带着敌人首级的将士。有旧时的逸话，说那时就没有秀吉未曾亲手碰过的金币。

○ 天正十七年（1589 年）五月，丰臣秀吉在京都内野的聚乐第举行了著名的金赋（发钱）活动。也有一种说法认为该活动是在天正十三年初秋进行的。但是，天正十三年七月丰臣秀吉刚刚被任命为关白，其平定各方诸侯的战事还未结束，所以天正十七年说法可能更为可靠。对此，学者草间直方提出疑问，认为可能这两个年份都举行了类似活动。若干典籍中都载有《丰臣记》的相关记述，如下：

五月（天正十七年），向诸将发放金银。在聚乐门内二町高筑金银台。秀吉公在门边落座，秀长坐在其东边，六之宫同席。秀吉、菊亭右府、劝修寺、中山大纳言、乌丸大纳言、日野大纳言、广桥中纳言等列席。德善院、浅野弹正、前野但马守、增田石田任司仪。黄金 2000 两、白银 10,000 两赐予六之宫古佐丸（古佐丸是正亲町天皇之子，称为八条亲王）、织田信雄。黄金 3000 两、白银 10,000 两赐予德川家康。黄金 3000 两、白银 10,000 两赐予丰臣秀长。黄金 1000 两、白银 10,000 两赐予丰臣秀次、宇喜多秀家。白银 10,000 两赐予毛利辉元、上杉景胜。黄金 1000 两、白银 10,000 两赐予前田利家。金银 27,000 两赐予中将2人、少将5人、侍从13人。此外黄金3000两、白银10,000两赐予大厅。黄金10,000两赐予北政所(秀吉正妻)。黄金5000两赐予骏河的御方、备前的公主,黄金1000两赐予丹波少将的母亲(丹波少将指三好秀胜,其母为秀吉亲姐姐)。总计金银365,000两。

○ 天正十八年(1590年)三月,丰臣秀吉发起小田原之战讨伐后北条氏,据说出发时有10匹马每匹马驮黄金300枚,有5个人每人脖子上挂金币1贯,用于战时赏赐。同年九月凯旋之际,有10个台子每个台子上放有上百枚银币,共赏赐银币上千枚。

○ 文禄元年(1592年),在丰臣秀吉生母大政所四十九祭日的追思活动中,施舍给乞丐掺有金币和银币的青铜币。有的乞丐没有拿到金币、银币而只拿到青铜币。那些拿到金币、银币的乞丐们就笑称,同样都是乞丐,竟然一下子有了贫富差距。

随着天下统一步伐的迈进,全国性商品流通的障碍也被逐渐清除。自然而然地,人们越来越期待统一形制、重量、品位的币制出现。丰臣秀吉当时气势如虹,他史无前例地赐予后藤家第五代孙后藤德乘朱印状,命令这位铸造金币的工场主主导大判的铸造。据说这一时期铸造了各种各样的金币、银币。但是,从丰臣秀吉被任命为关白的天正十三年(1585年)到他去世的庆长三年(1589年)只有13年。从发起小田原之战的天正十八年(1590年)到他去世更是只有八年。由于丰臣政权统治时间太短,尽管他为了建立新币制不懈努力,但终究难以实现众人期待。在元禄以后的古钱热潮中,出现了一些赞美他的赝品。有的赝品虽无准确史料佐证,但也被称为丰臣秀吉所作。为此,将这一时期基本可确信的铸币列举如下:

首先,据说天正十五年丰臣秀吉铸造了天正通宝金银币,后又铸造了永乐通宝金银币。虽说这些金银币仅是为奖赏将士而造,但是从日本铸币史来看,这是自皇朝12钱最后一枚乹元大宝停铸以来,时隔约630年再铸货币。另外,据说文禄元年为奖赏朝鲜之役的有功之人,还铸造了文禄通宝银币。以上金银币并非用于一般流通,所以其铸造量应该是极少的。

其次是著名大判的铸造。据说丰臣秀吉让后藤家第五代孙后藤德乘铸造大判。据后藤家谱记载,后藤家初代家主后藤祐乘被称为四郎兵卫,由于其雕刻技艺高超,曾作为负责黄金纹饰的专家侍奉足利将军,从事目贯、小柄、笄等刀剑配件的制作。后藤家直到江户时代末期都以"后藤家雕"的商号经营黄金加工业务,还曾中途涉足货币铸造业务。第四代孙后藤光乘曾侍奉织田信长,按照织田信长旨意在判金上加入防伪花押,以及加工砝码等。从现存的丁银极印推测,后藤家大概在第四代时就开始从事与大判、砝码相关的业务了。第五代孙后藤德乘按照丰臣秀吉召令,大规模铸造大判。后藤德乘所铸大判的表面上有其墨书签名、花押以及极印,这在以往的大判中是绝无仅有的。由此,大判确立了其(官铸)正币地位。

丰臣秀吉最初铸造的大判,一般被认为是天正十六年的"铭之菱大判"。该币因其上下标有的菱形极印而得名,品位较高,约为740‰,分量为44 匁(165 克)。其中央下部嵌有其他金属,这被认为是为了补充重量,使之与织田信长时代的大判金分量相当。另外,"铭之菱大判"中还有一种被称为"天正长大判"的,比一般的菱大判还要长。这种大判正好可以覆盖成年人的手掌,通常被称为世界上最大的金币。实际上确实如此吗?

17 世纪印度莫卧儿王朝的沙贾汗[①]铸造的200 莫赫(Mohurs)金币重量为2332 克,100 莫赫金币重量为1166 克,品位为916‰,各方面都很优质。天正长大判重量为165 克,莫赫金币的分量在其14 倍以上,明显具有优势。在欧洲,1629 年在波希米亚发行的100 杜卡特(Ducaks)金币,重量为350 克,品位为986‰。在西班牙费尔南多五世

① 沙贾汗,1628 年至 1659 年在位,大致与德川幕府三代将军德川家光同时代,其统治时期被评价为莫卧儿王朝的黄金时代。——译者注

和伊莎贝拉一世的共治时代(1476年至1516年),发行了50埃克塞伦特金币,重量为175克(相当于50 Ducaks),品位同样为986‰。因此从分量来看,天正长大判好像不是世界第一。那么,从表面积来看又是如何呢?印度的莫赫金币为直径13.6厘米的圆形,表面积为145平方厘米。天正长大判为长17.5厘米,最大宽度为10.2厘米的椭圆形,其表面积为150.5平方厘米,稍稍领先于莫赫金币。因此,从表面积来看天正长大判确实是世界上最大的。当然,若从货币本来的功能说起,争夺这些世界第一并没有什么实际意义。

天正长大判

丰臣政权时期还铸有大佛大判。传说这一大判是丰臣秀吉为供奉大佛而造的。但实际情况是,这一大判是丰臣秀赖在大佛复兴之际,将后述"大法马金"熔化后重铸而成的。除此之外,被称为"太阁圆步金"的货币也被认为是丰臣秀吉铸造的。这一货币据说是天正九年(1581年)为了在上朝时送给公卿而造,俗称"太阁袖小判"。该币是重量为1匁2分(4.5克)的圆形金币,给人一种桃山风格(丰臣秀吉时期风格)的华丽感。币面上的"桐"是丰臣家的家纹,同时也是后藤家的判纹,因此其意义尚存争议。再之外,还有无固定形状的非常细长的小型“太阁花降金”,据说是在朝鲜之役时铸造,但是否确实如此还有待论证。

太阁圆步金

虽然不是货币,但还是有必要提一下大法马金(又称分铜金)。丰臣秀吉仿照中国砝码铸造了这类砝码型的金锭用于储备。因为是分铜型的金块,所以被称为分铜金,又因为大部分大法马金是由1000枚大判改铸而成,所以又有“千枚吹分铜”或“千枚分铜”的叫法,其重44贯以上,长1尺1寸有余,宽1尺有余,厚5寸左右。此外,还有用2000枚大判,以及2070枚大判改铸造的更为大型的法马金。后来,丰臣秀赖按照德川家康的建议,熔化了28个大法马金重铸成大判用于重建大佛,据说重铸成的大判有45,000枚之多。元和元年(1615年)五月大阪失陷,丰臣氏灭亡。根据《骏河政事录》记载,当时论功行奖,德川秀忠在二条城赐予藤堂和泉守、井伊扫部首这两名大将大阪城法马金各两个。其余的法马金被从伏见城转移到骏府,再被转移到江户,并与之后铸造的法马金一起,由德川幕府储藏起来。这些法马金随着幕府的财政困难而逐渐被出库重铸,到明治元年江户城投降时仅仅剩下一个。然而,就是这仅存的一个法马金后来不知为何也消失了,现在已完全找不到实物,只有少量的拓本才能让人想象其往日的风姿。

相传丰臣秀吉最后铸造的货币是御公用银。这是一种海参形的丁银,在朝鲜之役军资银币中也有出现。正如“金银的货币化”一节所述,丁银在使用时要根据实际需要进行切割,据说始于奈良时代,在战国时代就开始盛行于各地。但是丰臣秀吉所铸丁银印有“御公用”的文字，所以被认为是日本首枚官铸银币。与此类似地，还有博多御公用银。

综上所述，丰臣秀吉大规模地铸造了各种货币，然后以最奢华的方式将其散尽。其发行的货币统一形制、定位定量，并且用签名或者极印作为防伪证明，这的确是货币制度的进步。但是，其铸造货币的主要目的是赏赐部下，而不是普遍流通，各种货币之间也没有形成一个体系，因此其币制仍是极不完善的。日本近世币制的形成，是以铸造小判等低值金银货币，以及大量铸造宽永通宝等铜币为标志的，要等到江户时代初期才能基本完成。

第五章　近世币制的确立

第一节　小判的发端

小田原城陷落、后北条氏灭亡以后，德川家康得到关东八州，并进驻江户城。时值天正十八年八月，德川家康坐拥240万石领地，是丰臣诸侯中的首领。为了延续巩固其坚不可摧的地位，他在自己的小王国中就已尝试小判的铸造。因为笃信武田信玄的内政策略，他沿用了武田氏的币制。不知当时德川家康是否意识到了关东地区货币流通的必要性，但他确实曾与当时负责太阁旗下大阪金座的后藤德乘商量铸币事宜。结果后藤德乘赋予其弟子庄三郎后藤的姓氏和光次的名字，令其前往关东，在德川家康手下担任金银铸币主管。庄三郎（后藤光次）聪明多才，受到德川家康的重用，其后还参与了各种政治、外交活动。当时他出任御金银改役，成为实质上的金座负责人，且其职位由子孙世袭。

根据庄三郎的建议，德川家康于文禄四年

(1595年)铸造了一种定位(固定品位)金币——“墨判金”。这种小判其实是将同名大判等比例缩小所得的。其中江户铸造的叫武藏墨书小判,骏府铸造的叫骏河墨书小判。之所以叫“墨判金”,是因为这种小判的表面写有制造地名、“一两”面额、制作者的名字以及花押。然而,大判因不进入日常流通可以保持墨书的状态,但是小判因频繁流通导致墨书容易被擦掉。所以,庆长五年(1600年)以后,极印就取代了墨书。此外,对于德川氏同时发行的这两种小判尚存疑问。文禄四年时骏河还不是德川氏的领国,其难道拥有在他国领土内铸造小判的权力吗?若据此推测骏河判是在稍晚的庆长中期以后才发行的,又会因骏河判的形制更守旧、更接近大判而更加迷惑不解。

无论怎么说,这种小判虽然只是德川氏所属领地内通用的地方货币,但其毕竟是日本小型定位货币之始。德川氏的货币铸造活动开日本近世之先河,可以说意义深远。

第二节　庆长币制

德川氏铸造的金银货币,历经了庆长、元禄、宝永、正德、享保、元文、文政、天保、安政、万延[①]十次改铸。众所周知,这其中第一款是庆长、元和年间面世的庆长金银币,当时幕府正在构筑币制的基本结构。元禄以后除正德、享保以外,历次改铸实际上都是在不断进行货币改恶。

德川家康早在丰臣秀吉时代就明白金银所具有的强大功能,而经济支配力又是巩固政治统治的前提。为此,德川家康甫一获得政权,就将交通干线上的主要城市和唯一的贸易港口长崎,以及各主要矿山都划归直辖。同时,其还很快统一了货币铸造,独占了货币铸造权。

① 均为德川幕府时期年号。——译者注

当时恰逢日本全国各地纷纷开发金银矿山，金银矿产量显著增加。佐渡、伊豆、骏河、甲斐、石见、生野、出羽、南部等都是当时具有代表性的金银矿山。江户时代的学者争相赞美德川家康的威德，认为是其造就了金银的显著增产。例如，《庆长见闻集》[①]卷七就提及当时日本各国各地皆有金山，并且作出如下描述：

在当君（德川家康）的时代，各国都在开发金山。运上（进贡）的牛车上载满金银，马匹上也驮满金银，每日络绎不绝。其中佐渡岛简直就是一座只用金银堆成的宝山。佐渡金银每 12 贯入一箱，每到 100 箱就由 50 多匹马驮运装船，每年有 5 艘至 10 艘船乘风破浪从佐渡岛驶往越后港。这些金银都被运到江户城。真是无与伦比的空前繁华啊！金银进入寻常百姓家，真是世上罕见啊。金钱之歌唱响心灵，犹如娑婆世界弥勒菩萨临世。佛光普照，万民福祉。但愿千世万世永续。

这种可被称为淘金热的大增产，不仅源自幕府自身的努力，以及“南蛮绞”“水银流”等外国技术的引进，大久保长安在当时所起的作用也是不可忽视的因素。关于德川家康起用他的经过有很多坊间传说。虽然其父亲是甲斐国的猿乐师，但大久保长安似乎在矿山经营方面有着绝妙的才能。他最初跟随武田信玄，在甲州成为德川领地后开始侍奉德川家康。从庆长六年开始，他先后负责石见、佐渡、伊豆的金银矿山，所到之处产量飞升，为初创德川幕府的财政立下了汗马功劳。他因功受赏，被封三万石领地并赐名石见守。但是，当他于庆长十八年（1613 年，大阪冬之阵[②]的前一年）去世后，他立即因涉嫌谋反而被

① 《庆长见闻集》，三浦濛心著，是一本汇集了各种江户时代见闻的随笔集。——译者注
② 大阪冬之阵，交战双方为德川家康与丰臣秀赖。——译者注

灭族。大久保长安最终和福岛正则[①]一样，在鞠躬尽瘁之后走上了兔死狗烹的结局。

新井白石在《宝币事略》中称："庆长以后到元禄八年[②]，每年生产出的金银总数，达到黄金7000万两、白银8000贯左右，堆积如山。"虽然也有人批评这是夸张的说法，但宽文时期金银的产量确实是很惊人的。大阪之战后德川家康还将丰臣氏积蓄的金银纳入自己手中，据说总计为大判金28,000多枚、银币24,000枚，以及上文所述的大法马金若干。此外，诸侯、诸神社寺庙进献的金银也不容小觑。但德川家康仍不满意，据说还试图再从海外进口黄金。《当代记》卷六[③]记载：

庆长十二年(1607年)，直到四月二十五日还没有外国船只来航。究其原因，可能是去年日本翻译们对外国船长说过，来航的船只很多已造成日本的生丝供给过剩，今年如果再有船进港则生丝的价格可能会下降。然而还有另一个可能的原因。据说大御所按1个印子100匁至105匁的价格订购了10,000件印子。当时，1个印子按银计价为1贯400匁左右。这样的话，10,000件印子应值银14,000贯，大御所出价明显偏低。当然，以往外国人会重新熔炼银子，把铜等杂物去除，仅取纯银制作印子。但根据大御所的命令，这次制作印子不再需要重新熔炼白银，而是直接取用丁银制作即可。外国人对此事很不高兴。

前述引文中的"印子"也被称为"船印子"，是一种小船形状的金

---

① 福岛正则，原为丰臣秀吉家臣，关原之战中加入德川一方。在德川发起大阪之战意图消灭丰臣氏后，虽未加入任何一方，仍被不断减封，屈辱而死。——译者注

② 庆长(1596～1615年)之后，日本年号分别为元和(1615～1624年)、宽永(1624～1644年)、正保(1644～1648年)、庆安(1648～1652年)、承应(1652～1655年)、明历(1655～1658年)、万治(1658～1661年)、宽文(1661～1673年)、延宝(1673～1681年)、天和(1681～1684年)、贞享(1684～1688年)、元禄(1688～1704年)。——译者注

③ 《当代记》全书共9卷，汇编了从安土桃山时代到庆长20年的种种世事。据说作者是松平忠明，但尚存争议。——译者注

(银)锭。日本史籍《金银私考》称:“金之品位极高者,谓之曰印子。乃是千锤百炼之精品。是比第25品位更高的金。”像印子这样锤炼成锭的高品位金银,被认为是铸币的材料,同时也是制作分铜金的材料。德川家康遗留下来的金银,合计黄金94万两,白银49,000贯。江户幕府财政的根基,正是从领地获得的400万石以上的年贡,以及这些丰富的金银储备。因此,江户中期以后,金银产量的减少再加上财政需求的增大,成为幕府财政从根本上走向崩溃的主要原因。

庆长金银币体系由庆长大判、庆长小判、庆长1分判金、庆长丁银、豆板银组成,其系统地梳理统一了以往的金银币,确立了江户幕府币制的基础。下面就来看看这些货币:

首先是庆长大判。《货币秘录》[①]中对庆长大判有如下记载:“庆长六年辛丑五月,幕府首次铸大判金。该币重量为44匁1分,其中正银7匁9分、正金34匁6分、铜1匁6分,(实际)品位为65.62%,世称‘庆长大判金’。共铸造了16,565枚。”但是对庆长大判的品位,文献的记载各不相同,平均为67.2%。这些大判的重量大致都是44匁,应该是遵循自古以来的惯例。因此,即使这些大判被记录为“10两”,也不能和10枚“1两”的小判等价。实际上,10枚小判重约48匁,要比1枚大判重不少。庆长大判的币面上写有墨书,这一点也与小判不同。那些用毛笔写就的花押像(竹,笹)叶一样美丽,被称为“笹书大判”,十分有名。币面上的墨书一旦磨损了,就必须支付手续费重新书写。据说大判的所有者都非常珍惜墨书,用棉花进行保护以防磨损。通过大判与小判在分量、品位上的差别,以及具有墨书的特点,我们可以判断大判在当时被用于赠送等,而不进入一般流通。实际上,大判和小判交换时,需要根据当时的行情进行。由于这种行情变化,日语中还出现了“情夫的7两2分”等说法,具体是指当时说合私通的牵线费用原

---

① 《货币秘录》被认为是佐藤次郎右卫门应水野忠邦的要求所著,记述了江户时代的货币状况。水野忠邦(1794年7月19日至1851年3月12日),江户时代后期大名,曾为德川幕府首席老中,为第12代幕府将军德川家庆推行天保改革。——译者注

则上是大判 1 枚或小判 7 两 2 分(7.2 枚),这恰恰体现了当时的大判、小判兑换行情。

庆长大判（原尺寸的1/2）

其次是庆长小判。这种小判是前文所述墨判金的进化产物。其币面上的“1 两”“光次”“花押”等文字都是用极印加盖上去的,适合大量生产和流通。其中长度稍长的也被称为“庆长长小判”。庆长小判与后面要说的“1 分判金”最初都是在江户开铸,但之后在京都、骏河、佐渡等处也有铸造。这种小判的平均重量为 4.73 匁(也有很多书籍记载为 4.76 匁),平均品位是 86.3%。在史籍《教圆私记》中对庆长小判的重量有这样的记述:“纯金 44 匁加银 8 匁为 52 匁,再减去 4 匁 4 分即一成的纯金作为铸造费用,剩下 47 匁 6 分,据说就是 10 枚小判的重量了。”其实史籍对于庆长小判的重量还有其他的说法,这里不再展开。需要着重提出的是,庆长小判和庆长 1 分判金同为江户时代的基本货币,在当时的货币体系中占有中心地位。

庆长小判（右）正面，（左）背面（原尺寸的2/3）

庆长1分判金是庆长小判的“分数(金)货币”,即其是按小判的1/4价值来使用的。因此,庆长1分判金品位与小判相同,重量是其1/4,呈纵6分、横3分的长方形。庆长1分判金的前身是在庆长初年与墨判金一起铸造的1分金(也称为大阪1分、太阁1分金),当时其曾与墨判金一同作为德川氏的地方货币。《永松堂金谱》中写道:“最初民间称其为短册1分,俗称小粒。后来因上方(京都附近)的豆板银也叫小粒,就改称分判。又因其币面围绕着小星星而俗称‘子持1分’。另外还有一种重廓的版别,俗称‘额1分’。”对于庆长小判和庆长1分判金的铸造总数,以前史学界一般都沿用旧货币表的通常说法,记为1472万两。但《日本货币图录》认为这个数字偏大,实际应为1324万两。

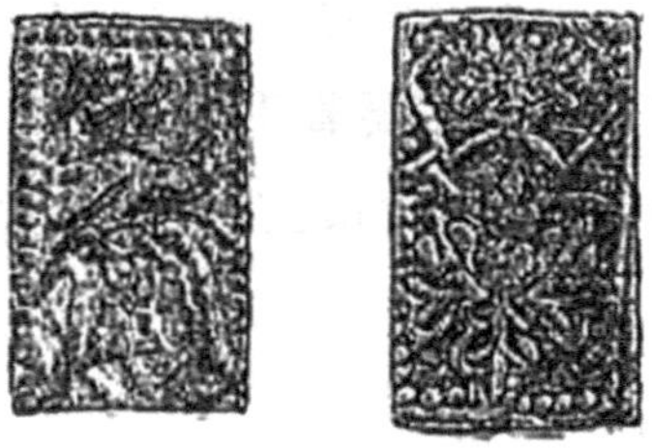

庆长1分判金（右）正面，（左）背面

银币与金币又有所不同。在江户时代金币一般是作为定位货币而被成系列铸造的，而银币始终是以称量货币的形式存在（但是明和以后铸造的5匁银、2朱银、1朱银等定位银币是例外）。德川家康掌握政权的时候，上方（京都地区）的银目遣（以银的重量表示物价的计价体系）已经固定下来。因此，为了控制经济繁荣的关西地区实现全国性的经济支配能力，幕府推行统一的银计价体系已经刻不容缓。通过设置银座和统一币面极印，幕府整理统一了旧有丁银，并由此逐渐形成了庆长（银）币制。庆长丁银就是在这种背景下铸造的。《金银图录》中写道："如果反复熔化、浇注，（银币的）大小轻重就会不断变化。（最终改铸成）白银一挺，大概为43匁左右。"这种庆长丁银呈海参状，印有"大黑天像""宝""常是"等极印。最初，庆长丁银跟以往的丁银一样，需在使用时切割。但是在元和年间，幕府又铸造了分数货币，即呈不规则圆形的豆板银（小玉银、小粒银）。在那之后，庆长丁银就被禁止切割了。庆长丁银的品位皆为80%左右。实际使用时，会将（被切割的）丁银与豆板银凑成43匁一包。据说，庆长银（包括庆长丁银和豆板银）共铸造了120万贯。

庆长币制中（铜）钱的情况将在后文另述。实际上，江户时代金、银、铜三种货币并存，它们之间并没有本币、辅币的关系。虽然庆长十四年（1609年）幕府曾基于金价，规定金币1两为银币50匁、（铜）钱4贯文，但是实际交易并不一定按照这个比价进行。如上所述，金币1两中约含纯金4匁，银币50匁约含纯银40匁，所以当时的官方金银比价为1比10，如今看来这一金价相当便宜。实际上，当时的物价是根据社会情况不断变化的，金币、银币、（铜）钱均可用于表示物价。而且，银币在较长时间内曾是称重货币，所以更不能称为金银复本位制。庆长币制确立后，金币主要在关东地区流通，银币主要在上方（京都、大阪等关西）地区流通，而铜钱无论东西，主要在民间流通，这一相对稳定的货币经济一直持续到了元禄时期。

第三节　金座和银座

德川幕府分别铸造了金、银、钱三种货币，但并不直营铸币(钱)，而是通过一种承包的形式来进行。

金座(金币铸币场所)的起源，如本书在“小判的发端”一节开头时所述，始于德川家康召请后藤庄三郎光次到关东并于文禄四年开始铸造小判。庆长六年，后世所谓庆长币制登上历史舞台，与此同时光次被任命为“御金银改役”①，赐予役宅及知行②。当时小判、1 分判的铸造场所就设在役宅内，最初被称为小判座，后来被称为金座。顺便说一下，现在东京的吴服桥和常盘桥之间还有一座一石桥，据说其得名是因为地处金座的后藤(5 斗)和吴服商的后藤(5 斗)之间，世人打趣说 5 斗和 5 斗加起来是 1 石。在元禄八年(1695 年)以前，金币由各地分别铸造，再送到金座打上光次的极印，这就是所谓的“手前吹时代”。元禄八年以后，在幕府勘定奉行的管制下，金币的铸造由金座垄断，即所谓的“直吹时代”。

金座的组织由御金改役、金座、吹所等组成。御金改役是金座主管，负责鉴定、极印。金座有年寄役、触役、勘定役、平役③等座人，负责监督将幕府提供的金块铸造成金币。吹所在座人的监督下实际进行金币的铸造作业。幕府拿出铸造产出金额的 1%(在不同时代有所变动)作为铸造手续费支付给金座官员，金座又将其中一部分作为回扣缴纳给幕府官员，称作“冥加金”。座人希望手续费多一些，(幕府的)勘定奉行却希望冥加金多一些。双方的这种博弈是出于人之常情，但

---

① 御金银改役，江户时期主管金银币铸造的官位名称。——译者注

② 役宅，指官衙。此处官衙位于今东京本町一丁目，现为日本银行总行所在地。知行，指办公室。——译者注

③ 年寄役、触役、勘定役、平役，均为官名。——译者注

也是促使德川幕府频繁改铸货币的诱因之一。从元禄十年(1697 年)到庆应二年(1866 年),金座遭受了 10 余次火灾,有人怀疑这其中少不了为了销毁腐败证据而故意纵火的情况。

广义的金座还包括京都的大判座。后藤庄三郎光次被德川家康召请到关东后,其宗家的后藤德乘留在京都,继续进行大判的铸造。庆长以后,后藤德乘及其族人继续经营大判的制作、墨判的重写、金银法马的制作以及分铜、目贯的制作等业务。京都大判座后藤和江户金座后藤并驾齐驱,主持了江户时代金币的铸造。后藤家族传到第十代廉乘时,经历了元禄改铸,之后大判的铸造就只在江户进行,而京都保留了大判之外的其他业务。同时,分铜制作在宽文五年(1665 年)成为京都后藤的专营业务,禁止其他家族与其竞争。

"追忆往昔银座柳"——其中提到的"银座"二字,至今在日本许多地方都能找到以此命名的繁华街道,而这些地方都曾是江户时代的银币铸币场所。丰臣秀吉执政时,堺港[①]有一个名为"南镣座"的白银商人和白银工匠团体。丰臣秀吉赐予其中 20 人常是[②]的称号。庆长三年(1598 年)八月丰臣秀吉去世后,德川家康立即着手铸造银币,并接受大津的代官末吉勘兵卫利方的建议,于庆长六年(1601 年)五月在伏见设立银座,进行丁银、豆板银的铸造。该银座由末吉勘兵卫和后藤庄右卫门(同时担任金座御金改役的后藤庄三郎光次)共同管理,由被赐名大黑常是的堺港工匠汤浅作兵卫任银吹人(铸银大工)。此后,幕府于庆长十一年(1606 年)在骏府设立银座,于庆长十三年(1608 年)将伏见银座迁至京都,又于庆长十七年(1612 年)将骏府银座迁至江户。此后,京都和江户两银座承担了江户时代银币的铸造。另外,幕府还于庆长十一年设置大阪银座,

① 今大阪府堺市,在室町时代成为日本与我国明朝贸易的根据地,因此积聚了大量财富。——译者注

② 原文注:日语发音 tunenao,日本民间音读为 jyouze。根据竹越与三郎氏的说法,这个名称源于往古藤原氏派人统司桥氏时的官职名。

作为京都银座的外洽部门；于庆长十九年设置长崎银座，专用于监督灰吹银出口海外的事项。

组织银座的座人被称为银座众，由头役（后称年寄役，为总负责人）、整役（年寄役的副手）、平座役（现场指挥）等官员，以及其他许多小官员、办事员、雇员等组成。大黑常是虽然被称为银吹人（铸银大工），但实际上在银座众的编制之外，负责在银币上打上“宝”“常是”“大黑天像”的极印，以及对上缴的丁银和豆板银进行检查、包装等工作。经其包装的银币被称为“常是包”，有的是在丁银中加入豆板银做成43 匁一个的包裹，也有用于大额交易的500 目包（在20 个木箱中装入银币10 贯）。银座出品的银币基本上都是这样包裹之后在日本流通。大黑常是的长子作右卫门在京都银座任职，次子长左卫门在江户银座银吹处任职，其子孙分别世袭了京都和江户的职务。但是，江户的长左卫门家在宽政十二年（1800 年）幕府整顿银座时，被革除职务且处以“永蛰居”（不准再做官、不准出门交际）。其后幕府任命京都银座的第九代作右卫门常明兼任江户之职，一直到幕府末期。另外，以这次整顿为契机，江户银座和常是官衙从京桥迁至蛎壳町。直到今天，江户早已改名东京，而京桥和蛎壳町的银座之名仍被保留。银座的经营主要是购买民间流通和私领银山产出的灰吹银进行铸造，而幕府有时也提供灰吹银。然而，银座的经营一直难处颇多。一方面是因为重铸需求不振和矿银产量降低，铸币产量不可避免地逐渐减少。另一方面是因为银座收入虽有波动，但大体上只有幕府给予一定比例的抽成（被称为“步一银”），而且还要定期上缴被称为运上银的强制贡金（金座的冥加金是不定期上缴的）。因此，银座为维持经营经常会暴露不正当行为，而幕府也在不断开展整顿、推行货币改铸，这进一步加大了银座的困难。

第四节　关东金遣　上方银遣

德川幕府垄断了货币铸造权，制定了金银货币制度，但其做法大体上仅是因循了以往货币流通的惯例。现在看来，幕府作出这一选择可能是出于尊重上方（京都、大阪等关西）地区的实际经济情况，且当时的金币铸造量不足以满足日本的需求。然而，随着货币经济的发展，关东愈加倾向于金币本位化（以金计价），上方则愈加倾向于银币本位化（以银计价）。一个有趣的例子是，力士在江户是指 10 两（金），在大阪则是指几十目（银）；小粒在江户是指 1 分金（1/4 两），在大阪则指的是豆板银。太宰春台①在其著作《经济录》（享保十四年即 1729 年著）中，对这种关东金遣（以金计价）、关西银遣（以银计价）的现象作出如下论述：

日本现有金、银、铜三种货币。京都以西地区推崇银，东国推崇金，铜币则不分东西在日本流通。西国因为推崇银，故以三币当中的银为本位，金与钱（铜币）的价格围绕其上下浮动。因为一切货物的买卖都用银标价，所以据说在交易时，需先确定金 1 两折合多少银，铜币 1 贯又折合多少银，再以此进行结算。比如，西国标价都是米 1 石卖多少两银子，绢布 1 匹卖多少两银子，或者 1 钱银可以买多少货物。那么用金或铜币进行交易时，也需要先按照银的价格议价，待价格确定后，再支付相当于该笔银价的金或铜币。实际上，西国人基本上都是喜银而不喜金。他们认为金和铜币的价值会随时上下浮动，而银有不动的价值，即 1 匁银无论何时都是 1 匁银。因此，西国富豪储备皆银。

---

①　太宰春台（1680～1747 年），又号紫芝园，日本德川时期的儒学思想家，通晓经学和近世汉语。——译者注

相反，东国只推崇金，所以三币当中以金为本位，而银和铜币的价格围绕其上下浮动。因此买卖一切货物，都用金表示价格，交易时再按金银折价进行结算。比如，东国标价都是1两金可以买几石米、几匹棉布，或者金1步、铜币100文可以买多少货物。用银进行交易时，也是先按金的价格议价，待价格确定后，再支付相当于该币金价的银。实际上，东国人基本上都是喜金而不喜银。他们认为银价会随时上下浮动，而金的价值即使长期储藏也不会变动，1两金无论何时都是1两金。因此东国富豪储备皆金。即使西国有人存储金，也不是为了储备保值，而是为了炒高金价以便垄断购买。有很多西国兑换商在做这样的事情。东西国对金银重视程度的差异就是如此，是取决于喜欢还是不喜欢。

然而，这样的习俗是怎样产生的呢？草间直方在《三币图汇》中进行了如下说明：

在日本东西各国的货物交易中，如果谨慎考虑其对金、银的不同态度，可以有如下归因：黄金坚硬美丽，又可以如柳枝般柔软弯曲，而且永远不会变色。黄金可比君子之德，高贵无出其右者。这恐怕可与神君家康公的德行相比。因此，本世庆长年以来，黄金的产量比上古多了万倍，天下的财力丰沛。正是因为黄金寓意大德，所以弥足珍贵，各种货物都用黄金标价，各种货物的行情上下浮动，而黄金的价值屹然不动。这是庆长年以来神君在关东开辟的交易之道，也是天下一统的根本，所以如今关东必然会重视黄金。正如天平年间日本第一次从奥州出产黄金时，家持[①]的咏颂：昌盛之世，吾妻（地名）繁荣。又因为黄金是在东方首次出现（奥州在日本东北），所以关东自然而然地就推

① 大伴家持[718年（养老二年左右）至785年（延历四年）]，是日本奈良时代的政治家、诗人，大纳言大伴旅人之子，官位是从3位中纳言，36歌仙之一，是日本最早和歌集《万叶集》的主要编者。——译者注

崇黄金。与此相对，白银相对坚硬且脆弱，不能如黄金般弯曲，颜色也会随着年月的流逝而变化，产生黑锈。如果投入火中，金虽柔软却不易熔化，银虽硬却易熔化。另外，即使是同样大小，金银重量也有很大的差别。这就是银不及金的原因。

日本中世足利将军执政时，京都王道渐渐衰退，只是徒有虚名而威力全无。天皇在毛利和大内等族的扶助下，才举行了即位仪式。从那时起，银就自然地从西国进入京都，促使各种物品以银计价。到了天正、庆长年间，三好、松永之类都得以纷纷进京，一时间群龙无首，即使市民也不敬畏君父，利欲放纵、风俗败坏，世人追名逐利而淡薄信义。即使进入庆长年间，市民也越来越重视利欲、推崇白银，交易货物也以白银计价，一石米价等行情都以银来表示。天武二年①，日本从对马首次出产白银，之后伊予、但马、石见、摄津等又有出产，均为西国。后世以西国的毛利、大内、三好为首，在进京时都以银交易货物，自然畿内、西国就会推崇银，偏向于只使用银进行流通交易。

如上所述，庆长币制建立以前，日本东、西国已不能就货物交易用金还是用银达成一致，且这种不一致是长时间各种事件积累下来，自然而然形成的。若德川幕府初创时就想改变这种现状，想必也是很难做到的。

草间直方的上述见解虽然没有涉及南蛮贸易②，但考虑到南蛮贸易对金银使用习惯影响有限，因此大致是妥当的。当时，德川幕府完全获得了三都（指京都、大阪、江户）的统治权，掌握了全国的交通枢纽。其垄断铸造的金、银、铜三币通过这些渠道渗透日本，为建立幕藩体制作出了贡献。但是，实际状况是金、银、铜币各行其道，没有确立主币、辅币的关系，或者说三者都是主币，但在不同地域、人群中分别

① 天武二年即673年，对应我国唐高宗咸亨四年。——译者注

② 南蛮贸易，指安土桃山时代（16世纪中期至17世纪初期）日本与西班牙、葡萄牙等国商人实行的贸易。——译者注

发挥主币作用。之后,东国的江户在采用参勤交代制[1]后,具有了最大消费都市的特性。而西国的大阪以米谷为中心进一步加强了全国性物资集散地的特性,成为江户的物资补给基地。因此,东、西国之间如何处理结算,以及如何确定金、银、铜三者之间的价值关系,就成为不可回避的命题。

也就是说,大阪在丰臣家灭亡后不久就成为德川幕府的直辖领地。虽然其失去了都城的地位,但是依靠深厚的历史背景和优越的地理位置,大阪仍然是当时日本全国经济的中心和最为兴盛的商业城市。各藩大名执行参勤交代时,必须携带领国的米谷和特产前往江户,还需兑换部分货币来支付驻江户时的官衙、预备金等费用。与此相对,江户是将军、诸侯、旗本以及寄生于他们的町人(门人食客)的居住地,因此成为一个无与伦比的消费城市,得以迅速发展起来。就这样,米谷等各类物资从上方(关西地区)单向流向关东的情况愈演愈烈,但此时上方没有金计价商品体系。于是,在江户、大阪两地滋生了巨大的金、银币兑换需求。而承担这个任务的就是兑换商。

德川幕府于庆长十四年(1609 年)规定金 1 两兑银 50 目,但由于缺乏用于兑换的公共设施,实际兑换比率经常变动。此时兑换商又发挥了作用。他们以法定兑换比率为基准,通过适当地操纵行情,起到了防止交易混乱的作用。大约百年之后的元禄改铸之际,由于元禄金的品位恶劣,金 1 两兑银跌破 50 匁,幕府反而根据元禄十三年(1700 年)改铸前的实际情况,规定金 1 两兑银 60 目。但是在这种情况下,兑换商主导的行情不为幕府规定所动,随着实际情况而变动。银币被改恶特别是宝永银(包括丁银和豆板银)面世后,银价行情严重崩溃,一度下降到只有八九匁。

① 参勤交代制,日本江户时代制度,即各藩大名需轮流前往江户勤王、参政,一段时间后返回。——译者注

第五节　宽永通宝与钱座

天下一统之后，江户幕府迅速铸造发行了庆长金银，希望通过垄断货币发行来控制经济。但是，在金、银、铜三种货币之中，垄断铜币发行的政策实施得较晚。宽永十三年（1636 年），幕府才开始铸造宽永通宝，并将其作为统一铜币来发行。如果从始铸庆长金银币的庆长六年（1601 年）开始计算，二者相隔长达 35 年。另外，从始铸宽永通宝到正式大批量铸造的宽文八年（1668 年），又花费了 32 年。究其原因，应该是幕府需要优先推行金银币，使之成为基本货币，再统一改铸中世以后已在平民阶层广泛流通的铜币。其间，幕府需要收集准备原料铜，这肯定要花费相当长的时间。

如本书之前在“永乐钱”一节所述，德川家康入主关东后，沿用了北条氏的旧制，采取了以永乐钱为中心的钱币政策。具体而言，其在庆长九年、庆长十一年、元和八年、宽永二年、宽永三年、宽永十一年颁布选钱禁止令，规定实施选钱惩罚条例等各种强化措施，以谋求公认恶钱，促使永乐钱成为计价单位。这也可以认为是幕府应对钱币（铜币）绝对量不足的苦心之策。

宽永通宝
（上）正面，（下）背面

在新币铸造方面，据传德川家康曾于庆长十一年（1606 年）在骏河的钱座铸造庆长通宝。另外德川秀忠曾于元和三年（1617 年）铸造元和通宝。尽管这两枚铜币都有实物存世，但因史籍中没有正式的记录，其详细情况还不明确。也有观点认为这两枚铜币是幕府试铸的样币，且铸造量很少，并没有太多的意义。

江户时期铜币的正式铸造发行始于宽永十三年。在此 10 年之前的宽永三年(1626 年),水户的商人佐藤新助也曾在水户铸造宽永通宝。虽然这不是幕府的官铸货币,但是宽永通宝这个钱名的始祖。在古钱收藏界,因为水户宽永通宝的“永”字看起来像是“二水”,所以又称其为“二水永钱”。

宽永年间,日本铜材的产量大幅增加。这是由于一些原本从事金银矿山业务的财团开始进军铜矿开采,并且铜材冶炼工艺也有所进步。德川幕府在此背景下,于宽永十三年在江户浅草桥场、芝网绳手以及近江的坂本设置钱座,开始宽永通宝的铸造。与此同时,幕府又发出政令,允许新铸铜钱与现有铜钱并行流通使用,且严禁私铸。由于新钱的质地和外观均备受好评,幕府又于第 2 年即宽永十四年在前述三个钱座的基础上,增设水户、仙台、吉田、松本、高田、长门(萩)、备前(冈山)、丰后(竹田)八个钱座,开始了官铸铜钱在全国范围内的铸造生产。实际上,江户时期的钱座与金座、银座相比还是有所区别的。当时的钱座实行的是一种完全承包的体制,其场所、数量随时代的变迁而不断变动,各地许多增设的钱座都很难说是永久性的设施。宽永通宝的铸造于宽永十七年(1640 年)暂停,于明历二年(1656 年)再次开始,又于万治二年(1659 年)再次停止。宽文八年(1668 年)之后,京都方广寺的铜制大佛被改铸为铜钱,因此增铸了大量宽永通宝。在古钱收藏界,宽文之前铸成的宽永通宝被称为古宽永,宽文之后的则被称为新宽永。在宽文年间大幅增铸后,官铸新钱终于可以应付社会需要。新井白石在《折柴记》中说:“宽文年间的大约 16 年中,铸钱 197 万贯。”于是,幕府在宽文十年(1670 年)六月颁布政令,禁止新钱与旧钱混用,实质上是禁止了旧钱的流通。当时,流通中的旧钱不仅质量非常差,而且还在不断出口到东南亚各国,导致其数量也在减少。因此,幕府得以顺利统一铜钱。但此时距离幕府统一金银货币已过去了 70 年。

除了后来的宝永通宝、天保通宝、文久永宝以外,宽永通宝在直到明治元年的江户时代都被用作新铸官钱的名称。在命名为宽永通宝的钱币中，除铜钱以外还有铁币、黄铜币，除 1 文钱以外还有 10 文钱、4 文钱，再加上铸造地也有很多，因此其种类非常之多。这一钱名之所以得以长期沿用，就是因为宽永通宝被公认为江户幕府币制中的铜（铁）基准货币。

第六章　货币改铸开启

第一节　元禄时代

由“元禄”一词可联想到的东西因人而异。但此时距离大阪夏之阵[①]（元和元年，即1615年）已有将近1个世纪。在天下承平之中，被称作幕藩制的中央集权性封建制终于趋于完善。这个时代在政治、经济、社会、文化等各方面都呈现特有的矛盾。

封建制度的基础是农业。从太阁检地[②]开始的一系列农业政策，目的是建立自耕农体系，即以小农为中心的村落共同体。农业生产力的提高和剩余价值的产生，以及通过农副产品的生产而得以促进商业性农业的发展，使以往封

---

① 大阪夏之阵是大阪战役的一部分。战役后，作为战胜方的德川家统一日本，结束了长达100多年的战国时代。——译者注

② 丰臣秀吉在日本全国推行的农地测量及收获量调查。——译者注

闭的农村被卷入货币经济的浪潮。荻生徂徕[①]在他的著作《政谈》中称:“以前农村的钱特别少,一切东西都不用钱而用米麦来买。这是我在乡下亲身经历过的。从近来的情况来看,从元禄时代开始,钱在乡下也开始普及并被用来买东西了。”按照这一记载,货币渗透日本全国各个角落应是在元禄时代。

城市的繁荣和人口增加更为显著。据说当时城市人口以每年1%左右的速度增长。享保年间江户武家町人合计约100万人,京都50万人,大阪38万人。以这三个都市为中心,日本全国各地的城下町、港町、宿场、市场等通过陆路、海路联系在一起。随着从农业中分离出来的新兴工商业的发展,日本出现了被称为“町人”的新阶层。随着城市的急速发展,武士町人阶层的生活水平得到了令人意想不到的提高。下面我们从衣、食、住三个方面看一下当时的情况。

首先是“衣”。所谓的小袖是和服的基本款式。平民服装是根据武士阶层服装的款式制作的。而将上下一系列的布片用带子系上,制作成所谓的劳动服,就具有了不同的意义。并且,众所周知的是,这类服装在尺寸、材质、图案、色调等方面更加多样、高级。振袖开始流行,饰品也多了起来,高级的物件越来越受到民众的喜爱。有人指出,润发护肤品也在此时传播开来。以元禄年间为界,曾经在城市都少见的伽罗油和元结等,至享保年间已普及日本农村。

其次是“食”。首先划时代的变革是早晚两餐制逐渐固定成为三餐制,副食也变得多种多样,各种点心纷纷上市,酒也被大量酿造,饭馆开始兴旺起来。请看一下以下的菜单:想必日本此前无论多么高贵的人,也没有见过如此丰盛的菜单吧(摘录于井原西鹤《万的文反古》第一卷之四的“将来十九日的荣耀菜单”)。

请在游舟上慢慢品尝度过美好时光。有釜敷等食器茶具提供使

---

① 荻生徂徕(1666~1728年),日本江户时代中期的哲学家和儒学家。——译者注

用。汤汁饱满的竹轮皮鲍鱼,现在正值味美时节。饭前的香鱼翅炖川鱼,在表面沾上杉烧(海鲜蔬菜)端上桌。鲷鱼青鹭两色,煮真竹一品,极其美味。虾仁、青豆拌菜、黑鲈泥汤、盐煮小竹荚鱼、田乐(豆腐串)、燕窝金柑麸、浓味噌汤。还有3次敬酒(大、中、小杯各敬酒1次,重复3次)的酒肴、冷曝冰糕、精品汤。干杯后肯定要吃的寿司和蓼,将蘸上山椒后端出。然后是切块后撒上砂糖的日野真桑瓜,以及代替点心茶食。

最后是"住"。元禄时代以前,地方武士只是在土地上铺席子。元禄时代开始普遍使用铺板,正房变成了铺榻榻米的高级房间。不用说町人,连农民都普及了榻榻米。瓦砾屋顶逐渐增多,住宅开始迈向近代化。由于菜籽油的产量增加,油灯也得以普及。平民也可以享受夜生活了。作为嗜好品,茶和香烟的普及也备受瞩目(以前女性如果抽烟,除了游女以外,就会让人看不惯。现在不抽烟的女性和努力修行的僧人都少见了)。西鹤①的作品中出现的金银观表现了货币经济时代的商业资本主义社会道德规范,比如,"以钱赚钱的世界""现在到了用银子赚钱的时候""自然要准备金钱了""不顾家族姓氏的贵贱,只要有金银,你就能加入町人的族谱"等。

第二节　穷困的幕府财政

江户幕府的岁入构成沿袭自丰臣氏,其基础是从固有领地获得的进贡(来自町奉行支配的府内、勘定奉行支配的公料地及其他大名的御预地的收入)和从直辖矿山所得金银铜垄断铸币所获得的溢价收入,也就是说,虽说是国家财政,但其收入是以自营产业为前提,各大

---

① 井原西鹤(1642~1693年),日本江户时代小说家,俳谐诗人。——译者注

名承担军役,即资助城郭筑设、参觐交替等义务,但是并不向国家缴纳租税。德川氏的固有领土约有 400 万石粮食产量,到纲吉[①]时代就基本固化,直到幕府末期都没有变动。这 400 多万石是领地的石高(总产量),而不是上缴的产量。而且计算稻谷产量时,实际收成还得去掉稻壳。据说实际的征收量在 120 万石至 130 万石,折合白米 65 万石左右。鉴于农民已经被严重剥削,再增税和开征新税已无可能。

另外,在德川家康时代,日本国内涌现很多金银矿山。但金产量在庆长、元和时代,银产量在宽永时代[②]到达顶峰期之后,如同退潮之水般急速减少。代表性的金银矿山——佐渡矿山的产出状况可从《吹尘录》(胜海舟编)矿山部的"佐州山出金江户纳高"得知:庆长十八年(1613 年)银 1819 贯、筋金 0.953 贯、砂金 0.616 贯、小判金 1907 两。正保四年(1647 年)银 811 贯,筋金、砂金、小判金均为零。其间年平均产量为银 2654 贯、筋金 15.7 贯、砂金 0.8 贯、小判金 14,400 两。其间最高年产量为元和七年(1621 年),银 6230 贯、筋金 35 贯、砂金 4.8 贯。与此相对,庆安二年(1649 年)到元禄三年(1690 年)的年产量平均值为银 1189 贯,其间最高为延宝三年(1675 年)的银 2088 贯,筋金、砂金、小判金均为零。元禄七年(1694 年)的银产量为 699 贯,金产量当然是零,其衰败已经显而易见。

佐渡以外金银矿山的产量数字尚不清楚。但根据《日本经济史》,从宽永元年(1624 年)到宽永七年(1630 年)矿山金产量,以萨摩的 551 贯为首,每年平均为 100.7 贯。从元禄十二年(1699 年)到元禄十六年(1703 年)的矿山金产量,以萨摩的 171 贯为首,每年平均为 43 贯。正德元年(1711 年)到正德四年(1714 年)的矿山金产量,以萨摩的 107.8 贯为首,每年平均为 24.4 贯。享保元年(1716 年)到享保十二年(1727 年)的矿山金产量,以骏河的 75.7 贯为首,每年平均为 6.4

---

① 德川纲吉,江户时代第五代征夷大将军,1680 年至 1709 年在位。——译者注

② 庆长、元和、宽永均是日本年号,大致分别指 1596 年至 1615 年、1615 年至 1624 年、1624 年至 1643 年。——译者注

贯。金产量持续骤减。

同时,金银的持有量迅速减少并很快见底。如前所述(前章“庆长币制”一节),德川家康着眼于金银的重要性,一方面接管了丰臣氏的遗产,另一方面任用大久保长安使得金银增产从而有了金银的积累。他在庆长九年(1604 年)铸造了 80 块银质分铜(砝码),每块有 50 多贯。之后不久其将将军职位让给秀忠时,下令赠送金币 3 万枚、银 13,000 贯作为贺礼。元和二年(1616 年)德川家康在骏府去世时,其庞大的遗产包含黄金 94 万两,白银 49,500 贯,银币 550 两,其中的 75 万两黄金被分配给了御三家。秀忠继续努力积攒,家光所继承的遗产记金 28 万余两,银 17,000 贯,其中一部分被分给了约百名相关人员。家光继承的这一笔巨额遗产甚至超过了秀忠。家光时代幕府开始增加开支,但由于宽永通宝的批量生产等,幕府财政还有富余。进入家纲时代之后幕府就开始手头吃紧了。从幕府财政准备金即分铜金的状况来看,德川家康储备了多少分铜金尚不清楚。但据《货币秘录》所载,明历三年(1657 年)江户城大火时,被收藏在天守阁下的金银熔化后流走,于万治二年(1659 年)铸造成分铜金,共 20 个,每个 41 贯至 44.5 贯。其中有重达 310.9 贯的 7 个金分铜在延宝四年(1676 年)被重铸为庆长金,重达 438.1 贯的 10 个金分铜在天和元年(1681 年)也被重铸为庆长金。据说纲吉时代剩下的 3 个金分铜合计重 130.35 贯,另有 5 个银分铜合计 219.78 贯,其铭文写道“行军守城用,勿作寻常费”。这些德川家康终其一生储备以作应急之用的分铜金,在没有战乱的家纲、纲吉时代,反而大多被挥霍一空。

虽然社会生活水平提高导致的物价上涨也是幕府支出增加的原因之一,但是,幕府财政破产的直接原因是其长期处于和平状态后失去了居安思危的意识,以及接连不断的天灾地变,其代表是被世人称为明历大火的振袖火灾。明历三年(1657 年)正月十八日,江户本妙寺起火,烧了三天三夜。大火烧毁了江户城的大半。天守阁、本丸、二之丸被烧毁。大名府邸 500 余处、神社佛阁 300 余处、市区 800 余町被烧成灰烬，死者 18,000 人。幕府不仅要承担将军本城的修复费用，还要向诸侯、旗本支付巨额贷款和恩赐，以及负担江户市内的救济费、重建费。这些费用似乎是通过大阪、骏府的储备，以及上述分铜金来支付的。自此之后，幕府的财政就开始紧张了。

从那时起诸侯的借款逐渐增加。家纲就任将军第 12 年的宽文二年(1662 年)，据说幕府金库还有金 200 余万两，银 12 余贯。这些金银据说大半都在宽文年间被消耗了。家纲去世纲吉就任时，就不再像前例那样赐予相关人员金银了。而且，贪图华美、喜好施舍的五代将军纲吉，继位后大肆进行寺院的修造，以及桂昌院①以下的宅邸建造。天和三年(1683 年)正月，江户遭遇大雨洪涝，同年四月日光山地震。元禄六年(1693 年)江户城内再次遭受大洪水。在接连不断的灾害打击下，幕府财政已经不能周转。而货币改铸的直接原因，据说是独断将军纲吉对日光参拜费的迫切愿望。《三王外记》②对此有如下描述：

因此王(指幕府将军)之即位，一定要参谒日光山陵殿。宪王(指纲吉)已立数岁，到了元禄中叶，召集众相商议日光山参谒仪式之事。比起先王，王奢侈且喜欢施舍。府藏几乎荡然一空。浪华、骏河二城都有神祖所存储的黄金数万。王想：以后把这些黄金送到内府，都使用了。于是王府马上就空了。

众相奏曰："殿下日光之行，该用 10 万金，而今府藏空涸，无从提供了。这样，您就不应该去了吧。"王哭曰："吾不得海内数日之行，还是个王吗？"因此，必须缩减饮食和娱乐开支。众相及服侍诸大臣皆感到忧虑。

---

① 桂昌院，指德川幕府五代将军纲吉之母，三代将军家光侧室。——译者注

② 《三王外记》，太宰春台著，仿照中国史书体例用汉字写成，记载了纲吉、家宣、家继这三代将军的事迹。——译者注

第三节 提议改铸

面对财政困难，幕府产生了改铸降低货币品位，以此来增加货币发行量的想法。当然金座、银座想要增产并向幕府施压也是原因之一。金座也好，银座也罢，如其名为“座”，都是源于中世的特权商人团体。这些特权团体的收入主要依赖于幕府支付的铸币费用，随铸币多少而变动。但是，由于日本各地的金银产量已急剧减少，连应急备用的分铜金也被拿出来改铸，铸币量下降似乎难以避免。为了恢复“座”的收入，让他们日进斗金的美梦再现，无论通过什么手段，这些团体都想要增加货币铸造量。幕府没有自己的造币局，通过金银座这样的一种承包制的方式进行货币铸造，自然难以抵挡货币改铸的压力。德川幕府的各种制度原封不动地继承自丰臣氏，虽说有其历史原因，但是直到新井白石时代①才终于制作出完整的财政年表，反映出其财政制度整体的严重落后。

金座、银座开始向幕府施加压力，似乎是在宽文年间②。《三币图汇》的记载如下：

宽文年间，金座的人们聚集在一起商量：“金子一两掺入多少银子进行改铸，能使日本的钱多起来？在这种情况下，即使钱的质量稍微下降一些也无所谓。既能仍被民间视同珍宝，还能轻易多铸若干倍，达到以幕府政令为口实谋取私利的目的。在当时那些阁老当中，如果连土屋但马守数直③殿下都认同的话，这个愿望就能实现。我们都托

---

① 指新井白石辅佐幕政期间（约 1709 ~1716 年）。——译者注

② 宽文年间（1661 ~1673 年）。——译者注

③ 土屋但马守数直，即土屋数直，德川家纲时期曾任若年寄（1662 年）、老中（1665 年）。老中是江户幕府的职名，职位大致与镰仓幕府的连署、室町幕府的管领相当，通常是幕府的最高官职。若年寄职位仅次于老中。——译者注

人向但马守提出了这个申请就行了。”因为引用了幕府提倡的“御德用”(价廉量多),金座的申请得到了初步认可,但之后没有正式消息。金座的人们就想:“是不是阁老们把这事给忘了?”因此他们再次向但马守提出申请。然而町人们的申请事宜大错特错。金银是七宝之中的最高级,在日本和中国都被视为珍宝。你说要降低金的品位来增加数量?!这可不是随便一说就可以通过的事情。所以他们即使说了也跟没说一样。之后,金座的人们又提交申请:“最近像以前那种紫磨金越来越少了,总体来说金色中的白色变强了,连天皇、将军都叹息不已。这不是平民百姓所能想到的。”他们就这样写了申请,心想这一次肯定会批复了吧。

根据这篇记载,土屋但马守审查之后,似乎就把这个计划束之高阁了。但是在家纲时代,有些举动即使没能实现,也还有周旋的余地。元禄五年(1692年)八月,银座的年寄[1]们联名上书,要求改铸银币。具体建议包括,增加银币中铜的混入比例一成,增加银币铸造量,增加运上(金银铜原材料的进贡)以及提高铸造银币的费用率(从3%提高到4%)。就这样,金座、银座遥相呼应。他们看准了幕府的财政困难,迫使其同意改铸。其结果在《三币图汇》中有如下叙述:

很遗憾,之后金座的人也没有实现愿望。延宝七年(1679年)土屋但马守去世了。之后直到元禄年年间,荻原近江守重秀殿下以勘定奉行的身份主掌了御检约事务。现在机会可来了!金座的人们重新润色了一下宽文年间的那些说辞,向近江守申请。阁老讨论后,果然表态了,称“言之有理”,并上奏天皇。不久,元禄金银币改铸的事就这么定下了。

这一事件的中心人物——荻原重秀出生于甲州,最初是勘定奉行的下级。元禄八年(1695年)时任勘定奉行差添(于贞享四年即1687

① 年寄,即家老,在日本常为政治和商业大型机构的实际负责人。——译者注

年就任)。改铸实行后的元禄九年(1696 年)四月正式被任命为勘定奉行。但是当元禄改铸时,幕府阁僚已经没有能人了。因为负责财政的阁老也是个无能之辈,荻原重秀就被推上了实际财政负责人的地位。新井白石在《折柴记》(宝永六年二月三日)中写道:"前代将军时,虽然说名义财政负责人是大久保加贺守忠朝,但实际上财政是委托给荻原近江守重秀一人负责的。重秀和柳泽美浓守吉保、稻垣对马守重富商量后作出决定。因此加贺守也不知道详细情况。"重秀在正德二年(1712 年)九月因新井白石的揭发而被罢免之前,全神贯注地埋头于货币改恶之中。这虽说是时代大势所趋的必然结果,却是一部如同讽刺画般的悲喜剧。

第四节 元禄改铸

元禄八年幕府决定改铸货币,并事先颁布触书①进行预告和宣传。触书提及:"金银币的极印已经过时,因此要进行改铸。因为金银产量减少,需要调整品位,增加流通量。现存的金银币并不强行收回,而是先发行新币,再决定是否有后续措施。"无论怎么说,改铸都是在违背祖法,是幕府主政以来的大变革,因此幕府对改铸目的的介绍和新旧交换的程序都采取了极其谨慎的态度。荻原重秀在进行元禄年间的一连串恶铸时说:"财政紧张是因为金银不足。金银多了自然财源也富足,黎民百姓的生活也会轻松。这样,如果逐渐用新铸的金银币更换府库以及流通中的金银币,那么新铸币最终就可以在全社会普及流通。"

颁布触书后,幕府马上着手改铸。阿部丰后守、加藤佐渡守出任金银御用总奉行,委任荻原重秀以下为金银重铸御用。在进行这些体制建设的同时,幕府在本乡的空地上新建了吹所(铸造工厂),集中金

① 触书,指古代日本官府下达的告知书。——译者注

座、银座的相关人员开始新币铸造。金币改铸是从元禄八年九月十八日开始,银币则是从九月十五日开始铸造。采取这样的做法,估计是为了确保幕府收益以及封锁改恶的秘密。

如此铸造的货币有元禄大判、元禄小判、元禄1分判金、元禄2朱判金(元禄十年开始铸造)、元禄丁银、元禄豆板银。它们的共同特征是印有元禄的“元”字。通过降低品位增加数量,小判、1分判的数量增加到庆长金的1.5倍,丁银、豆板银的数量增加到庆长银的1.25倍。改铸金银币和当时通用的庆长金银成分对比如表2所示。

表2 庆长金银、元禄金银成分对比 单位:‰

种类	纯金	纯银	杂成分
庆长金	862.8	132.0	5.2
元禄金	564.1	431.9	4.0
庆长银	2.0	791.9	206.1
元禄银	1.4	646.0	352.6

另外,关于大判的品位:庆长大判为67.26%,元禄大判则是52.11%。如后所述,几种恶铸金、银币的品位下降比率各不相同,这进一步增加了经济的混乱。

元禄小判(原尺寸的1/2)
(右)正面,(左)背面

元禄大判（原尺寸的1/2）

虽然偏离了主题，但我们还是来说明一下“上色”吧。元禄金如上所示，其一半为纯金，银的比例当然增多了。之所以呈现和庆长金几乎一样的金色，是因为进行了“上色”。这个做法在之后的旧币重铸时也存在。“上色”是金币铸造的最后一道工序。具体是将硝石8、薰陆10、绿矾10、胆矾7、食盐20充分研磨，再加入梅醋涂在币上，用炭火烤后再用食盐充分磨合的工艺。食盐即氯化钠的氯与银化合而成为氯化银，如果将其弹掉，则表面部分基本上只有金成分，恶质的小判也就会闪闪发光了。

无论名目说得如何好听，改铸的目的就是获得一次性的差额收入，也就是所谓的“出目”。幕府当局竭力保密新金银币的品位。元禄八年九月，在颁布预告仅1个月后，幕府再次发出触书，宣布在新金银币普及之前，旧金银币应该等价通用，由幕府以一定溢价回收旧币，但明确表示杜绝高额溢价。新旧金银币的实际溢价从元禄八年（1695年）到宝永四年（1707年）之间只有微乎其微的1%。就金币而言，新旧币的实际价值之比是150比100，也即50%的溢价率。因此那1%

的溢价只不过是稍微掩盖品位的降低。但无论如何,铸币改恶的事实是显而易见的,因此渐渐被民间怀疑也是理所当然的。这样一来旧金银币就不再出现在市场上。新旧币兑换也就无从谈起。格雷欣法则所言的“劣币驱逐良币”,在当时真的上演了。

因为旧金银币都退出流通而被收藏,幕府无法进行回收,从而导致改铸的原料不足。因此元禄九年七月幕府颁布了停止旧金银币流通的预告,并且迅速颁布了触书试图加快旧币回收,但效果不佳。幕府不得不将元禄十年四月的旧金银币流通期限推迟至次年三月,之后又再次推迟1年。最后到了元禄十二年四月,幕府仍未回收足够的旧币,不得不无限期延长旧币兑换和停止流通的期限。与此同时,幕府对新旧币兑换的溢价进行了小幅增加。据历史记载,幕府回收旧金币的溢价在元禄八年(1695年)至宝永四年(1707年)为1%,宝永五年(1708年)至宝永六年(1709年)五月为3%,宝永六年至宝永七年(1710年)四月为10%。即便溢价如此递增,幕府还是收集不到旧币,只得再次提高溢价至20%,但是效果依然不佳。银币方面的溢价,一开始是兑换庆长银币10贯,元禄银币要增付200匁,即溢价2%。元禄十年以后反而降低到增付150匁,即溢价1.5%。这可能是因为当时获取白银远比获取黄金容易。

就这样,在幕府苦于新旧金银币兑换的为难期间,究竟铸造出多少元禄金银币呢?元禄大判从元禄八年到元禄十一年铸造了31,700余枚,在日本史上各种大判的铸造枚数中是最多的。元禄小判、1分判、2朱判金从元禄八年(2朱判金是从元禄十年)到宝永七年的16年,共铸造了1393万两。元禄丁银、豆板银从元禄八年到宝永三年的12年,铸造了405,000多贯。

另外,对幕府通过这次改铸所得到的收益,新井白石有所记载:“元禄八年九月开始金银币改制,岁入总计约500万两云云。”(引自《折柴记》)这一说法自古有名。再考虑到金的原价和追加铜的费用,计算而得幕府收益470万两。这个估计大概是妥当的。

那么,元禄改铸对日本经济产生了怎样的影响呢?如上所述,由于金银币的改恶,旧金银币开始退出流通而被收藏,这进一步引起金银比价的动荡,结果导致了银币价格的上涨。另外,随着金银币品位的下降,铜钱价格随之上涨,导致三种货币之间的不平衡。据说贞享年间,金1两兑换银60匁。如果分别以其所包含的纯金、纯银的比例来进行比较,则相当于金1对银12。如果拿元禄金银币来作同样的比较,则相当于金1对银14。金银币改恶度的不均衡不久就导致银币价格上涨。此外,铜钱价格也上涨。在以金计价的江户,交易方式是"大米→金→银或者铜币"。以此方式生活的武士阶层直接被带入急剧通货膨胀的浪潮中。对于以银计价的关西(京都、大阪等)地区来说,银币价格上涨使其商品具有优势,促进其商品进军江户、关东。不过,大阪自身的生活也并不轻松。草间直方说:"这次元禄金银币的发行,使得天下的金银币倍增。这原本应使货币流通变得更为顺畅,但由于民间将旧金银币收藏起来,反而导致金银币流通不畅,让市民陷入疾苦。尤其是质量优良的旧金币,因其便于收藏,在市面上越发少见,使得市民几乎全用银币和铜币。如此一来,银币和铜币又捉襟见肘,市民的生活则越来越苦。"

为控制金银铜币的兑换混乱,幕府在元禄十三年(1700年)十一月颁布政令,明文规定了官定兑换比例:金币1两兑换银币60匁、金币1两兑换铜币4贯文。民间向官府支付款项按照官定比例进行,民间自发交易也应遵循这一官定比例。但实际上除江户的一些地方以外,这一政令无法在全国施行。之后幕府在大阪收购白银,制定惩罚条例,并颁布了各种各样触书,但即使幕府想尽了办法也无法收拾这种混乱局面。其最终结果理所当然只能是银币品位的下降,除此之外毫无他法。若干年后幕府财政再次恶化,为弥补财政赤字又不得不进行宝永改铸,却又掉入陷阱。

接下来我们谈一下铜币。宽永通宝曾于明历二年(1656年)铸造,其后短暂中断,于宽文八年(1668年)恢复铸造。古钱界对铸于宽文及以后的宽永通宝称为新宽永，宽文以前的称古宽永。而且，宽文年间铸钱量较多。新井白石在《折柴记》中记载："在宽文年间的约 16 年时间里铸造了 197 万贯的铜币。"之后的元禄时期日本产铜量进入顶峰。当时日本对外贸易对铜有着巨大需求。特别是贞享二年（1685 年）实施长崎贸易限制政策以后，铜确立了其主要出口品的地位。在这种情况下，幕府为增加货币供给量，在江户和京都批准设立钱座，用以铸造宽永通宝。也许是考虑到金银货币改铸之后铜钱品质恶化，铅含量增多，厚度也有所减少，日本民间称其为荻原钱，对其非常厌恶。

最后，谈谈元禄改铸的意义。在有关元禄的著作中，有人高度评价这次改铸，说它不仅让幕府增加收入弥补了财政赤字，而且实现了增大货币供给量的目标。甚至还有人搬出"成长货币理论"等现代的经济学概念来予以评价。但是，问题来了，货币数量的增大是什么？其意义是什么？其效果又是什么？如果不进行这方面的研究，就不应该简单地下结论。虽然现在是个盛行给历史反面人物"平反"的时代，但前述评价还是很难取得赞同。在这里，我们不要拘泥于现代的货币观念，而首先应该关注当时货币的实际情况。银遣（以银计价）、金遣（以金计价）的现象在关西、关东是界限分明的。兑换商们每天都在盯着行市，以此为业。这个事实可以理解为当时的货币即使已成为一般的交换手段，但其原材料的价值仍然没有失去，仍然保留着其作为交换媒介商品的意义，也就是说，黄金、白银在当时可以被作为国际结算手段直接使用，幕府即使改铸货币，也不得不尊重这一事实，充分考虑改铸货币与之前货币的金银含量关系问题。在这种所谓的货币不发达阶段，把金币的品位降低一半使其数量加倍，到底如何与货币数量增加的经济意义联系在一起呢？新井白石在《折柴记》中写道："在民间看来，现在的 200 两是以前的 100 两。因此新币只是自欺欺人地增加了名义价值，而实际价值却没有任何增加。今后若再像以前那样（改良）铸造金银币，民间就会又将新币 100 两看作从前的 200 两。所以改铸只是增减其名义价值,而不会影响实际价值。更何况万物的价格本来就不是定数,如果用当时通用的纯黄金来铸币,则价格为金币100两的东西,可以用新铸的50两金币买到(元禄金币含金量略高于50%)。如果是这样(改恶就能增加货币流通量),那么若把恶币给改良了,岂不也会失去其中的一半财富。"对于新井白石提出的这个问题,难道仅是一句"这个见解太简单朴素了"就可以一下子给否定掉吗?

如前所述,庆长小判、1分判的铸造总额为1472万两(或1324万两)。庆长丁银、豆板银的铸造总额为120万贯。与此相比,元禄小判、1分判的铸造总额再加上2朱金合计为1393万两。元禄银币的铸造额为40万贯多(即使将时代推迟到宝永年间,宝永小判、1分判的铸造额也有151万两,宝永二宝银为27万贯多,永字银为5000贯多,三宝银为37万贯多,四宝银为40万贯多)。货币的流通余额为发行额减去流向海外和毁损部分的金额,以及为铸造新币而回收的金额。当然如果不减去滞藏部分,现存流通余额会存在偏差,但不进入流通的数额很难推算。虽然对流通余额只能进行估算,但还是可以看出金币的流通量并没怎么增加,银币的改恶则接连不断,并且有六种同一面额的货币在同时流通,这种情况只能说绝对不是与经济发展相适应的,而仅是出自政策的混乱。即使是在金融机构已经健全的今天,滥发缺乏实际经济交易支撑的银行券和不可兑换纸币,也是导致通货膨胀的直接原因。"只要有国家的信用,瓦币也能流通,更何况是降低品质的金属货币。"重秀等人的主张不得不说只是一个借口。靠剥削农民而生的幕藩封建体制和因全国市场的形成而不断增长的商业资本主义之间的矛盾,因元禄时期货币原材料的不足而暴露出来。当时所采取的补救措施是货币的改恶。之后,当幕府不厌其烦地重复节俭主义和货币改恶时,幕府末期的败局也就在不知不觉间到来了。

第五节　宝永改铸

将军纲吉在位期间,在“元禄时代”的华美背景下有生物慈悲令①和赤穗浪士夜袭②等很多话题。但其晚年天灾地变不断。元禄十一年(1698 年)有被称为敕额火灾的江户大火,以及接下来的日本全国性暴风雨和关东大地震。元禄十六年(1703 年)有江户大地震以及大火(此时改元宝永)。宝永元年(1704 年)有利根川泛滥。宝永四年(1707 年)又有全国性地震,以及接下来的富士山喷发和京都大火等。其中宝永山就是在这次富士山喷发时出现的。当时情况非常严重,武藏、相模、骏河诸国都被火山灰填满,变成白色茫茫的一片。幕府为筹备救济、重建费用,首次进行了全国性的征税,共计征收了 488,000 多两(由于腐败等问题实际按照目的使用的只有 16 万两,另一个说法是 6 万多两)。幕府的财政困难因上述天灾而雪上加霜。为开拓财源,那些称为“座”的各种专营业务被大量批准开立,但仍是杯水车薪。在幕府进退维谷之时,操纵银价改铸银币的提案卷土重来。事实证明,元禄改铸偷食禁果之后,相关人员像吸毒一样身不由已了。宝永三年(1706 年)六月,幕府颁布了和此前元禄改铸类似的触书。虽然提到了溢价,但没有明示溢价率(实际上从宝永三年七月的 1.5% 到宝永六年七月的 6%,溢价率逐年提高)。

这种改铸的宝永银币,由于上下都有宝字的刻印,所以被称为二宝或宝字银币。从这个二宝银币开始到四宝银币的四种银币没有“常是”的极印。据说是由于其品质太差,大黑常是五代常荣拒绝在上面

---

① 生物慈悲令(亦称怜悯生类令)是江户时代元禄期发布的诸多禁止杀生的法令之总称。保护的对象涉及狗、猫、鸟、鱼类、贝类、虫类等。德川纲吉也因此被称为狗将军(犬公方)。——译者注

② 元禄十五年(1702 年)47 名赤穗浪士为其城主报仇,夜袭仇家。在日本作为忠勇故事广为流传。——译者注

施加极印,还因此被荻原重秀给开除了。此外,第二年即宝永四年十月,幕府又向各国发出触书,命令其停止使用藩札(藩钞)。虽说该措施是为了促进新币的流通,但一直以来依靠藩钞来满足领内货币需求的各藩还是蒙受了很大的损失。

左起宝永二宝银　宝永永字银　宝永三宝银　宝永四宝银
(都是原尺寸的2/3)

宝永六年,五代将军纲吉去世,来自甲府的德川家宣接任将军一职,幕府的各项措施都发生了很大的转变。新任将军本来想将柳泽吉保和荻原重秀一起革职,但因实在没有其他合适人选,只得继续留任荻原重秀为勘定奉行。因此,荻原重秀得以依然如故地擅自铸造恶币,即宝永七年(1710 年)三月的永字银(也称为永中银,其中央刻有永字的印记),同年四月以后的三宝银(刻有三个宝字),以及次年正德元年(1711 年)八月以后的四宝银(刻有四个宝字)。这些在很短时间内铸造的大量银币,品质急速下降。到最后的四宝银,银成分只有20%,相当于仅有银币之名,而几乎无银币之实了。本书将宝永银币和元禄银币进行了比较,如表 3 所示。

表 3　元禄银、宝永银比较

种类	品位/%		铸造期间	铸造额/贯
	银成分	杂成分		
元禄银	64	36	自元禄八年九月 至宝永三年五月	405, 850
宝字银	50	50	自宝永三年七月 至宝永七年二月	278, 130
永字银	40	60	宝永七年三月中	5836
三宝银	32	68	自宝永七年四月 至正德元年七月	370, 487
四宝银	20	80	自正德元年八月 至正德二年九月	401, 240

通过这一系列的银币改铸,幕府所得收入总计 273, 500 多贯。银座累计收入估计也有 125, 500 贯之多,也就是说,银座获利约为幕府收入的一半。而且,寄生在官办事业中的银座并没有将这些收益储蓄为资本,只是任其在奢靡浪费中烟消云散。其中代表性的例子是京都银座年寄中村内藏介,他曾购买一町四方的宅邸,据称非常豪华。某日在女眷们的服装比赛中,当其他人还在用绫罗绸缎比美时,他的妻子穿着双层白羽衬双层黑羽的内衣出场,此后多次换装亦是如此。甚至连她侍女的衣服都能和其他人穿的正装匹敌。所以观众最终不得不决定她是冠军。延宝元年(1673 年)进入京都江户闯荡的新兴商人三井家的第二代八郎右卫门高平,对其儿子高房所说的町人破产后的真实故事收录在《町人考见录》中。据记载,获得改铸利益的京都银座之人,仅在约 10 年之后就卖掉家产,为日常生活所困。他们或者在下京边制作寒酸的切子灯笼,或者唱净琉璃(弹三弦琴唱小曲)度日,或者偶尔奢侈一次,旋即又再次沦为失魂落魄的流浪汉。这些人缺乏见识,肯定成了在通货膨胀的浪潮中苦吟求生的憨厚老实的武士、平民、

农民所愤恨的对象。新井白石(不仅是个文人)也是这些人(武士、平民、农民)的代言人。

乾字金（原尺寸的2/3）
（右）正面，（左）背面

接连不断的恶银铸造和发行引起了货币间的兑换混乱,不同种类的货币各有各的行情。虽然幕府通过降低银价打击大阪地方势力的目的基本实现,但由此引起了经济的严重混乱。宝永七年宝永金的铸造和发行进一步加剧了经济混乱。这种新金币和永字银、三宝银的铸造期一致,可以认为是幕府既为了调整金币与新恶银币的兑换比率,又试图恢复庆长以前的金币品位,并最终折中妥协的产物。该金币有小判金(重量 2 匁 5 分)和 1 分判金(6 分 2 厘 5 毛)两种,品位为 83.4% ,与庆长金的品位相近。宝永金因刻有“乾”字而又被称为乾字金,据说其乾字的由来是《易经》之中“乾为金”的描述。另外,因为乾字金分量接近庆长金的一半,是一款小型货币,所以也被称为小形金。其铸造时期是从宝永七年(1710 年)到正德四年(1714 年),共铸造了 1150 万两。这枚金币的品位虽然提高了,但其分量很小,所以标作“1 两”的实际含金量比元禄金还要少,民间实际兑换中旧金币 1 两折合乾字金 2 两。因此,乾字金推出后并没有得到民间的信任,民众普遍预期幕府很快将再次改铸。

另外,在铜币方面,在荻原钱之后,京都的丝割符仲间①以20万贯的年缴费用承包了铜币铸造和发行工作。从宝永五年一月开始,其在京都七条的钱座铸造10文铜币。该币正面有宽永通宝字样,背面有永世久用字样,是直径1寸2分5厘的大型钱,但分量低于存世的3枚宽永钱。发行方希望其作为10文钱流通,但是其实际价值较低、铸造品质欠佳,在找零方面还存在诸多不便,引起了市民的不满,最终与永世久用的钱文背道而驰,在短短1年后的宝永六年一月就已几乎停止了流通。

第六节 新井白石登场

幕府五代将军纲吉没有留下子嗣就去世了。家光第三子纲重的儿子纲丰继承大统,就任六代将军,改名为德川家宣。但正是由于这次偶然事件,德川家宣的侍讲新井白石一跃成为政治中心人物,备受瞩目。德川家宣及其子德川家继的统治时间很短,从宝永六年(1709年)到享保元年(1716年)只有短短的7年。新井白石在此期间全力以赴,在日本历史上留下了被称为"正德之治"的政绩。对于货币问题,作为荻原恶铸的老对手,他因推崇复古的良币铸造而广为人知。

新井白石首次与荻原重秀对决是在宝永六年二月。德川家宣在昭告天下就任将军之前,根据先例进入本城,召集重臣商议将军的常住御座,以及前将军纲吉夫人御所的建造事宜。会议上,荻原重秀谈论起财政状况。"幕府的岁入总计400万石。兑换成黄金有76万两

---

① 16世纪以来,日本最大的进口商品是中国出产的生丝。为了控制生丝进口,庆长九年(1604年)幕府命令京都、堺、长崎三地(后扩大至大阪、江户)的贸易商人组成"丝割符仲间",统一收购进口生丝,确定价格后再分配、转卖给各个商人。这个方法称丝割符或白丝割符。——译者注

至77万余两。扣除夏冬两季发给旗本等人的俸禄30万两,还有46万两至47万两。然而去年的财政支出约为140万两,再加上京都御所预计的建造费用七八十万两,导致预算赤字为170万两至180万两。即使不计算前将军葬礼所费,幕府财政也已入不敷出。因此,幕府现在需要紧缩支出,削减诸如御中阴(前将军殁后第49日)的法事费、御庙建造费、将军昭告天下就职的仪式费、新将军御座搬家费和京都外御所建造费等。然而,现在幕府手头现金只有37万两,其中24万两将作为去年春天富士山喷发后武藏、相模、骏河三国的火山灰清除费用。以每百石产量征收金2两的标准向各国收取的40万两中,有16万两已经用于支付各项费用,剩余金额将作为北之丸御幕营费用。除此之外,幕府财政已无其他收入。现在账上的资金如要支付本年度支出,还不到所需金额的1/10”。

重臣们开始慌张起来,再次向荻原重秀确认幕府财政状况。荻原重秀回答道:“在前将军的统治下,幕府每年的支出增加了1倍,财政完全陷入困境。元禄八年九月以后进行了金银币改铸,每年可增加幕府收入约500万两,原本实现了财政平衡。但元禄十六年冬天的大地震导致巨大支出,致使幕府财政又回到岁入不足的状态。宝永三年七月重新铸造了银币,但岁入仍然不足。去年春天根据对马守重富的建议,开始实施新铸十大货币的方案。总之,事已至此,要摆脱当前的紧急状况,除了金银改铸以外别无他法。”

重臣们都在想是不是也只有遵从这个意见了。这时将军德川家宣询问众人:“除了改铸还有别的方法吗?”新井白石答曰:“我的建议是,即使前将军的法事、御庙的新建、将军就任仪式的筹备等临时费用支出难以避免,通常御所的建设也可以延期。另外,经常费用方面,根据重秀所述,可以用于本年度财政支出的只有37万两。但是,重秀所说的去年财政收入实际是前年的税收。这样的话,即使今年的财政收入如他所说,也应该有去年税收的76万两、77万两和今年到现在为止所拥有的37万两,共计100多万两。另外,对必要的紧急费用,也并

不是都需要支付全款，而是可根据其重要性分期支付。”（以上摘自《折柴记》）

对改铸货币持消极态度的将军德川家宣听了这个建议非常高兴，马上予以采用，并禁止再讨论金银改铸的事情。在政治方面，德川家宣从此开始征求新井白石的意见，换句话说，新井白石领导幕府政治，就是在这场货币争论的时候开始的。

第七章　币制复古与享保改革

第一节　正德的币制复古

新井白石不仅在政治上献计献策，在具体实行中也督促各职能部门，力求排除一切妥协折中方案，推进政策的贯彻实施。据说那些阁老们也怕他三分。在这位正直的儒者眼中，荻原重秀是伪君子、万民之敌，其搬出财政难题只是为了中饱私囊。新井白石在自传《折柴记》中写道：“自古以来，真材难得。重秀在才、德两方面都没有可取之处。况且，虽然没有德行，却还要让人认为他有才，这是最不应该的事了。”“如果重秀看到这本书，他就应该收敛、反省邪恶行径，树立舍身为国的志向。”“自开天辟地，有这般邪恶小人，闻所未闻。”“即使撒手人寰之际，也应顿悟事理。真想让重秀冰冷的肉身寸断，像愚鬼一样忍受痛苦。”新井白石就是这样性情外露地痛骂。因此以货币改铸为主题的财政改革，首先要从革除荻原重秀的职务开始（见表4）。

新井白石

表 4　米价变化情况（依据《三币图汇》）

年代	牌名	价格（银币/石）	备注
元禄四年	肥后米	41 匁至 53 匁 3 分	六月阿苏火山喷发，九州边歉收
元禄六年	肥后米	52～53 匁至 60 匁	六月、七月美浓、近江、畿内发大水
元禄七年	肥后米	65～66 匁至 69 匁 3 分	五月至八月、九月奥州、关东地震发大水
元禄八年	肥后米	70 匁至 80 匁	元禄银发行，从春季开始寒暖异常
元禄九年	肥后米	105 匁	各藩国稻米不熟（东北地区冷冻灾害、地震）
元禄十年	肥后米	85～86 匁至 90 匁	2 朱金发行
元禄十一年至十三年	肥后米	100 匁至 105 匁	元禄十一年十一月江户大火
元禄十四年	肥后米	80 匁至 93 匁	畿内发大水，中部、奥州歉收
元禄十五年	肥后米	100 匁至 110 匁	九州、四国、北越、奥州洪水

续表

年代	牌名	价格(银币/石)	备注
元禄十六年	肥后米	92 匁至 93 匁	江户大火、东国大地震、关东歉收
元禄十七年	肥后米	45 ~ 46 匁至 50 匁	六月关东大雨,西国、九州、北国平安无事
宝永二年	肥后米	41 匁	各藩国八九成丰收
宝永三年	筑前米	45 匁至 50 匁	宝字银发行,六月九州大风雨,其他地区丰熟
宝永四年	肥后米	宝字银 120 匁至 150 匁	各藩国六七成丰收,东海道、南海道大地震
宝永五年	肥后米	宝字银 70 匁至 80 匁	各地多发火灾。浅间火山喷发,各藩国丰熟
	筑前米	宝字银 68 ~ 69 匁至 70 匁	当十大钱发行
宝永六年	肥后米	宝字银 60 匁至 70 匁	当十大钱停止流通
	筑前米	宝字银 67 ~ 68 匁	
宝永七年	肥后米	宝字银 67 ~ 68 匁至 85 ~ 86 匁	永中银、三宝银发行,乾字金发行
宝永八年	肥后米	宝字银 68 匁 5 分至 72 ~ 73 匁	各藩国七八成丰收,四宝银发行
正德二年	肥后米	宝字银 81 匁 5 分至 85 匁 19 分	六七成丰收,白米 1 石 120 匁,零售银 1 匁 8 合
正德三年	肥后米	宝字银 155 匁	各藩国稻米不熟,白米 1 石 170 匁至 180 匁,零售银 1 匁 6 合
正德四年	肥后米	新银 100 匁 9 分 宝字银 155 匁 2 分	各藩国六分半丰收,新银发行
正德五年	肥后米	通用银 201 匁 8 分 新银 76 匁	1 石米的通用银(永中、三宝、四宝)价格六月、七月为 160 ~ 170 匁、九月涨至 230 匁、十月为 210 匁,零售银 1 匁 5 合;江户乾金 1 两可买米 2 斗七八升至 3 斗
	肥后米	宝字银 115 匁 3 ~ 4 分	
	肥后米	通用银 220 匁至 230 匁	

新井白石使出的第一招是于正德二年(1712 年)七月恢复设立监察官吏的勘定吟味役[①]。为了分割集中在重秀手中的财政权限,其勘定奉行职务已在当年五月被解除。在此期间,重秀对其独断专行铸造三宝银、四宝银的申辩态度依旧恶劣。这让新井白石大发雷霆,决定无论如何都要罢免重秀。当面临针对三宝银铸造问题的质询时,重秀让部下出具答申书,谎称当时铸造中的银币确定无疑就是宝永三年规定的宝字银,企图以此蒙混过关。当被要求再次解释四宝银时,重秀不得不承认是其擅自发行,但又辩称是因现将军就任的诸多事情增加了开支,只得通过改铸来拟补赤字。质询到此,重秀突然正言厉色地说:“该说的都已经说了。我现在没有什么可忌惮的。”愤怒的新井白石向当时已在病中的德川家宣将军力谏道:“要么我死,要么罢免重秀。”终于,将军决定于九月十一日罢免重秀,令其回家闭门反省。

罢免重秀之后,拨乱反正之事还涉及对银座相关人员的调查、处分,以及新币的铸造,这都需要相当长的时间。而“后重秀时代货币政策的制定”这个大课题迫在眉睫,必须先行办理。当时幕府中负责财政事务的相关人员要么是无能之辈,要么是重秀的心腹或者同案的污吏。但如果说这已是个巨大包袱,那么给新井白石带来最大打击的是,最信任他同时也是唯一支持他的德川家宣将军于当年十月去世。

---

① 勘定吟味役,德川幕府官职,有权清查幕府官吏的一切收支,如发现贿赂可追查到底,曾被荻原重秀撤除。——译者注

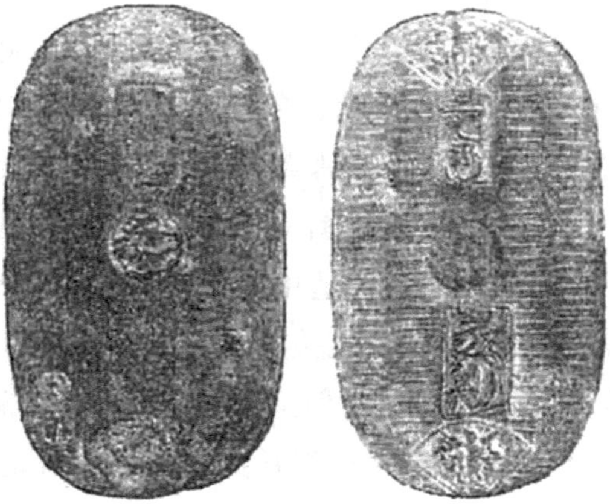

正德小判（原尺寸的2/3）（右）正面，（左）背面

新井白石当时已经预见到德川家宣将军之殁，于是赶在九月提交了停止新银币铸造的触书。但对新井白石来说幸运的是，少年德川家继[①]随后继任为七代将军，而新井白石成了德川家继的近侍间部诠房[②]的智囊，从而保留了地位。德川家宣去世后，阁老秋元乔知[③]迅速宣读了德川家宣的遗诏，称“（币制之事）被仰出之趣”，意即将军早已明确应修改币制以恢复东照宫[④]（指德川家康）时期的定制。于是，新井白石就这样命中注定要只身致力于币制改革。但是，虽然改革方向已然确定，具体改铸又要如何施行呢？此后约两年时间中，新井白石的苦恼一直在持续。

经过长达近两年的思考和讨论，新井白石终于得到完整的改铸方案。在有关新币铸造的公告颁布两天之前，新井白石按计划于正德四

① 德川家继，江户幕府第七代将军，三代将军家光曾孙，六代将军家宣第五子，在位3年，死时年仅8岁。——译者注

② 间部诠房，江户幕府第六代将军德川家宣的宠臣，和新井白石等人一起推动“正德之治”。——译者注

③ 秋元乔知，曾任若年寄、老中等职，先后侍奉五代将军纲吉、六代将军家宣。——译者注

④ 东照宫，一般指日光东照宫，主祭神是东照大权现（德川家康），后世用于指代德川家康。——译者注

年五月十三日由町奉行所①进行银座整顿，同时罢免了给荻原重秀擅自恶铸的命令书盖章的勘定所官员保木弥右卫门和小宫山友右卫门，令其等候受审。侦办和搜查银座的工作迅速开展，即日就开始宣判。银座年寄深江庄左卫门、中村四郎右卫门、关善左卫门以及隐居中的细谷太郎左卫门四人被没收财产，流放到伊豆大岛；中村内藏介因涉嫌过度奢靡被革职和没收财产；细谷太郎左卫门和中村内藏介的孩子也被一并革职。与此同时，从深江②家中搜出的账簿得知，荻原重秀从银座诸人处收受了 26 万两黄金，以及名贵古董。其下属长井半六也收受了 6 万两黄金。这一连串事件唤起了世人对荻原一党以及银座官员腐败的痛恨，加强了民众对新铸货币的舆论支持，这是否也在新井白石的意图之中呢？

两天后的正德四年（1714 年）五月十五日，幕府终于颁布了铸造新币的布令。这个布令规定了新币铸造的主旨、之前发行各货币的流通办法、新旧各货币的兑换基准体系等。其中兑换基准是“以新旧金银币的金银成色为准”，如庆长旧金币成色相当于乾字金的 2 倍[原文为：（庆长金）十成增。一成为 10%，十成为 100%，因而为（乾字金）2 倍]，即庆长金 1 两相当于乾字金 2 两，兑换比例为 1 比 2；新金币与庆长金的成色和价值均相同，兑换比例为 1 比 1；元禄金则与乾字金并列，但元禄金 100 两兑换乾字金 100 两需另加手续费 2 两 2 步（1/4 两），即兑换比例为 1.025 比 1。因而，新金币 100 两相当于乾字金 200 两，或元禄金 205 两。庆长旧银币 1 贯相当于当时流通银币（永字、三宝、四宝）2 贯；新银币和庆长银并列；其他银币的规定兑换比例为：元禄银为当时流通银币的六成增（1.6 倍），元禄银 1 贯相当于当时流通银币 1 贯 600，宝字银按当时流通银币三成增（1.3 倍）兑换。

那么，被称为新金、新银的正德金银币具体情况如何呢？正德小

---

① 町奉行所，江户幕府官府机构，掌管领地内都市的行政、司法。——译者注
② 也可能是细谷。原文为深谷，结合上下文看应为作者笔误。——译者注

判是正德四年(1714 年)新铸造的,和庆长小判几乎相同,分量为 4.75 匁、品位为 87.5%。正德 1 分判也是同样的成色,分量为 1.19 匁。前述两者合计被铸造了 213,500 两。其币面都没有刻上年号,以恢复庆长古风,显示万世通用的气概。这两枚金币又被称为武藏判。这是因为该金币复古庆长,而庆长金是以在武藏铸造的武藏墨判为样板的。德川吉宗将军①时代改元享保之后,同样复古铸币。虽然根据年号应被称为"享保小判、享保 1 分判",但其币面同样也不刻年号,外观与正德年间铸造的货币几乎完全一样。因此,后世将它们统称为正德享保金银币。再说到银币,正德丁银、正德豆板银品位均为 79.65%,略优于庆长银。并且,同样由于正德银币与享保年间铸造的享保丁银、享保豆板银几乎完全一样,后世难以区别,就将其统称为正德享保银或简称为享保银。据说,从正德四年到元文②元年,铸造的银币总额为 337,420 贯。

另外,和金银币一样,幕府同样铸造了优质的铜币。从正德四年到享保三年,在江户龟井户铸造的通称为"耳白钱"的铜币,据说是由后藤缝之助等六名吴服商承包铸造的。正德四年、五年在佐渡相川也进行了铜币铸造。

然而,新金银币与当时流通中金银币的兑换工作迟迟没有进展。由于当时日本金银矿山的产量很少,旧金银币的回收是新币造币材料的主要来源,这样一来新币铸造数量就受到很大限制。况且,在新币替代旧币的过程中,明显会产生复杂的利害关系。例如,在发行前就受到抵制的乾字金,而今被视为珍宝,拒绝将其拿出来兑换的人不在少数。前后对比,不得不说这是个有趣的现象。"民心惜旧"也许是原因之一。但更重要的是,新小判一枚是 4.75 匁,乾字金是 2.5 匁,在同等品位情况下,1 比 2 的兑换比率实际上会导致民众利益受损。此

---

① 德川吉宗,江户幕府第八代征夷大将军(1716~1745 年在位),"享保改革"的推行者。——译者注

② 元文为德川吉宗时代继享保之后的年号。——译者注

外,乾字金还因为其轻小便利,在交易过程中使用更为方便,受到民众欢迎。为推进兑换工作,幕府从正德四年到正德五年频发布令,促进新金银币流通,强制进行一定量的兑换,同时责令货币兑换商、货物转运商、海运代理商等,禁止向上方(京都、大阪等关西地区)以及其他国家转运元禄金、乾字金。经过苦心经营,幕府终于在正德五年十二月颁布政令,将元禄金停止流通的期限定在后年(享保二年)。乾字金停止流通的政令也随之颁布。即便如此,一直到正德六年(1716 年,当年六月改元为享保)改铸的效果还是不明显。当年四月,幼君德川家继去世,从纪州赴京的德川吉宗[①]取而代之,继任为八代将军。与此同时,新井白石和他的庇护者——同时也是复古改铸政策的执行者——间部诠房均被免职。至此,“正德之治”过了 7 年之后,就宣告结束。随后,德川吉宗逐步废除了新井白石的多项政策,但众所周知有两项政策得以沿袭,即币制复古和限制对外贸易额度尤其是贵金属输出的正德新例[②]。

新井白石所实施的逆流而上的币制复古政策,自古以来就受到了两个极端的评价:大肆批评和大加赞赏。但是,正德年间相比元和[③]年间正好过了 1 个世纪,此时的社会状况和从前的庆长时代已有很大不同。商业资本主义已经成长为难以撼动的强大势力,在其笼罩下的日本社会经济结构不断发生根本性的变化。若是对这种质的变化视而不见,而仅仅研究当时货币经济的表面现象,归根结底也只能是缘木求鱼。

---

① 德川吉宗时任纪伊藩藩主。七代将军德川家继早夭后,将军家绝嗣,德川吉宗因此在六代将军德川家宣正室天英院等的支持下继任为第八代征夷大将军。——译者注

② 正德新例,即日本正德五年(1715 年)由新井白石提案,并由德川幕府颁布的对外贸易条规,正式名称为《海舶互市新例》,主要内容为缩减当时日本唯一直接对清贸易港口长崎的贸易额度,限制贵金属的出口。——译者注

③ 元和(1615 ~1624 年)为日本年号,在庆长之后、宽永之前。——译者注

第二节 享保改革

八代将军德川吉宗以所谓的“享保改革”而闻名于世。享保元年(1716 年,也即正德六年)五月,由旧谱代门阀拥立的德川吉宗将军,甫一上任所面临的就是疲弱不堪的幕府财政和苦不堪言的旗本、御家人生活。对此,他采取的政策包括在政治方面采用胜手挂老中制[①]、建立健全勘定所机构和代官制度、设置目安箱(意见直诉制度)、采用足高制(职务俸禄制度)等,完善了官僚机构;在农业和经济方面通过颁布“上米令”进行临时性征税,通过“定免法”固定地租增征贡米,出台政策鼓励新田开发和农村养殖业发展,颁布“田畑永代买卖禁令”禁止农田买卖,颁布物价下调令,从默许到公开认可大米期货交易等。此外,还继续执行经由米谷交易所许可、符合米价调整政策的,以米价为中心的物价政策。这些政策的实施在某种程度上取得了一定效果。德川吉宗因此被赞为德川幕府中兴的英主,获得了“米将军”的别称。值得注意的是,在享保之治中前代正德年间积极推行的货币政策得以延续。在享保六七年间,无论幕府面临怎样的财政危机,也不敢再重蹈元禄年间货币改恶的覆辙,而是通过“上米”制[②]渡过难关。货币恶铸是元禄年间通货膨胀的元凶,必然导致正德年间的统治者不得不梳理整合杂乱无章的货币,复古重铸(同时也导致了通货紧缩)。因此,多年以后的元文元年(1736 年),货币政策再次出现大转变,以作为应对米价下跌所实施的改革措施。

我们来看一下享保年间的货币铸造情况。首先,享保二年(1717

---

① 胜手挂,即老中之首座,类似“首相”。——译者注

② 1722 年至 1730 年,德川吉宗为度过财政危机采取非常措施,命令大名献米,每一万石封地献米百石,称为“上米制”。作为补偿,幕府同意缩短大名“参勤交代”住在江户的时间,由 1 年改为半年。——译者注

年)八月颁布的触书规定:乾字金只能再有3年流通期限,将于享保五年以后停止流通。同年十二月,又重申元禄金银币的流通期限如正德五年的政令所述,将于当年年底截止,从来年开始正式停止流通。因此,享保三年润十月幕府发布"十一月开始流通新金银之预告",终于宣布开始正式实行新金币和新银币体系,并同时明确了各种货币的兑换准则以及年贡、小物成(杂税)、运上(承包商上缴利润)、承包、上献及下赐、借贷等各种情况下货币的流通准则。在此期间,幕府以旺盛的精力铸造了多种货币。包括分量、品位均与正德金币大致相同的享保小判金、享保1分金在内,到元文元年共铸造了828万两金币。品位与正德银币相同的享保丁银、享保豆板银则从正德四年到元文元年共铸造了337,420贯。大判的铸造稍有推迟,在正德年间没有改铸,在享保年间也是直到享保十年(1725年)才进行改铸。改铸后的大判被称为享保大判,分量为44.1匁,与元禄大判大致相同,但品位是67.5%,是历代大判中最好的。改铸当年十月幕府颁布触书规定,元禄大判从同年十二月开始停止流通,新大判按照每枚折合黄金7两2分的比例使用。这是大判开始铸造以来第一次明确公示兑换比例。该大判从享保十年六月到享保十一年九月共铸造了约8500枚。

享保年间也同样铸造了优质的铜币。享保二年在佐渡相川(享保佐字钱之公营),享保十一年在京都七条(享保七条钱)和江户深川十方坪(10万坪钱),享保十三年在仙台(享保仙台钱)和摄津难波村(难波钱),享保二十年在佐渡相川(享保佐字钱之私营),分别铸造了宽永通宝铜币。

第三节　再次提议改铸

为了摆脱即位之初幕府面临的财政困境,德川吉宗并未进行货币改铸，而是采纳室鸠巢①的献策，从"三都"②商人处借款。他"不顾有辱君主之尊"，让各大名以每1万石收成上缴100石的比例献米。在依靠"上米"制度渡过难关后，又推行了以增加年贡和开发新田为中心的各项政策，可以说，德川吉宗是位于封建制权力顶点又代表封建利益的统治者，其改革的结果是幕府领地的粮食总产量增加了一成以上，年贡收入比"上米"政策原本期待的数量还多了数万石。享保十五年（1730年），幕府终止了"上米"制度，其年贡收入增加的政策达到了预期目的。

虽然幕府财政得到改善并逐渐有了盈余，但是农本主义的封建体制中出现了意想不到的现象，即米价的显著下跌。为应对这种状况，幕府进行了"张纸直段"。所谓的"张纸直段"，即幕府向没有领地的旗本、御家人分派大米，又称"切米"——把一年分成三个季节分三次供给。把大米兑换成金币的时候，由幕府制定米价，并在城中张贴布告公示价格。这一时期以100袋大米为单位的米价如表5所示。

表5　享保年间的米价

享保元年（1716年）	冬67两
享保二年（1717年）	春79两、冬73两
享保三年（1718年）	春83两、夏72两、冬78两
享保四年（1719年）	春69两、夏67两、冬33两
享保七年（1722年）	春53两
享保八年（1723年）	春31两、冬27两
享保九年（1724年）	夏25两、冬24两
享保十一年（1726年）	春32两、冬28两
享保十二年（1727年）	春28两、夏28两、冬26两
享保十三年（1728年）	春26两、夏25两、冬28两
享保十四年（1729年）	春25两、夏24两、冬24两

① 室鸠巢（1658～1734年），日本江户时期儒学家，属朱子学派。——译者注

② 三都，江户时代指江户、大阪和京都。——译者注

续表

享保十五年(1730年)	春25两、夏22两、冬19两
享保十六年(1731年)	春18两、夏20两、冬28两
享保十七年(1732年)	春50两、夏38两、冬31两
享保十八年(1733年)	冬110两
享保十九年(1734年)	春30两、夏24两、冬27两
享保二十年(1735年)	春23两、冬25两

由表5可知,享保年间日本大米价格总体呈下降趋势。然而,也有些年份大米价格因歉收而大幅上涨。特别是享保十七年西日本地区因蝗灾发生大饥荒,饿死者很多,各地请愿者蜂起。受此影响,享保十八年以江户为首,各城市出现打砸富户、米价暴涨等情况。

米价如此下跌,给以大米为主要收入的幕府带来的困难自不必说,也导致依附于幕府的武士阶层的生活越发艰难。币制复古引起的通货紧缩,表现为米价急速下跌,而其他物资价格仅是缓慢下跌。特别是当时银币相对于金币来说维持着高价,而大米的主要出售地关西大阪一般用银币计价卖米。金币紧缩导致惯用银币的关西商人又可以相对占优的价格兑换成关东金币,再兑换成相对较贵的铜币支付给农民。对于生活水平业已提高且已习惯都市生活的关东江户武士阶层来说,这种金银币兑换比例变化给金币持有者带来的损失,更使他们的生活雪上加霜。对此,幕府采取了各种各样的手段,努力提高米价并降低其他物资价格以期达到平衡,但未能取得好的效果。德川吉宗统治期间,除享保十七年以外,从整体上来看几乎是年年大丰收,这让幕府提高米价的尝试一次次失败,不得不让人感叹天意不可违。

最终无计可施的幕府不得不向大阪商人咨询提高米价的方法。大阪商人回答说货币改铸是个良策。结果幕府就采纳了这个建议,抛弃了正德以来的良币政策,再次踏上货币改恶的覆辙。享保二十一年(当年四月改元为元文)幕府实施元文改铸,之后幕府就在货币改铸的道路上一去不回头,一直到幕府末期都没有再次尝试改良。

第八章　藩札与元文改铸

第一节　藩札

在元文改铸之前，幕府采取了各种各样的经济措施。其中，享保十五年（1730 年）采取的措施包括藩札解禁。因此，本书在这里专就藩札作一些论述。

日本各大名领国发行的纸券即藩札的原型，可以追溯到很久以前主要在近畿地区发行的私札（私钞）。代表性的私札有被称作“山田羽书”的私钞。在《类聚名物考》①书中，有对“羽书—叶书—纸币”的记述。“（山田羽书）系伊势一国常用的纸币。这种纸币（本质上）是一种银票，由祢宜神社发行。其正面有细密的图案，还写着银子的数量。（这种纸币）自古以来只是私人制造发行，每家的标志都不一样。所用之纸也是特殊的新抄纸，且为了不被仿造

① 《类聚名物考》，成书于江户时代，山冈浚明编，摘录了日本历史上大量本州岛西部地区事物的名字及出处。——译者注

都有隐藏标致。”其被称为“羽书”，想必是根据《钱神论》[1]，被描述为虽然没有翅膀却还是可以飞来飞去的东西。另外，在《大日本货币史》附录标札部也有类似描述。“度会府的纸币被称为‘羽书’，很早以前就在伊势国的山田开始使用，但也有人说是从足利氏的时代才开始的。”然而这些描述都只是民间传说，文明年间[2]宇治山田屡屡发生战争，相关史料毁于兵火，导致现在已无详迹可考。宽永八年（1631 年）幕府首次设置山田奉行，由花房志摩守出任。当时花房志摩守选聘当地的年长绅士，赐名为山田三方年寄，专门掌管羽书事务。此后在宽政年间，一色兵库头任山田奉行之职时，重新推举出市民 404 人组成“羽书总中”，由这些人出钱并主管羽书事务。明治元年，在伊势度会府设立羽书交换所，负责掌管羽书事务。目前有记录可查的四种银札（银票），分别称为“银 1 匁札”“银 5 分札”“银 3 分札”“银 2 分札”，总计 90,802,000 枚，所代表的银币价值为 8972 贯 100 匁。可以认为伊势地区商人发行的票据逐渐演化成了纸币。除山田羽书之外，在日本还有宇治羽书、射和羽书、松坂羽书、丹生羽书等伊势地区的各种羽书。此外，在近畿地区，各地的私札（私人纸币）也在民间发行。现今留存下来最古老的私札是大坂江户堀河银札，其在元和年间[3]于大阪开掘江户堀河时曾作为临时性货币使用。

除了上述山田羽书等少部分例外，由于幕府大量铸造金银铜三币尤其是铜币，到宽文年间幕府的制式货币已在全国普及，私札几乎全部消失。但是，不久之后出现的藩札就取而代之。最早的藩札是宽文元年（1661 年）越前福井藩发行的银札。由于前任藩主松平忠直的荒诞无度，当时该藩领地大幅度削减，陷入财政困难。该藩以此为理由提出发行申请，得到了幕府的批准。其他财政困难的藩属国得知福井

① 《钱神论》是中国西晋鲁褒创作的一篇赋，主要描写钱的神通广大和无孔不入。——译者注

② 文明为日本年号（1469～1487 年），在应仁之后、长享之前。——译者注

③ 元和为日本年号（1615～1624 年），在庆长之后、宽永之前。——译者注

藩开此先例,也陆续发行藩札。到宝永四年(1707 年),已有多达 53 个藩属国发行藩札。

在这些藩属国中,有的在发行时得到了幕府的许可,有的则未经幕府许可。当时幕府似乎也并没有积极地试图将藩札控制在自己的统治之下。幕府首次对藩札采取措施是在宝永年间。当时恰逢幕府亲自着手进行银币改恶(宝永三年宝永银、宝永七年三宝银、宝永八年四宝银)。具体而言,幕府于宝永二年八月首先向各藩询问有无金银纸币,以及纸币发行开始的时间和期限等。接着在宝永四年十月,幕府指出由于各地有无藩札造成的不良后果,责令在通知之日起 50 日内一概停止藩札的发行和流通。幕府停止藩札的目的,主要是考虑到幕府的银币改恶对以此为基准的藩札造成影响,且对未发行藩札的地区影响更为复杂和严重,以至于在经济界产生了混乱。同时幕府也希望借此谋求新铸币渗透至全国的机会。

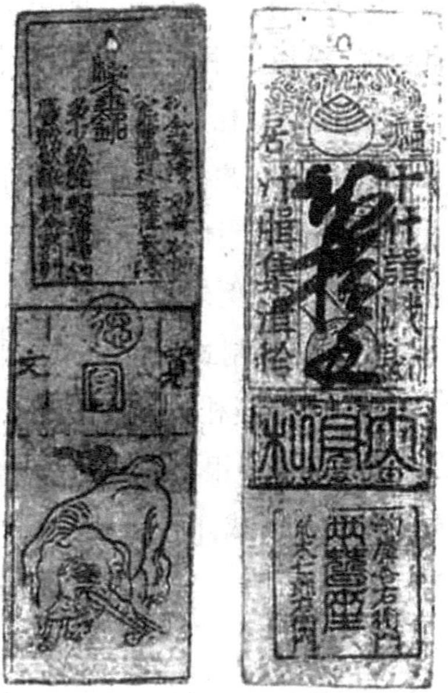

福井藩银札(原尺寸为纵横14.5厘米)(右)正面,(左)背面

宝永年间采取的停止藩札发行和流通的措施,或许还没有把当时

各藩的财政状况逼到致命的境地。然而在享保年间，随着通货紧缩越来越严重，特别是由于米价的显著下降，出售年贡米而逐步依赖货币经济的各藩，面临越来越举步维艰的财政状况。在各藩纷纷上书陈报之后，幕府终于在享保十五年(1730年)六月解禁藩札，但同时也规定了附加条件。一是仅限以前发行过藩札的藩继续发行。二是新发藩札应按照各藩俸禄的高低来限制发行期限。但是，一旦这种妥协的闸门打开，各藩就开始不顾限制，竞相发行藩札了。

这种杂乱无章的发行弊病百出，受到了严厉指责。宝历五年(1755年)即所谓田沼时代①初期，日本发生饥荒并爆发农民起义。加贺金泽市民因反对银札而打砸官商。幕府不得不于当年四月禁止发行金札。接着在宝历九年(1759年)八月，银札的发行也被禁止。幕府为此颁布公告，其主要内容是：除了享保十五年以前已经开始的以及之后新批准的以外，一概禁止藩札发行，对于已经私自发行的藩札不予承认。但是，事到如今肯定不能再指望各藩忠实地听从这一幕府命令了。他们采取各种各样的手段规避法令，例如，发行米札、永札、炭札、伞札、线札、辘辘札等五花八门的实物券，基本等同于换个名字发行，甚至连"粪肥札"都出现了。幕府在那之后仍然坚持禁止态度。比如，宽政十年(1798年)十二月的布令规定，即便是以前发行过藩札的，只要曾经中断过发行，就再也不准重新发行了。当然这一规定同样没有奏效。

藩札是依靠藩国领主的治权而强制流通的，原则上在其他地区不能流通。另外，藩国为了确保藩札在其领地内的流通，还禁止了金属货币的流通。因此藩国人在去他国旅行时，会在使用货币时感到极大的不便。津村正恭在《谈海》一书中记载了这样一件关于银札的事，如

---

① 德川吉宗在1745年将将军之位让于儿子德川家重。德川家重开始重用田沼意次，于1760年将将军之位让于儿子德川家治。德川家治把政治事务全权交给田沼意次，直至1786年去世。日本后世将田沼意次掌控幕政的时期称为"田沼时代"。有学者认为田沼时代是从明和四年(1767年)至天明六年(1786年)。本书作者则认为是从宝历元年(1751年)开始。——译者注

下口语所述：

日本本州岛西部基本上都使用银札。其中，因幡、伯耆、出云、石见等藩国的很多领地犬牙交错，且全部都用本国银札。走上半天左右进入下一个领地，前面的银札就行不通了。所以必须事先仔细调查，在未进入其他领地之前，先在当前领地的银札机关兑换出白银，进入其他领地的时候再买银札使用。事先不了解情况的旅行者直接进入其他领地，就会四处碰壁一筹莫展，不得不回到原处把银札兑换白银。这样既浪费了来往的时间，又增加了无益的支出，非常麻烦。在日本本州岛陆路旅行，一定要知道这一点。

各藩发行藩札时通常的做法是设立札会所，从民间资本持有人中选出札元，让其提供准备金并参与管理，开展汇兑、贷款及各类支付等业务。准备金是用于随时兑付藩札的，对于藩札的信用特别重要，因此札元的选定备受重视。但是与为了弥补流通货币的不足而自然产生的私札不同，藩札的信用原本就是通过领主的治权这一政治强制力来实现的，其本来的发行目的就是补贴藩主财政的不足。因此藩札准备金不足的程度愈演愈烈，最终成了不可兑换的纸币。到了幕府末期，藩札信用不足已呈现无法收拾的局面。

各藩发行藩札，相当于幕府作为中央政府利用其货币铸造的垄断地位，通过货币改恶而获得收入，其目的都是弥补财政赤字。农民依赖的封建体制无法应对货币经济的发展，而藩主当局采取的对策是加强对农民的剥削（提高税率和提前缴纳年贡），以及向富商借款、减少家臣俸禄、实行特产专卖制等。但藩札的发行与上述措施相比，更被视为极为有力的方法。从幕府末年到维新时代，藩札的发行量越来越多。其结果是明治元年废止银目（贯、匁、分等称量单位）时，银札又全部变成钱札。明治四年废藩置县，新政府将藩札视为其负债，颁布命令要求流通中的藩札按照当年七月十四日的行情兑换成新纸币。根据当时的调查,日本全国发行藩札的主体有:藩 244 个、县(旧德川氏直辖区域)14 个、旗本领 9 个。共计发行藩札 1694 种,其流通额换算成新纸币有 3855 万日元之多。

第二节　元文改铸

言归正传,长期沿袭新井白石币制复古路线的幕府,到了元文元年(1736 年,即享保二十一年,四月改元)终于决定改铸金银币。此时从正德四年(1714 年)算起已经过了 22 年。

元文元年五月幕府颁布布令,其主要内容是:为缓解世间货币不足的问题,决定进行金银改铸。新金银币与庆长金银无差别等价通用,兑换时金币每 100 两溢价 65 两,银币每 10 贯溢价 5 贯。如此铸造出来的新金银币就是后世所谓的元文金银。其金币和银币上都刻有“文”字,故被称为“文字金银”或“文金银”。这个“文”字是用真书(楷书)题写的,而后来的文政金银同样刻有“文”字,但是用草书题写的。所以文政金银被称为“草文金银”,而元文金银就与此相对地又被称为“真文金银”。

日本新娘特有的“文金”发型,据说就是源自这个元文金银。元文元年,来自上方(京都、江户等关西地区)的净琉璃太夫(弹唱师)都古路丰后的新发型很有特点。其发根高,发尖向前垂。于是这个新发型自那时起就开始流行。正好这一年“文金”开始发行,这种新发型因此就被称为“文金风”。当然也有说法认为,由于“文金”的发行,物价上涨,导致人们的头发根也向上提高了,所以被称为“文金风”。

文字小判高 2 寸 2 分、宽 1 寸 2 分,重量为 3 匁 5 分。文字 1 分判高 5 分、宽 3 分,重量为 8 分 7 厘 5 毛。其品位都是金 65.31%、银 34.41%、杂成分 2.8‰。与币制复古前的元禄金币相比,其品位虽然更为优秀,分量却相当轻。结果虽然同是用作 1 两,其含金量却比元禄金币还少(元禄金的改恶率为65.7%,文字金的改恶率为55.6%)。

元文（文字）小判（原尺寸的2/3）
（右）正面，（左）背面

元文（文字）丁银
（原尺寸的2/3）

文字丁银、文字豆板银的品位为45.1%,几乎是与文字金币等比例改恶的(改恶率为56.6%)。元文银在从元文元年到文政元年的83

年间,共铸造了525,000多贯,其中333,000贯是在元文元年到元文三年铸造的。元文金在同一时期内铸造了17,435,000两,也就是说,幕府在元文初期十分重视银币铸造,在发布改铸声明时已经做好了充分的准备,很快就全力以赴地投入新金银币的铸造工作中。

在元文元年六月的布令中,幕府强调以新金银币作为标准货币,然而由于当时新金银币的供给尚不充分,所以暂时允许按比例结合旧币使用,但借款、工资、年贡等必须使用新金银币,不允许使用旧币。新金银币的发行顺应了当时社会上期待通货膨胀的观点,但幕府的真正意图是通过提高米价和减轻借款负担来解救幕藩当局和武士农民阶级。可以说这是不通过"德政令"(镰仓、室町时代幕府声明不履行债务的法令)等粗暴手段,而取得类似效果的极其巧妙的做法。

对元禄、宝永时期的货币改恶始终耿耿于怀的人民,对这次改恶心存戒备,因此新金银币在发行之初的兑换并没有取得什么进展。因此幕府在翌年即元文二年三月,基于文字金银币产量增加的事实,宣布将允许按比例使用新旧币的期限限定在当年之内。同时宣布新旧币兑换时的溢价在当年之内还是按照前述规定执行,但从第2年开始每100两旧金币溢价从65两减少到30两,每10贯旧银币溢价从5贯减少到2贯。元文三年十二月,幕府又关闭了大量兑换所。从这时开始,幕府终于可以看到新旧币兑换工作的顺利开展了。

如上所述,尽管元文金银的改恶程度比元禄金银是有过之而无不及,但其新旧币的兑换除起初举步维艰外,最终能被比较平静地接受。到文政元年(1818年),元文金银改铸共持续了83年。一般而言,这次改铸被认为是成功的。或者说这是幕府发行货币的一个稳定时期。为什么可以这样说?我们有很多理由。

第一,实现了当时社会普遍期待的(良性)通货膨胀。改铸之后日本米价终于止跌上涨,其中张纸直段的米价在元文三年(1738年)春、夏为30两,冬为38两。而如前所述享保二十年(1735年)米价春为23两,冬为25两。与正德享保改铸的情况正好相反,元文改铸降低了货币的品位,所以也就很容易大量铸造。元文金币的铸造数量在历史上是江户时期各金币中最高的。元文银币的铸造数量也仅次于庆长银币而位居第二。

第二,新金银币在开始兑换的同时就成为标准货币。幕府在正德年间先是公开提出新旧金银币的使用比例,但中途又进行比例变更,然后在享保四年左右终于开始让新金银币成为标准货币。如果像这样反复周折,必定无法顾及物价和经济的稳定。

第三,金币和银币的改恶率基本相同。元禄改铸给经济带来大混乱的原因之一,就是由于金币和银币的改恶率不同,银币价格上涨,不同区域和阶层的经济摩擦也就被放大。

第四,在新金银币发行之初就明确按溢价回购旧币,其中金币溢价率为65%、银币溢价率为50%。元禄改铸时幕府没有明示溢价率,在实际发行时又玩弄花招,仅仅给1%的溢价率,导致失去人民的信任。由此,元文改铸时幕府给人的印象是并不以获得财政收益为目的。但是实际上,从分量和品位的差别就可以看出,旧金币100两和文金179两,旧银币10贯和文银10.75贯是相当的。这些官方和实际溢价之间的差额就是幕府的收益。有人计算过,通过元文银币改铸,幕府得到的收益为14,000贯以上。

从上述第二点到第四点可以看出,幕府在元文改铸时充分利用了过去的经验,没有重蹈覆辙。这是一个明智之举。就这样,幕府彻底改变了正德年间币制复古的局面。当然,正德年间的币制改革也是为了整理前代所留下的纷乱如麻的货币制度,实属不得已而为之。因此是否可以这样说:货币改革是继往开来之事,元文年间的改铸也是一个必然发生的历史进程。

通过元文改铸,日本金银币制的问题大体上得到了解决,但还是留下了铜币的问题。原本在元文改铸之前,铜币由于供给不足,价格就已上涨,此时再进行金银货币的改恶,相对来说就不可避免地拉动铜币价格进一步上涨。据《三币图汇》记载:享保年间平均1贯铜币可兑换 12 匁至 13 匁银币，到了元文二年年末就可兑换 19 匁 4 分至 5 分银币，而私下结算价格已达 25 匁至 26 匁之高。为此，幕府颁布严格抑制铜币涨价的命令，查处不法兑换商。但是在大阪，恰逢收购大米的铜币因涨价而流入减少的时候，各藩国购米商人在秋收以后销售贩入物资，又把所得铜币带回本国去了，导致大阪市内越来越缺少铜币。幕府因此就禁止各国从其直辖地（如大阪）转运铜币。但是到了元文三年，1 贯铜币的价格已经涨到 20 匁 7 分至 8 分到 25 匁至 26 匁银币，各国私下结算价格已暴涨到 28 匁至 30 匁。那一时期因幕府查实私下交易、垄断收购等行为而受到处罚的人也不在少数。此外，为应对铜币不足的问题，幕府命令以银计价的商品必须用银币进行交易，不允许用铜币交易，但市民并没有遵从。幕府又要求跨藩国货款尽量少用铜币结算，但各藩国的新金银币同样存在短缺，尤其是小玉银（豆板银）的不足导致各国还是不得不用铜币来支付货款。如此这般，铜币越来越不足。到了元文三年十一月，1 贯铜币的价格仍在 22 匁至 23 匁的高位，各国私下结算价格最高为 30 匁，迫使幕府进一步严格限制措施。结果，在元文年间由于铜币不足，日本各地都在努力增产铜币。宝历到明和年间[①]，1 贯铜币的价格大体稳定在 15 匁银币的水平上。

实际上，幕府很快判断若要改善铜币不足的状况，只能增铸铜币而别无他法。于是其于元文元年五月颁布"铸钱令"，在全国各地旧有钱座的基础上又陆续增设钱座，大力开展宽永通宝的铸造。从元文元年到元文六年（宽保元年），幕府铸造了如下所述的各种铜币：10 万坪铜币（十字钱）、鸟羽钱、伏见钱、猿江钱、小梅钱（小字钱）、元文龟户钱、宇津中岛钱、秋田钱、寂光寺钱（日光钱）、元文仙字钱、藤泽钱、元

① 元文（1736 ~1740 年）之后年号分别为宽保（1741 ~1743 年）、延享（1744 ~1747 年）、宽延（1748 ~1750 年）、宝历（1751 ~1764 年）、明和（1764 ~1771 年）、安永（1772 ~1780 年）、天明（1781 ~1788 年）。实际上，日本更换年号往往是在年中进行，因此会出现同一年份前、后段分属不同年号的情况。为方便理解，本书标注年号的公历年份时，均将更换年号当年算作新年号。——译者注

文佐渡钱、加岛钱、平野新田钱(白目钱)、押上钱、元文仙字钱、川字钱、元字钱、宽保足尾钱、宽保佐渡钱等。

值得关注的是,这一时期由于原料铜的不足,幕府还组织铸造了铁币。据说最先开始铸造的铁币是元文元年的十字钱和伏见钱。到了元文四年左右,铁币铸造就开始广泛实施了。在中岛、加岛、深川 10 万坪、平野新田、本所押上、江户小梅、仙台石之卷、佐渡相川、长崎等地的钱座,铁币被与铜币一起铸造或单独铸造。这些铁币在当时一般被称为“铫钱”或“锅钱”。《地方凡例录》中有如下记载:“元文以后,从延享到天明之间的数十年内,在江户深川和大阪的钱座,年年都在不断地用铸锅用的铁铸造钱。这个叫作‘铫钱’,完全用铸锅的原材料——铁进行铸造,一点金或铜也不加入。其上所铸文字也无法再称为‘书法’,只是有了钱的形状而已。如此货币的品位也就越来越粗劣,已到了无法再称为‘货币’的地步,与旧钱相比简直是天壤之别。”这些铁钱最初发行时还相对于铜币有所折价,每 1 两银币可兑换铜币 4 贯或铁币 4 贯 200 文左右。不过很快铁钱就与铜钱同价通用了。如上述《三币图汇》记载,铜币 1 贯的价格保持在折合银币 15 匁(银 60 匁 = 金币 1 两 2 钱 4 贯)的规定范围内,铁币亦是如此。

第九章　发行定位银币[1]

第一节　田沼时代的开启

元文金银币时代在享保金银币时代之后，到文政元年（1818 年）再次改铸货币、发行文政金银币，持续了 83 年。从日本政治史方面来看，这一时代覆盖了田沼意次掌握实权的田沼时代，以及松平定信主持宽政改革[2]的时代。从货币史方面来看，这一时代发生了极为引人注目的发行定位银币等事件。

田沼意次实际参与并最终长期左右朝政的田沼时代，始于宝历元年（1751 年）其被任命为御侧御用取次。[3] 之后的 35 年，田沼意次于宝历八年成为万石大名，于明和四年（1767 年）升

---

① 定位银币，是个相对于称量银币的概念。其按固定的品位、重量和样式铸造，使用时不需再行称量，只需计数即可知道价值，大大方便了交易。因此，本书中提到的"定位货币"可以直观理解为"计数货币"。——译者注

② 宽政改革，是江户时代老中松平定信于天明七年至宽政五年（1787 ~1793 年）实行的幕政改革。——译者注

③ 田沼时代开始的时间尚有争议。——译者注

任御侧御用人，再于明和六年升为老中格，最终于安永元年（1772 年）担任老中之职，到天明六年（1786 年）下台。

田沼意次被列为日本历史上的负面政客之一。其受贿、腐败的形象，与当时天灾、饥荒频发的黑暗时代背景形成了极为强烈的反差，即使在流行反转评价历史人物的今天，其仍未获得一丝恢复名誉的机会。① 但是，实际上他所尝试的诸多政策是对德川吉宗享保改革的一种延续。他施政的目的是让幕藩体制适应不断变化的客观条件并得以存续。因此，历史本应对他符合时代或者领先时代要求的观点，从积极的一面给予极高的评价。田沼意次一方面实行各种专卖制度，建立货币铸造厂，实施工商业联合体制，实现了社会秩序与物价的稳定；另一方面努力增加了"运上金"与"冥加金"②税金收入，利用商业资本，致力于新农田的开垦与矿山的开发，扩大长崎贸易并用海产品（干海参、干鲍鱼、海带等）结算 30% 的贸易额。③ 上述这些构想是那些一心崇尚节俭的保守政治家们无法企及的。特别是基于上述新构想开展对外贸易以后，以往日本单方面输出金银的局面，一度转变为流入金银。于是，田沼意次将上述金银作为一部分原材料，开始铸造后述名为南镣 2 朱判的定位银币。

① 有人认为田沼意次和其主导的幕府贪腐盛行，导致了拜金主义和武士阶级的道德败坏。因此其成为日本民众激烈抨击的对象。但也有人认为田沼意次重视商品经济，以其作为幕府财政重要来源；重视对外贸易，放松了针对长崎的贸易禁令以及与俄国缔交、贸易；试图打破重视身份和门阀的惯例，用实用主义选用人才；大力保护和发展兰学（西方科学技术，当时主要由荷兰人传入日本），促进了日本近代化。——译者注

② 冥加金，一种税金，原意指奉献给幕府当局祈求得到神佛保佑的钱。——译者注

③ 德川幕府限制以长崎为主的对外贸易，其中一个重要原因是防止贵金属的外流。田沼意次放松长崎对外贸易，推动海产品等日本商品代替贵金属出口，在发展对外贸易的同时又相对解决了贵金属外流问题。——译者注

第二节　明和5匁银与南镣2朱判

田沼时代发行了明和5匁银与南镣2朱判等日本最初的定位银币，开启了日本货币制度的新时代。虽然这些货币均是按照勘定吟味役（明和八年提升为勘定奉行）川井久敬的策略发行，但是，说到底发行的功过还是应该由当时掌握政治实权的田沼意次来承担更为切合实际。

明和5匁银（右）正面，（左）背面

明和（1764年至1771年）以前的德川货币制度，是以金、银、铜三种货币并行为原则。金币作为一定品位、一定重量的定位货币，以"两""分"为计量单位（另外"朱"也是计量单位，但元禄2朱金例外）；银币、铜钱作为称量货币，以匁、贯为计量单位。三者之间的比价大致被规定为：金1两=银60匁（最初为50匁）=钱4贯。但是，实际上民间交易均采用实时变动的货币间兑换比价。德川幕府首次对上述货币制度实施根本性变革，就是铸造和发行明和5匁银。据史料（《常是的御用留便览》）记载，时任勘定吟味役川井久敬召集作为银座代表的银座年寄大黑长左卫门,进行了以下询问:“众所周知,江户地区尚未通用银币,这给交易带了很大不便。因此,民间希望我们铸造和发行通用银币。新铸银币应使用与元文银相同的品位。考虑到一步金的重量相当于15匁银,那么新铸银币就按照其的1/3,即1枚5匁的重量来铸造。新铸银币的形状可以采用长方形,而不采用圆形。其币面上应加盖‘5匁’的极印。因此,这将会是一种类似佐渡印银的,重量为一步金1/3的银币。另外,在银60匁等于铜钱4贯的行市下,新铸银币相当于铜钱333文。目前虽然银币的行市每天都在发生变化,但若是新铸银币通用后行情相对固定,则其不仅便于在江户地区流通,而且将非常便于其代替铜钱等称量货币在乡下流通。不知这种方法能否有助于天下的治理。”对于川井久敬的提议,银座持赞成态度,常是的态度却非常消极。当局未理会常是的意见,命令银座着手铸币,并由常是加盖极印。当年(明和二年)九月,幕府就公布了新币发行的布告。

明和5匁银就此横空出世。如上所述,该银币重量为5匁,呈长约1寸5分、宽约7分的长方形,品位与元文银币相同,含银46%、铜54%。其背面铸有“常是”,正面铸有“文字银5匁”的字样。幕府在首次发行明和5匁银时十分谨慎,其在发行布告中说明,原则上该币将与丁银以及小玉银并行通用,但因铸造量不多,仅在偶尔上缴税金时使用。在大约2年后的明和四年十二月,幕府再次颁布命令,表明了真实意图。其规定无论银币的行市如何,新发行的明和5匁银都将执行金1两兑换银60匁的比率,即金1分兑换该币3枚,金1两兑换该币12枚。文字金1两的含金量为2.3匁,文字银60匁的含银量为27.6匁,即金银比价为1比12。但是,实际上当时黄金的价格较高,金1两实际可兑换的银在62匁至68匁之间浮动。所以该布告公示后极不受欢迎。新银币处于无人问津的状态,在钱币兑换商处不得不被束之高阁。明和五年七月幕府发布命令,允许钱币兑换商用上述银币兑换幕府库藏黄金,此举显示出幕府希望收回该银币的态度。总而言之,明和5匁银是幕府进行的一次新银币发行试验,甚至只是一次铸币试验。从明和二年至安永元年,该银币的铸造量为1806贯,大约161,280枚,换算为黄金不超过3万余两。

紧跟明和5匁银之后幕府正式铸造的第2枚定位银币,是明和九年(1772年,十一月改元为安永)的南镣2朱判。其别名包括安永南镣银、安永2朱银、明和2朱银、明和南镣、古南镣、古2朱银等。其中南镣又可称为南廷,详细情况可参见本书第三章“南廷”一节相关内容。“镣”出自中国古词典《尔雅》[①]中“白金谓之银,其美者谓之镣”的典故。“南”据说出自中国南方荆州、扬州附近的典故,意思为纯银。

南镣2朱判品位为银97.81%,金1.3‰,几乎就是包含少量杂质的纯银,基本与其“南镣”之名相符。明和5匁银以失败告终的原因在于,幕府当局一味希望品位相同、价值大小不同的新旧银币通用,而未顾及金币、银币之间的兑换问题。而以纯银为材质铸币则是当局解决这一问题的独特构想。南镣2朱判长8分5厘,宽5分,表面积不足明和5匁银的一半。重量为2.7匁,约为5匁银的一半。其正背面分别铸有两行字,分别为“以南镣8片兑换小判1两”,以及“银座常是”。在其发行当年九月颁布的命令中,幕府声称新币是使用银质材料的金币。对此后世学者解释称,这其实是日本首次实行金银双本位制[②]。

幕府强调这种银币是小面额金币,并且基于该定位特意取名为南镣2朱判,而非2朱银。但又似乎矛盾地规定8枚南镣2朱判兑换文字金1两,考虑文字金1两的含金量为2.3匁,而8枚南镣2朱判的含银量约为22匁,这实际上大致构成1比9的金银兑换比例。在功能方面,南镣2朱判被作为金币的小额货币使用,这直接导致了金币价格的下跌。到天明末年金1两只能兑换银53匁至54匁了。

---

① 《尔雅》,中国古代最早的词典,最早著录于《汉书·艺文志》,但未载作者姓名。——译者注

② 金银双本位制,即金银两种金属同时为本位货币,且金币和银币之间的比价由政府通过立法的形式确立。——译者注

南镣（安永）2朱判
（右）正面，（左）背面

当然,与以往重铸发行的货币类似,南镣 2 朱判在发行初期并未受到人们的欢迎。为此,幕府采取多种措施,其中包括安永二年十二月颁布法令阐述其规定 8 枚南镣 2 朱判兑换金 1 两的理由,使南镣 2 朱判在大阪地区受到了欢迎。该法令阐述的理由是,当时流通中银币 25 匁按市价可兑换纯银 10 匁,而幕府规定金 1 两等于银币 60 匁,又等于南镣 24 匁(每枚 3 匁,8 枚即 24 匁)。由于市场比价 25 比 10 与幕府规定比价 60 比 24 相等(均为 5 比 2),所以幕府是用作为贵金属的纯银售价,替换了作为货币的银币比价,直接作为南镣 2 朱判与金币的比价基础。当然,南镣 2 朱判的实际重量为 2.7 匁,与名义重量 3 匁相差 0.3 匁即 10% 。这一差额是由于银座收取了 7% 的铸造费用,而幕府收取了 3% 的管理费用。

此后,幕府继续采取稳妥政策促进南镣 2 朱判的流通。虽然当时日本关西地区原本就采用银本位进行交易,但当幕府强制这些具有独立王国意味的地区使用金币(实则是银币)时,一开始还是在大阪等地遭到了强烈抵制。然而,南镣 2 朱判后来还是因为品质良好、面额适中而得以顺利流通。作为佐证,笔者从当时江户货币兑换商的银币兑换大事记中,找到了下列记载:“一开始时南镣 2 朱判不为人们所欢迎,但后来得以大范围流通。”“虽然(南镣 2 朱判)在安永、天明年间被众人所嫌弃,但是自宽政时代起逐渐受到了人们的欢迎。”从安永元年(1772 年)至文政七年(1824 年二月开始改铸文政 2 朱银)的 58 年间,南镣 2 朱判的铸造量达到 5,933,000 余两。

第三节　铁币与黄铜币

下面来看田沼时代的钱币情况。前文已对元文、宽保年间的钱币，特别是铁币的增铸情况进行了论述。实际上，钱币（指铜币、铁币）价格在暂时趋于平稳之后又开始逐渐上涨。宝历十四年（1764 年），钱币价格已涨至金 1 两兑钱币 2 贯又 800 文至 900 文。于是为稳定物价，幕府决定在保持金、银、铜（铁）三种货币平衡的同时，增大钱币的产量。但是，幕府为了加强统一控制，决定采取与以往不同的方式，在官办金座、银座进行相关铸造，排除了其他行业参与投机的机会。另外，由于缺乏铜材，这次增铸在币材中使用了铁或者黄铜（铜锌合金）的情况也备受瞩目。

宽永通宝4文钱
（上）正面，（下）背面

明和二年（1765 年）的龟井户钱，以及明和四年的伏见钱，都是江户、京都金座所辖铸钱司铸造的宽永通宝铁币。《三币图汇》指出，这些钱币的质量极其低劣。“此后生产的铁币品质都比较差。混入茶碗碎片的劣币始于宝永大钱，而混入泥土的劣币就是始于这种(伏见)钱。此后，长崎的长字钱、水户的久字钱和千字钱都模仿这种钱币，在混入泥土以后进行铸造。因此，这些钱币没有钱币应有的声音。而在加岛铁币之前铸造的铁币中含有大量生铁，因此具有钱币特有的声音。”

除龟井户钱、伏见钱以外，明和初期还铸造了如上所述的长字钱、久字钱等铁币。此外，安永初年还铸造了久二钱等宽永通宝铁币。

即便当时日本民间对质量低劣铁币的谴责之声不绝于耳，银座仍决定于明和五年(1768 年)四月开始在江户深川千田新田的钱座铸造宽永通宝黄铜 4 文钱。该钱以中国明代货币为样板制作而成，是日本最早的黄铜币。由此，日本铁币与黄铜币的产量大大增加。再加上天明四年，原本仅获得领地内流通许可的仙台钱(铁币，四角为圆角，文字为仙台通宝)流入各藩国，最终导致钱币价格暴跌。与官方规定的 1 贯文钱可兑换 15 匁银的基准比价相比，明和七年该比价跌至 12 匁至 13 匁，安永七年跌破 10 匁，天明六年进一步下跌至 8 匁 6 分至 7 分。为应对由此导致的物价上涨，幕府不得不减少和停止铁币的铸造，并且最终在天明八年停止了新黄铜币的铸造。

第十章 文政滥铸与天保改铸

第一节 大御所时代

田沼意次在政治上开创了被称为田沼时代的一段时期。但是,归根结底他只是依靠将军个人的信任而悲哀地维持着地位。天明六年(1786 年),田沼意次随着德川家治的死去而失势。一桥家齐[①]接替家治就任第 11 代将军,同时任命松平定信为首席老中,开始进行被称为宽政改革的反动政治。松平定信的政治生涯虽然仅历时 6 年便宣告结束,但是在定信以及定信派老中松平信明掌权的短暂时期内,发生了被称为银座改革的特殊事件。

江户时期的银座最初采用承包形式,对其经营者即年寄们来说,自然会产生利用这一机制巩固和扩大自己利益的想法。特别是在与权力结合之后,银座之中自然地滋生出骄横、刁滑

---

① 一桥家齐即德川家齐。家齐为御三卿一桥德川家家督德川治济长子、第 10 代将军德川家治的养嗣子,故又称一桥家齐。——译者注

的风气。不出意料的是,这一风气在铸造量锐减、利润减少甚至亏损的情况下愈演愈烈。当时幕府已经停止元文银的铸造。逐渐陷入困境的银座拖欠了巨额贡银(截至明和三年为 8396 贯,折合黄金 139,600 两),导致三名银座年寄被收押,并且受到了严厉批评等其他处分。这一困局以银座参与瓜分 4 文铜钱铸币利润的方式暂时了结。紧接着银座又进行南镣 2 朱判的铸造,使形势趋于缓和。但是,田沼意次的失势以及松平定信的登场等意想不到的形势变化,最终断送了银座的命脉。松平定信控制的幕府在宽政七年九月废止了银座加役(特批的银座追加业务),不再允许其经营铁座、铜座。同年八月四日,又停止了南镣 2 朱判的铸造,使银座再次陷入困境,并且再度拖欠巨额贡银。宽政十二年六月,幕府驱逐了所有银座官员,然后重新招录了 15 名官员用以顶替。这些新银座官员都是从幕府直接领取薪水,具有幕府官员的身份。因此,经此改革的银座不同于以往的银座,成为幕府直接管辖的银座役所。随后,幕府又废止了长崎银座,将江户银座的吹所从京桥迁至蛎壳町。此后,银座的组织方式和地点直到幕府末期也没有再发生变化。正如众所周知的那样,京桥银座的名称留传至今,现已发展成为日本最高级的购物中心(请参见第五章“金座和银座”一节)。

另外,在心胸狭隘的松平定信以及同派系的松平信明离开幕阁后,将军家齐于文政元年(1818 年)将受其宠信的侧用人水野忠成提拔为老中。但此时将军身边已经没有什么可用之才了。当时,曾因俄国军舰出没而纷扰不断的北方,由于俄国陷入欧洲战事无暇东顾而得到短暂的宁静。幕府很快忘记了林子平①的警告。日本出现了讴歌太平盛世、追求享乐奢侈的风气。将军领地江户呈现出前所未有的繁荣

① 林子平(1738 年至 1793 年),日本江户后期政治学者,曾针对俄国占领堪察加半岛后继续向南扩张的动向,建议日本政府开发北海道,建立符合国情的军事体制,以武力遏止俄国扩张,被誉为“北门之先觉”。1791 年出版《海国兵谈》,提出整体防御和积极防御思想。因在书中严厉抨击幕府的锁国政策并要求开放海禁,为幕府所不容,被押解江户监禁,后忧愤而死。——译者注

景象。德川家齐担任将军长达50年。他于天保八年(1837年)把将军之职让给世子德川家庆,自己在西丸自称"大御所",但仍掌握幕府实权,直到天保十年去世。德川家齐于文政十年(1827年)把将军的权力委托给太政大臣,这是自足利义满①以来史无前例的事情。他还提高了幕府的礼仪规格。其大奥(后宫)的美女接近1000名,除了夫人以外,还有小妾16名,贴身佣人24名,子女59名。德川家齐的生父一桥治济、小妾的养父中野石翁都因奢侈傲慢而闻名。如此奢靡再加上警戒北方的费用,幕府的财政迅速陷入窘境。

在临时发起的纳捐政策未能弥补经常性赤字之后,幕府所能想到的依然是推行货币改铸。老中水野忠成提出改铸,而具体推行改铸的是擅长阴谋诡计的后藤三右卫门。在此之前,世袭金座御金改役职务的后藤家第九代庄三郎因为贪污公款获罪,第11代庄三郎光包又被流放至三宅岛,导致后藤家后继无人。当时已另立门户的银座年寄后藤三右卫门孝之成为新的御金改役。继承其衣钵的后藤三右卫门光享原本是信州饭田的商人之子,后来在岛居耀藏的推荐下成为三右卫门家的养子。此人足智多谋,在巧妙地接近水野忠成麾下官员后,成功地成为货币改铸的智囊,具体推进了改铸事宜。

随着阻碍改铸的松平信明死去,水野忠成一派开始迅速推进货币改铸。然而,由于胜手挂老中青山忠浴的阻挠,他们决定根据勘定奉行古川山城守与勘定吟味役服部专藏的提案,先从改铸2分判金开始。至此,持续了80多年的元文金银时代宣告结束。

之后,后藤三右卫门顺势接近了水野忠邦,并且作为其手下三杰之一而大展身手。但是在水野忠邦垮台以后,他因政治诽谤与奢侈的罪名被判处死刑。再后来,御金改役第三代三右卫门的职务由后藤本家的大判座后藤德乘第16代孙后藤方乘的长子吉五郎担任,直到明

① 足利义满(1358年9月25日至1408年5月31日),室町幕府第三任征夷大将军。明德五年(1394年)把将军之职让给其子足利义持,出家为僧,法名鹿苑院天山道义,但仍手握实权。——译者注

治时代开始。

第二节　文政滥铸

在上述背景之下，日本进入文政金银时代。在文政年间的12年里，幕府实施了三次新铸，以及涉及六种新币的四次改铸，合计进行了7次、9种滥铸。此外，在紧随其后的天保三年幕府还进行了2朱金的铸造。这些在水野忠成主导下的一系列铸币，一般被称为文政金银。因为其数量过多，本书用表6进行展示。

表6　文政金银铸造情况一览

名称	铸造期间	平均重量/匁	平均品位/%	铸造数量
真文2分判	文政元年至文政十一年	1.74	56.3	2986千两
草文小判 草文1分判	文政二年至文政十一年	3.49 0.80	56.0	2043千两
草文丁银 草文豆板银	文政三年至天保八年	—	35.3	224千贯
文政2朱银	文政七年至天保元年	2.01	98.0	7587千两
文政1朱金	文政七年至天保三年	0.37	12.3	2920千两
草文2分判	文政十一年至天保三年	1.75	48.9	2033千两
文政1朱银	文政十二年至天保八年	0.70	98.9	8744千两
天保2朱金	天保三年至安政五年	0.44	29.9	12,883千两

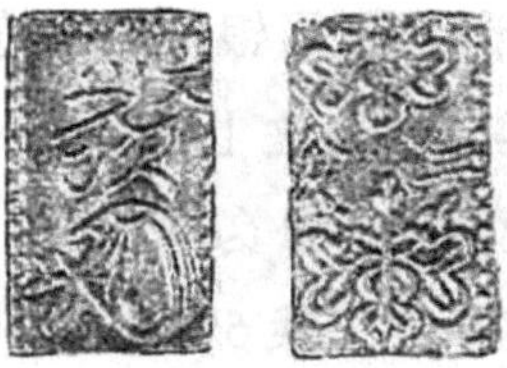

文政（真文）2分判
（右）正面，（左）背面

文政小判（原尺寸的2/3）（右）正面，（左）背面

文政金银的开端是改铸 2 分判金。这是文政元年(1818 年,即文化十五年,四月改元)的事情。当时,元文金银时代已持续了 80 多年,大量货币存在重量不足、磨损、瑕疵等问题。这在一定程度上阻碍了货币流通。因此,幕府将改铸 2 分判金的品位定为 56.3%。虽然这一品位相比元文小判的 65.3% 降低了 9%,但幕府允许流通中存在前述问题的不良货币与改铸的新币等量交换,无须支付差价。在这种文政 2 分判的币面上,刻有发行纪年的“文政”字样。因为所刻字样是用楷书写就,所以其又被称为真文 2 分判、真文 2 分金。

继真文 2 分判之后,幕府在次年(文政二年)相继进行了小判与 1 分判的改铸。此次改铸的理由是流通中元文金损伤较多,使民众备受困扰。这种文政小判、文政 1 分判,由于其币面所刻文字是用草书写就,所以又被称为草文小判、草文 1 分判。正如当时的发行告示指出的那样,这两种金币虽然重量与对应的元文金相同,但品位仅为 56%,与 2 分判一样出现了品位降低的现象。

幕府先行改恶了金币，搁置了银币的改铸，直接导致银札（钞）泛滥，对正银（实物银）的需求也随之上升，最终导致银价快速上涨。文政二年正月金1两尚可兑换银62匁至63匁，到七月、八月时只能兑换60匁，到九月、十月就只能兑换55匁了。银价上涨极大地扰乱了关西经济。受迫于这一情势，民间只能急盼银币改铸。

鉴于此，幕府决定于次年（文政三年）七月发行文政丁银、豆板银（又被称为草文字银、新文字银）。幕府在发行告示中进行了与改铸金币时类似的说明："鉴于现行流通银币发行已久，存在弯头、过火、生锈或者极印模糊等问题，特下令进行此次改铸。"然而，此次发行的文政银品位不及36%，净重仅为元文银的78%，比先发行的文政金币品质更加恶劣。因此，在这之后金价开始逐步恢复。文政四年末金1两可兑换银62匁，到文政五年涨至63匁，到文政七年正月已达65匁。

金价上涨以后，幕府认为机不可失，就在文政七年二月进行了南镣2朱判的改铸。其发行告示中的改铸理由是："旧币因流通中被反复触摸等原因，导致极印渐失，部分2朱判已难以识别，因此进行改铸。另外，由于2朱判分量较重、体积较大，日常携带不便，远距离运输更为困难。因此本次改铸将一枚2朱判的重量减少7分。"经此改铸，文政2朱银虽然品位与安永南镣大致相同，但重量从2.7匁强行降至2匁。文政2朱银又被称为文政南镣、小南镣、新南镣。这一新的定位银币发行后，金价立刻下跌，当年二月九日、十日金1两尚可兑换大约65匁，到十一日就跌至62匁，随后进一步跌至56匁。

文政一朱金（角一朱）
（右）正面，（左）背面

文政（草文）2分判
（右）正面，（左）背面

紧接着,幕府又在同年(文政七年)七月发行了不同以往种类的文政1朱金。该种金币呈边长为3分5厘(1.06厘米)的正方形,因此又被称为角1朱。其发行告示中并未说明任何理由,仅简单规定用16枚该币可兑换金1两。文政1朱金的品位仅为12.3%,含金量仅为草文金的37%。就连对批判当世政治极为谨慎的草间直方也被其极差的品位惊呆了,对其作了如下评述:"(文政1朱金)重约3分8厘(1.4克),其中70%为银,是一种金包银的假小判。用手扳时甚至会碎裂。因为极小容易丢失,所以不便在交易中使用。"

幕府接二连三地改恶货币,导致新铸金银币的发行更替难以推进。进入文政十一年十一月以后,幕府又对在文政元年刚刚改铸的文政2分判(真文2分判)再次进行改铸。此次改铸的理由是,在增铸2分判时需要像同系列的其他货币那样,将极印的文字改为草书。也正因如此,这种金币被称为草文2分判。然而,草文2分判的重量虽然和真文2分判一样,品位却从56.3%降至48.9%。

此外,幕府在文政十二年六月铸造了新的定位银币1朱银。这种文政1朱银又被称为古1朱银(相对于后来的嘉永1朱银)、分铜1朱。其重量为7分,正面刻有"以16换1两"字样,背面刻有"银座常是"字样,品位较好为98.9%。从重量上来看,这种1朱银比不久前发行的文政2朱银轻约7成(名义上应为5成),仍有改恶。

最后,幕府在天保三年十月还铸造了天保2朱金(古2朱金)。其重量为4分4厘,品位为29.9%,是名不副实程度仅次于文政1朱金的金币替代物。《货币通考》[①]对其进行了严厉批评："初铸成时该币的颜色是一种未褪色的庄严肃穆的黄色。但几经转手以后，其币面突出的文字等便已完全剥落，丝毫看不出金子的颜色，变成了皎洁的银色。因此，有鲁莽之徒称其完全就是镀金的银币。"另外，在《甲子夜话》中也有下列记述："在十二月二十一日的拂晓前，村松町的里巷失火，商官大宅被烧毁约二町。商户家中的珍贵物品大多被焚。过火之后，新改铸的金币变成了银币，银币则变成了铜币。铸币工匠虽然对此进行了辩解，但是此事之后，人们开始知道新币的品位远比旧币低劣。"

总之，这一时期的货币铸造情况，已经复杂到了若不专心静读则难以理解的程度。心中难免会产生"滥铸"一词真是恰如其分的感觉。那么，文政时期货币改铸的盈利情况如何呢？依据田谷博吉[②]的计算，金座相关机构在文政元年至文政九年的 9 年间，获利 1,848,000 两；银座相关机构在文政三年至天保六年的 15 年间，获利 3,838,000 两。这些机构平均每年还需向幕府上缴盈利 4,500,000 两。姑且不论文政改铸对民众生活造成了怎样的困扰，其盈利确实挽救了风雨飘摇的幕府财政，使之暂时得以喘息。

第三节　天保金银

文化、文政之后，年号变为天保。提起天保，日本人往往会联想起天保改革、天保大饥荒、大盐平八郎之乱、天保钱、天保水浒传等许多概念。但是，这其中可以载入政治、经济史的最重要事件，恐怕还是天保改革。因此，天保货币即所谓天保金银很容易让人与天保改革联系起来。但是，事实上在天保改革之前幕府便已进行了天保货币改铸。

---

① 《货币通考》，羽田十左卫门著，对幕府货币制度有所研究。——译者注

② 田谷博吉，日本当代学者。该引述内容摘自其著作《近世银座研究》。——译者注

当时，改革的核心人物水野忠邦已被起用为本丸老中①，但由于退位大御所德川家齐依然健在，改铸并未实现原有构想。

那么，天保金银是通过何种途径发行的呢？如上节所述，幕府在天保三年（1832 年）就已新铸 2 朱金，但其属于文政老中水野忠成铸币策略的产物，因此被列入文政金银的范畴。天保金银的发行特色在于，幕府定于天保八年（1837 年）集中发行这一系列新币。那么，让我们先来看一下在那之前发行的天保通宝的情况吧。

在德川家齐时代大致保持小康水平的日本农业，刚一进入天保时代就天时不顺，饥荒与粮价飞涨的现象再次出现。天保四年、天保六年以及天保七年都发生了大饥荒，农村地区出现了百姓暴动、集体强行上告等事件，城市的暴动也波及了全国。这给幕府的处置政策和财政平衡增添了极大的困难。由于以往德川家齐及其周边亲族的奢侈支出，再加上连年饥荒的应对费用，财政方面的困难尤其巨大。因此，幕府决定进行品位改恶程度远远超过文政的货币改铸，以期利用改铸差额产生的收益度过当前困境。

其第一步措施是在天保六年（1835 年）开铸天保通宝（铜）钱。根据后藤三右卫门的策略，该币在金座进行铸造，形状为小判式样，中间带有方孔，正面刻有“天保通宝”字样，背面刻有“当百”字样以及光次的花押。其重量为 5.5 匁，长为 1 寸 6 分 5 厘，宽为 1 寸 1 分，成分为铜 78%、锡 10%、铅 12%。该币设计为达到币面宣称的“以一当百”的效果，与原有流通的 1 文铜钱大有不同，反而极似高价值的小判。这或许是三右卫门的智慧使然。总之，幕府将原有流通的六七个 1 文铜钱熔毁后就可铸成一枚新钱，其收益相当可观。截至天保十二年，天保通宝在 7 年间的铸造量为 3973 万枚。据说截至明治三年，其在 36 年的铸造量达到了 400,008,480 枚。天保通宝初铸时的比价为 40 枚（4 贯）兑换金 1 两。但随着铸造量的增加，其价值逐渐降低。在约 30

---

① 本丸老中，老中之一，地位低于首席老中。——译者注

年后的庆应年间[①],降为100枚兑换金1两。在明治维新以后进一步降为125枚兑换1日元,即1枚兑换日元8厘。据说因为8厘比1钱(10厘)稍有不足,日语中有时将稍有不足之人称为“天保钱”。另有原陆军大学毕业生佩戴的徽章与此钱相似,后世将这一系列形状类似的藏品称为天保钱组。幕府官铸钱除了在江户以外,庆应年间还曾在摄津国难波村铸造。由于以一当百的天保通宝铸造利润极大,各个藩国也试图铸造获利。他们在获取藩内铸造许可的同时,秘密铸造天保钱,甚至堂而皇之地私自铸造。因此,目前流传下来的天保钱有水户钱、仙台钱、石卷钱、盛冈钱、南部钱、会津钱、秋田钱、佐渡钱、土佐钱、萨摩钱、福冈钱以及其他许多不知名种类。

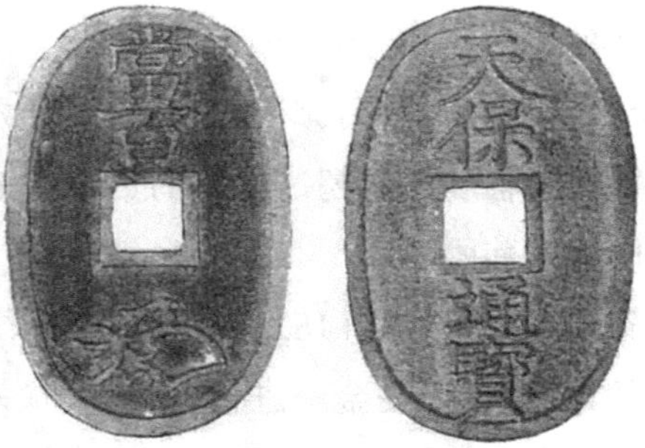

天保通宝钱
右图为正面，左图为背面

此外,铁制1文钱在天保年间也有铸造。其中,天保六年开始在江户深川州崎铸有十字宽版,天保九年开始在仙台石卷铸有尖千版。

天保年间最后问世的是天保金银。其整个系列只有四种货币,与复杂离奇的文政金银相比极为简单,给人一种清爽的感觉。

首先是5两判。这种货币江户幕府仅发行过这一次。其目标是作为大判与小判中间的货币使用。该币品位与庆长金相似,为84.2%,重量为9匁,其中纯金成分为7匁6分。若将该5两判换算成1两,则每

① 庆应(1865~1868年)为日本年号之一,在元治之后、明治之前。——译者注

1 两对应的重量为 1.8 匁,对应的含金量略高于 1.5 匁,是劣于草字金、草字 2 分判的替代物。5 两判的结局并不算好。因其发行目的仍是敛财,偏离了社会实际所需,导致发行后怨声载道。截至天保十四年仅铸造 34,000 枚以后,其终于在 20 年后的安正三年(1856 年)迎来了停止流通的命运。

其次是同时改铸的小判、1 分判。因为这两种币刻有天保的"保"字,因此又被称为保字小判、保字 1 分判。其品位为 56.77%,略优于草文金(56%),但重量分别减为 3 ~3.5 匁、0.7 ~0.8 匁,使实际含金量进一步少于已有恶币之名的草文金。其铸造量合计为 820 万两。

再次是根据天保九年六月命令开始铸造的天保大判。因为自享保以后,幕府已有百年未铸大判,所以当时大判价格很高。于是幕府增铸以满足市场需要。这种大判除花押以外,其他规格均与享保大判相同,因此亦被称为天保吹增大判。在发行万延大判之前,其被铸造了 1887 枚。

最后又紧随金币进行了银币改铸,具体包括新铸 1 分银,以及改铸丁银、豆板银。首次出现的 1 分银是江户幕府铸造的最高面额的定位银币。但其 1 枚的重量仅为 2.3 匁,与其面额差距较大。因此幕府强调了其品质的纯正,在通告中称:"新铸 1 分银坚持使用最高品位的白银。"如通告所示,该种银币使用了品位为 98.86% 的纯银,优于安永南镣(南镣 = 朱判、安永 = 朱银)的 97.81%,以及文政南镣(文政 = 朱银)的 97.96%。然而该币虽说品位优良,但因存在其他差异,并未使用南镣的名称,而是直接在币面刻上"1 分银"的文字。此外,为了暗示其使用了花降银(纯银,请参照第四章"金银的货币化"一节),还在币面外框内刻有樱花,可以说在设计方面下足了功夫。这种银币又被称为古 1 分银,相对于之后的安政 1 分银(新 1 分银)。另外,基于其设计元素,又被称为 2 樱银、樱 1 分、额银等。该币从天保八年至安政元年共发行了 1972 万两,从发行量来看毫无悬念地贡献了天保改铸期间幕府改铸差额收益的一大部分。得益于民众对小额定位货币的需求,1 分银通过进行银本位交易的京都、大阪,普及整个日本西部地区。但是,正如下一章将要详细描述的那样,1 分银后来在开国时被外国视为日本的基本货币,加之因技术尚不纯熟有 0.2% 的含金量,对安政时期的货币问题产生了极为深刻的影响。

由于丁银、豆板银不可能采取如 1 分银那般的措施,因此其改铸后品质骤然降低,银品位仅为 26%。要知道文政丁银的品位尚有 35%,所以可知其品质之恶劣。在日本历史上,也仅次于恶名昭著的品位为 20% 的荻原重秀四宝银。由于这种银币的币面上铸有“保”字,因此被称为保字银。从天保八年到安政五年,其铸造量为 182,000 贯。

此外,《货币秘录》列有天保时期幕府财政的年收入、年支出、总盈亏以及改铸差额(收益),如表 7 所示。

表 7　天保时期幕府盈亏及铸币收益　　单位:千两

年度	年收入	年支出	总盈亏	铸币差额(收益)
天保八年	2531	2467	64	629
天保九年	3278	2512	766	1075
天保十年	2401	2180	221	694
天保十一年	2419	2001	418	997
天保十二年	2245	1962	283	1155
天保十三年	1761	1963	-202	501

另据该书记载,幕府利用上述改铸收益铸造了 3 个金法马、23 个银法马。据说这些金银法马在黑船来航时因财政困难又被熔毁,现已下落不明。

水野忠邦似乎曾构想过新的币制改革。他于天保十四年八月突然发布命令,停止金币与银币的铸造。但是,当时他计划收缴江户和大阪附近的大名领地,遭到了各方面的猛烈反击,最终于发布停铸令的次月被罢免老中之职。天保改革仅历时 2 年便遭失败。水野忠邦的币制计划也随之成为永久之谜。

第十一章　开国与货币问题

第一节　黑船来航

嘉永六年(1853 年)六月三日,美国特命使节培里率四艘黑船入侵浦贺湾,并且递交了总统菲尔莫尔的国书,威胁幕府开国。为了统一舆论,德川幕府承诺于次年进行答复,使培里暂时退去。但是,由于多年的太平假象已被打破,幕府不得不采取紧急措施加强江户近海的海防,订购荷兰军舰,构筑品川御台场(炮台),又在神社与寺院祈祷海上安宁。这些措施使幕府在已陷入赤字的基础上又背负了庞大的支出。如此一来,除了与以往一样再铸劣币以外,幕府已别无良策。其第一项具体措施,是于嘉永六年十二月颁布命令铸造嘉永一朱银,并且从次年嘉永七年(1854 年,于十一月改年号为安政)二月开始通行。这种 1 朱银相对于文政 1 朱银又被称为新 1 朱银,或者安政 1 朱银。其品位为 98.6%,与古 1 朱银(98.9%)基本相同,重量则由 0.7 匁跌至 0.5 匁,大约减少了 1/3,铸造量为9,952,000两。此外,按照上一年的约定,培里于嘉永七年一月率领九艘军舰再次来航,并且于1854年签订了《日美亲善条约》(又称《神奈川条约》)。后来幕府又与俄国、荷兰等相继签订了类似的亲善条约。上述亲善条约规定,日本开放下田、函馆等两个港口,提供燃料、水、食品、煤炭等航海所需物资,且物资的补充事宜应当由当地官员着手处理,禁止进行自由交易。同时,由于条约还同意这些物资以外国货币支付价款,因此自然而然地产生了如何处理所述外国货币的问题。

培里就这一问题提出了斯派德尔、艾尔德里奇等两种方案,并且于1854年与日本方面黑川嘉兵卫的下属在下田了仙寺签订了协议,暂时就下述事项达成了一致。

1. 钱币方面,规定1美元兑换日本钱币1贯600文。

2. 银币方面,规定1美元银币兑换日本通用银16匁。

(美国银10匁兑换通用银22.5匁,1美元银币为7.12匁,因此兑换16匁)

3. 金币方面,规定1美元金币兑换日本通用银8匁3分6厘。

(美国金1匁可以兑换通用银19匁,20美元金币的重量为8.8匁,相当于银167.2匁。因此1美元相当于8.36匁)

为什么要按照10比22.5的比率兑换美国银币呢?根据日本方面当时的分析结果,南镣的品位为98%,与此相对美国银币品位为86%。由于南镣10匁可以兑换通用银25匁(请参照本书第九章“明和五匁银与南镣2朱判”一节),因此认为将美国银币10匁按照22.5的比值进行兑换比较合理(98%对86%的比值,与25对22.5的比值大致相等)。但是,由于美方无法充分理解日本复杂的货币制度以及银目、金目等的含义,因此其在询问流通金币、银币的重量后,建议按照重量将1美元银币兑换为3枚日本1分银。幕府方面对此提议的回答为,日本货币的情况与外国不同,无论通用金币、银币的实际分量如何,均应以官府的极印标重为标准,因此应根据1分银1两的市价,按照1美元银币与1个天保银的比例进行兑换。美方认为这一提议不合理,并且对其进行了谴责。但是,或许是因为美方当时急需购买物资,所以暂时采取了默认的态度。虽然这个时候日美双方尚未进行通商贸易,却已经明显地暴露出日本金银比价以及各种货币之间的不均衡、不合理。但是,此时黄金的流出尚未发展到构成现实性重大问题的程度。

此外,作为改铸的第二项措施,幕府于安政三年(1856年)六月进行了安政2分判的铸造。其品位为20.3%,重量为1.5匁。因此相比文政2分判,其含金量减少到1/3。在截至万延元年的5年里,幕府共铸造了3,551,000两。

第二节　哈里斯的强压与劝告

安政三年(1856年)八月,T.哈里斯搭乘美国炮舰圣哈辛托号来到了下田。哈里斯于1年前被总统皮尔斯任命为驻日本总领事,在与泰国签订通商条约之后来到日本。他以《神奈川条约》第11条的规定作为借口强行上岸,在玉泉寺定居,并且悬挂了美国的国旗。

此后,在签订《日美友好通商条约》之前,哈里斯开始了历时两年的艰难驻日生活。通过以下文字,我们得知当时哈里斯不能随意采购生活物资,将持有的美币兑换为日本货币时也颇有不便。很容易地想象到,正是这些不利因素促使其努力解决货币问题。

《培里条约》《日美亲善条约》规定通用美币,并且省略了兑换比率的设定事宜。日本的主要货币是1分银,名义上可以与众所周知的被称为钱的小面额货币1600文进行兑换。日本钱是一种零细货币,其外形、价格类似于众所周知的中国的钱。美币重量为日本1分银的3倍。因此,以4800文兑换1美币最为合理。但是,哈里斯不得不按照日本官员规定的兑换比率，按照与1分银相同的比率兑换美币。这样一来，其在日本购买的粮食与补给品都要承受200%的溢价。哈里斯购买每日餐食时就遇到了这种情况。事实上，《培里条约》里这一模糊条款的最初受害者就是哈里斯。

培里来航时，在花费巨资采购补给品之前，并未采取任何措施来解决上述重要的汇兑问题。当时，他甚至并未自己直接进行交涉，而是将这一问题交给两名会计人员处理。会计人员虽然表示日本人的做法极不合理，但是最终未能解决该问题。日本方面主张，不应当将美币作为货币，而应当作为生银接受。正因为是将美币视作普通日本生银，日本铸钱所的官员们因此大肆地中饱私囊。他们收取生银后，只返还大约1/3重量的货币。哈里斯虽然就上述不公平的兑换比率向奉行提出了抗议，但是得到的回答是需要将问题移交至江户处理。因此，该问题的解决再次陷入停顿，并未产生任何反响。（以上摘自东洋文库版《哈里斯传》，卡尔·克劳著，田坂长次郎译）

每当出现类似的抗议机会时，哈里斯都会反复提出这一问题。不知道幕府方面是否也对他的执着感到厌烦。

在失望和忍耐中度过几周以后，哈里斯终于迎来了胜利的曙光。虽然幕府官员们并未对他在信件中提到的接受美币兑换比率的要求作出答复，但同意其在进行小额结算时，按照1美币兑小铜币4800文计算。哈里斯所主张的价格，是正确的兑换比率。

另外，哈里斯于1856年进入下田港的俄国提督结成了统一战线，致力于解决这一问题。

俄国人也在着手处理恣意妄为的日本汇率事宜。于是，哈里斯说服了他们，并且达成了统一战线。俄国军舰出航时，需要通过第三方会计,与日本的官员们结算导航等费用。哈里斯说服俄国提督,如果不按照其诉求的基准,即1美币银币兑日本银3分的汇率,俄方便拒绝付款。双方一致同意,在俄罗斯领事到达之前,俄方委托哈里斯进行该差额的交易。哈里斯对自己手里的磋商筹码得到强化感到非常满意——对于他来说,这件事已成为他来到日本之后所获得的最大支持,或者是对他的某种激励。由于日本方面坚持主张按照本国的方式结算,俄国方面在支付了该项费用的1/3以后,按照哈里斯所说的方法,将剩余2/3委托给哈里斯进行最后斡旋。(同前段,另外请参照《哈里斯日记》安政三年十月十二日条目)

在经过多轮磋商以后,日本方面终于让步,不得不决定按照哈里斯主张的兑换方式执行,但又提出增加铸造费的提案,以便将兑换时的损失控制在最小限度内。

事实上,他们也承认我的一部分要求是正当的,但又认为我所提出(5%)的改铸费过低。他们认为这样一来日本方面将会蒙受损失,希望我在重新考虑以后加价。于是我询问了日本需要多少铸造费用。他们郑重其事地说:25%!25%!这简直不像话,我答道。在欧美这种费用通常不超过1%。若是从美国招聘熟练的货币铸造工人,我保证可以将全部作业费控制在5%或者5%以下。他们又说,本国法律禁止雇用外国人进行货币铸造。(以上摘自《哈里斯日记》安政四年二月二日条目)

如上所述,在遭到拒绝之后,铸币所的官员们为了能够达成协议聚在一起彻夜商谈。哈里斯发现其中的一部分官员拿着高额的俸禄,认为铸币所简直是日本的救济抚恤机构。这之后,铸币所似乎被对方抓住了弱点,只能像叫卖香蕉那样不断降低价格,其15%的提案仍然未被接受。于是,铸币所最后将改铸费降低至6%,仅比哈里斯主张的

5%增加了1个百分点。从《哈里斯日记》三月二十日、五月十五日的记录中,我们可以得知哈里斯在支付自己的生活费用时,因为可以少付一大笔美币而欢呼雀跃的样子。

安政四年五月二十六日,哈里斯在下田与下田奉行井上清直、中村时万签订了《下田协议》。该协议是《神奈川条约》的补充,并且成为后来签订《安政条约》《日美友好通商条约》的前奏,被视为哈里斯一系列外交胜利的第一枪。该协议的第3条规定:"在换算美国人携带的货币时,将日本金币或者银一分作为日本标准砝码,分别对美国金币、银币进行称量。在确定美国货币的重量以后,以该重量兑换等重日本货币,再多交6%作为改铸费。"

虽然通过上述磋商暂时解决了亲善条约框架下的货币兑换问题,但为实现其夙愿即签订通商条约,哈里斯再次强行进京,并且于1857年十月二十一日在江户拜谒幕府将军,递交了总统皮尔斯的国书。十二月十一日,双方开始进行通商条约谈判。在交涉的过程中,日本方面对条约草案第5条货币相关事项的态度令哈里斯感到非常震惊。他在建议草案中,要求按照同一类别、同等重量的方式进行美国货币与日本货币的兑换。作为条件,他同意继续执行《下田协议》所规定的6%的铸造费,并协助禁止日本货币出口。但是,日本方面的提案为:"第5条,金银事宜,在开始相互交易时,应互相免去所有繁杂的手续,立即按照该国的美币金额备齐我方物品,使用我方的金银对该国物品进行支付,以免产生纠纷,即使我方因铸币损耗等原因收取该国6%的费用,也仍应在通用美币的基础上停止收取。"(见美国版《哈里斯会见书》)哈里斯在其日记中记录了自己震惊的心情:

第5条是货币相关内容,原本记录了美国向日本人支付的所有货币,均应向日本政府缴纳6%的汇兑手续费,以及禁止日本货币出口的条款。令我无比震惊的是,他们居然放弃了上述6%的手续费,并且允许日本货币自由出口!甚至声明所有外国货币均应在日本自由流通。

（以上摘自岩波文库版《哈里斯滞留日本记录》，坂田精一译，安政四年十二月二十日条目）

于是，在安政五年（1858 年）六月十九日签订的《〈日美友好通商条约〉议定书》的第 5 条中进行了如下规定：

各种外国货币应当按照日本同类货币的同等重量通用（指金币、银币分别根据重量进行比较）。两国的国民应使用日本与外国的货币，并相互进行物价补偿。

日本人如果不习惯使用外国货币，可以在开港后 1 年内，通过各个港口的机构，按照美国人的要求兑换日本货币。持有美币不影响今后的重铸分配。日本的各种货币（铜币除外）可以出口。外国的金银不论是否已铸为货币，均应出口。

这到底是怎么回事呢？令强硬的哈里斯倍感震惊的也许是日本自暴自弃般的破釜沉舟策略吧。幕府如此态度也许是因为过于担心美方会强制进行两国货币的兑换。但是，笔者并不认为当时的执政者已充分地预见到随后的黄金大量外流，及其势必会导致的货币制度大混乱。继上述日美条约以后，幕府又在日荷、日俄、日英、日法之间签订了类似的通商条约。因此，上述问题不仅存在于日美之间，更是已经发展成为国际性问题。

在该条约签订之前的新年伊始，幕府便已开始考虑进行新币的铸造。就像哈里斯等外国人所见到的那样，日本将 1 分银定位为本国标准货币，并且以其为中心讨论和制定相关政策措施。因此，幕府认为如需与外国货币相抗衡，并且将本国损失控制在最小限度内，需要按照外国货币的标准发行新币来代替现行 1 分银。于是，幕府于安政五年五月二十四日颁布命令，规定从当年六月一日起通用新 2 朱银（与此同时还改铸了小判、1 分判）。这种新发行的安政 2 朱银（亦称为新

2 朱银、大型 2 朱银）的品位与美币（86%）相近，为 84.76%，重量为 3.6 匁，其两枚的含银量刚好与美币（重 7.12 匁）相等。另外，同时进行改铸的小判、1 分判（因刻有正字，亦称为正字金）的品位与保字金大致相同，但是分量分别从 3 匁、0.7 匁减至 2.4 匁、0.6 匁，减重约 20%。按照幕府的计算，可以通过铸造所述新币，使 1 枚美币（银币）相当于 2 枚新 2 朱银（1 分），4 枚美币等于金 1 两，并因此与国际金银比价保持平衡。

但是，与之矛盾的是，外国方面之前同意用 1 枚美国银币兑换 3 枚日本 1 分银。此时若认可新币，美国银币的交换价值将会立即减少 1/3。安政五年五月，刚刚来到日本的英国总领事兼外交代表（后来成为第一位驻日本公使）阿礼国（Rutherford Alcock）抨击这种做法是严重的背信弃义行为。哈里斯也对此表示了相同的态度。幕府对于此举极力进行申辩，但由于所述新 2 朱银并未在日本普遍流通，而且存世量较少，因此并不具备代替原有 1 分银的能力。所以，幕府最后于六月二十二日告知哈里斯与阿礼国，称其已通知开港场奉行今后以 3 枚 1 分银兑换美币 1 枚。如此一来，安政 2 朱银仅拥有了 12 天的生命。这种 2 朱银虽然体型较大，却毫无用处，因此获得了马鹿 2 朱的诨名。但是在这一事件中，可以说道理显然是在日本一方。幕府采取的措施并没有特别的违规之处，并且在经济方面立场正确。只能说幕府是完全屈服于外界压力，才极为轻易地承认了自己的过错，并且决定撤回新币。

众所周知，当时欧美与日本的金银比价存在接近 3 倍的差异（日本相对金贱银贵）。唯利是图的外国商人们，相比于老老实实地进行贸易，当然更希望利用这一金银比价的差异轻松获利。他们反复以 4 美币兑换 12 枚 1 分银，再将这些 1 分银兑换为金币 3 两后运往国外出售。这里所称的美币，除美国银币外，更多的是当时作为国际贸易货币在东洋广泛使用的墨西哥银圆。这种墨西哥银圆在日本亦被称为墨银、墨西哥银、美银、美元银、美元银钱、洋银等。关于上述行为可以获取多少利润,有各种计算方法。例如,竹越与三郎在《日本经济史》中写道,外国人进口 100 个美币,可兑换为日本 1 分银 311 个,再兑换为金币。如果所述金币为保字金,在安政六年五月之前,则金币 77.75 两等于 344 枚美币;在五月以后,则金币 62.2 两等于 275 枚美币;如果为古 2 朱,则金币 77 两 3 分[①]等于 230 枚美币;如果为安政 2 分判,则金币 77 两 3 分等于 150 枚美币;如果为正字金,则金币 77 两 3 分等于 274 枚美币。大藏省编写的《明治财政史》记载,以 100 美币(洋银)等于安政 1 分银 311 枚,又等于安政 2 分判 155 枚为基础计算,这些安政 2 分判换成美国金币后相当于美币(洋银)150.84 枚。"请看,外国人在这时仅简单地依照条约兑换两国货币,便可以用 100 美币套取 51 美币的利润",其悲愤之情溢于言表。

我们只能推测如上所述流向海外的金币数量。以往学界推测该数量为 100 万两至 1000 万两。最近的推测则将数量调低为 40 万两至 50 万两[截至万延元年(1860 年)一月的 8 个月]。但是,原本就是以威胁与强制手段开始的上述货币兑换制度,是不可能一直顺利地进行下去的。因为在经济规律的冷酷作用下,被大量兑换的金币价格一路暴涨。据说起初以 4 枚 1 分银就可购入的小判,在后期上涨至 7 枚美币(21 枚 1 分银)一个,上涨到了当初价格的 5 倍以上。另外,这一情况还导致日本的物价和货币流通发生了极大的变化,以致无法期待正常的贸易关系。事态发展至此,追逐眼前利益的商人们是何态度尚不清楚,但是哈里斯、阿礼国等外国驻日代表已在积极劝告幕府正视事态的发展,尽快改进货币政策。

时间来到开港后的安政六年(1859 年)七月二十九日,哈里斯递交提案,认为若用 1 分银换来的洋银作为材料,重新铸造 1 分银,应该能够避免因兑换造成的 1 分银短缺。幕府接受了上述提案,开始铸造安政 1 分银(与天保 1 分银相对,亦称新 1 分银)。其品位从古 1 分银

---

① 此处 1 两 =4 分,因此 77 两 3 分 =77.75 两,下同。——译者注

的98.86%降至89.35%①,与洋银持平,被称为DORO银(有泥银、弗银两种说法,其中泥银原本指之后问世的改3分定印银)。该货币起到了促进洋银与日本金币兑换的媒介作用。

改3分定印银（右）正面，（左）背面

此外,在认识到事态的严峻性以后,哈里斯于安政六年十一月二十四日递交了建议书,建议日本修订金银兑换比例,并且将洋银加盖极印用于在日本的流通。幕府接受了该建议的后半部分,立即实行了加盖极印的措施。十二月二十八日,幕府发出通告:“分量在7匁以上的外国银币,按照3枚1分银的币值进入流通。外国银币的持有人应向银座提交银币,并申请加盖极印。在提交银座加盖极印后,应立即获得相应数量的金银。”这些被提交的洋银由银座加盖“改3分”的字样,由常是役所加盖“定”的极印,并且同意其作为3分银直接在日本流通。后世将这种货币称为“改3分定印银”(或改3分定银)。例如,上图所示的特殊版别墨西哥银币,其存世实物均被加盖了极印。上述措施虽说是一种无奈之举,但是这种做法无视一个国家的造币主权,在国际上没有先例,实际上也并未产生效果。虽然幕府同意将加盖极印的洋银按照3分银计算,但是其市价反而低于没有极印的洋银,收兑洋银的工作也不得不半途而废。次年即万延元年五月,上述极印制度仅历时半年便被废止。之后这种“改3分定印银”按照丁银的行市进行交易。

① 此处原文为98.36%,经核对上下文应为作者笔误,订正为89.35%。——译者注

对于从一开始就负责此事的当事人哈里斯来说，上述一系列过程也许有些无可奈何。但是，在《日美友好通商条约》签订之初忘乎所以的阿礼国等人，似乎早已开始反省并感到后悔。他在记录其在日见闻的《大君之都》中，洋洋洒洒地写下了如下感想（岩波文库版，山口光朔译）。

首次就货币问题与美国人进行讨论时，希尔德莱斯的交涉记录中使用了许多指责日本人无知与蛮横的词语。但是我认为这些用词并不完全正确。事实上，在仔细考虑事实与双方陈述以后，了解这一问题的人们都可以自然地得出结论，即日本人的观点是正确的。在今后与欧洲的关系方面，他们对当前相关的重要课题也有着相当正确的理解。如果4年后当与哈里斯进行新条约的交涉时，日本人可以坚持当时的决心，那么无论对他们还是我们来说，都会是一件好事。

……

一个错误会导致另一个错误。一步错，步步错。外国货币的兑换与流通事宜，从欧洲各国之间的国际通商原则来看，也许并不规范，甚至存在本质性的错误，并不妥当。因此，如果说各国根据1858年的条约，将上述兑换流通规则强加给日本，则又是一种错误。如果变更货币规则以后，会给当地的通商带来极大的不便，就应当立即修正该错误，而不应当放任事态发展置之不理。即使是从我们自身的利益来考虑，也不应该让这种状态持续下去。

……

我并不清楚是什么动机驱使哈里斯递交了那样的货币兑换提案。更加让人难以理解的是，4年以前培里提督提出类似提案时，日本人曾经坚决反对，但这一次又不知基于何种理由转而表示同意。

……

由于外国人的干涉，导致一个国家的货币制度如此突然地陷入巨大混乱。这样的事情在近代尚无前例。其他国家无论货币价格如何迅速下跌，均会在下跌之前出现各种征兆，呈现一种渐进、缓慢下跌的过程，并且可以通过物价以及合约等手段进行一定程度的调整。但是，日本因为来自外部的压力，被外国人的利益所驱动，将货币的价值一次性地削减为以前的1/3。

看起来，当时日本当权者希望通过自身努力公正地推动货币制度的改革。但是，在如愿实现这一目标之前，他们还需要2年到3年的时间来理解这一问题。当事态发展到当时的境地时，也只有着眼于修订金银比价，进行货币体系重组的方法了。万延金的铸造便是幕府对上述问题的回答，我们将在下一节对其进行论述。本节余下部分，我们将汇总介绍本书尚未出现的这一时期铸造的各种货币。

首先，在开始安政1分银铸造以后，幕府于安政六年十二月又铸造了安政丁银、安政豆板银。因为这两种银币铸有“政”字，所以被称为安政银。但是，安政银品位仅为13.5%，远远低于之前的四宝银，是日本史上最差的重铸银币。在铸造数量方面，截至庆应时代（1865～1868年）安政银合计铸有约103,000贯，相比保字银的重铸量并不惊人。

接下来提起钱币。安政四年，在作为银座主管机构的江户浅草桥场町钱座，幕府铸造了宽永通宝铜四文钱（黄铜钱）。这种铜4文钱的铸造从明和五年持续至天明时期，并且在文政时期又继续进行了铸造。其初铸时背面有21道波纹，在明和六年以后改为11道波纹。但是，这种铜钱相比文政时期的形状略小，且颜色更黄，被认为是减少了铜的含量，而相应增加了铅的含量，导致了品质的下降。接下来，从安政六年开始，在作为金座主管机构的武藏国小菅村钱座，幕府又铸造了宽永通宝铁1文钱（小菅钱）。在天保时代以前，贱金属硬币的价格曾持续下跌。但进入安政时期以后，物价普遍暴涨，幕府专门铸造了

"当百"及以下的大额硬币。这反映了当时经济社会对铜以及铜钱的迫切需求,以及其导致的钱币行市的再次上涨。因此,幕府希望通过铸造上述铁小钱来回收铜钱,并且规定1枚铜小钱可兑换1.5枚铁小钱或百文钱。

除此之外,还有一些具有特殊性的地方货币。例如,函馆奉行在获得幕府许可后设置钱座,以仅限函馆、虾夷、松前(均在北海道地区)流通为条件,于安政三年铸造了"箱馆通宝"(箱馆为函馆旧称)。这是一种圆形、圆孔的铁1文钱,据说铸造了10万贯,但在铸造2年后便自然地停止了流通。

第三节 万延金与洋银

如前一节所述,幕府的苦肉计并未奏效,却导致黄金持续外流。不久之后,外国使节团认为这种现象会严重阻碍正常贸易,因此对幕府提出了警告。安政七年(1860年),幕府规定以保字金1两兑换新1分银13枚半,同时决定通过改铸金币的方式,修正金银比价。安政七年三月三日,樱田门外之变①发生。幕府旋即于三月十八日改元为万延。

---

① 樱田门外之变是指一起政治暗杀事件。自黑船来航后,主张开国的彦根藩主井伊直弼与主张攘夷的水户藩主德川齐昭对立并各自形成派系。结果井伊直弼胜出并于安政五年出任幕府大老,主持签订《日美友好通商条约》。不满的水户藩激进浪士,于安政七年在江户城樱田门外刺杀了井伊直弼。在德川幕府末期,类似的政治暗杀事件层出不穷。——译者注

万延小判（右）正面，（左）背面

万延2分金（右）正面，（左）背面

万延大判（原尺寸的1/2）

幕府首先于该年一月二十六日颁布了加强货币流通的法令，作为铸造新币之前的临时措施，如下所示：

保字小判 1 两，折合金 3 两 1 分 2 朱。

保字 1 分判，折合金 3 分 1 朱。

正字小判 1 两，折合金 2 两 2 分 3 朱。

正字 1 分判，折合金 2 分 3 朱。

在采取上述临时措施的基础上，幕府又将这一比例作为基准，进行了大判以及小判、1 分判的改铸。

相比以往的大判，万延大判是一种在分量、大小、品位等方面均有差距的劣币。与之前的天保大判相比，其分量为 30.1 匁（天保大判为 44.1 匁）、长度为 13.5 厘米（天保大判为 15.5 厘米），品位为金 36.35%、银 62.95%（天保大判为金 67.36%、银 28.33%）。在进入江户时代以后，大判的改铸次数较少，在此之前仅发行了 4 种，其中除元禄大判以外基本保持接近 30 匁的含金量。但是，万延大判的含金量减少了近 1/3,仅为 10.9 匁。

另外,被称为万延金或者新金的新小判、1 分判虽然名称未变,但是与大判相同,已在重量、形状方面变轻、变小。例如,新小判的品位(57.3%)与保字金、正字金(56.77%)基本相同,但是重量减少为正字金(2.4 匁)的 1/3 左右,为 0.88 匁,尺寸也变得极小,长度仅为 3.5 厘米,因此被称为姬小判或者雏小判。通过发行上述新金币,幕府实现了使黄金达到国际比价水平的目标,并且终于遏制住了黄金流向海外的现象。

同时,幕府还进行了 2 分判、2 朱金的改铸,分别被称为新 2 分金、新 2 朱金。在分量方面,前者减轻至 0.8 匁,后者减轻至 0.2 匁,品位均为 22% 左右(2 分金平均为 22.82%)。与小判、1 分判相比,这两枚金币价值与品质的比例又有差别。其原因是这两枚金币属于文政 2 分判、天保 2 朱判体系,与一开始便被视为幕府传统基本货币的小判、1 分判属于不同体系。因此,幕府以改铸获利为目标专门进行了大量铸造。特别是从幕府末期至明治初期进行的 2 分金铸造,全部铸造量达到了 5010 万余两(其中明治政府的铸造量为 320 万两)。2 分金不仅质量低劣,而且伪造、仿造品横行,只能处于信用低下的地位。

此外,关于前一节所述洋银,由于加盖“改 3 分”的洋银依然未能实现顺利流通,所以幕府只得允许洋银自由流通。因此,在开港 1 年后的万延元年五月,幕府规定原本按照丁银行市通用的洋银“可以在受欢迎的自然行市下使用”。之前规定 1 美币洋银 = 1 分银 3.11 个,在上述丁银行市下应该为 46.65 匁(1 两 = 60 匁,1 两 = 4 分,60 除以 4 再乘以 3.11 等于 46.65)。但是,在自然行市下交易以后,1 美币洋银的币值稳定在了 35 ~ 36 匁。这就意味着一美币洋银相当于 2.4 个 1 分银,相比当初 1 比 3.11 的固定比例贬值 23%。然而,各国的公使馆、领事馆的馆费以及馆员的薪水,还有陆海军官兵的工资等,仍被允许按照原有的固定比例兑换,造成部分外国人员利用差价所得大肆挥霍。外国商人对此极为不满,并且表示了强烈谴责。阿礼国的下列记述,既是对上述谴责的解释,同时也是一种反驳(《大君之都》,岩波文库出版,山口光期译)。

我对领事馆馆员提出的要求是,不允许他们进行本外币套利交易——因此他们领取一定的工资并必须依靠工资生活。另外,我仔细估算了通过使馆以及领事馆的库房支出的工资、薪水、临时费用等运行支出的平均数额,发现只要涉及这些支出时,人们均可通过本外币套利获得了相同比例的利益。

我向普通读者一五一十地对此问题进行详细说明,是因为我在离开日本以后,通过地方报纸得知我因这一问题遭到了恶毒的攻击。这些攻击认为,我们英国贸易商人需要按照市场比价兑换日本货币,来获取自己的生活费,但是使馆以及领事馆可以按照略微有利的行市以固定比价直接获取1分银用于日常支出。这一情况导致贸易商人遭受损失,甚至使其陷入贫困。我认为这一说法毫无事实根据。我们已确认并未参与贸易方面的相关运营。反倒是那些通过报纸进行攻击的人们,作为贸易商人并未遭受什么损失,似乎仅是因为分得的好处太少而吵闹不休,令人极为不堪。因此,他们只能认为,汇率的差异是因为日本政府将多出的差额作为奖金支付并以此收买外国代表。正是日本政府对违反条约的情况视而不见,从而导致了贸易损失。如果不是因为这一问题的影响,我们原本可以防止或已经打算防止损失的出现。

对于上述所有恶毒攻击的明确回答都是事实,即正如他国人士所评价的那样,任何一名商人本身都不能向日本提交提案,也就不能说明可以采取的措施,不能对外国货币进行评价,更不能选择可以接受的货币行市。据我所知,在哈里斯将这一奇特的条款列入日本与美国的条约之前,世界上的任何一个国家从来没有采取过这种外币兑换方法,甚至都没有进行过相关尝试。在条约施行1年以后,无论数量多少,商人都已无法根据条约通过日方铸币所兑换美币。日本政府已明确表示，难以保证他们（根据条约明确规定）的权利，即难以保证他们持有的外国货币可以与同等价位、同等质量的日本货币同时流通。我相信这一表示是理所当然的，因为无论政府的力量如何强大，都不能对本国人民的生命财产进行如此的保证。鉴于我方已接受日本政府的上述声明，我以及其他公使均无法采取任何强制手段迫使日方继续履行上述保证，或者这一事项本就不在我们的工作范围之内。如此看来，日本的货币改制究竟是如何使我们英国的商人产生了怨言，或者说通过贿赂得到了好处的说法又是从何而来呢。

然而，如表8所示，上述货币问题还引起了贸易方面的变化。《日美友好通商条约》签订之初显示为明显顺差的日本贸易，在庆应二年转为逆差。因为对洋银的需求量不断升高，洋银的市价随之上涨。在庆应三年横滨的平均市价达到47.8匁以后，洋银进口终于开始下降，上述贸易逆差的问题自然而然地得到了解决。明治新政府成立以后，洋银的存在又对日本的外汇、金融产生了极大的影响。

表8　幕府末期贸易进出口额　　单位：万美元

年份	出口额	进口额
安政六年(1859年)	891	603
万延元年(1860年)	4713	1658
文久元年(1861年)	3786	2364
文久二年(1862年)	7918	4214
文久三年(1863年)	12,208	6199
元治元年(1864年)	10,573	8102
庆应元年(1865年)	18,490	15,144
庆应二年(1866年)	16,616	15,770
庆应三年(1867年)	12,123	21,673

第四节　钱币与行市的问题

幕府于天保六年(1835 年)命令金座开始铸造天保通宝当百钱的情况,已在本书第十章的“天保金银”一节中进行了叙述,并且其在万延年间铸造量极大。与此同时,小面额钱币在嘉永至安政年间再次出现了不足。这是由当时铜价上涨导致铸币成本增加,幕府为了保证新铜币铸造量而回收旧铜币所造成的。为应对这一情况,幕府命令银座从万延元年(1860 年)开始在深川、千田新田铸造宽永通宝精铁 4 文钱。虽然这枚新钱被定位为与银座主管机构明和年间铸造的黄铜币相同体系的货币,且二者分量相同(1 匁 3 分),但是铸造用材是铁而不是铜。也许是首次铸造铁 4 文钱,幕府有些歉意,所以让其打着生铁的旗号,且一再强调其使用了优质铁。截至明治元年(1868 年),宽永通宝精铁 4 文钱铸造了 1 亿多枚,并且由于各个藩国都积极参与铸造,其现存有多种版本。此外,文久二年(1862 年)在金座主管机构佐渡川还进行了宽永通宝铁 1 文钱(相川钱)的铸造。

另外在文久三年,幕府开始铸造被称为文久永宝的铜 4 文钱。此次铸造打破前例,命令由金座(浅草桥场)银座(深川千田新田)两个机构分别铸币。为了反映时局,该钱币的文字由幕府的三位时任阁老(小笠原长行、松平庆永、板仓胜静)分别执笔,因此其存在三种版本。此币略小于宽永当四钱,截至庆应四年(1868 年)铸造了 8.9 亿枚。

关于金、银、铜三种货币之间的价值比例,自最初确定官方行市以来,幕府便一直致力于维持该比例。但是到了幕府末期,钱币不仅使用铜作为币材,而且还使用了黄铜以及铁等,另外又出现了百文钱以及 4 文钱等忽略币材价值的大面额钱币,最终导致各种货币之间的价值比例难以维持在名义水平,也就是说,幕府虽然通过日益衰微的权力强行保持货币之间的名义价值比例,但是实际价值比例早已变化,最终只能引起铜币以及其他优质钱币的储藏与隐匿，反而造成了流通货币不足的结果。

因此，幕府最终不得不决定对钱币采用市场行市，并且在庆应元年(1865年)闰五月颁布了相关法令。如《嘉永明治年间录》①所示，五月十二日，地方官府在接到此法令以后，在江户市内的钱庄张贴了增加币值的公告(见表9)。

表9 各钱币币值

钱币名称	每枚币值
宽永通宝文钱以及耳白钱	6文
宽永通宝铜币	4文
宽永通宝4文钱	12文
文久永宝4文钱	8文

该记录还载明了公告发布后的结果："公告发布后的两三天内，耳白、铜币、青4文钱便在钱庄内堆积如山。钱庄虽然希望将其出售，但是无人问津。这三种钱币在钱庄内不受欢迎，随后更是逐渐陷入无法流通的境地。"如该记录中的注释所示，宽永通宝文钱指在宽永时期铸造，背面铸有"文"字样的铜1文钱；耳白钱指正德期间的龟井钱，是一种边缘较宽的铜1文(耳白指边缘磨损的货币)；青4文钱是指明和时期铸造的4文钱，由于该钱使用了黄铜，略带青绿色，因此被称为青钱。据《大日本货币史》(第22卷"金银价"部分)记载，庆应三年，随着幕府允许其按照市场行市兑换，钱币价格下跌。该书引用了市场行市账簿的下列记载："该年钱币价格下跌，故通过江户钱庄向官府申请建立市场行市系统。已通知府尹遵从此规定。"该书编者在注释中又写道："庆应三年江户钱币价格如下：二月十七日，金1两可兑换钱币6贯816文。按照行市兑换以后，钱币市价逐渐下跌，金1两可兑换当百

① 《嘉永明治年间录》，吉野真保编纂。——译者注

钱7贯500文,或兑换青钱7贯600文。如上所述按照市场行市不加任何管制(称自然行市)进行兑换后,同年三月二日,金1两可兑换钱币7贯232文,六月二日可兑换7贯904文,十二月四日可兑换9贯320文。”

此外,该时期的各个藩国并未放弃铸造各种钱币。在德川时代,三种货币的铸造权原本由幕府垄断。单论钱币方面,虽然有时因为特殊情况而出现例外现象,但是由于幕府始终坚持上述原则,各个藩国争取货币铸造权的最大限度,也仅是得以制作藩札并在领地内使用,以便缓解货币供给的不足。然而在幕府末期,政治、经济等方面均发生了剧烈变化,一方面仅使用藩札已无法满足各藩的需要,另一方面幕府的统治能力也在逐渐减弱。如此一来,大藩铸造的货币层出不穷,钱币铸造更是呈现出无政府状态。其中,萨摩藩处于领先地位。该藩不仅具有作为大藩的实力,其偏居一隅的地理位置也发挥了有利的作用。大规模铸造天保通宝,以及伪造2分金,都为该藩提供了成为倒幕霸主的财力基础。

文久二年(1862年)八月,萨摩藩以救济琉球的名义,通过勘定奉行小栗上野介获得了为期3年的琉球通宝(形状与天保通宝相同,背面铸有当百字样)铸造许可,并且随即从次年开始秘密铸造天保通宝。据说在这三年中萨摩藩的钱币铸造量相当于290万两白银,并且这些钱币在大阪、广岛等该藩以外的地区也被广泛使用。除了天保钱型以外,琉球通宝还有半朱钱等大型的圆形圆孔货币钱型,据说其按照天保钱型的2倍价格在该藩内部流通。福冈藩从文久二年开始秘密铸造天保钱型的筑前通宝,并且还铸造了天保通宝。高知藩从文久三年开始铸造土佐通宝(形状与天保钱相同,包括当二百与当百两种),然后也开始铸造天保通宝。高知藩的钱币后来出现了土佐官券、土佐之券、海南券、海南之券等各种版别。

在关东地区,水户藩在国元以及江户小梅的两处藩邸进行了天保通宝以及铁4文钱(背面刻有“卜”的字样)的铸造,并且还铸造了虎钱以及大黑钱等藩国内部钱币。会津藩则在江户10万坪的别院内铸造了天保通宝和铁4文钱（背面刻有“ノ”字样，据称源于“ア”的省略[①]）。此外，该藩铸造的会津银判（1两、2分、1分）是极为珍贵的银币，这种刻有16瓣菊花徽章的货币是一种极为罕见的收藏珍品。

此外，北方各国中，仙台藩除了依旧铸造天保通宝以外，在安政七年（万延元年）以后继续在石卷铸造铁1文钱（背面铸有“千”的字样），在庆应时期以后又在该地进行了铁4文钱的铸造。该藩的珍品货币包括被称为小槌钱的2朱银（豆板型），以及被称为细仓当百的方形方孔大号铅币。庆应年间，盛冈藩铸造了在铜山内通用的盛冈铜山百文钱以及同一系列的小面额铜币。同时，该藩还秘密铸造了天保通宝，并且进行了铁4文钱（背面铸有“盛”“山”的字样）的铸造。秋田藩一方面铸造天保通宝，作为藩国内的通用货币；另一方面铸造了形似刀锷（刀镡[②]）的锷钱（背面铸有八卦算术图，亦被称为八卦钱，百文通用）、表面采用21波设计的波钱（百文通用）、长方形圆孔的铜山至宝（背面文字为50、当百）、圆形方孔的铜山通宝等铜币，以及封银（方形，有2匁、4匁、6匁、8匁等多种，形状各不同）、1两银判（9.2匁）、2分银判（4.6匁）和笹1分（币面有佐竹家徽章笹龙胆的1分银）等银币。

除了上述各藩以外，铸造铁4文钱的藩国还包括津藩、广岛藩。此外，当时还有各种杂币。总之，幕府末期的金属硬币，除了幕府的正式货币以外，还混有各种公认、非公认的货币，可谓百花争艳，亦可称为百鬼夜行。这种无政府的铸币状态在进入明治时期以后，最终由明治政府来收拾乱局。

最后，简单地介绍幕府纸币的发行情况。庆应三年（1867年）以后，根据勘定奉行小栗上野介忠顺的指令，幕府决定打破传统，首次发

---

① “ト”来自“水户”的片假名书写方式“ミト”，“ア”来自“会津”的片假名书写方式“アイヅ”。——译者注

② 镡，指刀、剑柄与刀、剑身连接处的突出部分，相当我国通称的剑格或护手。——译者注

行纸币。该批纸币包括三种,即在江户和横滨通用的金札(面额为25两至1两共四种)、在江户以及关东八国通用的金札(面额为200两至1两共五种)、兵库开港金札(面额为100两至1分共六种)。虽然这些纸币均已发行,但是并未达到通用的程度。这些在幕府濒临崩溃之时发行的纸币,几乎都不得不面对以失败告终的命运。

在进行钱币相关论述的最后,本书想要对金钱与黎民百姓的生活究竟存在何种程度的关系进行简要论述。如前所述,金币、银币、钱币的价值随着各自的状况不断浮动。另外在物价方面,米价随着每年的丰收与歉收情况大幅变化。例如,在栗原柳庵的《文政年间漫录》(《未刊随笔百种》第二卷收录)中,作者描绘了文政年间沿街叫卖的江户行商生活:"清晨,用六七百文购买满满一筐蔬菜以后,一整天挑着扁担沿街叫卖。傍晚回家以后,自己与家人吃掉剩余的蔬菜。从一天的销售额中,扣除预备次日采购的部分以后,将房租放入竹筒。这时妻子过来索要米钱。将200文交给妻子后,妻子又说大酱和酱油都没有了,不得已又拿出50文。这时孩子过来向父亲讨要零食钱。递给孩子十二三文以后,孩子立即手握零钱,冲出门去。此时手头还剩有100文到200文钱。是将这些钱作为酒钱呢,还是存下来作为应付下雨时无法外出情况的储备金呢?这就是打日工的小商人的生计。但是,这仅是拥有本金的小商人的故事。那些没有本金的人,还必须按照每100文每天2分至3分的利息借入本金。那么,在支付利息21文借入700文以后,如果能实现一千二三百文的销售额,则可以获得575文的收入。"如此一来,小商人实际上很难拥有隔夜钱。此外,据该书记载,当时木工的一天工钱为银5匁4分(工时费4匁2分、伙食费1匁2分)。适用文政三年的行市,即金1两=银63.2匁=钱6800文(江户),则上述木工一天工钱相当于钱580文。当时,白米1升的价格为银0.6匁,换算为铜钱大约为65文。另外,其他物价如小笼屉荞麦面为16文,洗浴费为6文。

第十二章　明治新政府与新币制的准备

第一节　政权虽已更替

庆应三年(1867 年)十月十四日,德川庆喜进行了大政奉还。同年十二月九日,朝廷宣告王政复古。但是,虽说政权从江户幕府过渡至明治新政府,但是世界的面貌并没有因此立即得到完全改变。随后不久,又发生了戊辰战争等新的战争,支持幕府的各个藩国纷纷叛乱。在这种情况下,新政府的当务之急是建立起讨伐之师,实现天下一统。因此,新政府在财政方面面临的问题是如何在运营新政府的同时,筹集并且确保用于讨伐的军费。

新政府在发布"王政复古大号令"的同时,设置了总裁、议定、参与三职,并且在所述三职制度之下设置了金谷出纳所。如其名称所示,金谷出纳所作为掌管金钱和谷物出纳的机构,于庆应三年十二月二十七日在京都学习院内设置了参与掌管的机构。事实上,可以将其视为大藏省[①]前身的雏形。(但是,新政府的机构改革令人眼花缭乱,所述出纳所于次年的庆应四年一月十七日划归会计事务科的监督之下,同年二月三日被新设立的会计事务局吸收,并且于四月二十一日设置会计官。在不足半年的时间里,管辖新政府财政的机构发生了走马灯般的变化)

为了筹集讨幕资金,新政府于庆应四年一月通过所述金谷出纳所,以近畿的富豪为对象,着手募集会计基立金300万两。但是,这种做法与旧幕府向富裕商人征收冥加金的方式一样,并不能充分获取资金,也不具有持续性。因此,在此基础上,新政府决定铸造幕府时代的旧货币,并且发行太政官札[②]。这两种货币的发行几乎是同时开始的。下面,首先介绍旧货币的铸造情况。

一、铜包金

从鸟羽伏见之战到函馆投降,戊辰战争持续了一年半的时间。因为这次战争主要在被称为关东、进行金本位交易的叛乱地区进行,所以虽说新政权已在京都建立,但是令人备感陌生的新政府纸币还是很难通用。另外,由于新政府在京都附近的畿内地区耗费了大量金币,处于财政空虚状态,所以更加迫切需要主币。鉴于上述情况,作为应急措施,新政府不得不在货币司(为处于会计官的管辖之下主管货币事务的科室)铸造旧幕府时代的货币。

新政府在庆应四年四月征用了金座、银座、常是三座铸币机构,并且将其人员划归货币司。其最初的构想,当然是希望由上述人员从事

① 大藏省,明治维新之后的日本财政金融主管机构,2002年被改制为财务省、金融厅。——译者注

② 太政官在平安时代由于摄政、关白专权而相对衰弱,在进入武家社会后更因幕府专权变得徒有形式。明治维新(1860年)时王政复古,废除摄政、关白、幕府,又一度实行太政官制,后以内阁制取而代之(1885年)。在太政官作为最高行政机构的时期,以太政官名义发行的纸币称为"太政官札"。——译者注

新币铸造工作。但是,由于时局的需要,这些人转而直接从事了旧货币的铸造工作(当新政府于次年的明治二年二月五日撤除货币司、设立造币局时,金、银座已被废止。这两个昔日风光的机构,就这样迎来了无声无息、不知不觉消亡的命运)。

这一时期,即在明治初期,更确切地说是在明治二年二月五日废止与金银相关的货币司之前,在货币司的东京出张所(金座铸真崎2分金、天保钱,银座铸蛎壳町1分银、1朱银)以及大阪出张所(长堀住友吉左卫门上地铸2分银、1分银)铸造了旧幕货币。而被称为"货币司吹"新政府天保钱的铸造持续到明治三年八月。由于上述货币直接使用了旧幕府时代的极印,因此难以在外观上与以往货币加以区分。但是,收藏界通常指责货币司的金银币品位更加低劣。以2分金为例,不仅品位降至平均22.34%(万延2分金为22.82%),并且还混有被直呼恶劣的劣等2分金(品位为17.6%)。这种情况下,又顺势出现了多种在银质材料的表面镀金,被称为银台的赝品。如此一来,各个藩国又制造了大量的粗恶2分金。据说这些赝品即使落在石头上,也不会发出金子应有的声音,被称为铜包金,并且受到了排斥。在上述劣币泛滥的状况下,2分金不可避免地遭到了普遍的警惕和嫌弃。1分银的品位降至80.66%(安政1分银为89.35%)。1朱银则降至87.9%(安政1朱银为98.6%)。新铸货币的品位均有下降。这也是当时的维新政府被批评自己带头制造赝金的缘由。

这一时期的铸造量为:2分金381万两,1分银大约106万两,1朱银大约117万两,合计大约605万两;天保钱大约为6391万枚。明治二年的三种货币流通量为:金币6452万两,银币5290万两,钱币603万两(引自《日银试算》)。因此,不得不说一年的铸造量巨大。

旧幕金币、银币于明治七年九月被禁止进行一般流通,天保钱被允许流通至明治二十四年末。当初的百文钱继续流通时,从明治四年十二月起被定为价值 8 厘①。在其流通期间,因为价值合理而受到了百姓的欢迎。因为当时一碗荞麦面条、一次洗浴费等恰好仅需 8 厘,使用起来非常方便。

二、由利公正与太政官札

下面进行新政府纸币的相关论述。说起太政官札,便不能不提到三冈八郎(后来的由利公正)。三冈八郎出生于文政十二年(1829 年),是福井藩下级藩士的孩子。青年时期,其师从熊本藩士横井小楠学习了经世致用之学。安政六年(1859 年)在福井藩提出了恢复藩财政的建议。该建议被采用后付诸实施:发行藩札 5 万两并向民间贷款,作为其生产资金。民间生产的以生丝为主的各种物资再向藩国以外销售。这一措施取得了巨大的成效,福井藩年出口额达到了 300 万两,藩札逐渐变为主币,而且藩库中还随时储备有 50 万两的金银币。他策划由明治政府发行太政官札的目的,无非想在全国范围内复制上述成功经验。三冈八郎属于进步派人士,在文久三年八月至庆应三年十二月保守派占据藩国当局主流时,曾被软禁 4 年之久。在此期间,他接受了坂本龙马的拜访,并且阐述了国家财政治理的相关问题。后来坂本龙马将他推荐给岩仓具视,这成为其被新政府起用的契机。在新政府成立的同时,三冈八郎被立即邀请参与政府事务,并被任命为御用金谷取汲。他之所以以公正(明治三年恢复为祖先的姓氏由利,号公正)的名字青史留名,是因为在庆应四年(1868 年)正月起草了国事五条,并且在三月拟写了《五条誓文》②的草案。在此后的 1 年多时间里,三冈八郎致力于太政官札的发行事务,准备创建新币制度,在政

---

① 政府规定普通宽永通宝价值 1 厘(旧元相当于宽永通宝 1 贯即 1000 枚),前文提及当百宽永通宝(百文钱)铸造用铜相当于普通宽永通宝 6 ~7 枚,政府规定以此为据。——译者注

② 《五条誓文》,是由明治天皇颁布的明治维新施政纲领。——译者注

坛上大展身手。

由利公正

三冈八郎在担任财政负责人以后面临的第一个问题是筹集军费。因此，甫一上任立即提交提案，建议设立会计基立金并募集了（前述）300万两，又建议发行3000万两的金札。前者被立即采纳，而后者迟迟未能确定，直到庆应四年二月末才获得许可。在进行发行准备以后，新政府从五月末开始进行实际发行工作。这种纸币被称为太政官札（亦被称为官札或者金札），使用越前奉书作为纸张，采用以往的藩札样式，面额有10两、5两、1两、1分、1朱五种，正面印有面额以及"太政官会计局"的字样，背面印有"庆应戊辰发行""通用十三年限"的字样。

阅读明治元年闰四月九日的太政官札发行布告可知，这一金札的发行目的为殖产兴业，与三冈八郎曾在福井藩实施的构想相同。但是，事与愿违，金札实际上的主要作用是弥补国库空虚。可以通过其实际去向了解这一情况：总发行量4800万两，石高贷（面向各藩）为1273万两，劝业贷（面向商农）为993万两，用于弥补财政赤字的达到2534万两。而石高贷实际上也基本上充当了各藩府县的开支经费。

随着太政官札的发行，废止银目（称量白银计价）使经济界发生了巨大变化。明治元年五月九日，政府发出布告，命令禁止丁银、豆板银流通，同时命令以往借贷使用银币名目的均应按照时价改为金币、钱币名目计算，也即废止银目。在幕府末期，丁银、豆板银的实际流通量虽然已经大大减少，但是关西地区依然将银作为计算单位。据说其主要原因是金银市价变化产生的利润被大阪商人获取，促使他们努力维持银目。但是，正如其名称金札所表示的那样，太政官札是代表金目的货币。因此，以往通常的说法是，上述布告的目的是希望排除银目对金札流通的阻碍。总之，随着该布告的发出，银票持有人要求兑换主币，纷纷涌向了两替商（货币兑换商）。由于两替商不可能备有足够的主币，因此政府采取了救济措施。例如，发布非正式公告发放太政官札无息贷款等，但是很多人对前途感到绝望，工商业出现了大量停业的状况，破产者众多，大阪经济界一时出现了大混乱的现象。由此可以看到一举推翻一种数百年传统的后果。

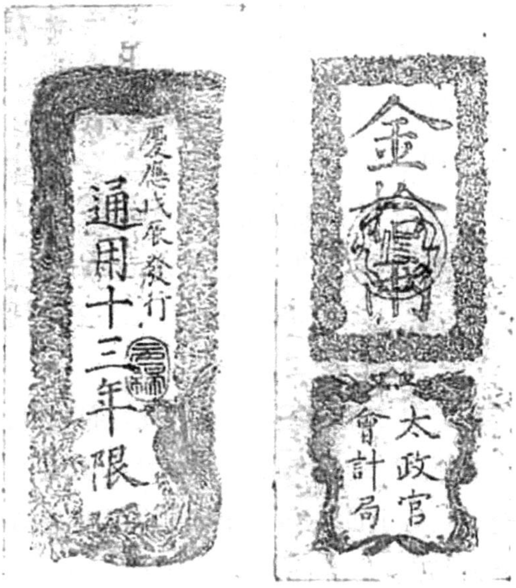

太政官札（原尺寸为长18.9厘米）（右）正面，（左）背面

太政官札的发行过程如上所述遇到阻碍，其流通果然也并不容易。当时新政府刚刚成立，大家还无法判断政权的走向。以关东以北为中心的旧幕府领地、佐幕地甚至对其产生一种敌对国的感觉。另外，自幕府掌握政权以来，金本位交易地区形成了一种只有铸币才是货币的观念，出现排斥纸币的情况也不难想象。这些情况导致纸币流通受阻，价值持续下跌。于是，太政官札在发行后不久，其行市便达到了正金（指各种实物金币）百两可兑换太政官札 112 两至 150 两的地步。为了维持纸币价格，政府多次发布命令，禁止向使用太政官札的人收取手续费，但是均未奏效。坊间轻蔑地将太政官札谑称为“太政官”。另外，当时还流行着奚落、嘲笑纸币的打油诗：“比佛贵重的金子变为纸，上者是金札，下者是金箔”“上面有孔，下面无孔，所以上者通而下者不通。”其处境不可谓不凄惨。当时，还有人利用法律漏洞，使用如下所述密电一般的措辞，进行秘密交易（竹越与三郎《日本经济史》第九卷）：

“奉上银票敬启。恭祝日益康健。昨日已拜谒所介绍之人，并且已就令媛姻亲之事进行了洽谈，若芳龄十八，且性情相投，必当欣然接受。如何推进此事，谨请思量，敬候佳音。匆匆。”

这段文字中的“令媛”指正金，“芳龄十八”指正金 10 两兑换金札 18 两。

难以保持金札的币值，不仅导致了物价混乱，其产生的外交问题也变得日益重大起来。外国公使多次指出，纸币的顺利流通关系政府对人民的信用问题。尽管如此，外国政府方面表示，强制金札按照票面价值流通，会对外国人造成损害，所以其迫使明治政府允许外国人按照时价使用纸币。鉴于上述情况，当时担任外国事务局判事之职的大隈重信与江藤新平、寺岛宗则、五代友厚等国际派官员在商谈、策划以后，成功地罢免了三冈八郎。三冈八郎于明治二年二月辞去会计官副知事及以下的职务，此后政府财政事务由兼任御用会计官一职的大隈重信主管。

大隈重信

导致三冈八郎辞职的直接原因是太政官札被迫采用时价行市。但是,后来的局势实际上反而更加混乱。明治二年二月,政府下令增发金札 5000 万两,并停止正货(金币)的支出,转而使用金札进行所有对外支付。此外,政府又在四月八日下令商品买卖均按照金札的行市进行交易,从而导致纸币行市进一步下跌,最终下跌至正货 100 两兑换金札 166 两。至此,政府终于在四月二十九日决定废止金札的时价行市,甚至倒退回三冈八郎下台时的情况。

上述混乱现象通过五月二十八日的布告得到了平复。该布告将金札原定增发5000 万两的计划缩减至3250 万两,将流通期限从 13 年变更为 5 年,并且公布了从当年冬季至明治五年的新币兑换计划,对于未能在流通期限内完成兑换的金札,承诺每年支付 6 分的利息。三冈八郎之前的构想是在 13 年内回收金札,然后将其全部焚毁。因此,金札从一开始便被明确定位为不可兑换纸币。但是经此布告,金札华丽地变身为可兑换纸币。《明治财政史》称,鉴于当时的客观情况,政府本身也不能确定是否能够进行如布告所示的兑换,但当时的实际情况是,如果想要恢复纸币信用,安抚外国人,除此以外已别无他法。以此布告为分界线,金札的信用开始明显恢复。次年的明治三年,金札与主币的兑换比例为99比100,出现了金札价格反而超过主币价格的罕见现象。金札的流通也逐渐变得顺畅起来。当然,这不仅是布告的效果,更是因为当时金币赝金泛滥,2分金已经丧失了作为主币的信用,从而造成了金札受到普遍欢迎的讽刺结果。《明治财政史》第十二卷对上述时期的情况进行了下列说明:

开港后,已领教过此类劣币(2分金)厉害的外国人,以及因为对其名称不满从而厌恶此类货币的外国人,都要求各自的公使敦促日本政府改进这一情况。但是,此事并没有立即在日本产生普遍影响。然而,当时日本东北地区尚未收复,各个藩国因为出兵产生的各种经费而一筹莫展,纷纷铸造货币以解燃眉之急。但是这些私铸的货币都是最低劣的2分金,仅是在银材上大致进行了镀金处理,甚至出现了在铜材上镀金的货币。然后,此类赝金随着各个藩国的军队流向各地。不仅如此,由于纯正的主币要么被输出至外国,要么被国内民众所收藏,因此市场流通的货币的大部分是各个藩国私铸的劣质2分金。这使得很多人蒙受了损失,民众很快丧失了对这种主币的信任,甚至进一步产生了厌恶之情。与此同时,民众对金札的信任却在不断增加。这种倾向愈演愈烈,终于使4800万两的金札具备了超过主币的价值,从而成为在全国范围内最自由流通的货币。

第二节 制定《新币条例》之前

一、圆形、十进制新币

新政府决定接受来自国内外,特别是来自外国的强烈要求制造纯正统一的新式货币,并且于明治二年二月裁撤了货币司,在太政官中设置了造币局(同年四月再次归属于会计官,七月会计官废止以后,再被设置于大藏省,同时更名为造币寮)。但是,政府起初对新币的形状、面额名称、是何本位、本位品位、金银比价、货币种类等方面并没有作任何设想,反而将重点放在新币本身的品位上,关于其形状、名称以及各种货币的关系等问题,似乎只是含糊地参考了旧货币的相关内容。

明治二年三月四日参与兼会计官大隈八太郎(重信)与造币判事久世治作(喜弘)二人来到京都的议事院,提出了以下两点建议:其一,日本原有的金银货币的形状多为方形,但是当时各国的货币皆为更便于携带的圆形,相较之下,方形货币极为不便。因此,在铸造新币时,应废除方形改用圆形。其二,日本以往的金银币,其面额名称为朱、分、两等,进行计算时非常不方便。因此,铸造新币时,货币单位应废除基于四进制的旧称"朱、分、两",改为十进制的面额名称"元、钱、厘"等。当时政府正在逐步推进造币工厂的建设,并且预计将在次年秋天开始铸造货币。因此,作为造币负责人,他们最关心的问题就是尽早确定政府对上述两个问题的意见。

在该次会议中,与会官员首先对新币的形状提出了下列反对意见:"因为日本人习惯上是用纸包裹金银币以后,再放在方形箱子内保管,这一点与外国人将金属货币放入梭鱼袋子保存的方法不同。因此应当继续遵循旧制,制造方形货币。"大隈重信等二人对上述意见进行了反驳:"日本的货币采用方形是近世才有的事情。古时候的甲州金等形状均是圆形。在庆长时期以后,又采用了椭圆形。大家不是将良好的货币融通称为良性循'环'吗?如今,将拇指与食指的指尖相对呈圆形时,所有人都知道是表示钱。将货币制作成方形,势必难以旋转,磨损较多。而制作为圆形时,会容易旋转且磨损较少。各国货币均基于上述原因采用了圆形。实际上,圆形货币便于从怀中取出,这一点是方形货币无法比拟的。目前正值即将进行国际贸易的秋季,日本如果不能坚决地摒除旧制度的迂腐,实施改良,学习别国的长处,弥补自身的缺点,试问怎么能够建立起富国的基础呢。"就这样,朝廷会议采纳了选用圆形新币的提案。

与上述情况相比，面额名称的确定则更加艰难。持反对意见的人表示："日本的货币自古以来便通用'朱、分、两'的面额名称。一朝之间对其进行改变，难免会扰乱民心，因此暂时沿用旧制比较好。"对此，大隈重信等二人指出："日本在面额名称中使用'两'，大概开始于庆长小判。所谓'两'这个词，源自中国的度量制度，表示略大于日本的 4 匁的重量。庆长小判的分量恰好约等于 4 匁，所以使用'两'作为面额名称非常合理。但是，后来幕府频繁改铸货币，并且每次改铸时都减少了分量。'两'这一名称已经失去了原本作为分量的意义，不足以作为法律名称来使用。另外，1'分'的重量是'两'的 1/4；'朱'是从'铢'字转化而来，1'铢'的重量是'两'的 1/16，也就是说，'铢'也好，'两'也罢，都是中国原有的分量名称，而不是价格单位。鉴于各国货币都已采用十进制，因此在规定我国新币的面额名称时，应该完全废除以往的陈规陋习，学习各国的先例，将 100 钱定为 1 元（或者円？），将 1/10 元定为 10 钱，将 1/10 钱定为 1 厘，这样不仅可以消除以往货币换算的复杂性，而且更可以使民间交易的便利程度提升数倍。"至此，朝廷会议决定按照该建议执行（以上来自《明治财政史》）。

虽然不清楚这次朝廷会议是如《明治财政史》所述般将 100 钱设定为"元"，却误写为"円"，还是当时虽然构想是"元"，却在 10 天后变更为"円"，但是后来的所有记录都将 100 钱规定为"円"。自此，构成目前日本所有经济生活基础的"円"闪亮登场。

那么，"円"的称呼来自哪里呢？关于这一问题，存在下列四种说法。

（1）基于将货币的形状从原有的方形（円）改为圆形的观点，朝廷从便于民众接受的角度考虑，将单位设定为"円"。

（2）日本当时的造币机械是从香港造币局买下的。该造币局铸造的美元银币上刻有"香港 1 円""半円"等字样，因此日本模仿了该"円"字样。此外，日本的 1 円银币与香港 1 円银币在品位、分量上完全相同。

(3)认为上述两种原因都起到了一定作用。

(4)德川时代,“円”已作为货币单位从中国传入日本。明治政府只是正式采用了在当时的政治家、朝廷官员等知识阶层中早已习惯使用的词语。《古事类苑》中记载有该书编辑的下列意见:“另外,将1‘两’称为1‘円’,以及将1‘分’称为1‘方’的方式,在德川时代便已成为汉学书生之间的通用语。”

那么,“钱”“厘”的称呼又是从何而来的呢?谈到这两个货币标准单位,自然会让人想到是来自美元的分(1%美元)、毫(1/10分)。至于这两个字本身的来源,则“钱”是中国古代用于称呼铜制低面值货币的,同时又作为重量单位。而厘是作为重量单位,尤其是在银目计算中频繁地作为1%匁使用。但是,直到现在也还不清楚大隈重信等人依据这些构想形成结论的经过。

二、从银本位制到复本位制、金本位制

新政府铸造新币时,虽然迅速确定了形状与面额名称,但是与之相比更为重要的本位品位、金银比价、币种区别等问题仍待确定。针对这些问题,大隈参与(重信)、伊藤大藏大丞(博文)、井上造币长官、中江外国官判事、久世造币判事等,于明治二年六月十五日与东洋银行经理罗伯逊达成了协议。明治政府以该协议为基础制定新币相关条款以后,于同年十一月九日向各国公使、领事发出了通告。对这些条款,各国公使除了对几个问题提出了意见以外,大体上表示了同意。另外,被任命为造币长官的坎德尔也几乎未发表意见。因此,新政府基于太政官的裁定,于明治三年十一月确定了新币的品位以及重量表。这种在造币局(寮,下同)铸造的新的货币系列,以银本位制为基础,其种类包括1日元银本位币、50钱银辅币、20钱银辅币、10钱银辅币、5钱银辅币、10日元金辅币、5日元金辅币、2$\frac{1}{2}$日元金辅币(明治

四年一月，改为 2 日元）、1 钱铜币、半钱铜币以及 1 厘铜币，共计 11 种。

造币工厂的建设结束以后，造币局的开业已迫在眉睫。明治四年正月，政府公布了开业日期，并计划根据先前确定的新币品位以及重量表，同时公布银本位的《新币条例》以及造币规则。然而，此时出现了意外情况，致使政府暂缓进行《新币条例》的公布。最终为充分解决意外情况造成的影响，《新币条例》的公布时间（五月十日）晚于造币局开业时间（二月十五日）。

这一意外情况源于此前正在出使美国的伊藤大藏少辅（博文）。其在明治三年十一月二十九日向大藏卿提交了采用金本位制发行新货币的意见书。一直以来，伊藤博文根据当时美国众议院正在审议的金本位制方案，以及欧洲的趋势和学者的论述等，强硬地主张采用金本位制。伊藤博文称："当今如果某个国家创立铸造货币的法律，一定会将金币作为本位币。根据这一观点，日本目前重新铸造货币，就应当根据其他国家的经验，或者折中考虑学者们的争论，采用最合理的方式。"收到这一意见书的政府相关人员，决定暂缓公布与新币相关的各项规则，并且立即慎重地进行了相关审议。

与此同时，造币局的开业典礼已按照计划于明治四年二月十五日顺利结束。列席上述仪式的大隈重信等在大阪停留了数日，在与东洋银行经理卡格尔重新审议了上述问题，并参考伊藤博文的意见进行折中以后，决定采用金银复本位制。他们于二月三十日向在美国停留的伊藤博文通报了该项决定。但是，伊藤博文在见到该通报以后，令随行人员吉田二郎回国，并且继续极力主张实施金本位制。因此大藏当局决定，此时与其进行暂时性改革，不如断然采用金本位制。于是，大藏当局在四月二日书信通知伊藤博文，向太政官申报并获得了许可，同时办理了向外国公使通告的手续。随着上述决定的作出，前期提案的 1 日元银本位币被完全废止。此外，为了对开港贸易提供临时性便利，满足国内外人士拒绝银镀金劣币、欢迎银币的要求，政府决定铸造

1 日元银币,并且将该银币仅作为贸易银币,仅限用于各开港地点的进出口物品相关赋税,以及日本人与外国人的通商交易。

与之相对的是,外国公使以及东洋银行的卡格尔等均表示了反对意见。但是,政府并未理会,而是坚决地实行金本位制,并且于明治四年(1871 年)五月十日公布了名为《新币条例》的货币法。本书将在后面的章节中对《新币条例》进行详细说明,其要点归纳如下:

(1)将金本位币中的 1 日元(円)金币作为主币。1 日元金币的纯金重量为 1.5 克,品位为 90%。金币具有无限流通的能力。

(2)在新币的称呼方面,将“円”作为日元的名称。在 1 円以下使用钱(1 円的 1%)、厘(钱的 1/10)进行小数计算。计算规则均按照十进制执行。

(3)新币与原有货币的价格关系为:1 日元相当于 1 两,1 金币或又相当于宽永通宝钱 1 贯文。

(4)铸造 1 日元银币作为贸易银币。

(5)将定位银币及铜币作为辅币,并且设定流通限制。基于上述规定确定的货币种类分别为金本位币(20 日元、10 日元、5 日元、2 日元、1 日元)、银辅币(50 钱、20 钱、10 钱、5 钱)、铜辅币(1 钱、0.5 钱、1 厘)以及 1 日元银币共 13 种。《新币条例》虽然采用了金本位制,但是由于批准铸造了贸易银币,所以有人批评其事实上更近似于金银复本位制。总之,所述货币法的制定与造币局的开工相辅相成,是符合新时代潮流、名副其实值得大书特书的日本货币史上划时代的事件。

第十三章　造币局

第一节　造币工厂的建设

一、场所的选定和开工

据说日本近代币制的确立和近代造币工厂的建设，可以追溯到庆应二年（1866年）五月十三日旧幕府与英国、美国、法国、荷兰四国缔结改税条约之时。《同约书》第6条中写道："日本与外国的条约中，规定了外国货币和日本货币需要遵从同等同量的交换方式来进行流通。到目前为止，在以墨西哥银元作为货币纳税时，日本所采取的汇率是100枚墨西哥银元兑换311枚1分银。然而，日本政府打破了这一惯例，为了扫清外国货币和本国货币兑换时所发生的一切障碍，也为了稳定日本本土货币，日本政府决定大建金银铸币所，希望借由此举使交易变得更加便利。之后，日本人以及外国人所提供的外国金银货币和生金，将全部改铸为日本货币，在扣除其中诸项杂费后，根据其品质再到指定的场所进行兑换。为了推进这项措施，修改日本与各国签订的条约中关于货币流通关系的条款成了当务之急。日本政府与各国就条款修订进行了商谈，在获得各国首肯的基础上，于丁卯年十一月（1868 年）确定推行这一政策。"这一新的货币兑换体系以及铸币所的设置，因此成为国际性事务。这虽是丁卯年，也就是庆应四年的事，但由于该年十月德川庆喜将政权交给天皇，之后幕府已不可能实行这一政策。因此，最后这个问题被原封不动地推给了明治新政府。

新政府中主管建造新货币铸币所的是之前兼任会计事务局法官的三冈八郎。他同兼任外国事务局法官的五代才助（友厚）、寺岛陶藏（宗则）进行了商议，以住在长崎的英国贸易商格洛弗为中间人签订了从香港购入造币机器的合同。格洛弗早在幕府末期便十分有名，他在萨摩藩和长州藩贩卖武器弹药，被称为"死之商人"。日本购买造币机器时恰逢香港造币局倒闭，因此他们以约 6 万银元的较低价格购买了 J. 瓦特牌的造币机器。该香港造币局为英国人于 1864 年设立，用于铸造自成体系的银币，目的是对抗墨西哥银元。然而，由于各种因素，该造币局在开设仅两年后便被决定关停。在该机器购买合同签订后，横滨法官助理上野敬介（景范）被派往香港。

新造币工厂该建在何处？这当然是一个很大的问题。但是究竟是为何最终选址在了大阪，官方记录中没有任何说明。大隈重信在《大隈侯昔日谈》中提道："之所以选址在大阪，是因为大久保提出了迁都大阪的意见。"这么说来那个时候（庆应四年，也即明治元年一月二十三日），担当参议职位的大久保利通确实发表了著名的迁都大阪的意见书。当时也正值戊辰战争刚刚开始，虽然这个意见书并没有得到公卿和大名们的重视，但它与造币厂的选址有一些关联。当然，大阪是当时日本经济最为发达的地方，也可以说是日本的中心城市，无论如何都肯定会被纳入选址范围之中。

接着，造币厂应该建在大阪的何处也成了一个问题。《造币局沿革志》(大正十年刊)中写道:“造币厂的建造场地让人难以抉择,即便是考察了难波、中之岛等各个地方后也难以作出决定。上野敬辅(介)从香港寄来信件,劝告说最好选择一个水运方便的地方。由于川崎是淀河流经大阪的地方,且其附近还有川崎旧幕府御破损奉行[①]役所木料堆置场的旧址,因此造币厂最终被定址在此处。”该刊物里还注记道:现在的职工宿舍附近还有旧幕府营缮司役所旧址。作为旧幕府御破损奉行役所旧址,其北边还有御破损奉行办公的官邸,相当于现在的税务监督局官邸所在地。再往北的话,直到与力町一带都是旧木料堆置场的范围。直到嘉永四年(1848 年),这个木料堆置场还在被作为粮仓使用。另有记载(此处指《大日本货币史》)写道:“可以说造币局是建造在川崎米禀(粮仓)旧址上的。”

这种以迁都大阪为前提的选址不得不说是估算错误了。因为在接下来的明治二年三月,天皇已经将首都钦定为东京。然而,为了加紧建设工厂,在那之前购买的机械和物资等已于前一年到达大阪,于是相关建设不得不继续进行。虽然这个既定事实让人有些无奈,但也有意见表明,当时江户还存在不少反对新政府的力量,为了避免珍贵的造币材料被他们袭掠,将造币局设在大阪也是个不错的选择。就这样,造币局被选定在了现在的地方。自那以后,该造币局一直没有离开大阪,现在也成为了日本中央印钞造币体系中唯一一个位于大阪的机构。

二、工事的进行

明治元年十月下旬,造币机械和相关建筑材料终于到达日本。十一月上旬,建设作业终于开始。由于要建造的是西洋式的大建筑,而日本在此类工事的设计和监造方面毫无经验,因此这个工程也就交给

① 御破损奉行,江户时代官职名。——译者注

了格洛弗所推荐的居住在长崎的英国人 T. 瓦特鲁斯。他认真且热情地完成了工作，其成果直到现在仍被津津乐道。另外，他还负责建造了银座赤炼瓦街。

虽然造币局的建设在当时遭遇了种种困难，但工程仍被强力推进。当时的建造情况在《造币局沿革志》中有如下描写：

施工从凌晨四点就开始，直到夜晚工人们还会用火把照明继续施工。即使是在夜晚，造币总指挥者井上馨[①]也会在工地巡视，十分努力。当时日本的建筑工业尚未成熟，该工程使用的是泉州堺东港的新炉子和远在广岛的原料。而建造用的青石是播州产的软质青石，加工难度很大，而大阪的石匠又不够用。于是政府下令停建其他城市的工事，将石匠们召至大阪。甚至因为急于竣工，所召集的石匠中还有人来自遥远的岐阜。

长谷川维志于工程开始时担任试验分析所长，之后又担任了 20 年的造币局局长。以下文字为其所述（引自松本章所著《造币首长威廉姆·金道尔追放始末记》引用《世外侯维新财政谈》的内容）：

建筑师瓦特鲁斯是个伟大的人……当时日本还没有专门的炼瓦匠，他便雇用了其他职员，教他们炼瓦，还训练粉刷匠们对屋子进行粉刷。因此现在这个建筑物仍像专业的炼瓦匠和粉刷匠所建造起来的建筑物，十分华丽坚实……

在建设造币局的过程中，井上馨先生似乎经常往来巡逻，用很大的声音怒吼，当时井上先生借住在淀河对岸的别墅里，从那里就可以看到工地，如果有人偷懒，他如雷鸣般怒吼的声音就会从河流的对岸传过来："喂！偷什么懒啊！"

---

① 井上馨，号世外，明治维新元勋之一。——译者注

工程的建设遭受过两次重大打击：一是明治二年十一月的大火灾；二是明治二年十二月，从英国出发的运载着48根铁柱的货船沉没在了香港的港口。即便如此，工事仍在稳步而顺利地进行着。明治三年九月九日各项机械准备完成，九月二十八日开始了铜币的试铸，十一月二十七日开始进行银币的试铸，十二月，整个工程全部完成。工程总费用预算为100万两银元，实际的花费是955,000两。而庆应三年十二月到明治元年十二月这13年的政府税收也不过3,157,000两。与之相比，可以说这项工程是明治政府举倾国之力进行的大事业。明治四年一月十三日，日本政府通知各国公使，称大阪造币局将于二月十五日运行。就这样，在造币局的所有工事完成之时，日本政府立马举行了开业仪式。

三、官制与长官

造币局的官制和名称随着时代变迁而发生变化。明治二年二月五日，会计司被废止，太政官中开始出现掌管造币局的职位。之后在四月八日，太政官改设会计官，但除此之外并没有别的改变。七月八日进行官制大改革之时，大藏省下属的一等寮被改名为造币寮。造币寮时代仅维持了7年半。明治十年一月十一日，根据太政官第三号“各省中诸寮被废侯事”，各省的寮都被废止并改为局，因此造币寮也改名为造币局，这个称呼一直持续至今。（昭和二十四年即1949年六月一日至1952年七月三十一日，省外局被称呼为“厅”。因此在这段时间内，造币局又被称为“造币厅”。昭和二十七年即1952年，因大藏省外设局变为附属机关，造币厅又被改回造币局。造币局自那时起就不再有改动，名称、性质等一直延续至今）

接下来讲述的是有关造币局长官的事。造币局的初代长官是井上闻多（井上馨），任期为明治二年八月十八日至十月五日。在此之后，井上弥吉（井上胜）①担任了二代长官，任期为明治二年十月十二日至明治三年五月三日。井上馨当时兼任民部大丞与大藏大丞。卸任后，他虽不再担任造币局造币长官一职，但由于仍在大阪政府任职，所以实际上在井上胜任职时，井上馨仍为实质上的工程指挥。明治三年五月，井上馨再次担任造币长官，后于十一月十二日造币局开业前转职为大藏少辅。在此之后，权头（官职名）马渡俊迈升职，在造币局开业之时担任造币长官。但在明治四年八月五日，伊藤博文担任造币长官，马渡俊迈再次降为权头。明治五年二月，井上馨第三次成为造币长官（兼任），马渡俊迈退职，益田孝担任权头。明治六年六月，继益田孝之后，远藤谨助就职成为权头。益田孝任权头时年仅 25 岁，之后成为三井财阀的大掌柜。政府起用这些长官是为了与后文讲到的金道尔抗衡，其中还有不少有趣的内情。伊藤博文、井上馨在后来成为日本财政界的首脑。可以说，起用这些青年才俊担任创业期造币局的长官，也展现出了明治新政府的期望与野心。

第二节　造币寮的开业

一、开业仪式

明治四年二月十五日，造币寮终于举办了盛大的开业仪式。

① 井上胜，与伊藤博文、井上馨、远藤谨助、山尾庸三为日本幕府时代末期长州藩派往英国留学的五位藩士，均在明治维新之后的明治政府中发挥了重要作用，被称为“长州五杰”。——译者注

造币寮开幕式纪念照（中间戴有乌帽的为三条右大臣）

如今，造币局把每年的四月四日定为开业纪念日。但实际上，日本从明治六年一月一日起才开始使用阳历，在此之前则一直使用阴历。阴历的纪念日为明治四年二月十五日，换算过来就变成了同年的四月四日。

参加开业当天仪式的，有右大臣（当时仅有一人冠有大臣之称，相当于现在的首相）三条实美、参议大隈重信、外务卿沢宣嘉、大藏卿伊达宗城等来自东京的诸位大臣。还有英国公使巴库斯、法国公使沃特雷、美国公使德罗戈、西班牙公使洛特利格、荷兰公使富费恩等外国使团。据记录，共有 34 名日本官员、57 名外国官员在当天前往大阪。

正午时分，大阪城内放起了礼炮。天保山港口停泊的军舰富士号以及各国军舰都在礼炮中发出轰鸣。戴着乌帽、仪表堂堂的三条右大臣宣读致辞，并亲自开阀运转机器。大家在一同巡览过机器作业后，聚集在称量所开始宴会。宴会是按照西洋风格进行的。在当时，举办人数如此之多的西洋宴会是一件十分困难的事情。为此，日本政府召集了远在横滨、神户等地的外国厨师进行料理，费用达到了每人 15 日元。按现在[①]的粮食价格折算，相当于人均 25 万日元以上的费用。宴席完毕后，大

① 指本书成书的 1976 年。本书中有多处情况与此类似，在此提示。——译者注

家一同去应接所(后称泉布观)观赏烟花,欢聚至夜里10时才散会。

开业时的日本大阪造币局 曼奇尼画

从明治四年二月十六日开始,新工厂在为期三天的时间内向一般民众开放参观,非常有人气。《造币局沿革志》中写道:“工厂的走廊下堆积着的砂土有一两寸深,为翻越铁栏还出现了若干名倒下的负伤者,其混乱难以名状。市内每家每户都挂着提灯表示祝贺。就如天满天神社的祭礼一般,其热闹程度用言语难以形容。”造币局与大阪市民的良好关系正是从这个时候开始的。之前引用过的金道尔的《追放始末记》中还介绍了明治三年末期未发行的画本——《大阪新繁昌记》中刊载的汉诗与译文。

造币烟雾升上空,
洋人铸法是良工。
金银新币圆如镜,
照至欧亚大陆中。

就这样,开业仪式平安无事的结束了。同年四月下旬,大纳言德大寺实作为朝廷特使参拜了伊势神宫,并按照旧时的惯例奉上了新货币。在开业仪式结束后,造币局直接开始营业。按照《新币条例》,除了20元、10元、5元、2元、1元金币和50钱、20钱、10钱、5钱银币之外,造币厂还着手制造了贸易用的1元银币。同年六月十六日,造币局(寮)开始接受民间的旧金银币和生金,七月底开始发行货币。

二、外籍部队

虽然造币机械设备等都已准备完成,但悲惨的是当时的日本并不具有操作这些机械的能力。因此日本不得不依靠经验丰富的欧洲技术专家和工人们。于是政府委托在其所在地附近的横滨东洋银行(Oriental Bank)开展相关工作。万延二年以后,东洋银行作为日本具有代表性的英国银行,在横滨开设了支行。日本政府在设置新币制时也时常求助东洋银行,实际上,新政府在接手幕府与法国兴业银行之间的借款后,一直处于这种状态,即"虽不情愿,但铁道的铺设、外债的募集、造币局的创设等,以及建筑工程的材料、技术都要依靠外国才能完成,都要经东洋银行之手。"(引自《大隈侯昔日谈》)。明治二年十月二十六日,政府同东洋银行就雇用外国造币工人的事情签订了合同,委托其选聘工人。东洋银行选择的是有着陆军少校头衔的香港造币局原局长 W. 金道尔等 7 名外国人(被雇用的外国人曾增加到 20 名)。任用这些外国人的相关合同如下所示:

骑马的金道尔(右)

金道尔需按附件所示的任用合同和规程担当造币首长,在就职之后要尽其所能地担当起造币首长的责任,要整理所有与造币事业相关的法律法规,提出切实的意见,管辖造币寮中各部门。为了防止东洋银行和日本政府出现亏损,还需制定出合理的方法,出台一些规章制度。与他人进行货币材料等职责范围内的来往时,必须要填写正确的领受书以及明细证明。金道尔本人也应交付领受书。除此之外,金道尔还需检查运入造币寮的生金生银的品质和价格是否合规。造币寮开业之前东洋银行与日本政府商定的重大事宜需在造币寮的计算局中进行处理。计算局的事务由下级官员进行处理,即使不在金道尔的管辖范围内,下级官员仍要按照造币工厂的各种办法处理事务。为了管理造币工厂,金道尔拥有对造币寮官员的管辖权,无论这些官员是外国人还是日本人,其都可以进行管理(造币长官及计算局官员除外)。造币寮的官员们必须信任他,听从他的指挥。造币长官意图发布的公告,只要是与货币相关且在金道尔职责范围之内的文书,都要在发布前给金道尔过目,也就是说,发布者是否能发布公告要由金道尔进行判断。

如此一来,造币寮就像一个“双头怪物”。造币寮中的最高阶官员为造币长官(commissioner)。与之相对,造币首长(director)却有着实质上的权力。实际上,造币长官只掌管部分计算局的权力,是权职单一的事务局长罢了。再者,金道尔并不属于日本政府的雇用者,其任免权属于东洋银行。明治七年的俸禄表显示,政府每年通过东洋银行支付给金道尔的薪水为每月 1040 银元(当时 1 两 =1 日元 =1 银元),而同期三条大政大臣的俸禄为每月 800 元,岩仓大臣为每月 600 元,大久保左大臣为每月 500 元。与这些高官相比,金道尔的薪水如此之高,是当时日本聘请的人中薪水最高的。

如果金道尔是个性格温和、恭良谦让的人,或许还不会出什么问题,但是事实正好相反。他在任职过程中肆意横行,有关他的抱怨声层出不穷。首先对他产生意见的是历代的造币长官，从《世外井上侯传》中描写的谈话能看出，井上馨对他感到十分棘手（但井上馨也是个相当具有争议的人物，职员们将他戏称为日本的金道尔）。

特别是那个造币首长金道尔，十分狂傲自大，肆无忌惮的轻视员工、虐待员工。因此我们员工都非常嫌恶他，把他称为 Mr. Thunders，也就是雷鸣先生，对他敬而远之。从这种实际情况来说，双方感情真是非常疏离。

再者，《造币首长威廉姆·金道尔追放始末记》中还引用了《世外侯维新财政谈》中造币人士的旧谈，具体内容如下所示：

外国人中有金道尔这样的人物。他常与井上馨发生意见冲突，给井上馨添了不少麻烦。（长谷川为治）

在肥前出身的马渡俊迈担任造币长官的时期里，金道尔从不听从马渡俊迈的命令，我行我素。马渡俊迈也无可奈何，还曾向井上馨哭诉，但反倒被井上馨训斥："你这家伙给我像样一点！"（马越恭平）

造币长官只有行政事务层面的权力，具体工作层面的权力由金道尔一人掌控。在具体工作层面，我们是金道尔的部下；在行政事务层面，我们是造币长官的部下。但金道尔认为我们只是他的部下。换句话说，他认为我们是他的秘书。因此他时常为难我们。金道尔是个性格暴躁的男人，工作上的事情自不必说，就连建筑上的事情也会进行干涉。因此，同金道尔共事的历代造币长官都非常郁闷。（长谷川为治）

金道尔这个家伙实在是非常暴躁。有时候甚至因为和日本人吵架而放着工作不管。我无法理解金道尔说的话，因此非常困惑。为此我找了懂英语的人来造币局担任翻译。我拼命说服益田孝，让他于明

治五年四月担任了造币长官,因为他在横滨当过翻译。(井上馨)

井上胜是个性格温顺的人,因此和金道尔的相处还算是平安无事。但到了马渡俊迈担任造币长官时,金道尔对他极其过分。益田孝之后,远藤谨助于明治六年六月担任造币长官之时,二者的关系已岌岌可危……远藤谨助实际上是个忍耐力很强的人,但是也有生气到想辞职的时候。(长谷川为治)

我曾兼任造币寮的出纳长官,因此很了解马渡俊迈。作为肥前佐贺人,他是个有些老实过头的人,因此后来换成了益田孝。但是益田孝也与金道尔处不来,后来又换成了远藤谨助,之后又换成了石丸。大家都因为金道尔而生气过。(佐伯某)

土师清二在《小说造币局》(昭和十八年即 1943 年由鹤书房出版)一书中以金道尔为主角,将其塑造成一个反面角色。金道尔虽会因卫兵没有持枪敬礼而大发雷霆,但他未必就应该遭到如此责难。毕竟按照之前的合同约定来看,他的所作所为在其立场上都是理所当然的事。应该引人深思的,其实是日本由于技术落后而只能被这些外国人牵着鼻子走的事实。随着日本逐渐掌握了这些技术,这些人渐渐被排除在外也是自然而然的事。

明治七年的夏天,大藏省因时不时会收到造币寮的请愿而派大藏少辅吉田清成去大阪进行现场调查。八月,以此为机会,造币寮以长谷川方省为首的 7 名高级官员以及大藏大丞远藤谨助(他一直担当造币长官到七月,但在当时这个职位正处于空缺中)提出了驱逐金道尔的建议书。九月,一份内容大致相同的建议书以及吉田少辅的调查报告被一同递交给大隅大藏卿。大藏省最终作出决断,决定解雇这个外籍部队,并对造币寮的事务进行改革。九月,日本政府就驱逐金道尔等人一事与东洋银行的商议期满,同时实行的议案也提交给了左院。同年十二月,太政大臣作出了最后的裁决。

就这样,金道尔在明治三年五月进入造币寮不到 5 年后,也就是在明治八年的一月，辞去了造币首长的职务，并返回英国。与他同一团队的 8 名外国人以及另外 1 名外国人，在同月初提交了辞呈。之后日本造币局虽仍有必要继续聘请外国造币工人，但人数被限定在了 4 名以内，并且改为与政府直接签订雇用合同。此时，运营造币寮的主权才首次回归到造币寮自己手中。

让人担心的是，日方对金道尔等外籍部队作出的处理可能会引起这些人以及东洋银行的反感，并可能导致他们在海外对日本进行恶意抹黑，这恐怕会影响造币局的信用。为此，日本政府规定，东洋银行在处理外国人转入的生金时，享有与三井组处理本国人转入生金时一样的特权。而在金道尔离日之际，日本特地赐予他与天皇相见的机会，并且由大隅大藏卿亲自召开送别宴，邀请他和东洋银行的负责人参加，并赠送了饯别礼品，以犒劳他们在造币工厂工程方面的功劳。虽然金道尔为人傲慢，但他在造币事业初期中的功劳毕竟无法忘却，所以日方才会如此隆重正式地为他送别。这也是明治文明史上的一个片段。

三、对日本近代化的贡献

在明治四年造币寮创立之时，日本还不存在近代工业之类的东西。造币寮运营时无法做到自给自足，除了依靠外国输入的机械和原材料外毫无办法。造币寮创立后，以硫酸、苏打、瓦斯、焦炭等为首的造币必备物资就必须要靠自己生产了。明治七年后，压印机、压穿机、自动天平、蒸发仪、瓦斯装备、瓦斯计量器、化学天平等仪器设备也被陆续制造出来。除此之外，与造币寮相关的工业，如造币寮与神户之间电话线的架设，河口东洋银行支行和造币寮间约一里马车铁道的建设，以及被命名为“运货丸”的百吨汽船的制造等，在当时都达到了西方文明的顶端水平。

以上种种不但鞭策了各种化学工业以及现代文明设施的发展，更是对日本的各个方面都造成了有形或无形的巨大影响。当时在工业上毫无成就的大阪,凭借造币寮的引导和刺激,迈出了向大工业都市发展的第一步。

第三节　制造货币大试验①

制造货币大试验又称货币大试验,每年举行一回,由大藏大臣担任执行官,通常是由造币局检查前一年度制造的货币的重量和品位是否在法定公差内。当然,由于现在的法定货币不再是金银货币了,因此现在的大试验只检查货币的重量。之所以仍被称为"大试验",是因为造币局内每天都会进行以工业公差为基准的普通试验,与之相比"大试验"仍是每年一次的大事件。

因为这个大试验是每年一回,所以直到现在,它进行的次数与造币局开业纪念日数量相同,也就是说,到昭和五十一年(1976 年,即本书成书时)为止,大试验已经进行了 150 回(但严格来说,其各年数量有所不一,如明治八年进行了 2 回,明治四十五年则没有进行。明治八年是由于前一年会计年度算法从一月到十二月改为七月至次年六月,而明治四十五年被推测为因为明治天皇驾崩)。最早的一次大试验以明治四年五月二十八日制定的《年度货币分析定则》为基础,于明治五年五月二十日由大藏大辅井上馨主持进行。有关造币局创立当时大试验实施的主旨和状况,在《造币局八十年史》中有如下表述:

① 此处"试验"一词为日文汉字,意思与中文有所不同,理解为"抽查"更为妥当。但因"制造货币大试验"是日文汉字专有名词,故翻译时予以保留。——译者注

货币大试验快照

创立之初的这场大试验具有重大意义。它对向国内外证明日本自身依法铸币的质量和品质，恢复和巩固了德川幕府币政下所丧失的对日本货币的信任，具有重要意义。直到明治十八年，供试验的货币始终都被分为四组。一组送交大试验，一组交由大藏省保管，其他两组则分别送至英国和美国的造币局进行试验。明治五年，美国造币局的詹姆斯·波尔洛克在试验表中赞赏道："金币的品质精确得叫人惊叹。恐怕与这世上的所有其他金币相比，它都能更胜一筹。"

也就是说，为了让一个之前从未为人所知的东洋国家突然出现在国际舞台上，就要利用欧美制度来宣传新铸货币的质量、纯度和可信度。这种送交外国鉴定货币的做法一直持续到明治十八年(1885年)。昭和十三年(1938年)，50钱银币被改为政府纸币后，大试验不再包含重量，只对其数量进行试验。作为参考，现在所定的重量公差和供试货币的选取比例如表10、表11所示(昭和四十九年即1974年四月定)。

表 10　货币重量公差(千枚合计)

100 日元白铜币	24g
50 日元白铜币	32g
10 日元青铜币	45g
5 日元黄铜币	45g
1 日元铝币	40g

表 11　测试钱币的抽样比例(每万枚)

100 日元白铜币	8 万枚
50 日元白铜币	8 万枚
10 日元青铜币	16 万枚
5 日元黄铜币	16 万枚

注:各币种抽样尾数中再抽取一枚。

无论是在品位上还是在重量上,迄今为止大试验的结果都没有超出过法定公差。虽说假若发生了超出公差的事一定会很难办,但并不能说现在的大试验已经趋于形式化而毫无意义。虽然造币局创立之初的进行大试验的主要目的已渐渐失去,但它所带来的意义并不能被忽视。大臣在总局长的陪伴下前往大阪亲自试验,并保持对造币长官的高要求,并对其努力进行嘉奖等事都十分有意义。除此之外,以此为契机,大试验在增进货币局与关西财界人士之间的关系方面也非常有意义。因此,直到今日(指本书成书时)货币大试验仍作为大阪著名的年度例行公事而存在。

最后简单地提及一下外国的货币大试验。通过权威者们检查货币的品质和重量而获得一般群众的信任,这样的大试验据说源于法国,而英国则略微落后,但是实际情况无人知晓。

英国货币大试验的起源史载也不详,但有一种说法表明其源于 13 世纪中期。1248 年,市民和金属工匠们组成的审查员小组向国民们保证货币的价值和标准。此后多年来,大试验的执行人都是王室顾问(king's council)或财政部高官(the barons of the exchequer)。1660 年后的一段时间里,枢密院(Privy Council)也会出席仪式,甚至国王有时也会亲自出席。

大法官(the Lord High Chancellor)不在时,财政大臣(the chancellor of the exchequer)会担任执行人。1870 年(明治三年),英国任命王室收入征收官(queen's & king's remembrancer)为执行人。这种做法一直延续至今。

最初,英国的货币试验间隔为 3 个月到若干年不等。但 1870 年的英国《货币条例》规定,每年至少要进行一次货币试验。其试验的方法为:在当天制造出的各种货币中抽取两枚,一枚直接进行分析,另一枚放入货币样品检验箱(pyx chest)进行保存。试验时,货币在金匠大厅(Goldsmith's Hall)开封,由金匠协会成员组成的审查小组对其进行试验与分析,最后的结果要在所有参与者的面前宣读,而后再公布在《伦敦公报》(*London Gazetee*)上。直到 1842 年,温尼斯·托米斯特一直都是这个试验的操作者。据说,曾有一位造币职工从伦敦塔附近乘船上岸,私自带走了放有货币的样品检验箱以及铸币炉所用木炭。(引自 W. A. C. 纽曼:《英国钱币制作》)

美国的货币大试验始于其造币局开业当年,也就是 1792 年。在那之后的一段时间内,其大试验的日期被定为每年二月的第 2 个星期三。除了两次例外,在这个日子进行大试验的做法一直延续至今。

第四节　雕金一代——加纳夏雄

在所有事业的初创期,一定会出现一个"英雄人物"来巩固事业发展的基础。在造币事业的技术层面上也同样如此,扮演这个角色的有久世喜弘和大野规周等知名人物。在这些人物之中,加纳夏雄即使被称作业界传奇也不为过。这个优秀的天才在人生的上升期迎来了明治维新。他在日本货币制度建立的初创期巧施腕力,为日本近代货币制度的建立作出了卓越贡献。在此之后,他作为日本近代技术的引领者留下了足迹,让人深感时势造英雄。关于这位人士的一些事迹,在《造币局八十年史》中有所记载。因为篇幅原因,此处仅进行简单的引用:

一方面，日本政府虽在明治二年一月命令三冈八郎和久世治作两人制作新币的样版，但在同年夏日，新货币的形状和价值都差不多已经决定。上野景范先在东京筑地的大隈大藏大辅府上与中井弘、町田久成协商，再在金雕家加纳夏雄和其门下弟子益田友雄家里确定了币面图案。货币上的文字则由当时在大藏省任职的书法家石井潭香写成。接着，在人工雕出其中一枚银币后，用其做出拓影，送至英国复制。时任建筑监督的沃特鲁斯在见到加纳夏雄雕刻的一枚铜币的拓影后，便对其精妙的技艺赞叹不已，认为即便是在世界范围内应该也没有可以与之匹敌的金雕家了。虽说并没有特意送去英国另行制币的必要，但正是在英国复制品送回后，大家知道加纳夏雄制作的样币更为优秀。次年开始，日本政府便委任加纳夏雄进行样币雕刻工作。

加纳夏雄出生于山城，拜大月派金属雕刻家池田孝寿为师学习雕金术。25 岁时在江户出师。明治二年时被安排雕刻天皇的太刀与金具。同年在造币寮任职，从事绘图、雕刻等工作。第一届国内博览会上手雕的龙纹赏牌便是其代表作。明治八年辞职后，他成为帝室技艺员，同时兼任东京美术学校教授一职。其弟子益田友雄继承了他的衣钵，在明治二十六年至明治四十年的 15 年一直担任雕刻厂长官，为雕刻技术的进步作出了巨大贡献。

加纳夏雄

政府将新货币定为圆形、十进制,除此之外,还以墨西哥本位银元为基准,确定了货币的重量和品位。加纳夏雄在年轻时就已经作为刀刻雕金家积攒了一定名气。但政府起用他的主要原因是工厂内各类事项的技术指导都只得依靠外国人,而会计官副知事大限重信作出决定,坚持至少铸币过程中的金属雕刻一项要由日本本国人完成。接着,在明治二年七月八日,政府机构进行了大改革,造币局被设置为大藏省下属机关。加纳夏雄在那时被任命为"造币寮附属长官"。此后加纳夏雄虽立即自行进行了设计,但是造币寮方面指示他设计一个龙的图腾。以下引用《造币局八十年史》中对这个龙图腾的描述作为补充:

造币寮创立之初的明治二年,在确定新币图案之时,金道尔以及东洋银行的罗贝尔特等人认为,按照西洋各国的惯例,货币上的图案理应是元首的肖像,于是向日本建议就此照搬。但在当时,日本人普遍认为天皇是神灵的现实化身,用其肖像的做法违背了当时的国情,无法被政府所允许。因此,为象征国家元首,新币的图案将龙置于币面中央,并配以太阳、菊纹、桐纹、锦旗等图案。由于人像和线条组成的图案一旦有细微变化就极易被察觉,因此用大家熟知的人物肖像作为货币图案实际上是一个防止伪造的有效方法。很早之前日本就在一部分纸币和邮票上使用了人物肖像,但是在硬币上从未有过先例。

明治时代货币的图案几乎全部都在强调对皇室的尊崇。特别是在明治维新之后的货币局初创期,为了彰显皇室权威,货币的正面全部以龙纹为中心,反面配以菊纹、桐纹、锦旗(维新的旗徽)、八棱镜、日章、菊枝和桐枝等图案。金币、银币上的龙是嘴巴张开的"阿龙",铜币上的龙是嘴巴闭着的"吽龙",形态风格也稍有不同。1 日元金币币面较小,难以在上面细致雕刻,因此在原本是龙纹的位置配上了"1 元"的字样。背面的图案则为彩色符号,日章的纵线为红色(太阳旗上的图案),锦旗上的太阳光点为黄色(也有金色),月亮的平滑一面为白色(也有银色)。

甲午中日战争后有人认为,尊龙是中国清朝的思想,在日本的货币上用以象征天皇不太恰当。因此,龙的图案被从金币上去除,仅在银币上还留有龙纹。而且,原本在银币正面的龙纹也被移到了背面。此时距离日元金、银币正面使用龙纹已经过去了30年。

加纳夏雄的任务就是将已经确定好的龙纹和石井潭香书写的文字结合起来,设计出制作钱币的底稿,并做出货币的样模。同一时期他还完成了制作天皇佩剑金具的任务。明治二年十月,他前往大阪,开始在造币寮制作印章(用于冲压制币的模具)。坦率地讲,笔者认为,明治以后日本近代货币的设计中能称得上具有艺术鉴赏价值的,只有加纳夏雄制作的这一系列龙纹币。这种用木棉针雕刻的精细图案,不输给任何雕有王侯将相肖像和族纹的硬币。刚才引用过的《造币局八十年史》中也记录道,明治三年四月,加纳夏雄的雕刻作品拓本被送往英国,但是从英国寄回的英方复刻样币比加纳夏雄的要差远了。因此在那之后,所有的雕刻作业均由日本人自己来完成。

当时,加纳夏雄作品引人注目还有一个原因,那就是加纳夏雄通常以金工小组为单位进行作业。他的弟子益田友雄、石井正雄、稻川秀雄、池田隆雄、松浦一雄等人在作业时都以小组为中心。即使是明治初期的各种试作货币,虽然都刻有"谨刻新货范、加纳夏雄"的字样,但也大多是团队共同完成的作品。加纳夏雄作为最终的责任者,在最后阶段肯定是亲自动手完成的。所以,我们也可以说这些作品都是加纳夏雄的作品。

货币本身就是不断变化的,从银本位到金本位,再变为贸易银。各种钱币的制作也会因为钱币的重量不同而在厚度和直径的设计上发生变化。即使是一眼就能看出重量差异的钱币也是如此,需要在一些细微的地方加以区别。在仔细比较铸成的各种货币后,我们便能更好地体会这种设计方面的心思。在此基础上,货币的币面设计不断变化,产生了各种版别的货币。自明治四年开业以来,造币局不断创出佳绩,工作推进比当初预想还要顺利得多。在造币进入正轨后,加纳夏雄的主要工作转为补充磨损和破损的印章。在造币寮改名为造币局的明治十年,加纳夏雄收到“除新任外不必出勤”的辞令,从而完成了自己的使命,离开了造币局。

加纳夏雄时隔许久返回民间后,展示在其面前的是工艺界的巨大变化。明治九年,在政府发布废刀令后,过去占压倒性比例的刀剑的订单渐渐消失。在这种情况下,工艺者们就必须摸索开拓新的方向。在造币过程中掌握了西洋近代工艺技术的加纳夏雄在这种形势下顺应了时代要求,开辟了新的道路。明治十四年,在第二届国内博览会上,他被任命为审查官,其制作的银质象牙嵌片“鲤鱼图”获得了一等奖。明治二十年,他成为工艺共进会的审查员。在明治二十三年的第三届国内博览会上,他再次被任命为审查官,其制作的“白鹤图”花瓶再次被评为一等奖。这一年,东京美术学校开校,他成为这个学校的教授。同年,他被推选为帝室技艺员,获得了终身荣誉。明治二十五年,他第三次受命为明治天皇制作御剑,耗时三年半完成。此后他的身体不再强健,未能完成原定于明治三十三年在巴黎世博会上展览的作品便去世了。他逝世于明治三十一年二月三日,享年 71 岁。尽管他的人生中同样也有戏剧化的不如意的一面,但他在遥远明治时代荣耀的光环下,因获得的种种荣誉而名声大噪,直到如今仍被称为“英雄”。

第五节 在那之后的造币局

到现在为止,本书已对明治初期的造币局进行了相当长的描述。这段时光可以讲出许多好故事,因为那时的造币局正处于其最光荣、最繁华的时代。随着民间产业的兴起和发展,造币局虽已从产业先驱者的位置上退下来,但它仍在大阪川崎这块土地上兢兢业业地制造着货币,并且持续了一个世纪以上,可以说,这段历史就是日本的近代货币史。因此,笔者在这里想省去一些对于过去风光的详细记述,以最精简的方式描述造币局现在的样貌,并对本章进行总结。

根据《新币条例》,造币寮在开设之初便开始生产金、银、铜币。虽然在明治十一年,造币寮改名为造币局,但本质上并没有变化。在这之后,造币局根据国家货币法规的变化,顺应经济时势(按指令数量)制造着货币。

在这段时间里,造币局除进行主要业务——造币之外,还开展了与之相关的许多其他业务,并一直持续至今。具体包括记章、章牌、印章的制造(明治八年开始,官方记载为明治二十年开始),金属工艺品的制造(昭和二十一年开始),勋章的制造(法律上被归类为章牌,明治十年到十二年虽一直都在制作旭日章,但之后并没有再制造过,直到昭和四年内阁赏勋局下订单才制作了一贯。由于战事繁忙,一直到"二战"结束造币局都没再接到过订单。昭和三十九年起才随着对幸存者的授勋而再次投入制造),贵金属制品以及品质证明(明治四年开始,官方记录为明治二十三年开始),生金、矿物的分析和试验(明治十七年左右开始,官方记录为明治二十三年开始)。

明治二十二年(1889 年)五月,大阪造币局所辖土地中,泉布观以北的部分被移交给宫内省。再加上之后的一些小变动,现在的造币局面积已仅为最初时的一半。造币局中的银桥被国道一号线隔开。泉布观这一西式建筑当初被设置为造币局招待所,因明治天皇亲临过而十分有名。大厅和工厂都在昭和三年至昭和十三年(1928 年至 1938 年)进行了大改建(现在的建筑物大多是那时修建并保留下来的)。当初作为开业纪念照拍摄背景的外工厂门廊,现作为纪念物被保存了下来。泉布观后方一部分被改建为明治天皇圣德纪念馆,现已作为樱花公会堂为大阪市所有,同泉布观一起被确定为大阪重要的文化遗产。

造币局的内部组织自大阪总局创立以来便不再有改动。昭和十八年(1943 年)开设了东京支局,昭和二十年(1945 年)又开设了广岛支局,并一直保留至今。熊本的办事处虽然已在战争中被毁弃,但局本部、第二支局、第一办事处都被完好地保留了下来。

第十四章　货币法

现在，日本人日常所使用的硬币有100日元、50日元、10日元、5日元、1日元共5种。它们的正式名称为“临时辅助货币”。为何叫“临时”，而又为何叫“辅助”呢？相比其他国家，为何只有日本的银行券可以被看作“钱”来使用？要想回答以上这些问题，就只能从历史改革中寻找答案。为了理解明治以后日本的货币，就有必要对货币制造和发行的相关货币法（广义）等法律法规有一个了解。因此，本章将主要阐述明治以后货币法（广义）的内容及其制定的来龙去脉。

第一节　关于货币法

在日本的《六法全书》中，有一部法律叫作《货币法》。它于明治三十年（1897年）三月二十九日成为日本法律第16号，是一部成文法，全篇由古典的片假文语体（与现代日语的口语体相对，相当于日本的文言文）组成。还有一部法律叫作《临时通货法》[昭和十三年(1938年)六月一日定为日本法律第86号]。除此之外,还有规定钱的种类与样式的《日本银行法》[昭和十七年(1942年)二月二十四日定为日本法律第67号]。这些法律全部都是片假文语体,让人感觉晦涩难懂。但以上三部法律被认为是现行日本货币的基本法律。由此可知日本现代货币制度具有悠久的历史。

本章所讲述的货币法,以与货币发行相关的法律法规为基础,以货币发行的基本法律及其派生出来的诸多法律法规为研讨对象。

作为讲述货币法的开始,本书试图先明确"货币"这一词语的定义。本书范围内日语"货币"二字的概念,即为日本人常识里的"硬币"。话虽如此,一旦上升到法律层面,就有必要对其进行严格的定义。日本《刑法》第16章规定了伪造货币罪,其中第148条规定,"以使用为目的伪造或变造货币、纸币以及银行券者,处以3年以上或无期徒刑"。其中的"货币"一词明显指的是硬币。而"通货"一词的含义则包括硬币、纸币以及银行券。除此之外,昭和十三年(1938年)颁布的《临时通货法》中规定了"临时辅助货币"的相关事宜。之所以特意用"通货法"一词,是因为该法从第5条起对50钱以下的小额纸币进行了规定,使用"通货"一词应该是有意为之。

一般来说,货币这一概念的使用范围非常灵活。因此把《日本银行法》归类为"货币法"也不是没有理由。但是,若把纸币和银行券等都包含进来,其含义范围会变得太广。除此之外,本书旨在讲述法律用语中"货币"的概念,也就是仅表示"硬币"这一意思,即狭义上的货币。因此,从这里开始,本书所提到的"货币"一般只限定于硬币。[1]

(顺带一提,现在日本经济学家们已经将货币这一词汇延伸到了更广阔的范围。比如,R. F. 哈罗尔德所著的 *MONEY* 一书,被盐野谷

---

① 本书后续翻译基本保留了原书区别"通货"和"货币"的写法,但当涉及专有的现代经济金融概念(如国际货币基金组织)时,仍译作"货币"而非直译为"通货",以符合中文阅读习惯。——译者注

九十九翻译为《货币》进行出版。此处的“货币”还包含储备货币、国际货币等概念)

第二节 《新币条例》(《货币条例》)

明治四年五月,太政官以第 267 号公告发布了《新币条例》。在当时,它被认为是日本最初的成体系货币法,其具体制定过程如前所述(第十二章“制定《新币条例》之前”一节)。该条例的主旨与我们平时见惯的法律不同。因此,本节将主要对该条例的主旨进行说明。法律本身的内容另附,其中还包含新币条目、新币品位重量表、新币流通限制等。当时,法律的出台并不像现在这般大张旗鼓。《明治财政史》中记载:“当时很多日本国民还不知道币制进行了改革,更有甚者因新币的形状和币值均与之前不同而感到困惑。因此,政府为解开民众的疑惑,将新币发行的主旨公告天下。”

一、货币的样式

根据《新币条例》,最初确定的货币有以下 13 种。

(一)金币

虽然《新币条例》采用了金本位制,并以金币为本位货币(自由铸造制度下,只要货币名义币值与其原材料价值相同,则货币和生金可以等价互换),但之后制定的《货币法》第 2 条删去了此项规定(仅规定了“円”是代表纯金 750 毫克的价格单位)。其附件中的新货币条目规定,“新货币以‘円’为单位”。根据机制货币中金银的纯度、比例以及货币重量,可以知道各种金币的含金量。1 日元(円,下同)金币中纯金的含量在 1.5 克,也即旧金币 1 匁(3.759 克)约可兑换新币 2 円或 50 钱。新金币被确定为 20 日元金币、10 日元金币、5 日元金币、2 日元金币以及 1 日元金币 5 种类型，其中 1 日元金币为基础单位货币。当然，因为金币本身就是本位币，所以其流通是没有限制的。这些金币的品位都为 90%，其他各金属含量附在重量公差表中。新币的图案、品位重量表虽有刊载，但本书将其与新币发行数量一并放在后文中进行说明(银币和铜币也是如此)。

明治三年　5日元金币
（上）正面，（下）反面

（二）银币

银币作为辅助货币，包括 50 钱银币、20 钱银币、10 钱银币、5 钱银币四种。政府铸造辅助货币的目的在于方便小额交易、辅助本位货币。它的发行原则有以下特征：(1) 铸币中所含金属的价值比作为货币使用的名义价值要低。(2) 这种货币在特定额度下才能作为法定货币使用。(3) 铸币原料的所有者不能随心所欲地铸币。这四种银币都遵循以上原则，含银量比名义重量的生银价值低 17%，品位均为 80%。作为流通限制，使用一种银币或多种银币时一次支付要以 10 日元为限。但是，在对方没有拒绝的情况下可不适用该通用限制。因此,用银币作为税金交给政府是没有限制的,这个原则在后来也一直没有改变。明治三十一年(1898 年)八月的大藏省理财局局长通牒以及昭和十二年(1937 年)九月的大藏省理财局局长通知“关于辅助货币可以无限制上税支付之事”,也不过是将大家都明白的事情又专门说了一遍而已。当然,除银币以外的其他各种辅助货币也同样如此。

明治四年　50钱银币
(上)正面,(下)反面

(三)铜币

铜币同样是辅助货币,包括 1 钱铜币、半钱铜币、1 厘铜币三种类型。其成分为铜占 98%,锡占 1%,锌占 1%,属于青铜货币,流通时一次支付以 1 日元为限。但是,在《新币条例》制定之时,造币寮还没有铜币铸钱厂。待其完工时已是明治六年。当时又新增了 2 钱铜币,并对 1 钱以下的铜币进行了改革。因此《新币条例》最初定下的 1 钱铜币,仅在明治三年作为试制币制造,并没有进行官方发行。

(四)1 日元贸易银币

在金本位的环境下占有一席特殊之地的是 1 日元银币。有关它的由来在第十二章“制定《新币条例》之前”一节中已经有所说明。这枚当政者与主张银本位者之间妥协的产物,最终让日本成为实质上的银本位国家。相关内容具体如下:“为了方便各开放港口交易,按照各国人民的愿望,铸造 1 日元银币作为贸易银币以促进商业的流通。这种 1 日元银币仅作为各港口交易,以及与在日外国人交易货币使用,不可以用作国内纳税和市面流通的货币。但是,实际上无论在何处,只要是私人间的交易,是否接受 1 日元银币是可以由私人意愿决定的。由各开放港口诸项税收的收取目录中,1 日元银币和本位金币的价格比例,可知二者发行时的暂定兑换比例为 100 日元银币可换 101 日元金币。”

明治三年　1 日元银币（右）正面，（左）反面

虽然这种 1 日元银币在《新币条例》各表中与 50 钱及以下的辅助货币并列,且流通范围有所限制,但它有着本位币的性质,因此学者们也认为当时日本实行的是金银平行本位制。1 日元银币的品位也和 50 钱等辅助银币有所区别。1 日元银币品位为 90%,而 50 钱等辅助银币品位为 80%。1 日元银币直径 1.5 英寸,重 416 格令①,规格与香港的银元相同。在新政府币制依照伊藤博文的建议突然变更为金本位之前,1 日元银币在明治三年十一月太政官裁定的新币品位和重量

① 英国计量单位,1 格令 =64.8 毫克。——译者注

表上被列为本位币。

造币时,日本政府承认可以允许自由铸造1日元银币。这也证明了这种银币是本位币而非辅助币。值得注意的是,这种银币与金币的兑换比例为,100枚1日元银币可兑换100枚1日元金币。这就意味着隐含的金银法定比例为1：16.04(1日元金币中纯金含量1.5克,1日元银币中纯银含量约为24克)。

上述《新币条例》所规定的货币种类与样式见表12。

表12 《新币条例》(明治四年五月初版)确定的货币

种类	品位	直径/毫米	重量/克	样式	
				正面	背面
20元金币	金90%、铜10%	35.061	33.333	龙(阿龙)	菊纹、桐纹、八棱纹、日章、菊枝、桐枝
10元金币		29.424	16.666		
5元金币		23.848	8.333		
2元金币		17.484	3.333		
1元金币		13.515	1.667		
50钱银币	银80%、铜20%	31.515	12.500	龙(阿龙)	菊纹、桐纹、日章、菊枝、桐枝
20钱银币		23.333	5.000		
10钱银币		17.575	2.500		
5钱银币		15.151	1.250		
1钱铜币	铜98%、锡1%、锌1%	27.272	7.128	龙(吽龙)	菊纹、桐纹、日章
半钱铜币		23.333	3.558		
1厘铜币		15.757	0.907	日章	菊纹
1元贸易银币	银90%、铜10%	37.575	26.957	龙(阿龙)	菊纹、桐纹、日章、菊枝、桐枝

二、"円"的含金量

《新币条例》中的另外一个表(新币条目)中规定:"与现行流通货

币相比，新货币的 1 円等于 1 两，也等于永（宽永通宝钱）1 贯文。因此 50 钱就等于半两，也就等于永 500 文；10 钱等于 1/10 两，也就是永百文；1 钱等于 1/100 两，也就是永 10 文；1 厘等于 1/1000 两，也就是永 1 文。"按此规定，旧（金）币的一两等于新（金）币的 1 円。与此同时，新币的货币单位"円"代表纯金 1.5 克，也就是 0.4 匁。就这一问题，山崎觉次郎在其著作中作出了如下评价（引自《货币问题杂观》，昭和八年有斐阁出版）：

虽然货币单位的含金量是有其依据的，但在明治四年的《新币条例》中为何让円代表纯金 4 分？如下所示，堀江保藏在其题为《两与円的关系》的论文中，阐述了日本银元与墨西哥银元等价的原因。

"明治初年币制改革的方针，不仅要符合当时混乱的货币制度、尊重日本国内的货币习惯，能够在日本顺利流通，还要跟上外国货币的步伐，满足对外贸易的需要。但是，当时日本的旧币制度基础比较薄弱，四进法币制并不符合日本时代发展的需要，因此日本在这一制度上效仿了洋银①。而作为标准货币的 2 分判金，其 1 两的价值刚好等于洋银 1 元，因此即便是将这两种货币互换也不会造成市场的混乱，反而能达到预期的效果。正如本文反复提到的，在币制十分混乱，且外国人不熟悉日本货币币值和名目的情况下，显然不能再使用品位有明显差异的材料进行铸币。但幸运的是，利用旧币 1 两与洋银 1 元在价值上对等，用 1 円银币替换旧币 1 两，给这次币制改革同时满足日本国内和国外的需要，提供了很大的便利。"

堀江保藏的论文中已经说明了明治政府最初准备采用银本位制时，把 1 円银币等价于墨西哥银币的理由。因此各位读者可以对那时可能发生的情况展开想象。但是，最终银本位制并没有被采用。日本最终采用了以纯金 4 分为单位的金本位制。对此，堀江保藏简要地解

① 洋银，即墨西哥银元。——译者注

释道：由于德川幕府频繁地改铸货币，导致最后铸成的两分判金的1两的实际价值刚好等于洋银1元。以洋银为媒介，“两”和“円”二者的兑换变得非常方便。比如，将2分判金和1円金币进行比较，则100两2分判金为43匁金，当时1匁纯金等于2円50钱，即100円金币等于纯金40匁。由此对比2分判金和1円金币，则1两2分判金仅比1円金币的价值高出约7钱5厘(3匁)。由于当时日本国内的旧货币品位参差不齐，很难保证所有2分判金的品位。但是，因为这些旧货币的原料价值与“円”所代表的价值大致相当，所以这次铸币改革虽然与以往相比有较大变化，但很符合日本铸币制度的自然演变。

当时情形大体与堀江保藏所说的一致。但为何明治政府选择了纯金4分作为“円”的价值呢。对于1円银币来说，其对应的墨西哥银币采取了另一种价值标准。而1円金币原本也应采取同样的标准。遗憾的是，堀江保藏的论文并没有提到这件事。幸好，这方面的资料在《明治财政史》中较为丰富。我虽仅有拙见，但在此还是将其写进书内。

正如前文所说，明治政府最初是采取银本位制，并把墨西哥银币及1円银币作为本位货币的。但同时，明治政府也设置了作为辅助货币的金币。当时，正在出使美国的伊藤大藏少辅向大藏卿们提出了采用金本位的意见：“在日本，10元金币的重量为248格令。而在美国，10元金币的重量为258格令……现在美国欲将10元金币的重量设置为257格令，也就是$16\frac{2}{3}$克。这个议案如今仍在讨论中。但由此可以得出，如果日本政府也将金币的重量提升至美国议案中计划的重量，那么毫无疑问，所有国家普通货币的原位价值都将变得相同。这也将毫无疑问地成为日本货币亘古不变的根基。”

伊藤少辅的提议虽然遭到强烈的反对，但最终胜出。明治四年的《新币条例》采用了金本位。不仅如此，其还将10元金币的重量定为与上述美国提案完全相同的257格令。实际上，美国的这份众议院提案并未被通过和实施。但在日本，它被顺利实施至今。由于新金币的品位为90%,因此新金币的含金量为15克(257格令为16.65克),也就是4匁。于是,円所体现的含金量即为4分,也就是说,《新币条例》中円的含金量完全参照了外国法律,虽然并不完全是由伊藤少辅空想得出,但也确实并没有建立在日本的现实基础上。然而实际上,这一《新币条例》被顺利地实施了下去,并没有造成任何不良影响。推测其原因,大概是当时日本社会各方面的动荡都还未平息,即便是法律有些许不合理的地方,世人也无暇深究。还有一种可能就是,如堀江保藏所言,1円金币与1两2分判金之间的价值差异非常小,不会对新币发行造成直接影响,且能略微增加对外贸易时的购买力(新发行的1円金币名义价值一样,但实际价值稍低)。

虽然这部分内容对山崎觉次郎著作有较多引用,但总体来说,其著作确实较好地逐个介绍了说明"1円=1两,1円=纯金4分"缘由的各个代表性观点。

三、金银的自由铸造

本位货币以对应自由铸造制为原则。自由铸造制指的是无论是生金还是其他货币,只要国民要求用这些铸币材料铸造货币,政府就必须接受其请求,铸造货币并交给该国民的制度。随着新币系列的确定,政府又确定了《造币规则》(于明治四年五月十日发布),明确公布了这种制度。

根据《明治财政史》记载,在该条例制定之前,日本的大限参议、寺岛外务卿和英国公使帕克斯于明治四年一月十四日在横滨的美国公使馆开会,就铸造费用之事进行了如下交流:

英方:收取生金生银价格的3%作为铸造费是不合理的。目前世界上收取造币费最高的国家是印度,但印度也未超过2%。而英国伦敦的造币厂不收取任何费用。日本政府也应该减少铸造费。

日方:降低铸造费率之事可以以后再进行商议。但是现在正值造币寮初创之时,机械的购买、工厂的建设等各方面都需要用到钱,因此收取3%是很有必要的。

英方:既然有今后降低铸造费的想法,为何不现在就立即实施呢?

日方:我国的造币寮在创立初期,所采用的机械、技师以及职工等都是海外人士,因此不得不支付更多的费用。这笔费用相当庞大,因此我们的铸造费才比印度高。

英方:这笔费用并不像你说的那样巨大。另外,我方想进一步了解与这些机械的价格、运输价格、技师、职工等相关各费用的具体明细。

日方:造币寮创立之前的费用尚且可以列出明细,但是将来的费用则暂时难以估算,以后将会详细通报。

英方:无论如何都不能降低一下铸造费吗?

日方:无论如何都不可以。

英方:如果不降低铸造费,前来改铸的人会越来越少,到最后损害的只会是日本政府的利益。

日方:不,这种情况绝不会出现。要求改铸的人越多,花费的钱就越多,就越不能降低铸造费。如果前来改铸的人减少,那么费用也会减少。在日本造币寮创立初期,铸造新币的目的是减少赝金。而现在为了方便所持货币在日本流通,前来改铸的人非常多。我们要防止前来改铸的人过多,因此才提高了改铸费。我们希望在造币工程走上正轨后再慢慢减少改铸费。

在进行如上所示的商议后,英国公使又多次找各种借口要求减少铸造费。在双方进行了数次商讨后,最终结果正如《造币规则》第9条及第10条所示:金币的铸币费为1%,银币的铸币费为2%。不仅如此,在这之后铸造费仍在逐渐减少。在明治三十年(1897年)的《货币法》中,规定不再铸造1元银币,金币的铸造则变为免费。

四、《新币条例》的修改

《新币条例》于明治四年五月十日公布后，其内容经常变更（见表13）。

表13 《新币（货币）条例》修改后的货币

<table>
<tr><th rowspan="2">种类</th><th rowspan="2">修改时间</th><th rowspan="2">品位</th><th rowspan="2">直径/毫米</th><th rowspan="2">重量/克</th><th colspan="2">样式</th></tr>
<tr><th>正面</th><th>背面</th></tr>
<tr><td>10元金币</td><td>明治五年十一月</td><td rowspan="5">—</td><td>29.394</td><td rowspan="5">—</td><td rowspan="3">—</td><td rowspan="5">—</td></tr>
<tr><td>5元金币</td><td>明治五年十一月</td><td>21.818</td></tr>
<tr><td>2元金币</td><td>明治五年十一月</td><td>16.969</td></tr>
<tr><td rowspan="2">1元金币</td><td>明治五年二月</td><td>—</td><td>1円</td></tr>
<tr><td>明治五年十一月</td><td>12.121</td><td>—</td></tr>
<tr><td rowspan="2">50钱银币</td><td>明治五年十一月</td><td rowspan="9">—</td><td>30.909</td><td>13.4785</td><td>—</td><td>—</td></tr>
<tr><td>明治六年二月</td><td>—</td><td>—</td><td>西洋数字</td><td>汉字</td></tr>
<tr><td rowspan="2">20钱银币</td><td>明治五年十一月</td><td>22.424</td><td>5.3914</td><td>—</td><td>—</td></tr>
<tr><td>明治六年二月</td><td>—</td><td>—</td><td>西洋数字</td><td>汉字</td></tr>
<tr><td rowspan="2">10钱银币</td><td>明治五年十一月</td><td>—</td><td>2.6957</td><td>—</td><td>—</td></tr>
<tr><td>明治六年二月</td><td>—</td><td>—</td><td>西洋数字</td><td>汉字</td></tr>
<tr><td rowspan="3">5钱银币</td><td>明治五年三月</td><td>—</td><td>—</td><td>5钱</td><td>—</td></tr>
<tr><td>明治五年十一月</td><td>—</td><td>1.3478</td><td>—</td><td>—</td></tr>
<tr><td>明治六年二月</td><td>—</td><td>—</td><td>西洋数字</td><td>汉字</td></tr>
<tr><td>5钱
白铜币</td><td>明治二十一年
二月（新增）</td><td>镍25%、
铜75%</td><td>20.606</td><td>4.6575</td><td>菊纹</td><td>五</td></tr>
<tr><td>2钱铜币</td><td>明治六年
八月（新增）</td><td>铜98%、
锡1%、
锌1%</td><td>31.818</td><td>14.256</td><td>龙</td><td>2钱、
菊纹、
菊桐枝</td></tr>
</table>

续表

<table>
<tr><th rowspan="2">种类</th><th rowspan="2">修改时间</th><th rowspan="2">品位</th><th rowspan="2">直径/毫米</th><th rowspan="2">重量/克</th><th colspan="2">样式</th></tr>
<tr><th>正面</th><th>背面</th></tr>
<tr><td>1 钱铜币</td><td>明治六年八月</td><td>—</td><td>27.878</td><td>—</td><td>—</td><td>1 钱、菊纹、菊桐枝</td></tr>
<tr><td>半钱铜币</td><td>明治六年八月</td><td>—</td><td>21.818</td><td>—</td><td>—</td><td>半钱、菊纹、菊桐纹</td></tr>
<tr><td>1 厘铜币</td><td>明治六年八月</td><td>—</td><td>—</td><td>—</td><td>菊纹</td><td>1 厘</td></tr>
<tr><td rowspan="2">1 元贸易银币</td><td>明治七年三月</td><td rowspan="2">—</td><td rowspan="2">—</td><td>—</td><td>西洋数字</td><td>1 円</td></tr>
<tr><td>明治八年二月</td><td>27.216</td><td>西洋数字</td><td>贸易银</td></tr>
</table>

针对《新币条例》，虽不能具体到改了哪一点、又是如何修改的，但这里笔者还是按照时间顺序对该条例内容的各次修改情况进行了总结：

明治四年九月十三日布告第 462 号——发现并订正了计数与印刷错误。

明治五年二月五日布告第 34 号——按照当初条例的规定，1 元金币的形状较小，难以在其表面刻出龙的图案，并且极易磨损。因此，1 元金币上的龙纹改为“1 元(円)”字样。这是 1 元金币的首次铸造。

明治五年三月八日布告第 74 号——5 钱银币因与 1 元金币相同理由，将正面的龙纹改为“五钱”字样。

明治五年十一月十四日布告第 341 号——基于造币技术的发展，缩小除 20 元以外的各金币，以及 50 钱、20 钱银币的直径。除此之外增加 50 钱及以下各银币的重量。当时，造币收益受到国内外的高度关注，定位货币的重量如果有所不足，就会加深国内外对日本货币的不信任感。因此，将之前使用的品位 80% 的 50 钱银币重量增至 208 格令(之前是 193 格令)，恰好是 1 元贸易银币重量 416 格令的一半。20 钱及以下的银币全部依此比例增重铸造(增约 8%)，含银量亦增加8%。

明治六年二月十日布告第46号——修改50钱等各银币的图案。正面原本横书的面额改为阿拉伯数字和罗马字。背面中央的日章变为汉字纵书的金额。统一所有银币的图案,原本使用不同图案的5钱银币也改为同一图案。采用西洋文字是为了方便外国人使用。

明治六年八月二十九日布告第308号——新增2钱铜币,并修改1钱及以下各铜币。2钱铜币的直径为31.818毫米,重量为14.256克,正面为龙纹,背面印有"2钱"字样以及菊纹和菊、桐枝。1钱及以下铜币也根据上述设计作了修改。为了和银币的设计进行统一,实际发行时铜币的这些设计已被简化。另外,为了保持平衡,增大了1钱铜币的直径,同时缩小了半钱铜币的直径。

明治六年十二月布告第412号——删除新币条目最后一条。

明治七年三月二十日布告第34号——修改1元贸易银币的图案。将正面龙纹外圈的"1元"改为"ONE YEN",将背面的日章改为纵向的汉字"1元(圆)"。至此,所有银币、铜币以及贸易银币都被改为统一图案。面额、重量、品位也都更加国际化,以强调其国际货币的地位。

明治七年　1元银币
(上)正面,(下)反面

明治六年　2钱铜币
(上)正面,(下)反面

明治八年　贸易银
(上)正面,(下)反面

明治八年二月二十八日布告第35号——增加1元贸易银币的重量(从之前的416格令改为420格令,即由26.957克改为27.216克)。图案上也进行了改变(将“1元”字样改为“贸易银”字样,将“416·ONE YEN·900”的字样改为“420GRAINS·TRADE DOLLAR·900FINE”字样)。此次修改后,日本贸易银元的规格和美洲贸易银元相同,比东洋英属殖民地的银元(重量约417格令和品质902分)更为优秀。而此次修改正是为了和这些银元抗衡。但这次修改没有产生任何效果,最终,日本不得不恢复铸造和发行旧贸易银币。

明治八年六月二十五日布告第108号——将《新币条例》改名为《货币条例》。《新币条例》制定后,货币的图案和尺寸均经历了多次修改,规则条目也经历了多次变更。虽然此次发布的《货币条例》与之前的《新币条例》内容几乎相同,但条例名称由“新币”改为“货币”,其中的“新货币条目”改为了“货币条目”,并删除了《新币条例》第4项中关于新货币与传统货币间价格转换的规定。由此可以看出,这个时候新制度作为一种货币制度已经站稳了脚跟。

明治九年三月四日布告第27号——贸易银币与本位金币之间的兑换比率改为百枚银币兑换百元金币(之前由于贸易银币重量和含银量增加,兑换比例一度发生变化,另据大藏省通告,墨西哥银币即洋银也采用了同样的兑换比率)。这意味着金银的法定比例升至1:16.33(之前为1:16.04)。实际上,明治七年以后世界银价下跌,之前的金银法定比例已经不符合实际情况了。明治十一年十一月时,金银法定比例又降回1:16.17。但是,金银法定比例的这些变化,实际上都是因为货币制度改进过程中银币重量和含银量的变化,因此这些比例的变化并没有引发什么问题。之后,直到明治三十年《货币法》出台,这个比例一直没有变化。

明治九年四月二十八日布告第60号——订正铜币直径的误记。

明治十一年五月二十七日布告第12号与第13号——废除贸易银币仅能在开放港口流通的限制,允许其进入内地流通。这项措施代表着贸易银币的性质发生了改变，具备了本位货币资格。因此在法律上，日本这时实际已经变成了金银复本位制的国家。

明治十一年十一月二十六日布告第35号——停止铸造明治八年二月制定的增重贸易银币，恢复铸造和发行明治七年三月制定的旧1元贸易银币。但是相关流通限制、与洋银等价流通等规定都保持不变。这样一来，金银法定比例就如前述变为1∶16.17了。明治十四年九月二十九日以后，该银币的名称由“贸易银”改为“1元银币”。

明治十八年十二月三日布告第41号——公差表的品位一栏，由“纯质2‰”改为“纯质3‰”。

明治二十一年十一月六日敕令第74号——在货币略图和品位重量表中增加了5钱白铜币，并将货币流通限制中关于辅助铜币的流通通用限制一项改为“辅助白铜币及铜币的支付以1元为限”。

以上便是修改《新币条例》(改为《货币条例》)的大致情况。该条例在明治三十年因《货币法》的制定而被废止之前，一直都占据日本基本货币法的地位。

第三节　松方财政和金本位制

松方正义是明治元勋之一。他曾担任旧萨摩藩藩士和日田县知事，后进入中央政府，先后担任税务次官、税务长官、大藏大辅(明治八年至十三年)。明治十四年政变①后，立即担任大藏卿。明治十八年十二月内阁制度施行后，继续担任大藏大臣。之后虽有数次中断，但大致上一直担任大藏大臣一职直至明治三十三年十月。在此期间他

① 明治十四年政变，指明治十四年(1881年)十月，萨摩、长州藩阀政府排斥大隈重信一派，制定向立宪制过渡的基本方针的政变。——译者注

在第一次内阁、第二次内阁中均兼任过大藏大臣。算上其担任大藏大臣的 15 年，他实际上担任了 20 年大藏卿。由于其经历和政绩，他被誉为明治时期最优秀的财政家之一。

松方正义

松方正义一贯主张确立正统的财政金融体系。他建议和实施了清理纸币、创立日本银行、确立金本位等诸多政策，再加上他强大的人格魅力和领导力，使得“松方财政”的名号十分响亮。从前文提到的《新币条例》的施行，到明治三十年《货币法》的制定，当中这 26 年可以说都是在为《货币法》的出台做准备。清理太政官札以下的各种政府纸币和国立银行纸币等不可兑换纸币，引发了通货紧缩。这虽然成为明治时代政治动荡的重要原因，但对巩固日本资本主义体制基础有着重大意义。本节中对这些问题不再详细叙述，仅对以下史实进行简单说明：明治十五年六月日本银行的成立以及《日本银行条例》的制定和公布；明治十七年五月《兑换银行条例》的制定和公布以及明治十八年五月以后的兑换银行券（该条例第 1 条即为银币兑换的宗旨和规定）。接下来便直接进入与《货币法》制定相关的话题中。

一、金银比价以及国际金本位制的过渡

松方财政第一阶段的目标是清理不可兑换纸币和抑制通货膨胀。通过实施一系列政策，西南战争①后的通货膨胀得到了控制，不可兑换纸币得到了清理。除此之外，中央银行体系也被确立，为日本货币制度的完善和资本主义制度的发展打下了基础。但是，松方正义对这个阶段的成果还不够满意。虽然货币可兑换制度已经得以确立，但由于实际上仍是银本位制，因此世界市场上银价的波动会不可避免地直接影响日本经济。那么，为了让自身免于遭受银价行情波动带来的威胁，促进贸易健康发展，日本只有采用金本位制。这才是松方财政的最终目标。

金银比价的变动受到金银本位制演变的影响。根据欧洲货币史的说法，自1660年（日本万治三年，第四代幕府将军德川家纲在位时期）开始，直到1800年（日本宽政十二年，第十一代幕府将军德川家齐在位时期），金银比价大致稳定在1∶15。此后70年，金银比价一直维持在1∶15.5。然而，这并不是自然形成的，而是各国为维持货币制度确定的比价努力将比价维系在这一水平的结果，可以说，随着货币经济和国际经济的逐渐发展，人们对“本位制度也是一种国际制度”这一概念的认识也加深了。

最先采用金本位制的国家是英国。虽然直到《1816年英国货币法》制定后，其金本位的法制才得以完备，但早在1717年，尚在实行金银复本位制的英国便流出白银，事实上处于金本位制的状态。因此可以说，1717年后英国便采用了金本位制。继英国之后第二个采用金本位制的国家是德国。其于1871年（日本明治四年）采用金本位制。普法战争后，战胜国普鲁士得到了50亿法郎的赔偿金，并在德意志帝国

① 西南战争，指发生于明治十年（1877年）二月至九月，明治政府军平定鹿儿岛士族叛乱的一次战役。——译者注

统一当年趁势采用了金本位制。由此可看出，当时各国似乎都在向金本位制发展。

（这给在明治初年去欧美考察的伊藤博文留下了很深的印象。恐怕正是由于当时欧美各国这样的动向，他在制定《新币条例》期间便急于要求采用金本位制）

随着德国实行金本位制并出售巨额白银，银价开始下跌。采用金银复本位制的各国纷纷开始匆忙停铸本位银币。在此之后，各国纷纷采用金本位制。即使是没有采用金本位制的国家，也开始限制银币的流通。世界上所有国家都受到了影响，银价下跌已成为一种世界性的大趋势。金银比价也由 1876 年（明治九年）的 1∶17.88 降为 1892 年（明治二十五年）的 1∶23.7，1894 年（明治二十七年）甚至降到了 1∶32.6。新庄博在其书中对当时世界的趋势以及英国的影响力作了论述（《货币论》，岩波书店出版）：

可以说，英国外汇行情和世界银价下跌造成的巨大波动使各银本位国家陷入低迷。比起银价的低落，不断变动的外汇行情给贸易带来的打击更为沉重。各国都已明白，为了稳定本国货币在国际市场上的汇率，就不得不和英国一样采用金本位制。不仅如此，英国在 19 世纪时早已完成工业革命，比其他国家更早实现了高度工业化。同时，英国还不断进行海外扩张，在政治上支配广大的土地，拥有最大的海军舰队，高举自由贸易的旗帜，开辟出了一个由自己主导的世界贸易圈。因此，其他各国若是也想参与其中，就不得不遵从英国所采取的制度。正如克纳普[①]所说："英国这样的最强国家只要采取金本位，就会成为模范势力。而其他各个势力考虑到货币本位之间的相互关系，也会因此跟随。所以，金本位制得以普及，主要是各国出于稳定汇率的考虑，

① 克纳普（Georg Friedrich Knapp，1842～1926 年），德国经济学家，《货币国定论》作者。——译者注

而并非源自对金属任何属性上的考虑。”

二、货币制度调查会

不可否认的是,当时世界各国都已经有了采用金本位制的趋势,银价也在不断跌落。在日本不断清理不可兑换纸币的同时,这种趋势已在世界范围内不断蔓延。银价的跌落使得银本位制下的日本和采用金本位制国家之间的汇率持续走弱。除此之外,考虑到中国以及其他东洋各国都采取银本位制,日本到底应该实行金本位制还是银本位制就成了一个极其重大而又难以回答的问题。明治二十年代后期(1892～1897年),日本国内就是否该采用金本位制展开了激烈的争论。

然而在明治二十六年(1893 年),作为世界上吸收白银的两大中心之一的印度(另一中心为中国)突然宣布废除银币自由铸造制,改用金汇兑本位制(印度本国货币不能直接兑换黄金和金币,只能兑换可兑换黄金和金币的英镑等外汇。由于印度设置了较长的货币过渡期,其实际上直到 1926 年才完全放弃银本位制)。日本政府不得不结束单纯的争论,转而直面这一问题。同年十月,日本成立了货币制度调查会,主要负责调查与审议以下三个方面的事项:(1)近期金银价格变动的原因以及一般性影响。(2)上述变动会给日本经济带来的影响。(3)为了对应这种变化,日本现行货币制度是否有必要改变。如果有的话,需要对新采用的本位制度及其施行方法重复进行以上三个方面的调查与审议。

该调查会由谷干城会长、田尻稻次郎副会长等 20 名委员(包含高级别官员、帝国大学教授、帝国议会议员以及相关专家)构成。明治二十八年(1895 年)六月,调查结束。七月,调查报告书被作为提案递交给大藏大臣。这份报告书意味深长。在对上述第二个方面的事项进行调查后,有 16 名委员提交了意见,综合这些意见后得出的结论如下:“我们认为,此后银价绝对不可能无限下跌。而且,对比金银比价变动对本国和金本位国所造成的损害,会发现本国所受损害远远不及金本位国。金银比价变动对本国利大于弊。"这一结论以 10∶5 的投票结果得到通过。调查会因此认为在当时维持现行货币制度更为有利。在对上述第三个方面的事项进行调查时,调查会对"是否应该修改现行货币制度"这一问题的态度也较为模糊。特别委员会首次对此问题展开讨论时,有人提出:"有必要马上修改吗?"讨论结果是日本的货币制度无须立即修改(但将来有必要修改)。负责汇集代表意见的人,把"将来有必要修改"的一类意见一律算作"需要修改"一派,才好不容易得出最终结论,即"有必要修改现行币制"。当时,认为有必要修改币制的代表为 8 名,认为没有必要修改的代表为 7 名,另有 1 名代表持保留意见以便投票不会因票数相当而无法产生结果。其中,8 名认为需要修改币制的代表中,有 6 名代表认为应改为金本位制,另外 2 名代表则认为可改为金银复本位制。如果将当时的讨论顺序反过来,把问题直接改为"是否应该采用金本位制",这一提案的最终建议就会因为仅获得占少数的 6 名支持者而被否决。

《明治大正财政史》中提道:"在货币制度调查会递交报告书后,同年(明治二十八年)十二月五日第 162 号敕令就否决了该报告书的相关提案。但是,多数人的意见如前所述是有必要修改货币制度,且应采用金本位制。大藏省当局大体上也承认亟须对货币制度进行改革,且认为有必要采用金本位制。"那么,该报告书的建议为什么未被采纳呢?上述财政史继续写道:"若要实行金本位制,就需要巨额黄金准备,这样一来就不得不有些犹豫。"由此可以推断,当时日本实行金本位制的客观条件还不够成熟(黄金准备不足),难以强行实现修改货币制度的目标。

三、清政府赔偿金的接收和黄金准备

为实行金本位制提供千载难逢的绝佳机会的是日本在甲午战争(日本称日清战争)胜利后从清政府处获得的赔偿金。根据《马关条

约》和《辽南条约》,日本得到了2亿两(白银,下同)军事赔款、3000万两"赎辽费"以及150万两威海守卫费等,共计231,500,000两。然而,两国并未就支付赔款的货币类型达成任何协定。松方正义因此钻了这一空子,提出既然清政府要通过在欧洲发行公债来筹措赔偿金,那么赔偿给日方的钱就应该是英国货币。通过交涉,清政府同意了这一意见。最终,日本共计收到各种赔偿金38,080,000英镑(约合358,360,000日元)。明治二十八年十一月起至明治三十一年五月(1895~1898年),日方多次前往伦敦和柏林收取款项。

甲午战争后,松方正义因在财政计划相关问题上与伊藤博文首相意见不合,于明治二十八年八月辞去大藏大臣一职。明治二十九年九月,他组建了第二次松方内阁,并兼任大藏大臣,打算亲自实现尘封已久的心愿——实行金本位制。他一方面巧妙地购入黄金,为铸造新本位币做准备;另一方面命令大藏事务当局为制定法律做准备。明治三十年三月,在帝国议会上,他提出了货币法案及其他相关法案。但是在当时,同样也有反对金本位制的声音,其中以官员中的伊藤博文,以及民间人士中的福泽谕吉这样的大人物为代表。看来想要通过货币法案,并不是那么简单的事情。

第四节 《货币法》的制定

最终,日本贵族院①与众议院通过了货币法案及其关联法案,并于明治三十年三月二十九日公布。《明治财政史》中提到了明治三十年(1897年)三月一日众议院审议货币法案时,松方大藏大臣所发表的演讲:"这场演讲的内容被迅速翻译成英文传至海外,大大提高了日本财政的信誉度。在当时的美国,银币自由铸造论和金币单本位论的争

① 贵族院,为日本明治时代"两院"之一,"二战"后改称参议院。——译者注

论成为政党间辩论的焦点问题，并已产生了激烈的冲突。[①] 有金币单本位论者将松方演说印刷成数百万份小册子，用以声援己方观点。”这一场景也成了国际历史上的名场面。但日本政府随即就要面对采用金本位制所带来的一系列问题，其中最让当局苦恼的是有关新金币的价值以及之前发行银币的处理问题。这两个问题也成为政府接下来思考的重点：第一，如何制造新金币？第二，之前发行过的银本位币该何去何从？

凡是币制改革都需要特别注意的是，物价、借贷、税收等涉及资金往来的事项都是以当前货币计算并随之变动的。这一点怎么强调都不为过。因此，日本决定按照1元银币的平均实价来发行新金币。如此一来，如何确定白银的实价就成了一个需要关注的重点。考虑各种因素后，该实价取金银比价在数年间的平均值最为妥当。但正如前文所述，当时银价正在经历剧烈变动，想要取得平均价格是一件很难的事情。若是强行在较长时间内取平均数，则会脱离当时的实际情况。因此，可行的办法只能是选择最近一段时间的价格。在日本终于确定并宣布采用金本位制后，黄金的价格多多少少也会因日本的选择而继续上涨，所以在预估金价时有必要比实际稍高一些。因此，政府根据当年一月伦敦银块价格所体现的金银比价，即略低于1∶32，将日本金银法定比价调整为略高于1∶32。于是，旧金币1元的价值就几乎为新金币1元的1倍。[②] 这样一来，新旧金币在同时流通时就较易换算。依据英国行情确定金银比价而不依据本国行情的理由是，日本现行金币因为流通历史并不长的缘故，其价格比海外的自然金还要便宜一些。同时，虽然改用英国行情会造成日本国内金价升高，但因为当时日本物价均用银表示，所以这一改变并不会带来实际影响，物价也不会因此而上涨。如果按此施行，那么本段开头提出的问题就能得到较

① 美国早在1879年就已采用金本位制。1896年总统选举，民主党出现大分裂，中西部银矿业主推举内布拉斯加州国会众议员威廉·布莱恩参选，旨在推翻金本位制；共和党推举俄亥俄州州长威廉·麦金利参选，他坚持与欧洲大国保持一致，继续维持金本位制。当年年底麦金利击败布莱恩，当选美国第24任总统。——译者注

② 据前文，旧金币的法定金银比价为1∶16.17。——译者注

好的解决，币制改革后的物价、工资、借贷、税收等事项之间的关系都不会与之前有任何不同。

对于1元银币来说，其从明治十一年（1878年）开始就作为一般法定货币在日本不受限制地流通。既然要停止流通，就必须给民众一个合理的期限。因此，政府暂时允许1元银币继续流通。但为了使其尽快退出流通领域，日本政府新增制造了许多50钱及以下面额银币作为替换，并暂时保留了1元兑换券的流通效力。由此估计，民间的交易也并不会有什么不便之处。

针对现在所出现的种种问题，我简单地总结如下：第一，日本输出的1元银币数量已非常庞大。到今年一月为止，输出额已达11,200万元以上。如果这部分银币转而输入日本带走金币该如何是好。但众所周知，日本银币主要输往中国各地，在中国被作为生银使用，且有损毁，大多不再具有货币的价值。在新加坡，没有损伤的银币数量极少，且只用于普通交易，因此不会有多少来兑换的。而且规定的新金币的兑换比例上银币更为廉价，所以应该不会有太多兑换发生。因此我认为不会有太多银币回流从日本换走黄金（金币）……（引自《公爵松方正义传》坤卷，德富猪一郎编著）

从这段话中可以看出，当时松方正义对实行金本位制将导致的银币回流问题有一个大致的判断。实际上，从明治三十年十月开始到明治三十一年七月结束，在允许1元银币兑换新金币的这段时间内，共有1084万余元银币回流日本，这与日本政府预计的相差无几，只有很小的金额。接下来上述传记又介绍了松方正义回顾货币法案在议会审议时的相关情况：

货币法修正案被提交至议会审议时，贵族院、众议院也正在进行相关讨论。这种推行金币本位的做法是否合适？旧有货币又该何去何从？迄今为止日本已经制造了超过2亿枚用于出口的货币。若是在这个时间点改变本位币制，则这些货币又会流回日本。况且日本现在的准备金并不充足。能否找到一个合适的方式解决此问题，是贵族院需要讨论的内容。这次讨论尤为重要。幸运的是，日本货币在中国经常被重铸为银两或作为残次品使用。调查之后我们认为，当时世间流通的日本(1元银)货币大概只有800万枚，这不会对金本位的实施造成太大的影响。但因事情重大，还是对新加坡等地进行了实地调查。结果刚开始兑换的时候就换回来了850万枚，这与我设想的有所不同，但其实综合起来看也并没有多大差距。因此有人认为兑换新金币不会对物价产生很大的影响。反对我的人当然也有，其中最为激烈的是属于福泽派的名为小幡笃次郎的经济学家。他认为日本必须要采用银本位制。按照他的话来说，“英国正是因为采用了金本位制，才导致农业从根本上陷入疲敝。因此日本绝对不能采用金本位制。”这个说法让我感到无比震惊，世界上竟然还有思想如此荒谬的人。我认为：“英国正是因为一直以来都采用了金本位，所以才积累了如此多的财富。而正因为英国采用了金本位制，才迫使德国不得不也采用金本位制。若是欧洲的其他国家不跟随他们同样采用金本位的话，贸易就会变得举步维艰。如果采用银本位制，那么在银价下跌的情况下会引起很大的灾难。因此日本也不得不效仿欧洲各国采用金本位制。本位货币最重要的性质，就在于变动较少。从这一点来说，性质稳定、变动最少的莫过于金。英国的现状与小幡笃次郎的观点相反。最近有位受雇于大学的英国经济学家认为，英国始终坚持金本位制是一个十分正确的选择，并从中获益良多。正因为采用了金本位制，英国才得以走出农田，从农业国发展为工业国。诚然，小幡笃次郎先生对英国之事也十分精通。但是，英国出身的经济学家一定比小幡先生更了解本国的情况。因此二者的看法有所差别也是可以理解的。”在此之后，贵族院、众议院终于作出了决策。

正如前文所述，松方正义推行金币本位制曾备受争议，不少人与之唱反调。政府内部和民间最为有力的反对者,分别为伊藤博文和福泽谕吉。松方正义为说服这两人花费了不少力气。同时,在实业界也有不少人表示反对,比如,安田善次郎。他曾对松方正义夸下海口:"如果日本真的实行了金本位制,我就赠予你一尊与你等身的纯金雕像。"事后,当松方正义与安田善次郎在帝国饭店再次见面时,松方正义说道:"您不是与我约定好若是实行了金本位制就送我一尊等身纯金雕像吗?现在金本位制已经实行了,您该如何履行承诺呢?不过,等身雕像实在是太贵,我若收下那您就太可怜了,我不能收。您送个小的就行。"安田善次郎听完此话只好苦笑着挠了挠头。

第五节　《货币法》的内容

于是,日本《货币法》终于被制定出来了。当然,它所采取的文字形式仍是充满片假名的文言体。现在,我们都对片假名和文言文产生了疏离感,对其敬而远之。但是,为了理解现在的货币制度,我们又不得不直面这部货币基本法。本书所引用的篇幅并不长,请仔细阅读。

明治三十年　20元银币
(上)正面,(下)反面

货币法(明治三十年三月二十九日法律第16号)

第1条 货币的制造和发行权属于政府。

第2条 纯金重量为2分的价格单位被称为元。

第3条 货币的种类有以下九种:

金货币:

20元;

10元;

5元。

银货币:

50钱;

20钱;

10钱。

白铜货币:

5钱。

青铜货币:

1钱;

5厘。

第4条 货币的计算方法采用十进制,1元以下的货币单位如下:1/100元称为钱,1/10钱称为厘。

第5条 货币的品位如下所示:

(1)金货币:纯金90%、银10%。

(2)银货币:纯银80%、铜20%。

(3)白铜货币:镍25%、铜75%。

(4)青铜货币:铜95%、锡4%、锌1%。

第6条 货币的重量如下所示:

(1)20元金货币:4匁4分4厘4毛4(16.6665g)。

(2)10元金货币:2匁2分2厘2毛2(8.3333g)。

(3)5元金货币:1匁1分1厘1毛1(4.1666g)。

(4)50钱银货币:3匁5分9厘4毛2(13.4783g)。

(5)20钱银货币:1匁4分3厘7毛7(5.3914g)。

(6)10钱银货币:7分1厘8毛8(2.6955g)。

(7)白铜货币:1匁2分4厘4毛1(4.6654g)。

(8)1钱青铜货币:1匁9分0厘0毛8(7.1280g)。

(9)5厘青铜货币:9分5厘0毛4(3.5640g)。

第7条　金货币作为法定货币流通,没有使用限制;银货币的使用限制为10元法定货币;白铜货币、青铜货币的使用限制为1元法定货币。

第8条　货币的样式依敕令而定。

第9条　金银货币纯度公差。(略)

第10条　金银货币重量公差。(略)

第11条　金货币最小流通重量。(略)

第12条　金货币因磨损而低于最小流通重量,以及银货币、白铜货币、青铜货币因显著磨损而难以继续流通的,应停止流通的,由政府按面值免费换取新币。

第13条　难以辨认的货币,私自加盖极印或其他被故意毁坏的货币,都不再具有货币的价值。

第14条　如要进口生金制造金币,应事先征求政府的同意。

附　则

第15条　此前发行的金货币,按照依此法发行的金货币的2倍价值流通。

第16条　此前发行的1元银货币,按照与1元金货币等比例,由政府逐渐予以兑换。

前项所述货币兑换完成后,换得的1元金货币作为无限制法定货币流通。禁止流通的货币种类会在6个月内以敕令形式发布。自发布次日起5年内,可申请将这些货币兑换为生金。

第17条　此前发行的5钱银货币和铜货币可依旧流通。

第 18 条　本法发布后，将停止制造 1 元银币。但政府使用本法发布日期之前进口的生银造币不受此限。

第 19 条　之前的法律若有与本法相悖之处，一律废止。

第 20 条　除第 18 条外，本法将于明治三十年十月一日起施行。

该货币法于明治三十九年（1906 年）四月七日首次修订，于昭和八年（1933 年）九月一日第 7 次也即最后一次修订。在经历这些修订后，直到现在它仍然是日本货币相关法律中的基础性权威。关于《货币法》的修订过程，本书将在下一节详述。接下来，本书将对当时制定有关条文的过程予以评述。

一、基准价格的确定（第 2 条）

虽然日本早在《新币条例》颁行时就采用了金本位制，但实际上转向了银本位制，且价格单位也采用了“元”这一称谓。过去，货币的价值是随着白银价格的变化而波动的。但现在，随着金本位制的重新确立，基准价格应该按照旧制度还是新制度呢。起草《货币法》的官员需要对此进行研究，也就是说，《新币条例》中规定了 1 元金币需含有 1.5 克金（4 分），同时也规定了其他各种金币的含金量。但是，《货币法》第 2 条将 1 元金币的纯金含量降为原有的 1/2（0.75 克，2 分）。因此，若是继续使用旧的基准价格，必然会导致剧烈的通货紧缩，并使社会经济发生动荡。有关这一点，松方正义自己在清理政府纸币的过程中早已深有体会。于是，政府根据当时的金银比价，确定了“1 比 2”的新旧基准价格比例。

负责大藏事务的松方正义大臣在答复议会的书面报告《金本位制施行办法》中指出：“金银比价原为 1∶16.17418，而现在已下跌了 1/3 有余。但是，如果以现行流通的 1 元银币作为新本位的基准价格单位，很显然物价将会下降近一半，债权和债务的关系也会被搅乱，经济总体上也会发生剧烈变化。因此,有必要废除这一货币,铸造新的金币。而新铸的金币比现行流通金币的含金量要低很多,因此绝不可以采用与1元银币相同的价值。”也就是说,出于避免物价、工资、借贷、税收等产生变动的考虑,政府在确定基准价格时的目标是维持现状稳定。

二、货币的种类(第3条)

原则上来说,《新币条例》规定的金、银、铜三种货币在《货币法》中均被保留。但金币中只留下了20元、10元、5元三种面额,2元和1元两种面额被废除。实际上,在《新币条例》实施过程中,5元金币就已变成主要流通货币。明治十三年以后,日本政府只制造了5元这一种面额的金币。在新货币法制定过程中,有人提出小额的2元和1元金币(尤其是1元金币)实在太小,在制造和使用时都极为不便。但同时也有人批评说,明明价格单位是“元”,政府不铸造1元面额的金币,这真是金本位制确立情况下的一种奇妙现象。

新版银币(50钱、20钱、10钱三种)以及白铜币(5钱)的种类、品位、重量都与《新币条例》相同。《新币条例》下的铜币(2钱、1钱、半钱、1厘)都模仿西洋诸国而变成青铜币(旧版成分为铜98%、锡1%、锌1%,新版成分变为铜95%、锡4%、锌1%),面额也缩减为1钱和5厘两种。这是基于交易的实际情况而作出的变化。

三、1元银币的命运(第16条、第18条)

随着金本位制的确立,一直处于本位地位的1元银币注定要消失。根据《货币法》第16条的规定,此前发行的1元银币都应按照与1元金币的兑换比例,由政府酌情逐渐兑换为金币。大藏省花了很大力气,以铸造替代1元银币的新金币以及作为补充的辅助货币。为了尽快完成1元银币的清理工作，天皇于明治三十年十月一日颁布了第338号敕令，规定1元银币的流通以明治三十一年四月一日为限。虽然兑换新币的期限为5年，但由于担心外国人的兑换请求可能会超出这个年限，政府决定尽快完成新旧币的兑换。次年，也就是明治三十一年六月十三日，政府颁布第5号法律，规定1元银币的兑换日期仅截至当年七月三十一日。在该截止到日前未能进行兑换的，一律按照兑换生金处理。

明治四年到明治三十年，1元银币的发行总额达1.651亿余元。根据《明治大正财政史》，其使用和流通情况如表14所示。

表14　1元银币兑换概况（明治三十一年七月末至今）

单位：万元

总发行额	16,513.3
铸造费	46
净出口额	9950.8
甲午战争花费	1102.8
金币兑换收入	3864.8
税收和其他费用收入	397.7
国内流通（剩余未兑换）数额	281.5
中国台湾地区流通数额	869.5

从表14可以看出，日本向海外出口了大约1亿枚1元银币。这些已出口的银币若是随着新金币的兑换回流本国，将是一个难以处理的问题。正是由于这一难题，国会上有人对实行金本位制提出了反对意见。因此政府下令在实行金本位制之前，对已出口银币进行审慎调查，并最终将兑换截止日提前到了明治三十一年七月末。这些做法被证明较为有效。实际上，这些货币主要出口到了中国南部以及海峡殖民地①附近各岛。在这些地方，日本银币被作为小额货币使用，基本上

① 海峡殖民地（Straits Settlements），是英国在1826～1946年位于马来半岛的殖民地，最初由新加坡、槟城和马六甲三个英属港口组成。——译者注

不会回流。不仅如此,这些出口的货币中有90%都落在了华人手中,而华人习惯于改造这些银币,或是将其重铸为银两,或是出于民俗私自在其表面刻章。据推测,这些货币大都已经不再具有兑换新币的资格。

第六节 《货币法》的修订

《货币法》的七次修订情况大致如下所示。

一、第一次修订(明治三十九年四月七日)

明治元年至明治三十五年,银价大体上呈下跌趋势。然而在明治三十六年(1903年),这一趋势突然扭转,银价在此后数年间转而持续上升。原本根据《货币法》有关金银比价的规定,金币与银币的比价应为1∶28.75[①](本段中所出现的数据均源于《明治大正财政史》),对应生银的价格为每盎司32便士。若银价持续升至每盎司32便士以上,会给维持原有金币、银币比价带来了隐患。明治三十七年至三十八年,这种隐患成为现实,银价已经升至维持铸币秩序的毁铸点[②]。于是,政府不得不下令修改《货币法》中有关货币重量的条款。明治三十九年(1906年)六月一日,修改后的货币法案开始施行。金币和银币的比价被修改为1∶21.6,对应生银的价格变为每盎司43.657便士。

---

① 金银法定比价为略高于1∶32,金币品位90%,银币品位80%,故金币与银币比价为1∶28.75。——译者注

② 毁铸点,即金属币币值与其所含金属对应价值相等的点,金属价格高于毁铸点时,就可以通过熔毁金属币改铸金属块套利。下文仍有提及。——译者注

具体而言,《货币法》第6条货币的重量中第4项、第5项作了如下修改:

四、50钱银货币:2匁7分(10.125g)。

五、20钱银货币:1匁0分8厘(4.05g)。

第10条金银货币重量公差第2项也作了相应修改。(略)

如上所述,此次修订仅涉及50钱银币、20钱银币这两种银币。10钱银币的重量未作修改。

二、第二次修订(明治四十年三月六日)

第一次修订单独将10钱银币排除在外,是因为造币局和大藏当局未能达成一致意见。10钱银币相对较小,使用时有所不便。造币局因此提议在保持该银币形状和重量不变的情况下,降低其品位。但大藏当局最初认为,单独下调10钱银币的品位不利于维持货币信用,并且在技术细节上也有问题。因此,政府在第一次修订《货币法》时,决定不对10钱银币作出任何改变。然而,由于大家一致认为只有10钱银币保持原样不合理,大藏当局和造币局终于在明治四十年(1907年)统一意见,并对《货币法》进行了相关修订。

具体而言,《货币法》第5条货币的品位第2项作了如下修改:

二、50钱和20钱银货币:银80%,铜20%。

10钱银货币:银72%,铜28%。

第6条货币的重量第6项作了如下修改:

六、十钱银货币:六分(2.25g)。

(明治四十年四月一日开始施行)

三、第三次修订(大正五年二月二十四日)

《货币法》第三次修订主要涉及五钱白铜币以及1钱、5厘青铜币。

《货币法》施行后，依据该法发行的白铜币和青铜币数量很少，旧铜币仍在市场上广泛流通。因此，出现了法律规定与现实情况不一致的问题。青铜币的品位和重量与旧币相比并无改变，但与新法确定的本位币相比，其原材料价值又相对过高。此外，由于白铜币的原材料价值小于面额并且设计很简单，造成了假币盛行。再加上白铜币的直径为6分8厘，与20钱银币的6分7厘十分接近，导致有人批评其易于混淆而流通不便。因此在这次修订中，缩小了青铜币的大小，白铜币则采取了有孔的形式。除此之外，第一版《货币法》在使用“匁”作为重量单位的同时，也采用了以“克”为单位的注记，并保留了小数点后四位。即便如此，使用这两种重量单位也会出现换算不一致的情况。日本政府借此机会删除了有关“克”的注记，将重量单位统一为传统的尺贯法（实际上这是与时代潮流逆向而行，昭和八年第七次修订《货币法》时，重量单位又改回“克”）。

具体而言，《货币法》第6条货币的重量删除了以“克”为单位的注记，并对第7～9项作了如下修改：

七、白铜货币：1匁1分4厘。

八、1钱青铜货币：1匁。

九、5厘青铜货币：5分6厘。

第10条金银货币重量公差，以及第11条金货币最小流通重量，均删除了以“克”为单位的注记。

（大正五年四月一日起施行）

四、第四次修订（大正七年五月一日）

《货币法》第四次修订的原因与第一次一样，是银价的高升。第一次世界大战爆发后，世界银价在大正五六年间（1916～1917年）飞涨。如前所述，《货币法》第一次修订将维持银币铸币秩序的毁铸点从每盎司32.795便士提高至43.657便士。然而，世界银价于大正五年四月再次突破32.795便士的旧毁铸点，很快又于大正六年八月突破

43.657便士的新毁铸点。根据经济规律,一旦银价突破毁铸点,银币就会不可避免地流向海外。事态的急速恶化让政府焦头烂额。大藏省于大正六年九月六日紧急发布公告,禁止用银币毁铸银块并出口。次年,大藏省着手进行银币的改铸。大藏当局提议将银币的品位一律下调为70%,并提议缩小20钱银币的大小,但造币当局认为70%的品位太过低劣。最终,政府采取了折中的方式,将20钱、10钱银币的品位降至72%,维持50钱银币品位80%不变,同时降低三种银币的重量。如此一来,日本金币和银币的比价降到了与拉丁货币同盟①各国一样的1:14.4。这个比价对应的银价毁铸点为每盎司65.5便士,比当时银价的最高点55便士还要高出不少。

具体而言,《货币法》第5条货币的品位第2项作了如下修改:

二、50钱银货币:银80%、铜20%。

　　20钱、10钱银货币:银72%、铜28%。

第6条货币的重量第4~6项作了如下修改:

四、50钱银货币:1匁8分。

五、20钱银货币:8分。

六、10钱银货币:4分。

第10条金银货币重量公差第2项也作了相应修改。(略)

(大正七年五月一日起施行)

五、第五次修订(大正九年七月二十七日)

《货币法》第四次修订后,日本政府全力制造新银币,大正七年当年剩余月份所造新银币就高达约1000万元。然而在此之后,世界银

① 拉丁货币同盟,即法国为对抗实行金本位制的英国,于1865年与比利时、意大利和瑞士三国签订统一货币协议,以法国货币体系为基础实行金银复本位制的同盟。1870年普法战争后,德国实现统一并实行金本位。此后拉丁货币同盟陆续有新增成员方,但不再基于法国货币体系,成员方亦纷纷改用金本位制。1927年法国终止金本位,并于次年颁布新货币法,拉丁货币同盟正式消亡。——译者注

价继续上涨,有了超过每盎司 65.5 便士毁铸点的趋势。因此政府在铸造新银币后暂不发行,并发行小额纸币以弥补辅助货币的不足。于是,政府纸币在经过松方财政的清理而消失一段时间之后,于大正六年卷土重来。当时,日本经济因为欧战的缘故持续向好,货币需求激增。但由于银价的持续高升,银币被不断毁铸,正逐渐从市场上消失。因此,日本一度深受辅助货币不足之苦,据说市场中的货币兑换所收取的手续费也由 25‰涨至 32‰。于是,日本政府于大正六年十月三十日发布第 202 号敕令(紧急敕令),宣布作为应急措施将发行 50 钱与 20 钱两种面额的政府纸币(至大正七年六月末,发行总额达 5300 万元;至大正八年五月,发行总额达 11,000 万元)。

与此同时,银价的上涨仍在继续。大正八年(1919 年)十月末,银价再次突破毁铸点,在十一月达到每盎司 76 便士。大正九年一月,银价达到 85 便士,二月再冲至 89.5 便士。因此,日本政府不得不暂停银币的发行,再次考虑修改《货币法》以应对事态的发展。当局提出,当时市场上流通量最大的 10 钱银币,可能受到银价突破毁铸点的影响,应该将其废去,通过新发行 10 钱白铜币来代替。同时,5 钱白铜币的形状应该缩小,且白铜币的流通限额应提高至 5 元(之前为 1 元)。大正九年(1920 年)二月,该法案在第 42 届帝国会议上被提出,同年七月又在特别会议上被再次提出。同月,该法案得以顺利公布。

具体而言,《货币法》第 3 条货币的种类中,银货币的种类由“20 钱、10 钱”两种改为“20 钱”一种。白铜货币的种类由“5 钱”一种改为“10 钱、5 钱”两种。

第 6 条货币的重量中,删除“10 钱银货币:4 分”“白铜货币:1 匁 1 分 4 厘”的表述,新增“10 钱白铜货币:1 匁”“5 钱白铜货币:7 分”的内容。

第 7 条货币流通限制中,将“白铜货币、青铜货币的使用限制为 1 元法定货币”一句,改为“白铜货币的使用限制为 5 元法定货币,青铜货币的使用限制为 1 元法定货币”。

第 5 条货币的品位和第 10 条金银货币重量公差中,分别删除了

10 钱银货币的相关内容。

(大正九年七月二十七日起实施)

六、第六次修订(大正十一年四月二十八日)

这是大正时代最后一次正式修订。银价在大正九年二月达到每盎司 89.5 便士的顶点后转头下跌。大正十年之后,银价大体维持在每盎司 30 便士左右。日本政府原本于大正九年、大正十年这两年减少银币的制造和发行,但在看到银价的下跌趋势后,又于大正十一年再次开始制造和发行银币。为了防止银价再次激增,《货币法》被再次修改,50 钱银币的品位被降低至与 20 钱银币相同的 72%,并且降低了 50 钱、20 钱银币的重量,对应毁铸点也变为 100 便士。实际上,明治四十五年(1912 年)后日本政府就已不再制造 20 钱银币,而 50 钱银币的制造则一直持续到昭和十二年(1937 年)。

具体而言,《货币法》第 5 条货币的品位第 2 项作了如下修改:

二、银货币:银 72%、铜 28%。

第 6 条货币的重量第 4 项、第 5 项作了如下修改:

四、50 钱银货币:1 匁 3 分 2 厘。

五、20 钱银货币:5 分 2 厘 8 毛。

第 10 条金银货币重量公差第 2 项也作了相应修改。(略)

(大正十一年四月二十八日起施行)

七、第七次修订(昭和八年八月三十一日)

昭和六年(1931 年)"九一八事变"[1]爆发后,日本进入举国备战状态,军需和其他一般产业受到刺激,对辅助货币的需求再次增大。因

① 日本称满洲事变。——译者注

此,造币局在同年重新开始制造一度停止制造的5钱白铜货币。之后,50钱、10钱、5钱、1钱四种货币的制造数量连年增加。昭和八年(1933年)日本政府再次修改《货币法》,主要是将10钱和5钱的白铜币改为纯镍币。这样做的理由有两个:军事和技术。

军事上的理由是,用镍炼制的镍钢可以用于制造炮身和弹药,是必不可少的军需原材料。但日本并不产镍,因此必须在和平时期以制造货币为借口(进口)进行积累。根据当时的计算,若是用镍来制造相当于大正十二年(1923年)流通量的10钱和5钱货币,那么积攒下来的镍量就可供战时一年所需(约80万贯)。

技术上的理由是,和白铜币相比,镍币有防伪造、耐腐蚀、耐磨损、外观优美等特点,被认为最适合用作辅助货币。但是,由于镍的熔点很高,要想用镍造币十分困难,制作镍币的计划从未真正实施过。经过常年的研究,制造镍币的难题在当时终于被解决了,这使得发行镍币成为可能。

除此之外,此次修订还将重量单位由之前的尺贯法全部改为国际公制法。

具体而言,《货币法》第2条对"元"的定义中,将"2分"改为"750毫克"。

第3条货币的种类中,将"白铜货币"改为"镍货币"。

第5条对货币的品位第3项作了如下修改:

三、镍货币为纯镍币。

第6条对货币的重量作了如下修改:

六、10钱镍货币:4克。

七、5钱镍货币:2.8克。

第6条第1~5项、第8~9项重量单位也改成克。(略)

第7条货币流通限制、第10条金银货币重量公差、第11条金货币最小流通重量、第12条磨损货币兑换等条目中,也作出将"白铜货币"改为"镍货币"的相应修改。

（昭和八年八月三十一日起施行）

第七节　基于《货币法》的货币

日本《货币法》中规定了货币的种类、品位、重量和公差等内容，而有关货币的样式则让敕令来规定（第 8 条）。在之前的《货币条例》中，“货币略图并品位代目表”构成了正文的一部分，若对货币样式有所修改，需对整个条例发布修正布告。新法让敕令规定货币样式，是为了简化修订的手续。根据这一规定，在第一版《货币法》发布不久后的明治三十年五月十三日，日本政府发布敕令第 144 号《货币样式确定书》。在几经修改后，最终于昭和八年（1933 年）九月一日发布敕令第 232 号《货币样式令》，其确定的日本货币样式一直沿用至今。表 15（《货币法》确定的货币）即为该敕令确定的货币一览表。

新金币的生产在明治三十年到大正八年（1897～1919 年）从未中断。其后，随着禁止黄金出口政策的出台，新金币的生产曾被中止。随着昭和四年到昭和六年（1929～1931 年）黄金出口的解禁，金币生产一度恢复。但之后黄金出口再次被禁，金币便再次停产，直至今日也未能恢复。这期间被制造出的金币总数如下：20 元金币共 50,895,491 枚，10 元金币共 20,295,000 枚，5 元金币共 1,369,246 枚。

表 15　《货币法》确定的货币

种类	制定、修改时间	品位	直径/毫米	重量/克	样式	
					正面	背面
20 元金币	明治三十年三月	金 90%、银 10%	28.787	16.667	菊纹、菊桐枝	八棱镜
10 元金币	明治三十年四月		21.212	8.333	菊纹、菊桐枝	八棱镜
5 元金币	明治三十年四月		16.969	4.167	菊纹、菊桐枝	八棱镜

续表

种类	制定、修改时间	品位	直径/毫米	重量/克	样式	
					正面	背面
50钱银币	明治三十年四月	银80%、铜20%	30.909	13.478	菊纹、菊桐枝	龙
	明治三十九年五月		27.272	10.125	菊纹、菊桐枝	日章、樱花连环
	大正七年五月②		24.848	6.750	菊纹、桐、相向凤凰	日章、八咫乌、八棱镜
	大正十一年四月	银72%、铜28%	23.500	4.950	菊纹、桐、相向凤凰	日章、八棱镜
20钱银币	明治三十年四月	银80%、铜20%	22.424	5.391	菊纹、菊桐枝	龙
	明治三十九年五月		20.303	4.050	菊纹、菊桐枝	日章、樱花连环
	大正七年四月①	银72%、铜28%	19.696	3.000	菊纹、桐、相向凤凰	日章、八咫乌、八棱镜
	大正十一年四月①		17.000	1.980	菊纹、桐、相向凤凰	日章、八棱镜
10钱银币	明治三十年四月	银80%、铜20%	17.575	2.696	菊纹、菊桐枝	龙
	明治三十九年五月②		17.575	2.696	菊纹、菊桐枝	日章、樱花连环
	明治四十年三月	银72%、铜28%	17.575	2.250	菊纹、菊桐枝	日章、樱花连环
	大正七年四月②		16.060	1.500	菊纹、桐、相向凤凰	日章、八咫乌、八棱镜

续表

种类	制定、修改时间	品位	直径/毫米	重量/克	样式	
					正面	背面
10钱白铜币	大正九年七月	镍25%、铜75%	(有孔)22.121	3.750	菊纹、桐	青海波、八棱镜
5钱白铜币	明治三十年四月		20.606	4.665	稻穗	日章
	大正五年二月		(有孔)20.606	4.276	菊纹、桐	青海波、八棱镜
	大正九年八月		(有孔)19.090	2.626	菊纹、桐	青海波、八棱镜
10钱镍币	昭和八年八月	纯镍	(有孔)22.000	4.000	菊纹、桐纹、唐草	青海波
5钱镍币	昭和八年九月	纯镍	(有孔)19.000	2.800	菊纹、金鵄	勾玉连环
1钱青铜币	明治三十年四月①	铜95%、锡4%、锌1%	27.878	7.128	菊纹、菊桐枝	龙
	明治三十一年九月		27.878	7.128	稻穗	日章
	大正五年三月		23.030	3.750	上下菊花、唐草	桐
5厘青铜币	明治三十年四月①	铜95%、锡4%、锌1%	21.818	3.564	菊纹、菊桐枝	龙
	明治三十一年九月①		21.818	3.564	五厘	桐、唐草
	大正五年三月		18.787	2.100	上下菊花、唐草	桐

注:①为已确定但未制造的货币;②为已发行但未流通的货币。

银币作为辅助币,其重量和品位的变迁及原因已在前一节“《货币法》的修订”中提及。最初制定法律时,日本政府决定采取传统的货币样式,即虽然金币已经不再印有龙纹,但银币背面的龙纹依然得以保留。明治三十九年(1906 年),银币的样式被修改,龙纹从币面上消失,取而代之的是日章与樱花图案。这也是樱花图案首次被运用在日本货币上。

改铸大正七年(1918 年)版的新银币时,造币局首次向公众征集了设计图稿。这一方式模仿自美国和瑞士。图稿征集公告以及奖励方案于大正六年十一月发布,共收到投稿 7369 件。同年十二月审查结果出炉,东京美术学校制图专业学生塚本阁治设计的图稿被采用,并因此获得了赏金千元。该图稿正面中央为货币面值,左右两边是相向而飞的凤凰;背面中央为日章和向其飞翔的八咫乌,并用八棱镜罩住。据称该图案因具有纪念大正天皇即位之意而被采纳。然而,采用这个图案所制造出的新银币在交给日本银行后,并未被投放到市场上流通。大正十一年(1922 年),新的 50 钱银币得以发行。该币在之前图案的基础上去除了八咫乌的花纹,并对其他图案稍加修改。在昭和十三年(1938 年)二月停止生产前,这种 50 钱银币共被生产了 671,723,950 枚。它作为广泛流通的货币被日本民众所喜爱,甚至还被亲切地称呼为“战前小齿轮”。

这种事先征集设计图稿的方式在昭和十年(1935 年)铸造 10 钱和 5 钱镍币时被再次采用。经过数轮修改后当选的图案如下所述:10 钱镍币正反两面延续了之前的设计,其中正面是菊纹和桐纹,周围配以唐草;背面配以海浪。而 5 钱镍币则打破了以往同一种类同一设计的原则,采取了与 10 钱镍币完全不同的图案设计。该币采用金鵄与勾玉的图案,并且菊纹的花心比以往都要小,这也是其特征之一。据说,正确的菊纹花心直径应占其整体的约 1/8。由于这两枚镍币的设计组合与传统形式有较大差别,因此它们非常引人注目。

大正七年(1918 年),造币局首次使用缩雕机(本书成书时仍存 4

台法国产、1 台瑞士产,用以制作记章、章牌等)制作了货币用极印。《造币局八十年史》中写道:“与传统手雕不同,机器雕刻在花纹深浅、线条软硬等方面都有更大调整范围,因此缩雕所得极印更加精巧,模样也有所不同。首个由缩雕机制造出来的日本货币是 50 钱银币,其币面上的凤凰图案就比手雕的更为活灵活现。”也就是说,缩雕机被评价为更能展现出图案的立体感。但是,正如之前所说,由缩雕机雕刻出来的 50 钱银币并未在市场上流通。

白铜币早在《货币条例》时代的明治二十二年(1889 年)就开始发行。因为在那之前日本从未发行过白铜货币,所以在发行之初是需要相当大决断力的。《明治财政史》中记录了作为辅助货币的白铜币在市场中的流通情况。据其记载,日本当初效仿外国发行白铜币的结果是:“白铜币因其精致的外观在日本各地流通,所到之处广受好评,并没有像早前发行的 5 钱银币一样带来诸多不便。而且,随着白铜币的发行,人们越来越感到银币的不便,对银币的反感越来越深。因此,白铜币的发行数量虽然在总体上较为充足,但仍有很多地区存在短缺,如秋田、松山、甲府、前桥等地。反之,几乎没有地区认为白铜币过多。”

白铜币在《货币法》制定之初只有 5 钱这一个面额,图案则和之前的货币完全不一样,其正面是稻穗,反面是日章,表现日本农业立国的思想。大正五年(1916 年),白铜币被改为了有孔的形式,正面图案变成了菊纹和桐纹(并首次采用横向方式书写的“5 钱”二字),背面为海浪。大正九年(1920 年)八月,10 钱银币被废止,10 钱白铜币取而代之。由于其采用了与之前的 5 钱白铜币相同的形状和图案,所以自那时起新发行的 5 钱白铜币都被改小了尺寸。

根据《货币法》的规定,青铜币提高了含铜量,品位变为铜 95%、锡 4%、锌 1%。但是,由于在《货币法》颁布的明治三十年(1897 年)当年并未制造 1 钱、5 厘货币,因此实际上最早发行的青铜币是明治三十一年(1898 年)九月的 1 钱铜币。该币的花纹与五钱白铜币相同,正面是稻穗,反面是大大的日章。大正五年(1916 年)三月,政府在对白铜币进行改动的同时改动了青铜币,并首次制造和发行了 5 厘铜币。该币正面为菊花与唐草,反面是大大的桐纹。其后,1 钱青铜币在很长时间内每年都被大量制造,与同为《货币法》规定的 50 钱银币一起成为最受公众喜爱的货币。

第八节　《临时通货法》

昭和十二年(1937 年)七月七日,与当时日本政府制定的不扩张方针相反,由日本军部导演的“七七事变”导致了战争的全面爆发。庞大的军需和通货膨胀使日本银行券的发行量大幅增加,对辅助货币的需求也有增无减。随着事态的发展,如何获取制造货币的原材料成为一个大问题。10 钱和 5 钱货币所需要的镍以及 1 钱等货币所需要的锡,都需要从国外进口。与此同时,这些原料也是十分重要的军需材料。因此,按照之前的《货币法》进行铸币已是不可能的事情。

作为应对之策,日本政府于昭和十三年(1938 年)制定了《临时通货法》,决定采用新的原材料进行辅助货币的制造。同战前诸法一样,《临时通货法》中依然出现了大量片假文言文,但我们还是先看看其中的一些条款:

《临时通货法》[昭和十三年(1938 年)六月一日　第 86 号法律]

第 1 条　政府在必要时期可发行《货币法》第 3 条中未规定的临时辅助货币。

第 2 条　临时辅助货币为 10 钱、5 钱及 1 钱三个种类。

第 3 条　10 钱及 5 钱临时辅助货币的流通限制为 5 元法定货币,1 钱临时辅助货币的流通限制为 1 元法定货币。

第 4 条　临时辅助货币的原材料、品位、重量以及样式依敕令而定。

第 5 条　除临时辅助货币外,政府在必要时期还可发行 50 钱的小额纸币。小额纸币的流通限制为 10 元法定货币,样式依敕令而定。

第 6 条　政府需依命令决定小额纸币的发行总额,日本银行应区分整理包括政府预留金在内的资金作为其兑换准备。

第 7 条　小额纸币的发行、销毁和兑换均由大藏大臣决定,日本银行可依据大藏大臣的决定办理具体事务。

附　　录

本法自发布之日起施行,依本法制造的临时辅助货币和小额纸币在"七七事变"结束 1 年后停止发行。

第 72 届帝国议会众议院特别委员会和贵族院特别委员会的政府委员(大藏参与官中村三之丞和理财局长关原忠三)对政府制定该法的目的作出如下说明:

造币原材料中的镍和锡在日本产量极低,大部分都需要依赖进口。鉴于目前的国际收支状况,为节省使用造币金属,应暂停当前货币的制造发行。至于能够节省多少镍、锡资源,则依今后可能制造的货币数量而有所不同。按照预测,日本每年约制造 400 万元的 10 钱币、150 万元的 5 钱币、170 万元的 1 钱币。假如我们暂停制造现行货币,转而制造新版辅助货币,就将节省 244 吨的镍,以及 25 吨以上的锡、约 12 吨的铝。对现行货币和新版辅助货币进行成本轧差后,制造新版货币仅需增加 200 吨铜和 57 吨锌。以现在的市场价格来计算,总体上看能节约 60 万 ~70 万元的材料费。

回头看看这部《临时通货法》,可以发现其与之前的《货币法》相比极为简洁,如果不算第 5 ~7 条有关小额纸币的规定,该法就只有区区四条。

这部法律的特点之一是，相对于《货币法》中规定了造币原材料、重量以及品位，其相关内容全部移至敕令。这是因为严谨的法律难以跟上当时多变的时局，必须要用敕令来灵活处理货币发行事务。事实上，日本政府在昭和十三年(1938 年)六月一日《临时通货法》颁布当天，就公布了敕令第 388 号“临时通货样式等规定”，确定发行 10 钱、5 钱铝青铜货币和 1 钱黄铜货币。但随着战事的进行，相关造币原材料的调配难以协调，因此在经过一系列修改后，新版货币才最终得以发行。与这些修改有关的敕令如下：昭和十三年(1938 年)十一月确定发行 1 钱铝币(敕令第 734 号)，昭和十五年(1940 年)三月确定发行 10 钱铝币(敕令第 113 号)，同年七月确定发行 5 钱铝币(敕令第 476 号)，同年十二月修改了 1 钱黄铜币的重量、直径和图案(敕令第 826 号)，昭和十六年(1941 年)八月修改了 10 钱和 5 钱铝币的重量(敕令第 826 号)，昭和十八年(1943 年)二月修改了 10 钱、5 钱、1 钱币的重量(敕令第 60 号)，昭和十九年(1944 年)三月确定发行 10 钱、5 钱锡合金货币以及 1 钱锡锌合金货币(诏书第 112 号)。战后，日本政府继续采取这种方式发行货币(昭和二十二年即 1947 年起，改敕令为政令)。

这部法律的特点之二是，其包含了政府纸币的相关规定。虽说政府纸币的发行是大正六年(1917 年)世界银价暴跌时的应急之策，但因为后来难以找到取代白银的造币材料，所以又发行了《临时通货法》所述的 50 钱小额纸币。这种小额纸币采用优质纸材，磨损较少且使用方便。也正是由于包含了有关纸币的规定，这部法律的名称才叫作《临时通货法》，而不是《临时货币法》(见表 16)。

表 16　战前临时辅助货币

名称	制定年份	品位	直径/毫米	重量/克	样式	
					正面	背面
10 钱铝青铜币	昭和十三年	铜 95%、铝 5%	（有孔）22	4	菊纹、波浪、旭光	樱花
5 钱铝青铜币			（有孔）19	2.80	菊纹、桐纹	樱花半片
1 钱黄铜币		铜 90%、锌 10%	23.03	3.75	菊纹、桐、八棱镜、波浪	八咫乌、樱花
10 钱铝币	昭和十五年	纯铝	22	1.50	菊纹、菊枝	樱花
	昭和十六年		22	1.20		
	昭和十八年		22	1		
5 钱铝币	昭和十五年	纯铝	19	1.20	菊纹、瑞云	金鵄
	昭和十六年		19	1		
	昭和十八年		19	0.80		
1 钱铝币	昭和十三年	纯铝	17.50	0.90	菊纹、桐、八棱镜、波浪	八咫乌、樱花
	昭和十五年		16	0.65	菊纹、富士山、瑞云	横一
	昭和十八年		16	0.55		
10 钱锡币	昭和十九年	锡 93%、锌 7%	（有孔）19	2.40	菊纹、桐、瑞云	无
5 钱锡币			（有孔）17	1.95		
1 钱锡锌币		锡 50%、锌 50%	15	1.30	菊纹、唐草	

续表

名称	制定年份	品位	直径/毫米	重量/克	样式	
					正面	背面
10 钱陶币	—	—	21	2	菊纹、稻穗	桐
5 钱陶币			18	1.30	菊纹、樱花	橘花、橘实
1 钱陶币			15	0.80	富士山、壹	樱花

注：陶币虽然最终被制造出来了，但还未发行战争就已结束，所有陶币都被粉碎并丢弃。

这部法律的特点之三是，其第 1 条便规定该法所涉货币将被称为临时辅助货币。因此之前的《货币法》仍是日本货币制度的根本，这部法律只是战争形势下不得已而采取的必要临时措施。该法附录中虽然规定了临时辅助货币和小额纸币在“七七事变”结束 1 年后将不再发行，但不幸的是“七七事变”所带来的战争并没有很快结束，而是扩大成了全面侵华和太平洋战争（日本统称大东亚战争）。因此，日本政府于昭和十七年（1942 年）二月十八日公布第 9 号法律，认可“七七事变”已演变为大东亚战争，并要求各法均按此进行修改。于是，《临时通货法》附录中有关“七七事变”的表述也被改为“大东亚战争”，换句话说，临时辅助货币和小额纸币的发行将会持续到大东亚战争结束之时。但是，昭和二十年（1945 年）八月的战争结果众所周知[①]，日本并不具备废除《临时通货法》并重启《货币法》的条件。因此，日本政府于昭和二十一年（1946 年）八月十日出台第 5 号法律，对《临时通货法》进行了修正，删除了附录中的内容，并将第 1 条中的“必要时期”改为“目前”。直到现在，该条款都未再作修改。日本现行所有货币也都是基于这个条款制造和发行的（见表 17）。

① 指日本战败投降。——译者注

表 17　战后临时辅助货币

名称	制定年份	品位	直径/毫米	重量/克	样式	
					正面	背面
10 钱铝币	昭和二十一年	纯铝	22	1	菊纹、稻穗	10、樱花
5 钱铝币[1]	昭和十八年		19	0.80	菊纹、瑞云	金鸱
5 钱锡币	昭和二十一年	锡 93%、锌 7%	19	2	菊纹、鸠	5、桐纹
50 钱黄铜币	昭和二十一年	铜 60% ~ 70%、锌 30% ~ 40%	23.50	4.50	菊纹、凤凰	锹、镐、稻、麦、鱼
	昭和二十二年		19	2.80	菊纹、樱花	50
1 元黄铜币	昭和二十三年		20	3.20	橘	1
1 元铝币	昭和三十年	纯铝	20	1	若木	1
5 元黄铜币	昭和二十三年	铜 60% ~ 70%、锌 30% ~ 40%	22	4	议事堂、唐草	鸠、梅花
	昭和二十四年		（有孔）22	3.75	稻穗、齿车、水	双叶
	昭和三十四年					
10 元洋银币[1]	昭和二十五年	铜 55% ~ 60%、镍 16% ~ 18%、锌 22% ~ 29%	（有孔）20	2.75	茶花	六角形模样
10 元青铜币	昭和二十六年	铜 95%、锡 1% ~ 2%、锌 3% ~ 4%	23.50	4.50	平等院	10、常盘木
	昭和三十四年					
50 元镍币	昭和三十年	纯镍	25	5.50	菊花	50
	昭和三十四年		（有孔）25	5	俯视的菊花	

续表

名称	制定年份	品位	直径/毫米	重量/克	样式	
					正面	背面
百元银币	昭和三十二年	银60%、铜30%、锌10%	22.60	4.80	凤凰	围绕旭日的樱花
	昭和三十四年				稻穗	100
	昭和三十九年				圣火、五环	
千元银币	昭和三十九年	银92.5%、铜7.5%	35	20	富士、樱花	1000、五环、樱花
百元白铜币	昭和四十一年	铜75%、镍25%	22.60	4.80	樱花	100
50元白铜币			(有孔)21	4	菊花、叶	50
百元白铜币	昭和四十四年		28	9	红富士	地球、世博会标志
	昭和四十六年		30	12	圣火	100、五环
	昭和五十年		22.60	4.80	守礼门、波涛	100

注:①为已制造但未发行的货币。

自昭和二十一年(1946年)八月十日起,《临时通货法》在战后已经进行了五次实质上的修改。因为该法将货币品位、样式等大部分发行条件都授权给政令来颁布,所以这些修改主要涉及的是货币种类的变化,其内容如下所示:

第一次修改(昭和二十一年八月十日):

第1条和第5条中的“必要时期”改为“目前”并删除附录第2条。

第2条和第3条中增加“50钱”(货币种类由3种变为4种)。

第二次修改[昭和二十三年(1948年)六月十九日]:

第2条及第3条中增加“5元”和“1元”(货币种类由4种变为6种)。

第三次修改[昭和二十五年(1950年)三月二日]:

第2条和第3条中增加“10元”(货币种类由6种变为7种)。

第四次修改[昭和三十年(1955年)六月二十日]:

第2条和第3条中增加“50元”(货币种类由7种变为8种)。

第五次修改[昭和三十二年(1957年)五月十七日]:

第2条和第3条中增加“百元”(货币种类由8种变为9种)。

经过以上数次修改,《临时通货法》呈现现在的样貌。除此之外,该法还有一个特例,即“纪念东京奥运会发行千元临时辅助货币相关法”。昭和三十九年(1964年),第18届奥运会在东京举办。由于当时日本国内对奥运会满怀期待,当国际奥委会决定由东京举办奥运会的消息传来后,日本举国欢腾。当年一月十四日,福永健司委员在东京奥组委全体会议上提出了发行纪念货币的建议。由于1952年赫尔辛基奥运会曾发行过纪念银币,因此日本也选择了银质币材。当时,如选择发行百元纪念银币(品位为银60%、铜30%、锌10%,重4.8克,直径为22.6毫米),则需要修改相关政令(昭和三十二年七月十日第190号政令)。如选择发行超过百元面额的纪念币,则《临时通货法》也不得不被修改,因为这部法只承认百元以下临时通货的法律效力。同年四月,日本国会以议员提案的形式通过了《关于发行奥运纪念币的法案》。政府随即推出了千元纪念币(品位为银92.5%、铜7.5%,重20克,直径35毫米)。之后,日本世博会、札幌冬奥会、冲绳国际海洋博览会都发行了纪念币,但面额均为百元。这是因为仅发行百元临时辅助货币无须单独制定特别法,只需对相关政令进行修改。但也可以反过来说,正是因为制定特别法太麻烦,所以才将这些纪念币的面额都设置为百元(有关纪念币具体情况见本书第十七章)。

第九节 《小额通货整理法》

《小额通货整理及支付金计算法》(以下简称《小额通货整理法》)

虽不是日本造币的根本法，但它对《临时通货法》多有涉及，与《货币法》也有实质上的关联。随着战后通货膨胀的急剧加深，以“钱”为计价单位的物资急速减少，以“钱”“厘”为单位的辅助货币的存在意义越来越淡薄。但在朝鲜战争爆发[昭和二十五年(1950 年)六月二十五日]后，有色金属价格急剧上升，1 元以下辅助货币的币材价格不断升高，给货币制造和发行带来了危机。

因此，日本政府于昭和二十六年(1951 年)二月允许日本银行暂停制造和发行新货币。但是，在小额货币的清理方面，日本政府犹豫不决。明治时期以来，由于反复改铸辅助货币，仅不足 1 元的货币就达 50 种以上。日本政府虽认为有必要对这些货币进行清理，但考虑到清理货币对物价以及货币体系的影响，其实际上很难进行操作。

促使日本政府正式开展货币清理的是昭和二十七年(1952 年)参议院提出的立法议案。有议员建议实行“辅助货币损伤等取缔法临时特例案”(昭和二十七年五月二日第 130 号法律)。此前颁布的《辅助货币损伤取缔法》(昭和二十二年十二月四日第 148 号法律)中规定：“禁止损伤或毁坏辅助货币。禁止收集受损货币。若有违规者，处以 1 年以下有期徒刑或 1 万元以下罚款。”虽然该法的内容较为简单，但按照当时的物价，1 元以下辅助货币的实际价值已经超过其面值，且在实际交易中很少被使用。因此当时除 10 元、5 元的辅助货币以外，这部法律在面对其他辅助货币时难以得到有效的执行。

但是，即使是小额货币出现损伤也是不可容忍的事情，日本政府无法坐视不管。因此，一直在寻找机会清理辅助货币的日本政府，于昭和二十八年(1953 年)三月第 15 届国会上，提出了“小额通货整理及支付金计算法”这一议案。但该议案直到该届国会散会时也未能通过审议。但在同年六月的第 16 届国会上，该议案被再次提出，并最终于七月十五日作为第 60 号法律发布。

该法律的主要内容为：(1)自昭和二十八年(1953 年)十二月三十一日起，1 元以下辅助货币 54 种，50 钱小额纸币 1 种，10 钱及 5 钱日本银行券各两种,共计 59 种小额通货停止流通。(2)政府及日本银行停止发行 1 元以下小额通货。(3)禁止不足 1 元的通货在市场上流通,同时规定了支付零钱的方式。(4)撤销上述“辅助货币损伤等取缔法临时特例案”,维护了辅助货币的尊严。

至此,在明治四年《新币条例》颁布以来的 80 余年深受日本国民喜爱的“钱”“厘”等货币单位,消失在了市场中。除此之外,2 厘通用的宽永通宝、1 厘半通用的文久永宝以及 1 厘通用的宽永通宝也都不再作为货币继续流通。但该法并未涉及金币,仅适用于辅助货币和临时辅助货币。究其原因,主要是金币作为本位币占据了货币法的中心位置,若该法再进一步,则可能导致金币退出流通。这将会波及社会经济的各个方面,产生诸多问题。

《小额通货整理法》的颁布不仅使《货币法》受到了影响,更实质变更了《临时通货法》的内容。如《临时通货法》第 2 条规定:“临时辅助货币的种类有百元、50 元、10 元、5 元、1 元、50 钱、10 钱、5 钱及 1 钱九种类型。”但是由于《小额通货整理法》的颁行,原有货币中只有 1 元以上的 5 种类型能够继续流通。金币虽然没有被停止流通,但由于其稀缺性,其名义价格和实际价格之间存在较大差别,在实际支付时应该不会有人将这种所谓古币使用出去。这可以说也是当时日本货币法体系中的一大矛盾。

第十节　货币法的未来

到目前为止本书利用大量篇幅所讲述的《货币法》和《临时通货法》,都采用汉字与片假名交错的文言文体例,古朴而又晦涩。除《货币法》的极少部分内容外,大多死板而又空洞。更何况《临时通货法》最初具有有效期限,仅实施至“七七事变”结束的 1 年后。即便其附录部分按现实情况进行了修改,该法作为临时性法律的性质也没有改变，其和处于基础地位的《货币法》一样，迟早会被新的法律所取代。我们站在这个角度再次对《货币法》的条款进行审视，就会发现很多值得商榷之处。

《货币法》第1条"货币的制造和发行权属于政府"这一规定，站在立法的角度上讲毫无争议可言。但是，在日本政府之前的法律文件中，曾将货币相关权力赋予所谓的造币高権（又称造币大権）。这一法律条文可以说是现今唯一一条仍然有效的与货币相关的基本条例。（需要说明的是，不能说当时货币的发行已从造币局转移至日本银行，而是货币由造币局制造和发行后，再交由日本银行投入流通，这与日本银行券的发行有所不同）

《货币法》第2条为价格单位。在后世指出《货币法》时代性的错误时，被称为"元"的价格单位常常被引作典型例子。"纯金重量为750毫克的价格单位被称为元"——日本金本位制的根基便是从这里打下的。但如今应该不会有人再认为1日元能买到750毫克的纯金了。在昭和六年(1931年)日本脱离金本位制[①]不久之后，大藏省于昭和七年三月四日制定了按时价收购矿产黄金的计划纲要，并把平均收购价定为每克黄金1元93钱。[②] 而根据《货币法》确定的黄金与日元比价应为每克1元33钱(750毫克/元)，比新比价高了45%。在此之后，政府不断提高黄金收购价格，使日元相对黄金持续贬值。昭和十二年(1937年)八月十日颁布的《准备金评价法》（昭和十二年第60号法律）对日本银行所发纸币与黄金的比价再次进行评估，确定纯金290毫克为1元。[③] 除此之外，昭和十七年(1942年)制定的《日本银行法》（昭和十七年二月二十四日第67号法律）第75条中写道："日本银行应依据第32条第2项的规定储备黄金并确定金币价格，遵循《货

① 1931年，受大萧条影响，包括英国、日本在内的17个国家放弃金本位制，竞相贬值本国货币。此后，日元与黄金在事实上不再挂钩，日本国内的纸币不再能兑现为金币，金币随之退出流通，被纸币取代。——译者注

② 相当于518毫克/元，日元相对黄金大幅贬值约31%。——译者注

③ 相当于日元相对黄金累计贬值约61%。——译者注

币法》第2条的规定(日元的含金量相关条款)。"

战后,日本虽于昭和二十七年(1952年)加入了国际货币基金组织(IMF),但在第二年也即昭和二十八年日本出台了《金管理法》(此处指昭和二十八年七月十五日第62号法律,是对昭和二十五年五月一日第128号《金管理法》进行全面修订后的版本)。该法第4条规定:"根据上一条规定,购买黄金的价格应由主管大臣根据《国际货币基金组织协定》(昭和二十七年第13号公约)第4条'通货平价'的相关规定在其价格范围内进行确定。"基于上述法律发布的《政府黄金购入价格公示》(昭和二十八年八月一日大藏省第1475号)的规定,黄金的购入价格为每克405元,[①]这与《货币法》规定的每克1元33钱的黄金平价有天壤之别。昭和四十三年(1968年)四月后,日本政府停止了按公示价格购入黄金的措施。

日本当时签署的《国际货币基金组织协定》第4条有如下规定:

第一项　平价的表示

(a)各成员通货的汇率以黄金为共同尺度,表示为1944年7月1日美元所体现的纯金重量。

(b)为适用本协定的规定,各成员通货应以上述汇率尺度为基础进行计算。

1944年,即昭和十九年七月,距太平洋战争结束尚有1年多,以美国财政部顾问怀特提出的计划为基础,数十个国家(地区)共同签订了国际货币基金组织协定等文件。[②] 次年十二月,参会各国(地区)均已批准了这一协定。自1934年(昭和九年)美国将政府黄金购买价格定为每盎司35美元(888.671毫克/美元)起,日本与外国货币当局就一

① 相当于约2.469毫克/元,日元相对黄金累计贬值约99.7%。——译者注

② 美国布雷顿森林会议。——译者注

直在此价格下进行交易。日本于昭和二十四年(1949 年)四月采用了 1 美元：360 日元的汇率。昭和二十八年(1953 年)三月，大藏大臣向国际货币基金组织提交的汇率提案中，显示当时汇率为 1 美元：360 日元，或 1 日元：0. 277, 777 美分，用黄金来表示就是 1 日元等于 2. 4685 毫克黄金(与前述日本政府购入黄金的每克 405 日元基本一致)。同年五月十一日，国际货币基金组织通过了这个提案，决定在战后的新国际经济体系下实行这一汇率。

就这样，直到 1957 年，基于对美元的信任，以黄金和美元作为基准通货建立起来的国际货币基金组织体系度过了一段安定的时期，但在 1958 年以后，由于美国国际收支出现大幅赤字，不安情绪开始笼罩这个组织。此后，国际货币基金组织为防止美元波动实施了多项政策，在此不再详述。1971 年(昭和四十六年)十二月，美元断崖式贬值，美国将政府黄金购入价格修改为每盎司 38 美元。这可以说是件划时代的事，标志着美国已无力维持固定汇率制。在该年十二月十八日于华盛顿史密森学会召开的十国财长会议上，有人提议以美元对黄金贬值为条件，进行多方面的货币体系调整。结果美元贬值 7. 89%，日元反而升值 16. 88%。同时，日本决定以史密森协定内容为基础，于十二月二十日将中心汇率改为 1 美元：308 日元(1 日元等于 0. 324, 675 美分)，上下可浮动范围为 2. 25%。

于是，世界对美元的信任越发动摇。美国再次陷入汇率下跌的危机中。1973 年(昭和四十八年)二月十二日，1 盎司黄金的政府购入价格被修改为 42. 22 美元，即美元再度贬值了 9. 995%。在英国、加拿大等采用浮动汇率制后，日本也于该年二月二十四日采用浮动汇率制。由于在该制度下汇率变动不再受到限制，日元和美元之间的汇率开始逐日波动。三月，欧洲共同体(EC)诸国建立了联合浮动制度[①]，世界

---

① 联合浮动制度，即参与方货币之间仍保持固定汇率(设定较小浮动区间)，对其他国家采取浮动汇率的制度。——译者注

从此开始进入浮动汇率时代。

为应对这种情况，各国都在探讨修改《国际货币基金组织协定》第4条"货币平价"的有关规定。1976年(昭和五十一年)一月，国际货币基金临时委员会在牙买加首都金斯敦召开会议，达成了以下协定：(1)目前各国虽然可以自行选择固定或浮动汇率制度，但需要受到国际货币基金组织的监督。(2)如果未来世界经济稳定，将由各国进行投票，若有85%的国家赞同则回归固定汇率制度，届时汇率尺度将不再以黄金和美元为基准，而将采用IMF特别提款权(SDR)。(3)各成员方须废除黄金政府定价以及货币当局对黄金买卖所设限制等现行的黄金相关规定。同时在该协定生效前，各成员方还需采取一系列紧急应对措施(如设立信托基金、向市场释放IMF储备金、大幅放宽IMF贷款机制条件等)。在该协定得到各国议会批准后，浮动汇率制度正式来到舞台中央，世界货币进入牙买加体系。从黄金和美元的汇率尺度基准地位这一层面上来说，这场会议意义重大。

再次回到《货币法》第2条。如果想要修改货币法，明确价格单位究竟有何意义就成为最大的问题。在走向管理通货制[①]的今天，有人认为再谈论价格单位毫无意义。但是，只要日本采用"元"作为货币单位，这个问题就不可避免。虽然这一问题的解答与国际货币制度有所关联，但从前述浮动汇率制度中难以直接得到答案。另外值得注意的是，《货币法》第2条的规定是可以灵活理解的，因此也有说法认为研究"元"这一称呼，也就是货币单位产生的历史原因具有很强的现实意义。

接下来的《货币法》第3条将货币分为9种。其中50钱银币及以下的货币有6种。如前所述，根据《小额通货整理法》已有部分货币不再发行并被禁止流通，因此留下的货币只有3种(20元、10元、5元)。虽然这三种货币并没有被禁止流通，但是应该也不会有人按照这三种

① 管理通货制，即不可兑换的信用货币制度。——译者注

货币的面值进行交易了。如今日本政府早已不再制造和发行这几种货币,因此可以说这条规定已毫无用处。

《货币法》第 4 条规定货币使用十进制计算,并且以“钱”和“厘”作为称呼和计量单位。但不可否认的是,无论历史情况如何,在小额钱币早已不再发行的今天,这条规定已经失去意义。

《货币法》第 5 条规定了金、银、镍、青铜货币的品位(原料百分比)。《货币法》第 6 条规定了各种货币的重量。这两条规定是以第 3 条规定为前提的,因此对第 3 条的批判同样也对其适用。

《货币法》第 7 条规定了各种货币的重量,笔者立场与前一条一致。

《货币法》第 7 条规定了各种货币的流通限度,并赋予金币无限制流通的地位。同时也正是因为实行了金本位制,所以才要对辅助货币进行限制。与之相对的是,《临时通货法》第 3 条也有与之相似的规定,但并非因为考虑到本位币与辅助货币之间的关系,而是因为考虑到交易过程中小额货币带来的不便。因此,从立法的角度来看,这两条法律似有矛盾之处,存在进一步探讨修改的余地。

《货币法》第 8 条规定了货币的样式和造币方式。之前已经说过,《临时通货法》不仅提及货币品位、重量、原材料,在货币样式上同样有所规定。

《货币法》第 9 条、第 10 条分别规定了金银货币的纯度和重量公差。日本词典上对“公差”一词的解释是:“货币、度量衡、工业制品等在标准重量和大小上或多或少都会出现偏差,而公差即为官方容许的偏差范围。”在不再发行和流通金银货币的今天,这条规定已经成为一纸空文。

《货币法》第 11 条规定了金币的最小流通重量,与之前两条一样也已失去了意义。

《货币法》第 12 条规定了磨损货币的回收。虽然该条规定的前半段提及的金币最小流通重量早已失去意义。但政府认为且实际上其后半段包含了正流通的临时辅助货币，因此可以理解为现在仍然有效。

《货币法》第 13 条将难以辨认以及被故意损毁的货币规定为无效货币。这条规定在立法过程中主要是考虑到有人盗削金银货币，这种情况早已不复存在。但在自动售货机普及后，报纸上常常提到有人用假的或是损毁的百元硬币进行交易，因此这条规定或许有必要进行更细致地讨论。当然，这条规定并没有区分货币的种类，而是涵盖所有的货币，因此直到现在其依然具有法律效力。

《货币法》第 14 条规定了金币的自由铸造制，这是金本位制下产生的法律条文。《日本银行法》否定了自由铸造制，其在第 76 条中明文规定："《货币法》第 14 条不适于目前的状况。"因此该条规定也早已是一纸空文。

根据以上分析可以大致看出《货币法》在如今具有怎样的现实意义。即使其中大量条款已经失去意义，但《货币法》仍然作为一个整体存在着。即使有法律否定了《货币法》的一些条款，但为了维护建立在《货币法》之上的日本货币体系，也必须加上"目前"这一限定词。作为现行货币发行根本法律的《临时通货法》实际上也是作为《货币法》的临时特例而存在的。但无论如何，如今的《货币法》已如无人居住的古代宫殿，只是作为金本位制的遗迹任人凭吊。

在战前制定《日本银行法》之际，日本国会就修改《货币法》一事展开了激烈辩论。直到现在，日本议会依然会讨论这个问题。政府当局也曾表达过修改该法的意思。但是，离开金本位制之后到底应该如何维持货币体系？价格单位以及原本用于兑换黄金的日本银行券又该如何与国际货币联系？这样的联系又该赋予日本货币怎样的地位？在进一步修改《货币法》之前，仍有一系列问题有待解决。

第十五章　有关赝金

第一节　赝金的开端

要谈赝金，首先要明确什么是赝金。赝金一词可理解为赝币、假币、伪币。有“赝”就一定有与之相对应的“真”。真币是指由政府或其指派机构正式发行的通货，狭义上也可以指本位制下的本位货币。

与之相对的是，私铸币是指非官方铸造的货币。虽然赝金的种类有很多，但在皇朝12钱不再发行到再次铸造官方货币的那段时间，也就是在所谓的“无货币时代”，由于没有官方发行的货币，私人所铸货币也就并不算赝金，换句话说，赝金一定是私铸币，但私铸币不一定是赝金。

由于造假者赚的是原材料的差价，所以一般情况下赝金的品位都不如真币。但是对名义面额与币材实际价值存在较大差距的各种辅助货币，赝金比真币用料更好的案例也并不少见。

通常情况下，制造赝金是为了代替真币在

市场上流通，但是也有古钱收藏爱好者们借古钱涨价之机制造假古钱。传言直到今日东南亚仍然存在一些日本假古钱，其品位和真币相同且做工精细，连专家也难以辨认。因此，收藏明治时代货币时一定要十分当心。在日本本土，制造假古钱的历史可追溯到元禄时代，那时人们十分痴迷于收藏古钱，还发行了《古泉书》等古钱相关著作。当时的一些假古钱制作者在历史上留下了姓名，如轮袈裟、升伊、谷川、东条、与市、宽永堂、古乐堂等(后有详述)。

有关明治时代的假古钱，《历史公论》(第 3 卷第 13 章：伪造的古钱)中记载了如下趣事：

在明治末年到大正初期的一段时间，住在横滨的古巴领事拉姆斯汀成为当时最大的假古钱制作者。该人只将假古钱输往国外，绝不让其在日本国内流通，因此没人知道他在制造假古钱。直到他逝世后，这些假古钱才在日本市场上出现。拉姆斯汀制造的假古钱与真钱十分相似，他采取了近代科学的方法对其进行原材料配比，并且对着色也很有研究，其制作的假古钱是假古钱中的上品。除日本假古钱以外，他还制造中国、朝鲜、安南、古希腊、古罗马钱币以及南洋邮票。除拉姆斯汀外，当时住在不忍池边的一个名叫小田部的人也制作了大量假古钱。但这个人制造假古钱全凭想象。例如，现在仍能见到的长方形的“台场通宝”和南部的“马市”等钱币就都是他的作品。就连这样的钱币也有人相信其是实际发行的货币，这不禁让人感到十分有趣。

还有些假古钱的制作并不是以欺骗别人为目的，而是为了保存其价值。据说，在荻原重秀改变金银币铸造工艺、降低品位后，当时的有钱人不愿换取劣质新币，又担心私藏旧币会受到惩罚，于是就将手中的钱币改铸成小判，谎称这些小判是祖传之物以逃避惩罚。由于这些假古钱的年代距今同样十分久远，早已与真币混杂在一起，因此现在的收藏者见到古小判时常常会发出疑问：这真的是中世货币吗？还是说这是近世伪造货币呢？

在本书多次引用的江户时代草间直方的著作《三币图汇》中，对这一情况有所描述：

日本古代虽有数种金小判，但其具体来源已无人知晓。当时时局混乱，虽然按理说应该没有铸造官方金银币的铸币厂，但各国领主依然各显神通地铸造本国货币。从质量上来看，这些藩国货币都十分优质。在我前些年从银座淘回的东西里有本包罗了各种金银制品的书，那些金银制品实在是美丽至极，都是些最为奢华的小玩意。元禄年间，爱好古钱的风气兴起。当时，有几种中国和日本的古钱首次被展示在世人面前，成为无论贫富贵贱都想要收藏的物件。此时便有人借机制作假古币以获利。因为有些假古币做工精巧，轮袈裟、东条、升伊、谷川等制币人直到今天仍非常有名。之后在正德年间，银匠们受利益驱使开始铸造不合品质的赝金，从中赚取利润，并从此荣华富贵，得以购买各种奇珍异宝。当时，古钱作为一种珍贵的收藏品并没有太多的种类。即使是在天正、文禄时期，丰臣时代的日本领主曾下令新铸货币，但由于当时金银产量较少等，金银判的种类仍然较少。若是仅因为太阁所著的《金赋》就认为那个时代遍地都是金银，那可就是大错特错了。金银的产出变得丰富到足以供给制造货币，已经是庆长年间以后的事了。因此，即便上述银匠仿铸了那些假古钱，存世古钱仍然稀少且种类不足，满足不了人们的收藏需求。于是，偷偷铸造各种各样的金银判，并谎称它们是稀世珍宝的人也越来越多。

但是，现在有许多人不知道这些事实，误以为这些货币曾在市场上流通过，从而认为这些货币很珍贵。某位老人曾对我说，古钱币收藏若不进行细致的实情考察，就很容易酿成大错。明和年间我曾在京都一家当铺看到清仓出售的古币，据称原本是银座所持有的金银样币。我看到其中混杂有不少异样的货币，就对其真实性有所怀疑，但直到听了老人所言后，我的疑惑才算解开。

如此这般在德川中期制造的赝币很多，其中有很多好事之人以《金银钱谱》为样本巧妙地制造了很多异形金银币骗人耳目。因此在本书的图样中，没有写明这些钱币为古代哪国所用。当时时局混乱，根本没有可以考证的典籍，一犬吠形百犬吠声，很多所谓的珍品都不过是民间讹传所致。正如古谚所说，虚言易信。那些古钱币恐怕十有八九都是假的。

宽永年间幕府将军前往京都时，曾命人制作一批金银制小判以作玩乐之用。传言有些参与制作的人也私自铸造各种金银货币。因为这些钱币都是德川中期的产物，所以有不少不明就里的人被这些异形钱币遮了眼目。阅览本书图样的人一定要认清这一点。

即使是现在，若是古钱币收藏再次流行，那么伪造古钱的人也会再次出现。即使是黄金这种价高且不易造假的东西，也会有人受到利益驱使运用现代技术去巧妙地伪造。黄金的品位若是有所差别，内行人马上就能分辨出来。但是在外行人眼里，想要分辨品位好坏则相当困难。另外，由于很容易就能制造出跟以前相似的戳记印章，因此在古钱币制造者和收藏者相关印记的分辨上，并没有人能够一眼得出结论。但是，凡事都有破绽，如果深入学习的话，通过这方面判断真伪也是可行的。首先，在大多数情况下，能够收藏古钱的人肯定是一方富豪。其次，由于政府对贮藏古钱有严格的禁令，时常会发布相关旨意，一般平民就更没有机会收藏古钱。基于同样的原因，现在市面上已很难看到古钱中的珍品。

前些年，有个西方国家的人来找我，想转手给我一枚金制千代小判。这枚小判上的印章看上去确实有些年头，黄金的成色也非常好。但是我对它的真实性仍抱有疑问。因此我以买卖古钱犯法为由婉拒了他。如果是现在仍在流通的货币，那么其真假一看便知。即便是用真正的黄金伪造的货币，依然没有什么附加价值，有的只是黄金本身的价值。当真金被加以古董之名，即使黄金的品位可能稍有逊色，也仍是稀世珍品，会有人愿意付出比黄金本身更高的价格来购买这类古钱。若是现在这种玩赏古钱的风气依旧盛行,那政府可能就不得不下令严格限制了吧。

以上虽然大量引用了《三币图汇》里的内容,但总结起来该书介绍的伪造钱币种类如下所示:堀川小判、今川小判、小田原小判、松前小判、加贺小判、越后小判、太阁小判、上字金、雁金、寿永小判、大塔宫小判、雏小判、牛舌小判等近百种。

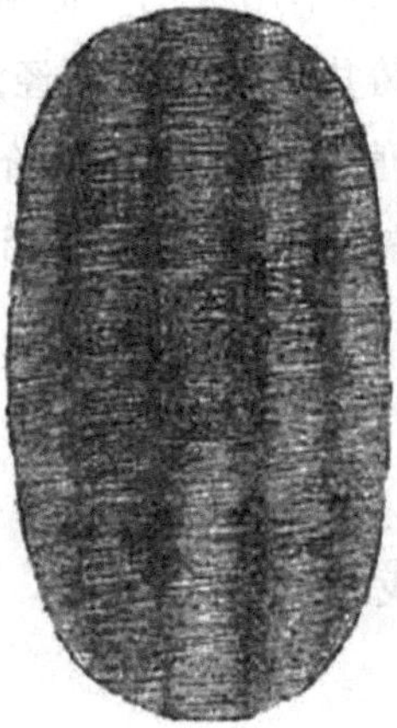

太阁小判(图中尺寸为原尺寸的2/3)

有关伪造古钱的内容已经写得够多了。如果现在再要制作赝金,主要还是制作现在通用货币的假币。在此,我们将话题转回到私铸钱上去。

私铸钱历史的起点与官铸钱相同。查看中国的历史就能知道,虽然在战国时期各国都能随意制钱,但在秦始皇统一天下之后,货币就被统一为半两钱,货币铸造权也由中央政府掌管。汉高祖虽允许民间私自铸币,但到了吕氏执政时民间铸币又被禁止。汉文帝时再次允许民间铸币,但在汉景帝时私铸币再次被禁止。汉惠帝六年(公元前189年)十二月,汉惠帝制定法律"禁止民间铸币"。可以说,中国的货币铸造史是一部与私铸钱的战争史。值得注意的是,私铸钱之所以会盛行，往往是因为官铸钱的质量下降。在这一点上日本的铸币史也同样如此。

日本于和铜元年(708 年)开始正式铸币，但货币发行不早于和铜二年。当时的诏书称："现如今有人追逐不当利益而私自铸币。从今往后，凡是再有私自铸币者，没收全部财产。使用伪劣货币者，杖二百，加以劳役。知情不报者与犯罪者同罪。"与两年后的规定相比，该诏书规定的对象仍然仅限于上等货币中的银币，且处罚也仅是革除官职、降为奴仆等，并不用极刑。但从该条款中可以推测，在政府掌握铸币权之时，私铸货币的风气已经泛滥。由于古代的钱币本身质量就比较低劣，面值与币材的实际价值不符，因此私铸者即使不用质量更差的材料铸币，仅用与官铸币同样的原材料，也能得到可观的利益。

第二节　皇朝 12 钱的时代

前面所述禁止私铸的诏书颁布仅两年后，太政官又于和铜四年(711 年)发布公告："根据法律，私自铸币仍属违法，需施以重刑。凡是私自铸币者斩，从犯革除其官位，全家流放。知情不报者同罪，不知情参与者半罪。使用私铸币但悔过自首者罪减一等，未使用过且自首者免罪。隐瞒罪行者与知情不报者同罪。"法律涉及的范围也由银币扩大到了铜钱。如此一来，对私铸货币处以的刑罚也变得和中国一样严酷，采取了斩首以及连坐制。同时政府也采取了恩威并施的方式。比如，和铜四年政府制定了蓄钱法，也在不断改进货币发行和管理机制。但为何私铸钱横行至此呢？流传下来的记录显示，和铜元年政府首次设置"催铸钱司"职位，但实际上当时各藩属国早已经在私自铸造钱币了。因此可以推断，当时民间私铸的技术和设备与官铸处于同一水准，要想将私铸斩草除根，实际上是一件相当困难的事情。

对国家来说,私自铸钱是重罪。因此,和铜五年九月施行大赦时,盗窃罪和已赦免者被排除在大赦之外,私自铸钱者也只得到了罪降一等的处置。和铜七年六月再次进行大赦时,私自铸钱变得与盗窃罪一样都不得赦免。和铜八年九月因元正天皇即位而进行大赦时,对私自铸钱者与犯有串通杀人、杀人、盗窃等不可饶恕罪行的人不予以赦免。第二年太宰府有人私藏一种含锡的铅矿石。这种材料可以混入铜内进行铸币。这些人没有遵从禁止私自铸钱的旨意,私自进行买卖。其结果是很多人受到私自铸钱者的欺骗而深受连累。于是政府实行了更加严格的禁止措施,规定如果得到这类铸币原料,一律交归官府所有。这也是防止私自铸钱的一种对策。

同样,在元正天皇养老四年(720 年)下达的诏书中提及,由于右大臣藤原不比等身患重病,皇室为了祈祷其恢复健康而进行了大赦。在此前大赦中一直被排除在外的包括私自铸钱在内的八大重罪(谋反、大逆不道、谋叛、恶虐、不道、大不敬、不孝、不义)在此次大赦中都被赦免。根据《续日本纪》,在此之后日本还进行了几次大赦,但是都把私自铸钱之罪排除在外。

在孝谦天皇时期,由于佛教思想深入人心,法律开始出现回避死刑的倾向。因此,私铸钱币虽然仍是重罪,但如果真的被定为死罪,在服刑时也会减轻一等,这样的例子有很多。可以推测,在赦免权被滥用的情况下,私铸钱币的行为会反复出现。宽松的法律助长了私铸钱币的风气,而法律执行的松懈则可能为私铸风起的趋势提供了有利条件。天平宝字四年(760 年)三月,淳仁天皇在新发行万年通宝的诏书中提道:“近来由于私铸钱币的增加,市场里的钱币有一半是假冒伪劣的,如果马上发出禁令恐怕会引起骚乱。”政府自己承认市场上流通的货币中有一半是赝金。但这份诏书被认为是为了发行新币而发布的,若深究史实,大概多少有些夸张成分。

此外,在法律的具体实施方面,称德天皇天平神护二年(766 年),

因道镜①升任法王位而进行了大赦，赦免了犯有包括私铸钱币在内的一些大罪之人的死罪。但据《续日本纪》记载，同年十二月被赦免私自铸币死罪的人相继被发配到铸钱司。同时为了防止他们逃跑还会配以脚铃，若是逃走则可以听铃而追之。这样的政策既可以让犯人们在铸钱所服以劳役受罚，又可以不给他们判以死刑，可谓是一石二鸟之策。据说除上述脚铃外，这些犯人后来又被戴上手铃以防止逃跑。该书还记载，神护景云元年（776 年）十一月，私铸钱币的犯人王清麻吕等 40 人被改姓铸钱部，流放至出羽国。

采取这种措施的情况并不多见。在那之后，神护景云年间至宝龟年间（767～778 年）进行的数次大赦中，私铸钱币罪有时被排除在赦免之外，有时又是死罪从缓。直到宝龟十一年（780 年）十一月，对私铸钱币的惩罚才有所放松。这个时期的规定变成了："和铜四年所规定的私铸钱币者斩、从犯革除官职、家人均应流放之法律，于天平胜宝五年被修改为私铸钱币者仅做流放。此时若从犯、家人的刑罚不变，其主次轻重关系就会失衡，因此从犯、家人刑罚分别降为 3 年、2 年半的牢狱。"

进入平安时代后，桓武天皇在天应元年（781 年）进行大赦时也没有把私自铸钱之罪列入大赦范围内。次年，也就是延历元年，政府撤除了铸钱司。延历九年又重新设置铸钱司。延历十五年（796 年）新铸隆平永宝钱时，诏书中这样写道："民间炉火四起，赝金猖行，因此发行新币，以便让旧有货币不再具有贮藏价值。"

根据《日本后纪》中的记载，嵯峨天皇弘仁五年（814 年）八月，政府免除了私铸钱币的囚犯日下部土方的刑罚，让其为政府充当木工，其成为摄津国武库郡的有籍之人。正是由于日下部土方手艺精湛，政府才宽恕他私自铸钱的罪行，并引作人才。草间直方对此评价道："在

① 道镜，奈良时代僧人，深得称德天皇礼遇，一度试图即位天皇，后失势被贬。——译者注

日本历史中,有许多赦免有罪之人的例子。但一般来说,犯下私自铸钱或其他八项重罪的人是不该获得赦免的。然而前述日下部土方就被赦免了,并被安排做了木工。这全然是因为他自身的才能。真所谓有才者多助也。"

后来在弘仁十三年(822 年)二月,因检非违使[1]之故,死刑被废除,这是日本刑法的一个重大转变。自此私自铸钱的罪犯们不管是主犯还是从犯都被罚以终身服役。这一时代的文献对私自铸钱之事多有记录。如《续日本后纪》中记载,仁明天皇承和六年(839 年)四月,右近卫将监坂上大宿祢当宗、近卫及俘夷等人派往伊贺国,在名张郡的山中抓获了私自铸钱者共 17 人,没收了他们的铸钱工具和钱币等。又如《三代实录》中记载,贞观十七年(875 年)十二月,政府下令抓捕了一批大和国的私自铸钱者。次年也就是贞观十八年六月,发生了元兴寺僧人德操与元右京人长背村主日奉春岑共谋私自铸钱的事件。在调查过程中,德操虽矢口否认,但因证据确凿,被判应戴镣服役。最后,该僧人与村主被一同流放到伊予国。该书中还记载,元庆四年(880 年)八月,"检非违使丹波宗雄隐瞒刑部永渊私自铸钱之事"。可以看出,事实上,当时为官之人和伪造货币者似乎也曾狼狈为奸。

如此一来,私自铸钱的风气越发猖狂。延喜十四年(914 年)四月发布的《三善清行意见封事十二条》中,就有一条请求禁止各国僧人和寺院宿卫人员暴行的条款。该条款对僧人私铸钱币等现象进行了激烈的批判:"这样的人年年增多,以至于天下 2/3 的人都成了秃头者。他们家有妻子且不禁荤腥,虽形似皈依佛门,但实际心如屠夫。他们聚众行窃、暗中铸币等行为尤其恶劣,简直是不畏天罚、不顾佛法。"

永观时期,大赦已经趋于徒有形式。由于官方铸币的陆续发行,对政府来说,私自铸钱已不被看作是问题。政府施行的 1 枚新币对 10

---

① 检非违使,日本古代官名,与中国古代御史大夫、廷尉类似,负责监察百官。——译者注

枚旧币的暴政,再加上新发钱币本身的极度恶质趋势,导致了私自铸钱已成为无法阻挡的事情。各位读者,你们能分辨出来我们现在见到的皇朝 12 钱中,哪些是官铸钱,哪些是私铸钱吗?

随着朝代的变迁衰落,皇朝 12 钱的铸造也逐渐消失了。在本书第二章中已经讲过,在那之后,日本很快从倒退回实物货币的时代,进入进口钱币的时代。在这种情况下,货币不再有官铸、私铸之分,区分作为赝金的私铸币已经没有意义。此时,选择钱币的质量,也就是“选钱”具有更重要的意义。因此在中央政权统一币制的时代即江户时代之前,赝金的问题就已自然地消失了。

第三节　江户时代的取缔赝币

德川家族掌权后确立了币制,垄断了货币的铸造权,因此伪造货币再次成为问题。幕府认为伪造货币是重大犯罪,因此试图以严厉的刑罚来压制这种行为。一般来说,有真币的地方就有赝币。纵观江户时代,除了幕府末的混乱时期外,金银货币自元禄改制以来的伪造现象也十分引人注目。由于在钱座这种许可制度下许多地方都有制钱工场,再加上各地规格不一,铸钱原料又简单易得,因此遍地都是赝币成为当时货币流通的一大特征。

在中国漫长的货币史里,虽然并没有提及货币的恶铸为何被称作赝造(日文:贋造),但是可以推测,新旧币并存时,货币流通困难,其中品位低劣的货币实际价值低下,伪造这些货币可以获得很大的利润。在某种意义上,可以说当局者自身也在制造赝金,因此实际上制造赝金的人已经没有了道德上的受谴责感。元禄时期,赝造就因政府的恶铸而盛行。针对这一现象,草间直方的书中有所记录:“元禄八年第114 代东山院治理天下,发布了新质金币。由于这种金币中含有杂质,品位低劣,因此很容易被伪造,出现了多起制造赝金的事件。赝金犯罪者遍布官民之间,都已按照欺骗公众之罪被判以磔刑。传言右元禄金(一种赝金)就是荻原近江守殿(重秀)所制。”“庆长的金银,由于原材料上等,即使没有现在的精工巧作,也没有赝品。元禄时代以来,金银货币的品位越发恶劣,工艺却越发精湛,即使这般仍有人制造赝金。”一位名叫松浦静山的隐居者所著的《甲子夜话》中,记载了一件发生在文成时代的事。

很久之前,世间传言,说位高权重的人建议改铸货币,使得货币的金银品位越发低劣。之后有男子因制作赝金被捕。经过审问,他被判有罪。在被马车拉着赶赴刑场的途中,该人高声大骂:“若因制作赝金就要受到刑罚,那么造币厂里的人就更加罪孽深重。”沿途行人一哄而笑。押解衙人担心所言触犯禁忌急忙喝止,但他不当回事又反复骂道:“我等已经是将死之人,有何可惧?”押解衙人束手无策。

还有一件不知是何年的事(在前文中已有提及。——作者注)。某年十二月二十一日凌晨,村松町燃起大火,烧毁了多间商人们储藏钱财和宝物的屋子。人们发现,官府新近发行的金币全被烧成了银币,银币都被烧成了铜币。虽然制造钱币的工人百般辩解,但从此人们就知道了,铸币所使用的原料比之前的货币要更为低劣。

除此之外,还有记载写道,在江户时代只要制作了一贯赝金,就会被判处死刑。但讽刺的是,有名的八代将军德川吉宗御定的百种货币里,有 67 个实际上是赝金。

幕府将宽永通宝定为官方货币,并于宽永十三年(1636 年)开始制造此种货币。但是从全国各地铸造的结果来看,各藩国中均有不少人制作了赝金。许多赝金与官方钱币大小不一致,品位也较低,因此在宽永十年,政府下令关停了各地的造币厂,并于宽永二十年(1643 年)公告追加了赝金连坐的惩罚制度:“各个藩国和地区均禁止私铸钱币。如果发现秘密铸造者,或其他犯有相关错误者,请及时举报,我们会给予奖励。一旦举报查实，犯罪者将被判处死刑，甚至其相关人员也会连坐。”

此后，幕府频繁对私铸钱下达禁令，有记载私铸禁令的年份有：明历元年（1655 年）、宽文十一年（1671 年）、延宝二年（1674 年）、天和二年（1682 年）、元禄八年（1695 年）、正德元年（1711 年）、文化三年（1806 年）、天保十三年（1842 年）。

第四节　赝 2 分金处理始末

随着幕府权力的动摇，幕府用强权垄断的金、银、铜三币铸造逐渐开始崩坏，各地开始流通起非官铸赝金。赝金流行的另一个原因是当时政府自己试图铸造赝金筹措军事费用。在这些赝金中，一种叫作 2 分金的天保钱可以说最具代表性。

伪造的银铜 2 分币，即所谓的“查拉金”的盛行，使人们对真币丧失信心。不仅国内经济陷入极度混乱，国外的强硬要价也使国际外交成为重要的政治问题。这种政治旋涡对日本来说是个巨大的挑战。明治元年八月二十八日，太政官们提出：“旧幕府时期经常对金银货币进行改铸，人民困扰至极。如今太政集团越发紧密联结，不如以各府县为对象进行严密搜查。各藩藩主若查到赝金犯罪，则迅速上报刑法官。若包庇犯罪分子事情败露的，直接算作主犯。”但谁也不知道，实际上这个时候，东京和大阪都在疯狂制造品位低劣的 2 分判。虽然明治政府对制赝金者十分严酷，但这种做法恐怕对解决当时的货币流通现状起不到任何作用。江户、京都、大阪等地的兑换店里流出流入的 2 分判共有十三种以上，但其中十有八九恐怕都是假的。

对于赝金的流通，外交上的压力也让明治政府头痛不已，政府收到了来自在日外国商人的抨击。各国公使馆于明治二年一月七日向日本外国事务长官发函，质问 1 分银币的质量为何比政府于 1886 年改定条约中定下的质量还要低下，政府为何迟迟不处理伪造 2 分金泛滥一事，以致 1 分银和 2 分银的时价如此低廉，并要求日本政府迅速出台措施维持金银价格。由于日方没有立即答复，各国公使于明治二年一月二十二日、二月二十八日陆续将催促答复的公文送至日本政府。日方于四月四日答复道："关于伪劣金银流行之说，我方将调查权限委任给暂驻大阪的外国事务副知事大隈八太郎。因此待大隈从大阪回到东京后便会回答这些问题。但如今政府已停止了 2 分金、1 分银的铸造，并且决定以后也不再铸造这些货币。如果各藩还有私自铸造的，国家将一律给予重罚。"很快，大隈回到了东京，但是他不可能回答出那些问题。明治二年五月，日本政府将五等以上的官员召集至东京，接受天皇临幸，质询财政外交改良之策并将这些官员的答复综合起来，于明治二年五月二十八日进行公告："金银货币为天下之至宝，为天下人赖以生存之工具。然而近年来民间频频发生制造赝金事件，更有甚者私自设置时价对赝金进行买卖。这些人都是蔑视我国刑法之人。从今天开始，若还有人使用赝金，必定予以重罚。只要发现这种犯罪行为，即可立即进行抓捕。"

然而，在日本政府发布上述公告之前，先后三次向日本政府送出公文没有得到答复的各国使团非常生气，要求直接与日本政府首脑进行面谈。明治二年七月六日，各国外交使团与日本政府进行了会谈。会谈的重点有三个：一是日本政府、德川幕府各方铸造的 1 分银和 2 分金从前是日本通用的货币，日本政府要保证在各国兑换成新币之前，使用这些货币不会被阻拦。二是外国人使用 1 分银或 2 分金交税时，日本政府不应该拒绝，而要直接接受。三是日本政府需要详细报告有关制造新货币的操作流程。

作为新政府，日方无法回避上述问题。这一会谈被定在明治二年七月十二日。当天日方派出了三条右大臣、岩仓大纳言、泽外务卿、寺岛外务大辅、大隈大藏大辅、伊藤大藏大丞等高官，与英、法、美、俄、意五国公使在高轮招待所进行会谈。出席会谈的日方委员心中充满了各种无奈和苦恼:如何才能给这些外国公使团一个满意的交代,如若不妥恐怕就会被强制要求一些不正当的利益了。这次会谈的问答虽然不长,但内容颇有深意。以下引用《明治财政史》中的内容。

问:前些天询问的有关处置赝金的事日方作何回答?

答:赝金流通不仅与外国人有关,对日本人来说也是个不可忽视的问题。这是旧幕府遗留的问题,现日本政府毫无疑问理应予以解决。因此日本政府已向全国公告,禁止流通赝金。

问:这还是我方首次听说日本政府将禁止赝金流通。

答:赝金流通原本就是日本禁止的行为之一。由于近年赝金流行,日本政府现已再次发布公告,有违者必然予以处罚,只是还未来得及向各位报告。

问:虽说这些赝金大多是在幕府衰败之际制造的,但实际上近期似乎仍有赝金被制造。日方政府能保证不再出现此类事情吗?

答:这完全是旧幕府遗留下来的问题。

问:日方公告禁止赝金流通的目的在于?

答:赝金流通所带来的负面影响巨大,因此日方对其进行严禁,宣布如有违规者定按国法处置。

问:哪些货币被定义为赝金?

答:各藩私自铸造的货币全部被称为赝金。

问:前日日方提到,铸造赝金的只有会津和仙台两藩。除此之外没有别的藩制造赝金了吗?

答:除了这两藩之外,还有萨摩和安艺等藩私自铸造货币。但恐怕私铸货币的藩还不止于此。大阪还出现了从外国流传进来的赝金。在政府审问后这些藩已承诺绝不会再铸造赝金。这些制造赝金的人就是趁日本惨遭战乱之害,政府权威有所动摇而在各地制造赝金。

问:这就是日方对上述问题的全部回答吗?

答:今后会更加谨慎地处理这方面的问题。

问:今后还会出现赝金和各藩私铸货币的情况吗?

答:今后绝不会再出现了。

问:赝金目前还在民间流通吗?

答:大致上已没有了。

问:贵国政府已经签署保证书,保证今后各藩不会再私铸金银货币。若是之后再有此类事件发生,贵国会赔偿我们的损失吗?

答:如果以后再出现此类事件,我方会对各藩进行初步调查,并采取相应的措施。

问:既然已经发布了禁止赝金流通的公告,那么我们双方就应该各自警戒起来。如果日方藩国还有流通私铸钱币的话,贵国会赔偿外国人的损失吗?还是说藩国会进行赔偿?

答:再有此类事情发生的话,就不是我方政府该负责的事了。

问:假如我方掌握了各藩铸造赝金的证据,贵国政府将负起责任替我们兑换这些钱币吗?还是由私铸者担起这一责任?

答:如果发生了上述所提到的事,那么理应由我方政府负起责任进行兑换。但是,各位也知道如今日本的国内形势。我方政府最近才平定函馆,直到今天仍专注于颁布法律。有关货币的管理措施实属重大,希望能同诸位在回国前再讨论一下。若是不进行讨论,我方无法给出明确的回答。

问:去年冬天我便听贵方说已平定函馆,为何如今又说还在平定?说到底,叛乱的士兵不过只有两千余人,贵方却称这件事妨碍了贵国公务。这件事真有这么严重吗?

(日方没有回答)

问:贵国政府在五月下达了禁止赝金流通的命令,但只对日本人进行了公告,没有对外国人进行通知,这是因为贵方对我们有所不公而导致的。

答:赝金的制造和流通并不是在最新的公告里才被禁止的,毕竟赝金本身就没有应该流通的理由。发出最新公告是因为日本有的货币兑换店私自买卖假金币,该行为甚是不合法,因而才禁止了兑换。

问:有外国人收到了数万两的赝金,且没有人告知他,让他白白受了损害,贵方难道不应感到同情?

答:未进行报告是因为没有听说过有2分金流落到外国人手中这一回事。

问:兵库、长崎二港的市面上都流通着2分金,何来不知有2分金流入外国人手中这一说,不过是一派胡言罢了。

答:近日我方将铸造新货币对其赝金进行兑换。

问:也就是说只要外国人有收到伪劣的2分金,贵国政府都会对其进行兑换吗?

答:如果劣币是由我方政府铸造的话,我方会负责进行兑换。

问:那么各藩铸造的赝金呢?

答:那就与我方政府没有关系了。

问:日本诸藩制造赝金用以购买汽船、枪械,因此外国人很容易收到赝金。不仅如此,贵国政府还不对其进行兑换。现在已有外国人收到了各藩铸造的赝金数千两,但我方还未收到日方关于此事的报告。

答:贸易上往来金银的真假应由商人自行判断。

问:1862年贵国和英国签订了亲和条约,其中规定一分银币中银应该占九成,其他合金占一成。上述事件中,贵国也违反了该条约。

答:1分银币为旧幕府所铸造的东西,日本新政府不会对其重量进行变更,仍将按照旧时重量进行铸造。

问:今后我方若掌握了各藩私铸1分银币的证据,贵国政府会对其进行兑换吗?

答:如果有确凿证据,我方会负责兑换。

问:也就是说,贵国政府会负责兑换1分银币,但不负责兑换2分金币,这么做的理由是?

答:1分银币和2分金币的重量有很大差别,因此无法兑换2分金币。

问:亲和条约中并没有对纸币发行一事进行约定,在这一前提下贵国并未跟各国协商就擅自发行了纸币,我等心有不满。

答:有关这件事我方已经做出了数次公告,毕竟是政体革新,若有处置不周全的地方请多包涵。

问:2分、1分、1朱的货币都是贵国政府发行的货币吗?

答:除了赝金之外,这些货币都是由我方政府发行的,这点毋庸置疑。

问:从幕府到现在,一直以来流通的金银货币都被我们外国人很轻易地接受了,而现在这些货币中出现伪劣货币,这对我们外国人来说是多么苦恼的事。且禁止使用赝金会使贸易受到一定阻碍,今后针对伪劣货币我们按照各自的时价通用如何?

答:必须禁止伪劣货币的流通,这是不容置疑之事。虽然可能会在贸易上产生些许不便,但是近日新货币已在大阪进行铸造,如果将包括纸币在内的旧有货币都换为新币,就不会再有现在这种流通伪劣货币的情况了。

问:贵国政府会如何处置外国人迄今收到的伪劣货币呢?

答:外国人所收到的不会全部都是伪劣货币吧,所以我方商人会收取相对精良的货币。

问:贵国政府所称的2分金币品位如何?

答:记得不是很清楚了,请待查阅后再回答。大概是12%为金,剩下的都为银。

问:既然贵国政府不对外国人收到的各藩私铸伪劣钱币进行兑换,那么我方可以向各藩要求赔偿吗?

答:这会有点困难。如果真的有各藩私铸货币的证据,我方政府会进行调查,如若为真必将惩处。

问:横滨的货币兑换店,只兑换金钞(明治政府所发行的替代金币的纸币),不兑换赝金吗?

答:是的。这是为了防止赝金在横滨港内流通。因此不可以进行兑换。

问:该如何分辨贵国政府官铸的货币和各藩私铸的货币呢?作为外国人我们并不知道该如何分辨。

答:寺岛陶藏会仔细查看资料后总结,之后会报告。

问:那么到底什么样的2分金币叫优良,什么样的2分金币叫伪劣呢?

答:除非是熟练的商人,不然是鉴别不出来金银货币的好坏的。

问:之后进行交易时是应该用天皇政府维新之后铸造的货币,还是应该用幕府铸造的货币呢?到底哪种是政府的官方货币,哪种又是各藩自铸的货币呢?到底该根据什么标识来进行分辨?

答:此事有待进行详尽调查后再进行回复。

问:前五个月以来,我们反复探讨赝金和假黄金的关键问题,并向大阪的伊达公和东京的东久世公进行了咨询。但是为何直到现在贵方一直不给一个明确的答复,反而一再拖延?

答:下次会议上一定会给出明确的答复。

虽然仍有很多回答不当的地方,但日方通过努力地回应,总算是跨过了所有难关。随后对方表示,希望下次会议不要像今天的会议这样不谈重点,而是能达到谈判的目的。第一轮会谈圆满结束后,第二轮会谈并没有进行,但政府根据第一轮会谈的结果采取了必要的措施。数日之后,日本政府就向各国公使递交了函件,报告了2分判金的分析结果(每100两2分判金中,金含量为35匁2分、银含量为124匁8分,也就是说2分判金中含金22%,含银78%)。当月十五日,政府就要求各藩尽快提交严防私自铸币的方案;二十日,政府又向各国公使和领事报告了处理现居日本外国人兑换伪劣2分判金相关事宜的五条法规。同时,政府任命造币者久世治作即日招募熟知鉴别真假货币的人前往横滨,对居住在横滨的外国人持有的2分判金进行鉴别。并根据鉴别结果,将货币按真金、赝金分类封装好后交还给持有

人，留待日后再进行兑换。（政府虽在之前的会议上据理力争不兑换赝金，但最后还是不得不妥协）

这次鉴别封装的结果是失败的。许多人将密封的包装打开，在其中掺杂赝金后再向政府兑换新币。另外，伪造封装印章的事件也频频发生。政府虽有考虑过补救的方法，但并没有得到外国方面的同意。直到明治四年，政府一直采取固定比例兑换外国人手中的赝金，即200个伪劣2分金兑换100个墨西哥银元或东洋银行兑换券。

因此，作为明治早年的重大外交问题，日方在处理外国人所持伪劣2分金的问题上做出了巨大牺牲。与此同时，日本本国人所持有的伪劣货币又该如何处理呢？根据明治二年十月的公告，100两银台2分金（一种表面镀金的银币）能换30两太政官札。兑换期限最终延长到了明治三年十二月十五日，在此之后伪劣2分金均被作为生金处理。在造币寮开业后，这个问题便自然地消失了。

在之前的第十二章中已提到过，在这一背景下，2分金导致的外交问题成为放逐三冈八郎的原因之一。明治初年，除了2分金外，还存在大量伪造纸币（太政官札）的问题。虽然该问题不在本书的讨论范围内，但令人惊讶的是，在当时各藩自己也会伪造纸币。最严重的当属福冈藩，其本地的铸币所雇佣了约数百名工人，制造了大量的赝金（纸币）。事情败露后，作为责任人的5名参事被斩首，秋田藩、广岛藩的参事也被处罚。当时中国也有人制造这种赝金（纸币），日方在上海调查后查获了以吴吉浦为首的一群人。清政府则没收了这些人用于制造赝金的10张印板。在新纸币发行流通之前，赝金的问题一直让明治政府大为苦恼。

第五节 《伪造宝货律》

新造币寮建设完毕后，就应该制造和发行以《新币条例》为基础的新式货币了,对制造赝金的惩罚措施也应该更新换代了。明治二年四月二十九日,日本政府向太政官发布公告:"虽然伪造货币从来都是违禁之事,但鉴于时局混乱,各藩私铸货币都是为了扩充兵力或是解决燃眉之急。不少无知小民因此忘记了国家早已严禁铸造赝金,而最终犯罪。这是因为新政府成立后查禁赝金这项政策尚未全面实行。以去年五月箱馆平定为界,在此之前被发现的、未发现的、已捉拿归案的、未捉拿归案的(此处'捉拿归案'指'定罪')全部赦免。"萨摩人士掌权的新政府认为,若不立即将关于赝金的甚至牵涉其自身的犯罪事件全部清算完成,将会后患无穷。

明治二年七月二日,政府通过了《伪造宝货律》并下发至各府县,其中规定违反者将被判死刑、立即执行。"凡是伪造货币后使用的,无论造假数量多少,主犯、从犯、制假工人以及知情仍买卖使用者一律判以死刑。受其雇用者判 3 年(若只是受其指示干些杂活另算)。若伪造事实已发生,但还未进入流通的,主犯判以死刑,从犯和制假工人刑罚稍轻,受雇者判以 1 年半。伪造事实尚未既定者,可从轻处理,从犯和制假工人判以劳役 3 年,受雇者判以劳役 1 年。自首者罪减一等,如犯罪行为尚未实施,自首者免罪。各藩府流通的货币同样按此法进行处理。"

同江户时代一样,制假犯人被处以绞刑仍属极刑。这个时期的日本权力平衡还远未达到三权分立的水平,只有地方长官可以对犯罪者判以死刑、立即执行,且事后只需向刑部省报告即可。与两个月之前日本政府颁布的"判刑过重可处以缓刑"的措施相比,新法对伪造货币的处罚不得不说是十分严酷的。

在政府内部,这种做法当然受到了批评。明治二年十二月,刑部省提交了建议书,其大意为:"《伪造宝货律》是为方便处理而设立的严格法律,但此法的处罚严厉程度已相当于无故杀害亲人、谋杀政府长官、杀人全家等凶残罪行所判的刑罚。另外由于地方长官有判决权,还有人伪造太政官印叫停死刑。因此,因伪造货币之罪而判人死刑的行为是不合适的。除此之外，虽然政府规定了各藩若判人死刑需要向中央政府禀报，但该法中的内容不仅与此相悖，还有违朝廷谨慎对待死刑的宗旨。”在听从这些意见后，明治六年五月，修改后的《伪造宝货律》得以施行，其修改如下：

《伪造宝货律》（修订版）

凡是伪造货币并使用者，主犯斩首，其余从犯、工人以及知情买卖使用者判以终身监禁，受雇者判以10年，还未使用者罪减一等。

伪造还未成为既定事实者，主犯判以3年，从犯及工人判以2年半，受雇者判以百日。

已使用货币的自首者罪减二等，未使用者免罪。

同时该修订版中还增加了有关变造货币等其他罪行的规定。

第六节 斗南藩的悲剧

本节讲述的是《伪造宝货律》施行最为严苛时期的事情。《大日本货币史》中记载，明治三年，“据十一月三日官方公告，政府在斗南藩抓获不少伪造货币者。有人在被抓捕后逃走，隐匿于世，计划再次制造赝金。这犯了国家大忌，若听闻制造赝金者，要在确认事实的同时迅速抓捕，并按照《伪造宝货律》进行处置。若有人引起暴乱，可直接射杀。各地方政府需严密搜查。”大概很多人都对斗南藩这一名字感到陌生吧。这是因为在王政复古（明治维新）之时，斗南藩并不存在。斗南藩实际上是在会津藩被新政府没收领地后，在位于现在青森县以北地方重新建立的一个新藩。以下是《斗南藩史》（葛西富夫著，昭和四十六年斗南会津会出版）中所描述的事情经过：

明治维新时期产生了大量的悲剧,但会津藩之事可称其中之最。藩主松平容保掌管全局,忠心耿耿,却缺乏顺应时势的灵活性。他在京都任护卫一职时深受孝明天皇信赖,因此在公武合体运动①失败后,他反而成为反动势力的魁首。在敌人的追讨下,他以骑虎之势成为奥羽越列藩同盟的核心,打入体制内。当时会津藩是军费调遣的一大重要途经地,由于在京都任护卫的时期从幕府方取得了允许铸造货币的命令,他不仅在城西设置了铸币所,私自铸造了近60万两伪劣货币(银镀金),还为愿意私铸货币的富商等人减税一等。这为之后明治时期赝金的铸造提供了"温床"。

戊辰战争的经过人尽皆知,在奥羽越列藩同盟崩坏后,会津藩独自对抗官军,败退后回归鹤城,造成了白虎队②的悲剧。明治元年九月二十二日,会津藩投降。正如预想的那样,新政府对进行顽固抵抗的会津藩采取了残酷的处分。会津藩从此消失,藩主父子被永久监禁。明治二年正月,被软禁在猪苗代的士兵被送往东京,在盐川软禁的士兵则被送往高田,会津藩的人民实际上已成为流民,实在是可悲。

明治二年九月,处罚有所松动,藩主父子的监禁被解除。十一月,松平容保新生的儿子庆三郎(容大)被允许再兴家名。但是再兴家名的方法,是将他们以及他们的家臣从俸禄23万石的陆奥国三郡(现青森县和岩手县北)和原本俸禄为23万石、实际俸禄为68万石的奥州第二雄藩会津藩,转移至北边的不毛之地。新藩名为"斗南",取自中国诗文"北斗以南皆帝州"。约15,000名旧会津人被转移至此开垦这寒冷的蛮荒之地,过着居无定所、食不果腹的生活。

伪造货币的事件,也是在这种情况下发生的。根据记录,制作赝金的地点并不位于斗南藩本地,而是位于原属会津藩的若松。犯罪者

① 幕府末期为挽回幕藩体制而进行的运动。——译者注

② 为抵抗敌军而由16~17岁的少年组成的军队,后除一人生还外全部在山顶自尽。——译者注

也为斗南藩人，他们因生活的穷困而不得不伪造货币。根据《斗南藩史》中的记载："旧若松县史中写道：'伪造金币、楮币（纸币）的风气盛行。他们在旧会津藩中伪造货币，其余波甚至影响到管内。'明治三年七月送往官府的文件中也写道：'该县现已成为制造赝金的老窝，原斗南藩主谋划，其余藩民为从犯，或是被雇佣，或是使用了赝金。'其中列举了94名犯人的名字，行踪不详者也记录了163名。"前面提到的《大日本货币史》中也对这一事实有所记载。

犯罪者共257名，因此可以说是相当大规模的制造赝金的事件了。其中虽有在逃亡者，但一旦抓捕立即判刑。明治四年八月二十六日，7名移居斗南藩，称自己是"在国家允许后铸币"的犯罪者罪行败露，被抓捕归案。其中六人在田名部的野地上被斩首，一人被流放10年。《斗南藩史》中还记载："处刑当日下着小雨，附近的许多人都前来观看。执行死刑的人是斗南藩士左卫门星隆。户籍资料显示，他当时41岁。从田名部的牢狱里被押出来的人，一个个地消失在了荒地中。第一个接受刑罚的是佐藤雪之助。他不愧是旧藩时代担任官职的人，在对其他五人说过'我先走一步'之后，便从容自若地死去了，尽显会津武士之精神。前来观看的人也因他的这种态度而改变了对这些人的印象。行刑完毕后，执行者给了刽子手一人一两黄金。"明治维新时期有数次这样的事情发生，其刑罚和处刑方式都与江户时代有很大区别。之前所说的福冈藩同斗南藩一样，结局十分悲惨。

虽然与本书主旨无关，但也说一下斗南藩之后的命运。在明治四年七月废藩置县时，斗南藩被改为斗南县。在之后统合各县时，斗南县被合并至富足的弘前县。同年九月，成为现在的青森县。与此同时，移居至斗南的人们有少部分仍然坚守在斗南，其余人都去了会津、东京或北海道。斗南藩的历史，带着许多未解的遗憾，隐没在了明治史的新篇章中。

第七节　从旧刑法到新刑法

明治时期的刑法在明治三年出台后，于明治六年又追加了条例。在这之中也有关于伪造货币的规定。

明治维新时期，虽然明治新政府想要重新立法，但是由于时间不足，因此有关刑事处罚等制度全都参考了江户时期。明治三年，政府在中国明清律法的基础上，加入了江户时代的制度，制定了暂定刑法典，这便是《新律纲领》。三年后的明治六年，政府在对法律条文进行补充后又颁布了《改定律例》。修改后的法律采用了逐条规定的体例，虽然可以看出西欧法律对其的影响，但其仍然保留了原有法律的性质。作为建立近代国家的一个手段，政府急于修改法律条文。日本政府雇用了法国人安纳德，以法国刑法为模板制定了新的《刑法》。明治十三年(1880 年)七月十七日，这个新《刑法》作为太政官第 36 号公告进行了公布，于明治十五年(1882 年)一月一日开始施行，又于明治四十一年(1908 年)十月一日因现行《刑法》的施行而失效，因此如今也被称为旧《刑法》。该法中明确规定了罪刑法定主义(只要犯罪均应受罚)，打破了罪行的身份性，除死刑仅采用绞刑外，其他一般的刑罚都采用较为宽松的方式，这也是该法的一大特色。同时，该法对伪造货币罪也有了如下规定(本书仅引用主要条文)。各位读者可以把它与前面的《伪造宝货律》作一个比较。

第四章　损害信用罪

第一节　伪造货币罪

第 182 条　伪造和使用国内金银币及纸币者判以无期徒刑，变造和使用者判以轻刑。

第 183 条　在国内伪造和使用外国金银货币者处以有期徒刑，变造和使用者处以2年以上5年以下的监禁。

第184条　变造和使用官方发行的银行纸币者不分国内外，均依照前两条处理。

第185条　伪造和使用国内通用铜币者处以轻刑，变造和使用者处以1年以上3年以下监禁。

第186条　已伪造上述货币但还未使用者按照各项条例罪减一等，还未伪造完成者罪减二等，有伪造用器械但还未开始伪造者罪减三等。

第187条　（对受雇者的规定，略）

第188条　（对提供场地者的规定，略）

第189条　将伪造和变造的货币引入国内者同样处以伪造变造之刑。

第190条　知情并使用伪造、变造货币者按伪造、变造的规定罪减二等，仅知情但还未使用者罪减三等。

第191条　以上规定中判以轻罪的一律为判以6个月以上2年以下的监视。

第192条　伪造变造和收取了伪币但还未使用者若自首，可免于6个月以上3年以下的监视；若受雇者和场地提供者在还未使用伪币时自首，可免于刑罚。

第193条　收取货币后知道是伪造或变造但仍然使用者处以收到货币2倍的罚金，但罚金不超过2元。

因为这部旧《刑法》模仿的是1810年制定的法国刑法，因此出台时就已不符合时代的趋势。在施行的同时，司法省内也有人提议需要对其进行修改。因而在此之后，该法被不断修改。明治四十年（1907年）四月二十四日，日本政府公布了第45号《刑法》。次年也就是明治四十一年正式施行。这便是日本现行《刑法》，它参考了德国等其他国家的刑法典，因而有着与旧《刑法》大不相同的特色。它不再分为重罪、轻罪、袭警罪三大类，而是将法律简洁化，扩大了量刑的自由度，废止了暂停和剥夺公权等名誉刑罚，废弃了监视、惩治场等规定。虽然这部法律旨在从根本上修改刑法，但实际上直到现在其仍未做到这一点。从大正十年四月开始到昭和四十三年五月为止，这部法律一共被修改了九次。那么，在现行《刑法》中，又是如何规定有关伪造货币之罪的呢。

第十六章　伪造货币罪

（伪造货币　使用伪劣货币）

第 148 条　以使用为目的而伪造或变造硬币、纸币或银行券者判以无期或 3 年以上徒刑。使用伪造和变造的硬币、纸币或银行券者，或以使用为目的将其交于他人者同罪。

（伪造外国货币　使用伪劣外国货币）

第 149 条　以使用为目的伪造和变造国内可使用的外国硬币、纸币或银行券者判以两年以上有期徒刑。使用伪造、变造的外国硬币、纸币或银行券者，以及以使用为目的将其交付给他人者同罪。

（收取伪造货币）

第 150 条　以使用为目的收取伪造、变造的硬币、纸币或银行券者处以 3 年以下的罚役。

（未遂）

第 151 条　前三条中的犯罪行为未遂者按此处罚。

第 152 条　（知情并使用者，略）

第 153 条　（准备伪造货币者，略）

对于各法律条文的解释还是交给教科书吧，在这里我们将新旧《刑法》进行比较，可以看出刑罚变得较为宽容。“以使用为目的”本身就是一种加上主观因素的行为。除此之外，新《刑法》还废除了伪造金银币和铜币刑罚的区别。

第八节　伪造货币的鉴别

有一本叫作《赝造通货》(山鹿义教著,昭和八年精文馆出版)的书中有讲到关于鉴别伪造货币的内容。该书作者在内务省警保局中负责鉴别伪造货币。该书肯定是有关伪币的首屈一指的著作。本节将主要讲述造币局中有关真伪鉴定的记录。除此之外,此书还记载了与赝金有关的种种轶事,在此也会引用这本书中关于伪币的一个章节。

《中外商业新报》昭和七年四月十日刊文

使用赝金的希特勒

随着经济形势的不景气,即使是在美国,日子也难以为继。被赔偿金所困扰,同时又被各国严加申斥的德国的不景气更是可想而知。但出人意料的是,为解燃眉之急,德国竟制造了赝金。

近日,一名法律专家被逮捕。根据他的陈述,其在过去两年一直在伪造面值为 3 马克的银币,总额达到了数十万马克。

除此之外,数日前德国警察还查封了一家伪造百元马克纸币的印刷厂,将 7 名犯罪者一网打尽。这 7 名犯罪者都是职业石板印刷师。

在这一案件中,赝金的总额达 800 万马克。仅在被警察查获的当天,该印刷厂就伪造了 120 万马克以上的纸币。

对警方来说,这已经是第二次在德国南部查获伪造纸币团伙了。但是伪造纸币的活动仍然没有停止,厚纸制的赝金仍在市场上流通。

但令人惊讶的是,这个造假团伙的头目竟还参与了总统竞选,并成为当代德国民族社会党的人气候选者。这位头目不是别人,正是希特勒。作为获取选举经费的手段,他发行了这种“特殊货币”。

这种特殊货币面值有 1 马克、50 芬尼以及 30 芬尼等,由厚纸和锑制成，雕有“牺牲献金”的字样。

这种做工精妙的货币在德国大量流通，据说承担了希特勒进行选举宣传的大部分费用。而希特勒的竞争者们的宣传费都高得惊人。

接着，总结一下《赝造通货》作者的意见，其认为可以将真伪货币的区别归纳为颜色、声音、形状、软硬、重量等。第一点为颜色，由于成分的不同，最后铸造出来的货币颜色也会不同。以锡为原料而制成的假银币虽表面为白色，但之后会因自然氧化而失去光泽。以铅为原料制成的赝金也会失去光泽并发黑。以铜和锡混合制成的赝金没有光泽，并且会有铜的颜色。而用真银铸造的高纯度银币则闪闪发光，呈现白色。以锌为原料的则会呈现出青色，并且又硬又脆。以水银镀铜变造的银币，外表的水银很快会脱落，露出里面的生铜。若是以银镀铜，则银也会很快脱落，露出里面的生铜。若以锡镀铜，则会在白光中看到黑色。若以镍镀铜，则会在白光中看到青色。若以铬镀铜，则会在白金色之中看到青黑色。若以银粉涂铜币，或是用锡箔包裹铜币，也能从色泽的不同上确定其为伪造货币。

第二点是声音，无论是怎样的赝金都很难发出和真币相同的响声。真币的比例为银 72%、铜 28%，但私铸货币的人不会采取这个比例。虽然其大多数情况下确实会采用纯银，但是由于其中掺杂了价格低廉的其他金属，因此敲打时可以听出其声音与真币的不同。平时在听惯了真币声音后，就会发现铜的声音、真鍮[①]的声音、铅的声音、锌的声音、锡铅合金的声音、锡的声音与真币的声音有所不同，甚至这些金属落在平面上的声音都与直接敲打有所不同。但是即便是真币，磨损过的货币的声音也与普通的没有磨损过的真币有所区别，请务必留意这一点。

第三点是形状，从不同角度能发现各种问题。最大的问题便是花

① 真鍮，即黄铜。——译者注

纹。真币的花纹是以浅雕花纹为原型印压出来的,因此在细微部分会有深浅之差。对于伪造货币的人来说,这便是一个难点。除此之外还有重纹。重纹破坏其他花纹的情况也时常发生。如果记住这一特殊点,那么这就会成为辨别真赝金的绝招。制作赝金的人中很少有人能将货币侧面的锯齿痕做得和真币一模一样。在很多情况下都能发现赝金侧面的锯齿痕深浅和大小都不一致。以变造货币为例,因为在货币上进行了穿孔、打伤、改字、改型、镶嵌、削去、挂漆、粘贴等行为,所以很难和真币保持一致。

第四点是金属的软硬程度,简单来说,真币是不会轻易被手指掰变形的,用手指的力气就能掰变形的硬币便可以推断为赝金。在赝金中,有许多仅用手指就可以掰变形。这是因为在制造时用了铅、锑、铅锡合金等柔软的金属。相反,铜、黄铜、银等用手指的力气就无法掰变形。在将硬币掰变形时还会有黏黏的感觉,在掰锡做成的硬币时会感到怎么也掰不断,如果硬要掰还会被割伤。而在掰铜、黄铜、银等时不会有黏黏的感觉。

最后一点是重量,这一点似乎已没有必要再说了。山鹿义教所指出的需要注意的辨别要点如上所述。但在平常生活中,人们依然常会怀疑这究竟是不是真币。自以为是真币,但拿到造币局检查后被发现是赝金的情况也很多。

接下来说说造币局内进行货币真伪鉴定的状况。造币局会接受鉴定货币的请求,对货币进行真伪判断。表 18、表 19 中记录了日本战败[①]前,以及战后昭和二十六年到昭和四十七年的鉴定数量。但是这一资料并不完整,其中还有不少残缺。造币局首次发布发现伪造货币的报告是在明治十二年,第一次接受鉴定货币的请求是在明治二十一年,鉴定的方法为测定和观察货币的直径、重量、声音、色泽、花纹、金

---

① 战败,指日本于 1945 年向包括中国在内的同盟国无条件投降。该事件是日本近代、现代的分界线,下文多有提及战前(战败前)、战后的概念。——译者注

属含量、触感等，主要对货币进行重量测定和化学分析。从昭和二年开始，又增加了硬度测定和显微镜观测，使结果更加准确。

表 18　货币真伪鉴定一览（战前）　　单位：枚

年份	鉴定数	真					伪				变造
		磨损	酸类腐蚀	高热氧化	其他	小计	铸件	压印	其他	小计	
昭和元年	82	3	2	—	16	21	52	7	1	60	1
昭和二年	30	3	3	—	7	13	15	2	—	17	—
昭和三年	36	1	2	—	11	14	11	11	—	22	—
昭和四年	40	—	2	—	24	26	6	8	—	14	—
昭和五年	69	—	8	—	14	22	35	12	—	47	—
昭和六年	59	—	2	—	7	9	27	23	—	50	—
昭和七年	90	3	10	6	14	33	31	25	—	56	1
昭和八年	95	3	17	12	15	47	29	19	—	48	—
昭和九年	28	—	9	1	9	19	7	2	—	9	—
昭和十年	19	1	3	3	4	11	5	3	—	8	—
昭和十一年	15	5	2	—	5	12	1	2	—	3	—
昭和十二年	16	—	—	1	11	12	4	—	—	4	—
昭和十三年	188	15	16	—	20	51	73	64	—	137	—
昭和十四年	166	9	15	—	1	25	138	3	—	141	—
昭和十五年	26	4	3	—	3	10	14	2	—	16	—
昭和十六年	12	—	1	—	3	4	5	1	—	6	2
昭和十七年	—	—	—	—	—	—	—	—	—	—	—
昭和十八年	3	1	—	—	2	3	—	—	—	—	—
昭和十九年	1	—	—	—	—	—	—	—	1	1	—
昭和二十年	3	1	—	—	2	3	—	—	—	—	—
合计	978	49	95	23	168	335	453	184	2	639	4

表 19 货币真伪鉴定一览(战后) 单位:枚

年份	鉴定数	真					伪				变造
		磨损	酸类腐蚀	高热氧化	其他	小计	铸件	压印	其他	小计	
昭和二十六年	3	—	—	—	3	3	—	—	—	—	—
昭和二十七年	—	—	—	—	—	—	—	—	—	—	—
昭和二十八年	7	—	—	4	3	7	—	—	—	—	—
昭和二十九年	28	—	5	18	5	28	—	—	—	—	—
昭和三十年	11	1	4	4	1	10	1	—	—	1	—
昭和三十一年	20	1	7	4	3	15	5	—	—	5	—
昭和三十二年	30	—	7	7	7	21	9	—	—	9	—
昭和三十三年	3	—	—	2	1	3	—	—	—	—	—
昭和三十四年	27	—	1	1	—	2	25	—	—	25	—
昭和三十五年	12	—	1	2	—	3	9	—	—	9	—
昭和三十六年	6	—	3	1	1	5	1	—	—	1	—
昭和三十七年	2	—	—	1	—	1	—	—	—	—	1
昭和三十八年	6	—	—	2	3	5	1	—	—	1	—
昭和三十九年	5	—	1	1	3	5	—	—	—	—	—
昭和四十年	5	—	1	1	1	3	1	1	—	2	—
昭和四十一年	5	—	3	—	2	5	—	—	—	—	—
昭和四十二年	12	—	1	1	2	4	7	—	—	7	1
昭和四十三年	5	1	—	1	—	2	3	—	—	3	—
昭和四十四年	124	41	—	—	34	75	49	—	—	49	—
昭和四十五年	62	—	—	—	9	9	53	—	—	53	—
昭和四十六年	133	8	1	—	123	132	1	—	—	1	—
昭和四十七年	6	—	4	—	1	5	1	—	—	1	—
合计	512	52	39	50	202	343	166	1	—	167	2

与战前相比,战后的鉴定数量之所以较少,是因为战后并不像战前那样有大规模的伪造,并且由于通货膨胀,硬币的价值相对来说减少。战前,鉴别货币主要由内务省警保局、大藏省理财局以及造币局进行,造币局作为造币机构可以获得伪造货币的详细信息,因而经常收到鉴定货币的请求。与之相对的是,战后货币鉴定主要由科学警察研究所进行处理。可以说,将鉴定请求交给造币局只是整个赝金鉴定过程中的一个环节而已。

另外,值得注意的是,由于战前 50 钱银币和 10 钱铜币较多,伪造的货币中大部分也是这两种货币。前者多为大正末年到昭和初期由中国的印压机伪造后流入日本。昭和十五年左右,市面上的这种伪币突然难寻踪迹,直到战后通货膨胀完全消失。

在那之后,昭和三十年,日本政府发行了 50 元镍币。接着在昭和三十二年,政府发行了百元银币。因此这个时期的伪币多为这两种货币。昭和四十四年(124 个伪币鉴定申请中,42 个为 10 元金币的鉴定,35 个为 1 元银币的鉴定)和昭和四十六年(133 个申请中,29 个为 10 钱白铜币的鉴定,63 个为青铜币的鉴定)都进行了大量的货币鉴定。这被视为出现了“硬币热”。

第九节 《修正刑法草案》和新犯罪

昭和四十九年五月二十九日,法务大臣在法制审议会上对有关修改《刑法》的疑问作出了回答:“有必要对《刑法》进行全面修改。修改的大纲要由法制审议会决定,称为《修正刑法草案》。”这个《修正刑法草案》不知是在原法上直接进行修改的,还是历经多次修改之后再次修改的。总之,在没有公开其具体经过的情况下,该草案就完成了,具体是如何修改的现在已无法判断。但考虑到该草案是由权威人士历时十年起草的,而且从昭和三十一年就开始了修订的准备工作,因此,该草案本身对理解现代法律思潮以及日俄战争结束后明治四十年制定的现行《刑法》具有重大意义。

在本节的最后,可以看到本修改草案在货币伪造的条款中增加了如下规则。

该草案的第十六章为“伪造货币罪”,以下摘录一些主要修改点。

一、除现行法中与第十六章伪造货币罪相同的部分,还加入了“有关伪造变造外国流通硬币、纸币、银行券”的部分(明治三十八年三月二十日第66号法律,以下简称《外国货币伪造法》),对日本货币和外国货币同样对待(第212条)。

二、将伪造货币罪中的无期徒刑(现行第148条)全部删除,改为3年以上有期徒刑(同上一条)。

三、有关收取伪造货币罪,由于加入了《外国货币伪造法》的规定,因此删除处罚上限由3年提高到5年的规定,现行法同样如此(第213条)。

四、货币的伪造变造、收取伪造变造货币未遂罪中加入酌情进行百万以下罚款的新规定(第215条)。

五、将“在收取伪造货币后知情却仍然使用者处以现行法第152条价目3倍以下的罚金”改为处以1年以下的处罚和10万元以下的罚金(第216条)。

六、有关预备罪,除现行法第53条和《外国货币伪造法》相同的规定以外,在准备器具和原料的原规定中添加了“其他准备行为”(如投入资金或召集技术者)也会被处以刑罚(第217条)。

七、新设规定,犯罪者在事情败露前自首的必须减轻或免除刑罚(第218条)。

除此之外,还有一些其他的修改。

除了以上所述对伪造货币罪的直接规定外,该修正草案中还有关于货币的一系列引人注目的新规定。在第37章欺诈罪中,加入了如下所示第337条规定。

第339条(自动设备的不当利用、逃车票)

①利用不正当手段不进行支付,利用自动贩卖机、公众电话或其他需要付钱的自动设备获取不法利益或财物者,判以3年以下有期徒刑和20万日元以下的罚金。处以拘留或罚款。

②利用不正当的手段不支付金钱便直接搭乘公共交通的与前项同罪。

以上条文所规定的情况,在以前的法律中还没有合适的法律条文可适用。在之前,以不当手段使用自动贩卖机或获取车票等其他物品的行为被称为盗窃罪(《刑法》第235条:盗取他人财物者,以盗窃罪判10年以下的有期徒刑)。车站工作人员利用职务之便,获取车票或定期券乘车的被称为欺诈罪(《刑法》第246条:以欺骗手段骗取财物,处10年以下的有期徒刑)。除此之外,再没有与这相关的法律。在现代化的时代,不仅是自动贩卖机的物品,还有电话、投币电视等服务都渐渐增多,自动设备的范围逐渐扩大。无人车站等交通机关也常常无人值守。前者不是因盗取了财物,而是因盗取了本该出钱享受的服务而构成了盗窃罪,后者实际上因为没有欺骗人而不应被算作欺诈罪。同样的行为在某些情况下是有罪的,在某些情况下又是无罪的,因此非常难以执行和把握。新法包括了与之相对应的盗窃、欺诈等罪行,对其判以10年以下的刑罚,将上述行为列作重罪,这符合新法的主旨。

作为硬币时代的象征,自动贩卖机的数量越来越多,贩卖的内容也越来越丰富。本书的最后一章将详细说明与其有关的一些法律条款。随着这些设备的增多,利用假币获得不法利益也成为一种趋势。最近社会新闻时常报道,即使投入的是假币,有的自动贩卖机也依然会亮起反应灯。这种假币不一定是刑法中所定义的赝金,也就是说它不一定要拥有足以使公众误认为是真的外观。

至此,除非未来发行超高价值的硬币(这种情况发生的可能性几乎没有),否则恐怕在未来,比起伪造成本较高且危险性较大的可以在市面上流通的货币,伪造能欺骗机器的货币会更加常见。应对这种情况的唯一办法就是开发高度先进的硬币机器(硬币甄别设备)。不过,与此同时,趁“古钱热”而被伪造出的伪劣古货币,在广义上仍属于赝金。然而,在实际的刑法中并没有与之相适应的罪名。在新时代,社会上似乎有这种犯罪的倾向。

第十六章　今昔之货币

第一节　1 钱玉物语[①]

明治初期，新造币工厂建成，造币局根据西洋技术在新式货币的制造上下了很大功夫。而正如之前所述，造币寮于明治四年(1871 年)四月四日开业，由于准备不够充分，在最初只制造金币和银币，而铜币是之后才开始制造的。根据《新币条例》，铜币虽被定为 1 钱、半钱、1 厘三种，但无论是哪一种都只进行了试铸，真正的大批量制作是在明治六年(1873 年)十二月六日铜币铸造厂建成后(当时叫铜钱厂、铜币铸造所等)。

在此之前，也就是明治六年(1873 年)八月二十九日，太政官公布增设二钱铜币这一新币种，同时修改一钱以下铜币的花纹。明治七年(1874 年)二月一日，这种铜币开始发行。虽然

---

① 一钱玉，指日本维新后曾大量制造和流通的一种面额为 1 钱的青铜货币。——译者注

当时金银货币已经流通了3年,但在当时以及此后相当长的时间里,旧幕时代的钱仍然作为一般货币在市面上流通。[除天保钱于明治二十四年(1891年)、宽永铁钱于明治三十年(1897年)被禁止流通外,2厘通用的宽永四文铜钱、1厘半通用的文久通宝、1厘通用的宽永1文铜钱都在昭和二十八年(1953年)七月的《小额通货整理法》中被承认并流通至今]

在大众眼中,说到钱当然就是指带有方孔的货币。但实际上还有一种没有方孔的新型铜钱,名为"小町钱"。这种钱的样式与之前的钱币相差甚远,并且品位为98%铜、1%锡和1%锌。不熟悉的人大概会认为这种货币很不上档次吧。《造币局八十年史》中有一篇文章以《和金币不同的一钱铜币》为题,转述了这种铜币发行当年三月六日《东京每日新闻》中的刊文。

明治六年　1钱铜币
(上)正面,(下)反面

一位居住在大阪的洋人将一大把1钱铜币都交给其妻子。妻子非常高兴,问他这是不是百元金币。他微笑地回答道正是如此。于是妻子去和服店购买了之前一直都很想要的衣服,总价为80元,记在了丈夫账上。然而在支付时只拿出了100枚一钱铜币,总计不过1元,引起了大骚动。洋人终于为他一时的玩笑话付出了代价,不得不将其余的钱全部付清。

上月初,有40名官员聚集在两国边的料理店中,叫了40名艺伎大开宴会。宴会已经持续至将近深夜,但艺伎们仍没有收到小费。因此她们大为不满,甚至有人说出了"时候不早了,快回去吧"这样的话。于是官员们给了她们每人一个微黄的大硬币。在此之后,艺伎们收敛脾气,再次娇声软语,连已经深夜了都没注意到,宴会气氛也重新热烈起来。艺伎们大概误以为这是10元币吧。本次发行的铜币不仅大小很像10元币,若是新币的话连颜色都很像。艺伎们回家后才注意到这一点，无不扼腕切齿、头顶冒烟。这实在是件有趣的事。

在京桥边也发生过类似的事。一位客人用铜币买了百文的烟草，店主误以为收到了 10 元币。大概是因为心里觉得过意不去，便急急忙忙要店员去追那个客人，结果客人早已不见踪影。店主将此币拿去发行所鉴定后，才发现这就是一钱铜币。铜币的发行量越来越大，若是对铜币不熟悉，就很可能被狡猾的人所骗，还请各位多加小心。

在那个时代，一升米都只需要 3 钱。对平民们来说，金银币遥不可及，而铜币的价值还算比较贴合实际。在此之后，铜币被大量发行，渗透到了一般阶层。到明治二十年(1887 年)时，市场中所流通的铜币总额已经过高。明治二十一年(1888 年)时，铜币被停止铸造。这些铜币的总铸造数为：2 钱铜币 27,500 万枚、1 钱铜币 48,800 万枚、半钱铜币 39,500 万枚、1 厘铜币 4400 万枚。

大正五年　1钱青铜币　（上）正面，（下）反面

明治三十一年　1钱青铜币　（上）正面，（下）反面

明治三十年(1897 年)制定《货币法》时,它再次以钱币的形式登场。这次日本同样模仿了西方诸国,采取了铜 95%、铅 4%、锌 1% 的比例进行青铜币的铸造,种类也只有 1 钱、5 厘两种。虽然原来想要多增加几种类型,但由于政府在明治三十年后还要增铸金银货币,无暇顾及铜币的种类,因此直到大正五年(1916 年),政府铸造的一钱青铜币总共只有 6400 万枚,而五厘青铜币为零枚。

大正五年(1916 年),受第一次世界大战的影响,辅助货币紧缺。虽然钱币仍在被制造,但是根据《货币法》修正案,钱币的重量减轻,花纹也有所改变。就年长者而言倍感亲切的,被称为"1 钱玉""桐 1 钱"的青铜币在大正五年到昭和十三年共被铸造了超过 218,500 万枚。与此同时,5 厘青铜币在大正五年到大正八年共被铸造 4200 万枚后便不再发行。

制造发行了 20 年以上的 1 钱硬币,最终因"七七事变"的爆发,随着《临时通货法》的制定而消失了,也就是说,作为战时货币铸造的原料,其必须要国内能自给自足无须进口,还要能多样运用适合大量生产。满足这些条件的金属为铜、铝、锌。昭和十三年(1938 年)六月以后,10 钱及 5 钱货币为铜 95%、铝 5% 的青铜币,1 钱货币为铜 90%、锌 10% 的黄铜币。新的 1 钱黄铜币与之前的"桐 1 钱"青铜币直径和重量均相等,但仅发行了半年。为了节约作为军需物资的铜,昭和十三年(1938 年)十一月,政府发行了纯铝货币用以替换这种货币(1 钱黄铜币的制造总数为 11,300 万枚)。

新的 1 钱铝币设计同黄铜币一样,直径为 17.5 毫米,重量为 0.9 克,是一种小型且轻便的货币(现行 1 元铝币直径为 20 毫米,重量为 1 克)。昭和十五年(1940 年),10 钱、5 钱的青铜和铝制成的混合币也改为了纯铝制。一钱币也同样在昭和十五年十二月改小直径至 16 毫米,重量减为 0.65 克。为了节约原材料,昭和十八年(1943 年)二月,又将重量减为 0.55 克(直径不变)。截至昭和十五年,被称为"乌 1 钱"的铝制货币总数为 109,200 万枚。截至昭和十八年,被称为"富士

1 钱”的铝币总数为 23 亿枚，其中减重后为 62，700 万枚。

昭和十六年　1钱铝币
（右）正面，（左）反面

昭和十八年　1钱铝币
（右）正面，（左）反面

昭和十九年　1钱锡锌币
（右）正面，（左）反面

昭和十三年　1钱黄铜币
（右）正面，（左）反面

昭和十三年　1钱铝币
（右）正面，（左）反面

由于战争的白热化以及量产飞机的需要，对铝这一材料的需求也大幅增加，即使是一钱铝币这种铝制小物也不再被允许存在。当时日本占领的东南亚地区（尤其是马来半岛）锡矿较丰富，比较容易开采到锡。而为了避免锡的弱点，政府采取了使用锌与锡合金的方法。昭和十九年（1944 年）三月起，锡和锌的合金货币登上历史舞台。10 钱和 5 钱币的成分比为 93% 锡、7% 锌，1 钱币的成分比为锡 50%、锌 50%，直径为 15 毫米、重量为 1.3 克，共制造了 164，100 万枚。

后来，由于盟军截断了日本与其东南亚占领区的交通，金属货币的量产陷入了困境。接下来政府甚至计划制造陶制货币，但这种货币（充当紧急货币的陶币）还未发行便已消失（本书后续章节详述）。结果是，这种 1 钱币最后还是为锡和锌的合金币。随着战后通货膨胀的影响日趋增强，这种 1 钱硬币也渐渐消失了。

第二节　白铜币的诞生和有孔币

在日本造币史上，白铜币最早出现于明治二十二年（1889 年）。在很长一段时间内，货币所使用的材料为金、银、铜等，分为大判、小判、丁银、小粒、穿孔钱等。当时的政府下了相当大的决心，才决定采用全新的造币原材料。

在当时流通的小额钱币中，5 钱银币太小，而 2 钱铜币又太大，因此在使用时十分不便。与此同时，旧幕府时期所流通的天保钱和文久钱被收回，明治政府也须思考该如何灵活利用这些收回来的货币材料。因此，政府提出将这些旧幕货币重铸为白铜币。

最初采用白铜（铜和镍的合金）铸造货币的国家是比利时。1860年（万延元年）比利时发行了 20 生丁的白铜货币。在此之后，庆应五年（1865 年）美国发行了白铜币，明治三年（1870 年）巴西发行了白铜货币，明治六年（1873 年）德国也发行了白铜货币。可以看出，当时的各国相互模仿，先后发行了白铜货币。玻利维亚、哥伦比亚、希腊、厄瓜多尔、牙买加、瑞士、法国等国也都发行了白铜货币。白铜轻便而美丽，耐酸耐热，持久性强，拥有许多优点，因此很适合用来铸造货币。特别是镍 25%、铜 75% 的白铜最为合适。因此，新币的品位和成分就这么被定了下来。（现行日元百元、50 元货币采取了同样的比例）

新白铜货币的制造是在时任造币局局长远藤谨助的建议下进行的。但由于使用的是之前未曾用过的新型材料，其建议书中除了有关铸造的详细方法顺序外，还附有美国图书《小货币考》和《近世货币史》的译文（都摘取了有关白铜货币的章节）。在贵族院加以修正后，明治二十一年（1888 年）十一月八日，第 74 号诏书中公布了《货币条例》中追加的修正条例。该条例中规定这种货币直径为 6 分 8 厘（20.606 毫米），重量为 1 匁 2 厘 4 毛 2（4.6656 克），成分比例为镍

25%、铜 75%。货币的正面中央是菊纹,上下用日文和罗马字标有面值,反面的中央为一个大字“五”。相比之前各枚货币繁复至极的花纹来说,这种花纹十分简洁明了,因此又被俗称为“菊五钱白铜币”。但由于花纹相对简单,很容易被制假,明治三十年(1897 年)制定《货币法》时,该币的花纹被改变,改为了有农业立国之意的稻穗图案,因此新币又被称为“稻五钱白铜币”。菊五钱白铜币的制造量为 13,000 万枚,稻五钱白铜币的制造量为 5300 万枚。

明治二十二年　5钱白铜币
（右）正面，（左）反面

明治三十年　5钱白铜币
（右）正面，（左）反面

新白铜币是之前聘请的西洋工匠回国后,由日本人自己制造的,对日本来说这是第一次独立制作货币,因此在方方面面都有其意义。明治八年金道尔等外国人回国后,留下的外国人加兰德也于明治二十一年(1888 年)回国,马克拉干则于明治二十二年(1889 年)被解雇。此后,造币局内部再无外国人。再加上由于采用的是全新的原材料,开始铸币时,日本遭遇了各种困难。特别是白铜币十分容易破碎,在很长时间内都让技术部门大伤脑筋,日本银行也常接到投诉。造币方甚至把钱币放进袋子里摔打,把破碎的钱币剔除后再反复重复这一行为。但是制造出来的货币的颜色仍然发黑并且质量不高。后来技术部门受到民间磨马嚼子的启发,将钱币放进装满谷壳的袋子里,用以除黑。在这样的过程中,制币的技术逐渐提高,种种难点也逐一被解决。

明治三十九年(1906 年)后,稻五钱白铜币的发行便被叫停。大正五年(1916 年)时再次发行。该年二月《货币法》迎来了第三次修改,修正案于同年四月开始施行。其内容包含了对 5 钱白铜币以及 1 钱、5 厘的青铜币的修改。修改的理由以及将白铜币改为有孔式的意义在之前已经讲述过了,此处不再赘述。这种 5 钱白铜币在发行数年后又被修正。大正三年(1914 年)七月爆发的第一次世界大战极大地影响了日本国民经济,因此货币相关的改革力度极强,甚至到了不再发行铜币的程度。接下来是出乎意料的银价暴涨,迫使大正七年(1918 年)五月、大正九年(1920 年)七月先后进行了《货币法》的第 4 次和第 5 次修正,10 钱银币随着后者被废除,同时 10 钱白铜币登上历史舞台,5 钱白铜币被缩小(直径由 20.606 毫米缩小到 19.09 毫米,重量由 4.665 克减少到 2.625 克,花纹不变)。大型 5 钱白铜币在大正六年到九年(1917 ~ 1920 年)共发行了 8200 万枚,小型 5 钱白铜币在大正九年到昭和七年(1920 ~ 1932 年)共发行了 45,800 万枚。这种对于年长者们来说十分亲切的 5 钱硬币,在昭和八年(1933 年)以后全部被镍币取代。

虽然在昭和八年(1933 年)后就不再能见到白铜币,但在第二次世界大战后,另有货币延续其生命。昭和四十一年(1966 年)后,百元白铜币和 50 元白铜币再次出现,这也就是日本人现在手中的百元币和 50 元币。在此之后,与洋元用材不同,有孔币先后由镍、铝、青铜、锡、黄铜等制成,这也就是现在的 10 元青铜币和 5 元黄铜币。大概是感伤所致吧,总觉得现在的 50 元白铜币和以前的 5 钱白铜币有些相似,现在的 10 元青铜币也与以前的 1 钱青铜币有些相似。

大正六年　5钱白铜币
（右）正面，（左）反面

大正九年　5钱白铜币
（右）正面，（左）反面

第三节　作为紧急货币的陶币

山崎觉次郎在其著作《货币琐话》(昭和十一年有斐阁出版)中讲述了 emergency currency,也就是紧急货币。在战争之类的特殊事件发生时,想要像平常一样快速制造货币是相当困难的。增加税收和募集公债虽同样能达到筹措资金的目的,但危险性过大。因此,在那些时期所发行的货币就被称为紧急货币。比如,美国南北战争时期发行的绿背货币、日本明治维新时期出现的太政官札、大正六年(1917 年)的紧急诏书中要求发行的小额纸币等都是紧急货币。第一次世界大战之后,欧洲诸国发行了大量的紧急货币,如英国于 1914 年发行的半磅和 1 磅货币券。除此之外,还有其他一些国家发行的由铁或其他劣质金属铸成的金属货币,其中德国波恩就发行过印有贝多芬肖像的金属货币和陶币。

《货币琐话》中记录的有关陶币的内容如下所示:

当时世界上制作陶币的国家只有德国一个，且是第一次世界大战后的产物。第一次世界大战后，梅森瓷器作为有名的国立陶器工厂开始制作陶币，其制作的陶币形状与一般的货币相似，20 马克货币的直径为 1 寸，20 芬尼货币直径为 6 分。这些货币都呈现淡淡的巧克力色，20 马克、10 马克以及 5 马克的周围一圈都涂着金色，意味着它代表金币。辅助货币有 2 马克、1 马克、50 芬尼以及 20 芬尼四种。1921 年新渡户曾送过我一张印有此陶币的明信片，写有如下内容："这东西一发行就流入了收藏家们的手中，一般人是没什么机会接触到的，如今干脆已经变成了古董。我可真想拥有一枚这种货币，现在它的实际价格已经变成了其面值的 10 倍，达到了 200 马克。"

该书出版于昭和十一年（1936 年），作者大概做梦也没有想到日本也会发行陶币吧。昭和十九年（1944 年），战争大局已定，所有金属类货币不论好坏全部用以充当军需物资，铸造货币的原料紧缺。因此政府开始讨论要用什么来代替金属货币。最终，政府决定参考德国，以黏土和长石（以黏土为原料，配以含铁的红黏土低温烧成的材料，因其光泽与长石质的岩石相似，因此称作长石）为主料铸造硬币。

由于其与传统的金属币所使用的材料完全不同，日本在制造方法和制造设备等各方面都毫无经验，造币局苦心探索，终于将其铸造出来。昭和二十年（1945 年）一月陶币的构思完成，同年二月决定了陶币的大小和重量，同年三月对陶币的抗打击和抗摔落能力进行了测试。但该在哪里进行陶币的制造呢？再在造币局里设置新的机械设备已是不可能的事，于是日本政府决定委托民间工厂，并在工厂所在地设置造币局的外地分局，对其进行技术指导和业务管理。接着，当年四月定下了三处制陶业发达的地方为陶币制造所（见表 20）。

表 20　陶币制造情况一览　　单位:枚

制造地区	制造工厂	制造枚数(每日)	制造面额
京都市	松风工业株式会社	300 万	10 钱、1 钱
爱知县濑户市	濑户出口陶器株式会社(后改名"钟大陶业")	200 万	5 钱、1 钱
佐贺县有田町	切和新与陶器有限会社	100 万	1 钱

陶币的成型机由制药公司制药片的转盘式成型机改造而成,濑户被配置了 5 台这种机器,京都被配置了 2 台。而有田用的是由炼瓦成型机改造而成的机器。在使用转盘式成型机制造陶币时,大致流程为:在仓斗里灌入原料,再由上下印章压制陶土,接着取出陶币。在成型后为了排除杂质,还要送进摆成三行四列四段的管状窑,在约 1250℃的温度中用火焰烧制,烧成后转入冷却带进行冷却,再从后槽取出最终的成币。

由于其是由陶土做成的,所以这些陶币的花纹受到了很大的制约,需要选择简单一些的图案。10 钱币正面以菊纹为中心,上下写以面值,周围配以稻穗(寓意日本农业兴盛);反面以桐纹(寓意皇室的繁荣)为中心,上下配以国名和年号。5 钱币的正面上部为菊纹,下部为面值与樱花(寓意樱花万染);反面为橘的花和果实(寓有雅木之意),上下配有国名和年号。1 钱币的形状较小,表面画有"壹"字(省略了"钱"字)与富士(寓意毫不动摇的日本姿态);反面为樱花(寓意日本精神)与国名(省去了年号)。

可以看出,陶币的生产过程充满不易。在技术上,由于成型机的印章上易附着黏土,因此烧出的陶币质量不会完全相同。除此之外,烧制过程中也会出现融化或烧歪的现象,这种让技术部门苦恼的事还有许多。另外,当年六月一日大阪遭受空袭,造币局中的铸币工厂被烧毁大半,正值改造中的陶币机器也被尽数烧毁。在这三个陶币工厂中还发生了其他有阻铸币的事故。消除障碍后,濑户和京都于七月开始具备铸造货币的能力。直到战争结束,濑户铸造了约 1300 万枚陶币,京都制造了约200万枚陶币(有田制作了1000枚,仅为试铸)。在这1000余万枚货币完成生产准备发行时,造币局接到了战争结束后政府下的诏书,要求将这些陶币全部泡进水里进行报废处理。于是,这些好不容易才铸成的货币全部报废,灌注的心血全部付诸东流。这些货币里仅剩一部分被陈列进博物馆,成为观赏的对象。

从上到下分别为10钱、5钱、1钱陶币
（右）正面，（左）反面

爱知县濑户市民间工厂的平井广一郎时任钟大陶业的董事长,他回忆了辅助陶币最后的模样,具体内容如下(《造币局时报》昭和四十二年三月号):

最初,造币局的要求是制作2厘的货币。但是在九月末,我们也开始制作6钱、7钱的货币。虽然困难重重,但随着时间的流逝,我们慢慢解决了问题,提高了效率。在昭和二十年(1945年)年初,我们连3钱、4钱的货币都能制作了。但是由于生产空隙次数过多,我们效率变低。七月初我们看到一卡车(4吨车)的成币时,真的非常开心,认为我们日夜的努力终于有了结果。领用人来大阪进行交割时,大阪却遭受了大空袭,我们躲进中庭地底的金库避难,听到炸弹落到身边的声音时,我们没想到自己还能生还。

原本决定将陶币送往日本银行名古屋支行,但因为没收到领用通知,八月十五日我再度前往大阪。在归途中,我从京阪天满的齿科医大广播中听到了战争的结果,我呆住了。命令要求我们在占领军进驻之前销毁这些陶币。倾注了一年多心血的陶币还未来得及发行,我们就在局长的监督下将其扔进粉碎机。我们无声地注视着巨大的轮轴将其压得咯吱咯吱响,陶币从此在这世上消失。至此,一切都结束了。

想到这种陶币时,我脑海中浮现出我家乡的手榴弹。那是在战争后期,我家乡所制作的无须用铁的手榴弹成为家乡名产。不管怎样,我希望再不要有要用陶币的时期。有这种想法的,大概不只我一人吧。

第四节　短命的百元银币

昭和三十年(1955年),日本政府首次发行50元镍币。这反映了经济的发展以及小额货币硬币化的趋势。在此之后,百元纸币的硬币化也被提上了议程。当时有一种印有板垣退助的日本银行券——“B百元券”。审议百元硬币之时,模仿战前被国民们称为“小齿轮”的50钱银币的提议获得了压倒性的赞同。

然而,百元银币诞生的过程绝不平坦。在此期间,日本银行制造的数量最多的银行券即为百元券。若是将其用硬币代替,印刷局的事业以及作为银行券制造原料的三桠的需求量都会受到巨大影响。印刷局和三桠生产者对此提议进行了激烈的反对。除此之外,对一般的公务员来说,纸币要比硬币更受欢迎。因此社会上出现了赞成与不赞成硬币化的两种思潮。

尽管意见尚有分歧,但硬币化已成为必然之路。与最长使用寿命为1.9年的银行券相比,银币在市场中的使用寿命几乎是半永久的。并且在当时,自动贩卖机开始普及,公用电话和硬币计算机的需求也以不可忽视之势增长着。外国也发行了比日本百元面额要大得多的硬币。在这种情况下,内阁会议于昭和三十二年(1957年)三月二十二日开始回收千元纸币,增加了500元纸币的发行量,同时决定发行百元硬币。

昭和八年 50钱银币 昭和三十二年 百元银币
(上)正面,(下)反面 (上)正面,(下)反面

在第36届国会上,《临时通货法》修正案被提出,参议院大藏委员会提出了以下附带决议。该法案在同年五月十八日生效,规定发行百元临时辅助硬币。

(一)政府购买三桠的数量,不得低于昭和三十一年的水平。

(二)百元银币的纯度要尽可能高,大小可参考10元币。

(三)无须对印刷局和造币局的职员进行人员整理,须维持现有劳动条件。

昭和三十二年(1957年)七月十日,政府公布了有关百元临时辅助货币样式等内容的政令,规定新百元银币的成分比例为银60%、铜

30%、锌10%，重量为4.8克，直径为22.6毫米。花纹由造币局设计，正面为凤凰花纹，上部写有“日本国”，下部写有“百元”文字，反面是八角形的旭日，周围樱花围绕，上部写有“100 YEN”，下部写有制造年份。

制造银币，是经历了20年空白期的造币局职员们长期以来的梦想。据说国会通过方案后，当时的局长脇阪实甚至感动到落泪。造币局职员也同样感动，表示大正十一年（1922年）到昭和十三年（1938年）他们一直都想再次铸造深受人民喜欢的50钱银币。他们还开玩笑道，以前50钱银币上的图案是两只相向而飞的凤凰（雄为凤、雌为凰），这次的百元币上只有一只，该不会货币的价值也只有原来的一半了吧。

昭和三十四年　百元银币
（上）正面，（下）反面

昭和三十二年（1957年）九月三日，政府召集财政界知名人士举行百元银币的初铸仪式。从此之后，百元银币开始正式铸造。政府计划昭和三十二年铸造百元银币5000万枚，从第二年开始为每年8000万枚，总计划为十年间铸造约8亿枚百元银币。而在昭和三十二年，百元纸币的流通总量为76,000万张。从这个计划可以看出，政府打算用10年时间来完成百元面额的硬币化。

随着百元银币的出现,昭和三十二年(1957 年)以后,50 元、5 元、1 元硬币相继登场。虽然各个币种的制造规格不同,但也有人说难以区分这些货币。比如,百元银币和 50 元镍币的颜色十分相似,大小也几乎没什么差别(当然还是后者比较大,50 元币的直径为 25 毫米)。百元银币和 10 元青铜币的大小也几乎相同(10 元币的直径为 23.5 毫米)。并且这些货币边缘都有锯齿。同时,人们对货币的图案样式也有各种要求。因此造币局将各界的有识之士集合起来作为委员,召开了临时辅助货币座谈会(成员包括德川梦声等 11 人),根据他们的意见决定了改铸百元、50 元硬币的方针,并向一般民众募集硬币的图案。

昭和三十三年(1958 年)八月三十日,政府开始征集图案,并于同年十月十六日公布当选方案。次年,也就是昭和三十四年(1959 年)一月五日,政府公布与临时辅助货币样式相关的修正案,修改了百元银币的图案。同时还修改了 50 元镍币的图案和重量,将 50 元镍币的重量降低 0.5 克,并将其改为有孔币。10 元币被改为边缘没有锯齿。至此,五种小额硬币被一举修改完成。

根据公开募集的结果,新的稻穗百元银币诞生了。百元银币制造的数量如表 21 所示。

昭和四十二年　百元白铜币
(上)正面,(下)反面

表 21 昭和三十二年至四十一年百元银币制造数量

年份	数量
昭和三十二年	50,005,057 枚
昭和三十三年	80,008,073 枚(其中凤凰 50,005,051 枚、稻穗 30,003,022 枚)
昭和三十四年	80,008,083 枚
昭和三十五年	50,005,060 枚
昭和三十六年	15,001,516 枚
昭和三十七年	15,001,511 枚
昭和三十八年	40,004,037 枚
昭和三十九年	80,008,056 枚(奥运)
昭和四十年	80,004,085 枚
昭和四十一年	80,004,062 枚

注:枚数没有凑整是因为还算上了试铸币。

正如表 21 所示,当初定下的 8 亿铸造计划并没有达成。主要原因是银比较难以获得。

第二次世界大战后,随着百元银币的制造,昭和三十二年(1957 年)以前已经存在的世界性缺银问题更加凸显。一方面,银的用途不断扩大,电影产业、电子工业、美术工业等都需要它;另一方面,墨西哥、加拿大、美国等主要银产地产量减少,供需状况完全逆转。这种倾向在 1960 年后越发明显,银价大幅提高。因此,世界上许多国家停止了银币的发行,改为发行其他材料铸成的货币。昭和四十年(1965 年),曾在 170 多年间一直采取银本位制的美国也宣布要降低银币的含银量。次年,美国将 50 美分的银币改为银包层币(也就是后面所说的"夹心货币",该种货币的含银量由 90% 下降至 40%),25 美分银币改为白铜包层币(1971 年,50 美分币也改为了白铜包层)。

由于国际形势的逼迫,日本也需要改变银币的材质。新货币的原材料最好为价值稳定,且在长时间内可以进行大量制造的材料。因此最终日本政府选择用白铜来代替银。昭和四十一年(1966 年)九月三十日,日本政府修正了所有关于辅助货币样式的规定,变更了百元币和 50 元币的样式,将其成分也都改为 75% 铜、25% 镍的白铜币。百元币的大小仍为能在自动贩卖机上使用的大小,与当时流通的银币一样,直径为 22. 3 毫米,重量为 4. 8 克。为了与百元币的大小保持平衡,50 元币为有孔币,直径为 21 毫米,重量为 4 克,尺寸比起以前要稍小一些。

这是自昭和八年(1933 年)以来时隔 34 年再次发行白铜币。政府也试着让百元币上的樱花图案看起来像外国货币上的图案一样立体。这便是我们现在日常所使用的百元白铜币。而拥有近百年历史,在战后复活的银币,恐怕要永远退出历史舞台了。

第五节　弹药夹做成的货币

真鍮,又被称为黄铜,是一种铜和锌混合而成的材料。在日本货币史上,它曾被用作铸造货币的原材料。江户时代明和四年(1767 年)后发行的宽永通宝 4 文钱即为黄铜制成的货币。它与 1 文钱的区别在于,其背面印的是海浪波纹,属大型钱币。直到万延元年(1860 年)的 94 年间,这种黄铜币一直断断续续地被铸造发行。参考其成分,可以看出不同时代铸币的区别:明和时期为铜占 68%、锌占 24%、白蜡占 8%;文政时期为铜占 75%、锌占 15%、铅占 10%;安政时期为铜占 65%、锌占 15%、铅占 20%。

宽永通宝4文钱
（上）正面，（下）反面

在近代货币中，黄铜币也是《临时通货法》施行后第一批被铸造的货币。其出现的经过以及发行半年后便被叫停的结局在之前讲述1元硬币时已经提到，在此不再重复。9分铜、1分锌混合制成的黄铜，也就是被称为顿巴（Tombac）黄铜的黄铜尤其美丽，颜色与黄金非常相似。除此之外，其币面是从公开募集的93,000多件作品中被挑选出来的优秀图案，与其材质相得益彰，颇具风格。

战后，货币的制造和发行方面的主要问题有所改变，变成了如何保证金属的价值，如何处理通货膨胀导致的物价急速上涨，以及物价上涨导致的货币制造成本上涨的问题。短时间内多次进行货币改铸即为这一问题的表现。最初铸造的1钱锡和锌混合货币仅在日本战败当年的八月二十三日至九月二十四日发行，时间仅为1个月。接着是在战后制造的5钱铝币，虽然它在战败当年九月二十六日开始铸造，但因其印上了“大日本”这样具有浓厚战时色彩的文字，便于十一月全部叫停，最终还未发行就被撤销。

当时造币局所持有的材料有铝、锡、锌等若干种。为了灵活利用这些材料，造币局铸造了以下货币：10钱铝币［纯铝制，于昭和二十年（1945年）十一月至昭和二十一年铸造，铸造总数为23,700万枚］、5钱锡币（成分为锡93%、锌7%，于昭和二十年十二月至昭和二十一年十月制造,制造总数为18,000万枚)。但无论是铝还是锡,都不是可长久使用的原材料,因此在此之后仍有必要物色新的制币原材料。此时,作为新的原材料映入眼帘的是战争中军方所使用的弹药夹、弹带、黄铜棒、引信管等合金。从军用物资保管机关售出的黄铜及生铜就有超过6000吨。运用这些材料,50钱黄铜币开始生产[昭和二十一年(1946年)八月《临时通货法》修正案]。

与之前的1钱黄铜币不同的是,这种黄铜币由于使用的是从各个武器零件上收集的黄铜,因而原材料品质不一。所以,政府规定该种黄铜币铜为60%~70%、锌为30%~40%。70%铜、30%锌的黄铜被称为“七三黄铜”,60%铜、40%锌的黄铜被称为“四六黄铜”。据说前者同海军弹药夹的成分相同,后者同陆军的弹药夹规格相同。与以前没有浮动幅度的规定相比,这种货币因原材料来源复杂,品位可以在“七三黄铜”到“四六黄铜”间浮动。但制造时,造币局极力将铜的含量控制在62%~63%。

昭和二十二年 50钱黄铜币 (上)正面,(下)反面

昭和二十一年 50钱黄铜币 (上)正面,(下)反面

这样被铸造出来的50钱黄铜币采取了较为复杂的设计。正面中

央的图案为凤凰,上部配有菊纹、下部标有币值。背面中央是"50"字样,画有锹、鹤桥、稻子、麦子、鱼等,上部写有"日本政府"字样,下部写有制造年份。

与此同时,由于通货膨胀,昭和二十二年(1947 年)八月的物价指数已达 7633[以昭和九年至昭和十一年(1934 ~ 1936 年)为 100]。在新币制造后 1 年内,物价约涨了 2 倍半,制造成本与币值之间的差距缩小,甚至出现了需要废除一些货币的情况。为了平衡收支,节省保值原料,同年八月 50 钱黄铜币样式被修改,直径由 23.5 毫米减为 19 毫米,厚度也减少了,重量减少了 38%。新 50 钱黄铜币正面中央为面值与樱花,上部为菊纹(原本菊纹是货币设计中必不可缺的图案,但在此货币之后再没有货币上有菊纹);背面中央为"50"字样,上部为"日本国"字样(战争结束前字样为"大日本",战争刚刚结束时字样为"日本政府",这个字样一直被运用至今),下部为制造年份。

此后,通货膨胀上升趋势并没有停止。昭和二十三年(1948 年)六月,物价指数已上升为 17,328。据《造币局八十年史》记载:"战前 1 钱的货币抵得上现在 1 元 73 钱的货币,反过来说两年前发行的 5 钱黄铜货币和 1 元、5 元银行券分别只能抵得上以前的 3 厘、6 厘和 3 钱,也就是说,现在的 1 元和 5 元纸币只能与战前的 1 钱及 5 钱货币相比。为了保值,这种小额货币必须要换成硬币。在预估了原材料和制造能力后,造币局于昭和二十三年(1948 年)十月开始铸造 1 元及 5 元的黄铜币,同时取消了 50 钱的黄铜币。"

就这样,在发行过大小两种版别的货币各 26,800 万枚后,50 钱黄铜币结束了它短暂的生命。但在这个过程中,随着昭和二十三年(1948 年)六月《临时通货法》的修正,1 元、5 元的临时辅助货币出现在市场上。有人说,货币法本身就存在问题,也就是说,国家货币单位原本是"元",不管"钱"是否作为辅助货币单位,以"元"为单位的辅助货币出现时,就证明在之后还可能出现"百元"这样大额的辅助货币。但是日本政府已无力讨论这些事,通货膨胀的持续让 1 元币和 5 元币不得不立即发行。昭和二十四年(1949 年)八月,5 元黄铜币被规定为有孔币,直径为 22 毫米,厚度略有减少。1 元黄铜币虽在昭和二十五年(1950 年)开始铸造,但由于币材价格上升,有超过造币毁铸点的危险,因此在六月后中止铸造。

昭和三十四年 5元黄铜币 （上）正面，（下）反面　昭和二十三年 5元黄铜币 （上）正面，（下）反面　昭和二十三年 1元黄铜币 （上）正面，（下）反面

自昭和三十四年(1959 年)日本修改文字书写方法后,5 元黄铜币的制造一直延续至今。现在我们手中所持有的 5 元黄铜币,说不定就有一些是由军队的弹药夹制成的。毕竟那些回收的废弃货币也有可能被重新铸造。但是其含铜量并没有像法律所规定的那样在“60% ~ 70%”,而是为了避免不同硬币之间差距过大尽力维持在 61%。

第十七章　现代的课题

第一节　硬币引擎的到来

“硬币引擎”或许是个和制英语词汇(日本人制造的英语词汇),查阅了词典和美国的一些文献后,我并没有找到这个词汇,因此无法对这个词汇作出一个公认的定义。但一般来说,它指的是硬币越来越成为经济流通的必要因素这一现象。这一现象的核心推动力,即为以自动贩卖机为中心的自动化和省力化倾向。从表22可以看到日本自动贩卖机的普及状况。其数量不断上升,增长率非常之高。昭和四十九年(1974年),与其相关的商品、服务费总额已超过12,000亿日元,几乎达到了同年百货商店总销售额的1/3。有人说,今后这种商品服务类市场具有无限扩张的可能。其主因当然是经济高度发展下的劳动力不足所导致的对省力化的需求。从使用者的角度来看,这种自动化服务有着没有时间限制的优点,并与现代人关系疏离的现状相符合。

“我认为自动贩卖机令人意外的好用。在买东西时若是旁边有人,就经常会感到有点不方便。去买烟时我曾被一个奇怪的老太太用眼睛盯着,让我不知该如何是好。但在这一点上,自动贩卖机就很好,就算我投了钱之后没有物品出来,我也可以放弃,选择不在这儿买。放弃也是个不错的选择。”(引自《东京新闻》——《浅谈漫画家东海林先生》)

这种自动贩卖机的普及当然与硬币的需求有关,但硬币的增加并不只是随着自动贩卖机的普及台数的增加而增加,而是有着许多复杂的原因。比如,昭和四十九年(1974 年)地铁涨价时,最短区间收费由 40 日元涨至 60 日元,因此使用百元货币的人陡然增加,车站常会出现因零钱不足而无法找零的情况。当然,相反的情况也有,但除非所有的商品全部以百为整数定价,否则这样的情况将一直存在下去。除此之外,为了省力化也即节约更新商品的费用,自动贩卖机管理者收取机器内现金的次数以显著趋势下降,因此贩卖机内货币的滞留也是货币需求增大的一大诱因。

表 22　自动贩卖机的普及台数　　单位:千台

种类	内含商品	年份									
		昭和四十年(1956年)	昭和四十一年(1957年)	昭和四十二年(1958年)	昭和四十三年(1959年)	昭和四十四年(1960年)	昭和四十五年(1961年)	昭和四十六年(1962年)	昭和四十七年(1963年)	昭和四十八年(1964年)	昭和四十九年(1965年)
饮料类	碳酸饮料	14	24	38	60	94	159	213	296	434	542
	牛奶	5	10	16	25	41	41	47	40	41	42
	咖啡、可可	4	5	6	6	7	5	9	17	34	47
	果汁饮品	37	28	26	25	26	4	5	16	22	28
	酒类	11	15	16	18	20	10	32	73	93	97
	小计①	73	84	103	136	190	221	308	444	626	759

① 表中“小计”“合计”数与各行相加数不完全对应,为各行数四舍五入造成。——译者注

续表

种类	内含商品	年份									
		昭和四十年（1956年）	昭和四十一年（1957年）	昭和四十二年（1958年）	昭和四十三年（1959年）	昭和四十四年（1960年）	昭和四十五年（1961年）	昭和四十六年（1962年）	昭和四十七年（1963年）	昭和四十八年（1964年）	昭和四十九年（1965年）
食品类	花生、口香糖	68	90	111	134	152	155	168	179	171	150
	面包、蛋糕	—	—	1	1	2	1	2	2	3	10
	便当、方便面、三明治	—	—	—	1	2	—	—	4	15	27
	冰激凌、冰棍	—	—	—	1	1	—	—	—	1	1
	小计	69	92	114	139	157	157	171	187	191	190
烟类		3	5	11	17	29	50	81	131	187	188
票券类	车票	3	5	12	21	22	8	10	13	14	16
	食品券、入场券	1	1	2	3	5	3	6	8	10	11
	小计	4	7	14	24	28	12	16	22	25	27
其他类	邮票、明信片、印花纸、单据	—	—	—	1	1	—	—	1	1	1
	剃须刀、袜子、卫生纸	7	9	12	16	25	31	79	79	99	120
	报纸、杂志	—	—	—	—	—	—	3	4	6	10
	生理、产妇用品	33	35	39	50	63	42	58	75	96	101
	神签、小钢珠球	45	67	85	111	135	95	132	132	257	276
	小计	86	114	137	180	226	170	275	393	460	509
自动服务机	投币式自动存放柜、投币电视机、吹风机	55	74	120	197	288	446	527	582	686	794
	货币兑换机	—	—	1	3	5	5	10	17	25	33
	小计	55	74	121	200	293	451	538	600	712	827
合计		292	378	503	699	925	1064	1391	1780	2204	2502
较上年增减/%		10.00	12.95	13.30	13.90	13.22	11.50	13.08	12.80	12.38	11.35

注：(1)表中数据源自日本自动贩卖机工会。(2)昭和四十四年(1969 年)以前的数据由生产数量相加得出，昭和四十五年(1970 年)以后的数据还对实际仍在使用的台数进行了调查统计。(3)台数为千台以下的省略。

一般来说，经济规模的扩大会促进货币需求的扩大，从明治以后的经济史或货币史的数字中我们就能如实地理解这句话，也可以说是战后急速发展的日本经济使货币的发行量增大。作为货币的一分子，硬币当然也有着同样的命运。自动贩卖机、公用电话、硬币甄别机具等的普及增加了1元硬币的发行量。尤其是最近[①]对硬币的需求以惊人之势扩大，其状况可以从表23和表24中看到。

表23　货币制造额

货币种类	年份									
	昭和四十六年（1971年）		昭和四十七年（1972年）		昭和四十八年（1973年）		昭和四十九年（1974年）		昭和五十年（1975年）	
	金额/百万元	数量/百万枚	金额/百万元	数量/百万枚	金额/百万元	数量/百万枚	金额/百万元	数量/百万枚	金额/百万元	数量/百万枚
百元纪念币	3000	30	—	—	—	—	—	—	12,000	120
百元币	50,000	500	51,000	510	68,000	680	68,000	680	30,000	300
50元币	3500	70	5000	100	10,500	210	21,500	430	16,000	320
10元币	6200	620	7000	700	15,000	1500	17,500	1750	12,600	1260
5元币	2000	400	3350	670	3800	760	6300	1260	2500	500
1元币	900	900	1350	1350	1620	1620	1880	1880	1500	1500
总计	65,600	2520	67,700	3330	98,920	4770	115,180	6000	74,600	4000

① 指本书写就的1976年。——译者注

表 24　货币流通额

货币种类	年份											
	昭和四十年（1965 年）		昭和四十一年（1966 年）		昭和四十二年（1967 年）		昭和四十三年（1968 年）		昭和四十四年（1969 年）		昭和四十五年（1970 年）	
	金额/亿元	增长率/%	金额/亿元	增长率/%	金额/亿元	增长率/%	金额/亿元	增长率/%	金额/亿元	增长率/%	金额/亿元	增长率/%
百元币	454	14	549	21	812	48	1230	52	1559	26	1964	26
50 元币	265	24	307	16	377	23	425	13	486	15	557	15
10 元币	334	7	369	10	405	10	435	7	476	10	520	9
5 元币	81	6	87	8	95	9	105	11	118	12	133	13
1 元币	56	10	62	11	68	10	75	10	82	9	89	9
总计①	1191	13	1376	16	1759	28	2272	29	2724	20	3266	20

货币种类	年份											
	昭和四十六年（1971 年）		昭和四十七年（1972 年）		昭和四十八年（1973 年）		昭和四十九年（1974 年）		昭和五十年（1975 年）			
	金额/亿元	增长率/%	金额/亿元	增长率/%	金额/亿元	增长率/%	金额/亿元	增长率/%	金额/亿元	增长率/%		
百元币	2358	20	2932	24	3464	18	3838	11	4325	13		
50 元币	633	14	723	14	855	18	956	12	1046	9		
10 元币	570	10	649	14	784	21	910	16	996	9		
5 元币	153	14	181	19	218	20	259	18	279	8		
1 元币	98	10	112	14	127	13	142	11	152	7		
总计	3815	17	4599	21	5450	19	6107	12	6800	11		

注：表中数字为年末数字，不包含千元纪念币。金额未满亿元的舍弃，增长率四舍五入。

① 表中“总计”数与各行相加数不完全对应，为各行数四舍五入造成。——译者注

（表22和表23在计数上的区别在于，制造额是造币局实际制造量，流通额是日本银行收到的货币量减去日本银行持有的货币量，即减去向市场发行的货币量和从市场中回收并记录的货币量。此外，由于加总的年份不一，计数也会有所不同）

从货币流通量来看，辅助货币整体需求增加。除此之外，前面说到过的百元银行券也在向硬币转换。货币流通额中辅助货币占比，也就是辅助货币流通率（千元纪念币除外），变为了昭和五十年（1975年）十二月末的5.11%。虽然由于万元以下的银行券的大量发售，其在总体比例中的占比较小，但与昭和二十四年（1949年）年末的0.63%、昭和三十年（1955年）年末的3.04%以及昭和四十年（1965年）年末的4.41%相比，这个占比已提高了不少。另外百元以下的辅助货币和日本银行券的比率已变为了昭和五十年（1975年）年末的12.5，几乎九成以上都被硬币所占领。同样的比率在昭和二十四年（1949年）年末为0.0063，在昭和三十年（1955年）年末为0.2719，在昭和四十年（1965年）年末为1.04。可以看出，百元以下部分的货币正向硬币化急速发展。

［流通枚数中，硬币所占的比例为压倒性的。昭和五十年（1975年）年末的各币种占比为：1万元纸币2.43%，5000元纸币0.27%，千元纸币3.84%，500元纸币0.97%，百元纸币1.23%，50元以下的纸币2.34%，银行券总计11.08%。千元硬币0.04%，百元硬币10.33%，50元硬币5.00%，10元硬币23.82%，5元硬币13.35%，1元硬币36.38%，辅助货币合计88.92%］

接下来再看看制造额，表23仅展示了最近五年的数据。从表23中可以清楚地看出近几年巨大的增长率。造币局开业后的100年（1871～1971年），制造的货币总数高达444亿枚。假设按照昭和四十九年（1974年）的制造数据，也就是60亿枚进行生产，那么仅需要7年多的时间，生产的货币数就会等于过去百年间所生产的货币总数。顺带一提，以上文流通量的同一时点计算，昭和二十四年（1949年）的制造总额为55,000万枚,昭和三十年(1955年)的制造总额为59,000万枚,昭和四十年(1965年)的制造总额为251,000万枚。

虽然经济变动与银行券发行额之间有关联已经是人尽皆知的常识,但其与辅助货币,也就是硬币之间的关联性又怎样呢?从表25中能看出昭和三十年(1955年)以后三者动向的对比。只有货币发行与经济状况毫无关联,独自被排除在外。而辅助货币则有许多变化,如昭和三十年(1955年)发行50元硬币,昭和三十二年(1957年)发行百元硬币,昭和四十二年至昭和四十三年(1967~1968年)大量发行百元白铜货币等。如果考虑到货币发行的这些特殊情况,那么可以看出硬币的流通额和银行券一样,都会受到经济形势的影响。

昭和三十年
1元铝币
(上)正面,(下)反面

表25 国民生产总值、日银券以及辅助货币流通额

年份	GNP(名义)		日银券流通额(年度末)		辅助货币流通额(年度末)	
	金额/亿元	增长率/%	金额/亿元	增长率/%	金额/亿元	增长率/%
昭和三十年(1955年)	88,646	13.3	5747	8.30	212	40.11
昭和三十一年(1956年)	99,509	12.3	6662	15.91	260	22.90
昭和三十二年(1957年)	112,489	13.0	6886	3.38	304	16.81
昭和三十三年(1958年)	117,850	4.8	7563	9.83	393	29.00
昭和三十四年(1959年)	136,089	15.5	8766	15.90	498	26.91

续表

年份	GNP(名义)		日银券流通额(年度末)		辅助货币流通额(年度末)	
	金额/亿元	增长率/%	金额/亿元	增长率/%	金额/亿元	增长率/%
昭和三十五年(1960年)	162,070	19.1	10,770	22.85	595	19.44
昭和三十六年(1961年)	198,528	22.5	12,941	20.16	660	10.79
昭和三十七年(1962年)	216,595	9.1	15,284	18.11	732	10.90
昭和三十八年(1963年)	255,759	18.1	17,748	16.12	848	15.87
昭和三十九年(1964年)	296,619	16.0	20,223	13.94	1029	21.38
昭和四十年(1965年)	328,139	10.6	22,804	12.76	1160	12.68
昭和四十一年(1966年)	384,186	17.1	26,439	15.94	1374	18.43
昭和四十二年(1967年)	452,967	17.9	31,057	17.46	1692	23.21
昭和四十三年(1968年)	532,882	17.6	36,363	17.08	2191	29.47
昭和四十四年(1969年)	622,599	16.8	43,258	18.96	2674	22.03
昭和四十五年(1970年)	730,461	17.3	49,748	15.00	3141	17.44
昭和四十六年(1971年)	815,770	11.7	56,862	14.30	3746	19.28
昭和四十七年(1972年)	947,294	16.1	72,212	26.99	4497	20.21
昭和四十八年(1973年)	1,156,045	22.0	87,240	20.81	5289	17.61
昭和四十九年(1974年)	1,363,393	17.9	102,355	17.33	5914	11.82

注:辅助货币中不包含千元银币。

就最近经济形式的不景气而言,从昭和四十九年开始到昭和五十年(1974～1975 年)的不景气加深使硬币的需求量下滑。因此昭和五十年(1975 年)的造币计划一下子从 60 亿枚缩减为 40 亿枚。上一次出现这种情况,是昭和四十二年(1967 年)的造币量由 134,000 万枚降到了 104,000 万枚,这是难得一见的造币额比前一年减少的景象。引人注目的是,这种落差仍在逐年增长。今后,若是日本经济陷入低迷,硬币的需求量又会做出何种反应呢？进入硬币引擎时代,经济的整体动向和硬币走向的关系让人兴趣盎然。

第二节　1 元铝币消失之时

昭和三十年(1955～1964 年)后期,1 元硬币的短缺曾一度引起骚乱,有人形容其为“1 元币异变”事件。由于使用价值较低,铝币并不会造成什么大的问题,但是越是这样,有关硬币不足的声音就越强。从当时的记录来看,各家银行都举行了收集 1 元硬币的活动,有的超市门口还设有“1 元角”,只使用 1 元硬币进行支付的顾客能享受到特别价。有的商店将硬纸板剪成圆形,或是制作 1 元商店兑换券来代替 1 元硬币进行找零。还有的商店以口香糖作为零钱,一枚口香糖即为 1 元。这样的报道每天都会在报纸上出现。真是好了伤疤忘了痛,有些记忆似乎已经在向偏离事实的方向发展了。

当时,造币局可以说是采取了临战体制,根据增加产量的要求实行了昼夜轮班制,并将 1 元币的生产完全外包。如表 26 所示,昭和三十八年(1963 年)的产量为 97,500 万枚,昭和三十九年(1964 年)的产量为 19 亿枚,昭和四十年(1965 年)的产量为 15 亿枚。就像石油危机时能看到人们疯狂囤积洗洁精和厕纸一样,造币局生产了过多的硬币,已经超过了民众的需求。渐渐地,日本银行的金库里似乎溢满了 1 元货币。于是在昭和四十一年(1966 年),产量下降到 6 亿枚,昭和四十二年(1967 年)下降到 1 亿枚,而到了昭和四十三年(1968 年)产量仅为 310 万枚。这是库存调整,制造量激减的缘故。

此外,由于制造量的大幅变动,造币局的出库业务管理也因此受到了影响。与此同时,昭和四十二年(1967 年)记录的 1 元币数量为 22,000 万枚,而昭和四十三年(1968 年)记录的结果为零,昭和四十四年(1969 年)的记录为 18,000 万枚。甚至出现了因其稀少性,故现行货币的 1 元币在市场上的价格异常之高的讽刺现象。

表 26　1 元货币流通额、制造额　　单位:百万元

年份	流通额(年末)	制造额(年度)
昭和三十年	330	500
昭和三十一年	763	500
昭和三十二年	1210	475
昭和三十三年	1583	326
昭和三十四年	1883	239
昭和三十五年	2231	320
昭和三十六年	2657	452
昭和三十七年	3216	600
昭和三十八年	4002	975
昭和三十九年	5113	1900
昭和四十年	5637	1500
昭和四十一年	6240	600
昭和四十二年	6876	100
昭和四十三年	7538	31
昭和四十四年	8204	240
昭和四十五年	8977	600
昭和四十六年	9889	900
昭和四十七年	11,246	1350
昭和四十八年	12,718	1620
昭和四十九年	14,249	1880
昭和五十年	15,223	1500

下面这段文章概括了当时“一元币异变”的景象。[摘自昭和三十八年(1963 年)五月十三日《朝日新闻》“天声人语”栏目]

我是 1 元币，从出生起便充满不幸。我在职员黑漆漆的抽屉里被关了近三年，朋友的数量渐渐增多，大概达到了 500 元。我的脸上爬满了蟑螂，老鼠也在这里撒尿。朋友们都抱怨着到底什么时候才能重见天日。在黑暗中，我隐隐听到有人在问:“有 1 元币吗?”但职员肯定又张贴着布告，写着:“最近小额钱币不足，找零很困难，请尽量将消费控制得无须找零，谢谢配合。”

当然，也有人把我们从抽屉里拿出去使用，但是这样的时间持续得并不长久。后来，有人把我们带去商店当零钱，或是带去寺庙或神社当香钱。还有人拿我们去兑换点，通过交换硬币来赚钱。然而当我们被不小心掉在地上时，人们总是毫不犹豫地从我们身上跨过去，连孩子们也不会看我们一眼。连出租车司机找钱时都会唾弃我们一句:“哎，这也算钱吗?”

现在，世间我朋友的数量应该超过了 33 亿，日本银行说已经够用了，但世事总难如意。我们的屋子日渐拥挤，积灰成山。若是能把我们全部收回，那么还足以被当作奖学金和福利金。但相反，如果我们尽数被藏起，则会阻碍商业的发展。

我们这些 1 元币全部被扔进有老鼠和蟑螂的地方，简直和死了没什么区别，干脆都藏进仓库里好了，换句话说，我们已经被抛弃了。我们一定引起了很多争议。其实我们使用方便、流通简单。但是，光是制造我们，一枚就要花费 1 元 13 钱。无论我们增产多少，我们都是“幻之货币”，没有任何意义。这难道就是对我们作为小额粗币的惩罚吗？大西洋避暑胜地百慕大三角 1 元零钱不足，据说是因为美国的收集家愿意花高价买小额钱币。但是看看我们这廉价的脸面和设计，想要被他们买去，也是在做梦吧。

1 元币到底是因为什么而消失的？不用说，是因为物价上涨导致了 1 元币使用价值下降。事实上，如今 1 元币只能起到计算零头的作用，如超市打折、收入和饮料扣税、强制征收社会保险费等，其自身已不能再买到什么商品或服务。因此即使是掉在地上，连孩子们也不会理睬，经过的路人们只会毫不犹豫地从 1 元币上面踩过去。人们不再将 1 元币积攒到空抽屉里或厨房的空罐子里，甚至出现了如果拿这种钱当作参拜寺庙的香钱就会被惩罚的传言。因此，花费超过其价值的金钱去生产这种货币简直是毫无意义的事。

总之，通过造币方的努力，虽然还残留着一些后遗症，但昭和三十年后期的危机总算是得到了解决。如上所述，由于从昭和四十一年（1966 年）开始填补货币缺口，抱怨 1 元币不足的声音全部消失了。到昭和四十五年（1970 年）时，货币的制造和发行已经恢复到了正常的水平。

但在昭和四十六年（1971 年）后，1 元币不足的声音再次出现。在昭和三十年，随着物价的上涨，当时即便是价格的零头，也大多以 10 元为单位，即使不以 10 元为单位，也会以 5 元为单位，发工资也普遍采用了汇款方式，因此对 1 元币的需求渐渐消失。但此时又有了 1 元币不足的声音出现，这到底是怎么回事呢？虽然原因被分析为超市的兴盛，但如果不详细进行市场分析，问题是无法被解决的。因此，造币局不得不再次对这种货币进行增产。

明治四年
1元金币
（上）正面，（下）反面

若将20世纪70年代的日本人口算作1亿，那么包括婴儿在内，昭和四十六年（1971年）日本平均每人拥有89枚1元币，昭和四十七年（1972年）的情况与此相同。只要流通速度略微上升一点，那么这个数字理应会下降一些。但虽说如此，我们也无法无视不断涌向日本银行的催促声。昭和四十八年（1973年）十月末，大藏省进行了省内1元、5元货币的回收活动，其结果发表在了报纸上。3日内大藏省共回收1元币283,000枚，5元币43,000枚，平均每人188元。据说在参与回收的人之中，最多的一人持1元币7040枚，5元币380枚。根据诏书，以大藏省为中心的波及全部省厅的回收活动的结果是，回收了1元币1748万枚，5元币360万枚，平均每人的回收数为1元币50枚，5元币10枚。

此时，由于回收活动受人监督，因此作出了些成绩。但由于其对象和时期的限制，这类活动不可能产生一劳永逸的效果。造币局制造的1元币数量在昭和四十七年（1972年）为135,000万枚，昭和四十八年（1973年）为162,000万枚，昭和四十九年（1974年）为188,000万枚——这几乎与昭和三十九年（1964年）顶峰时期的19亿枚相等。虽然昭和五十年（1975年）的产量与当初预计的大致相同，但会不会再次重蹈覆辙呢？这个数字今后还会不会增长呢？想要对这些问题进行预测似乎非常难。

在曾经的《新币条例》里，1元币被规定为纯度90%，因此在当时它被作为本位货币，占有举足轻重的地位。在明治三十年（1897年），由于《货币法》的制定日本实际上采取了银本位制，作为本位货币的1元银币一度博得海外部分地区的支持，成为当地的流通货币。而在现在，由于通货膨胀，这1元铝币的地位已摇摇欲坠。

纵观现在世界上所使用的货币原材料，都以镍、银、铝为主。但使用铝镁合金的情况也很多，只用纯铝的国家也有，如阿富汗（25单位货币）、冰岛（10单位货币）、巴基斯坦（2、1单位货币）、波兰（5、2、1单位货币以及50、20、10、5单位货币）、韩国（1单位货币）、黎巴嫩（5、2、1单位货币）。虽然有着加工性能良好的优点，但是作为货币材料，它最大的缺点在于重量较轻。无法否认的是,这种货币的重量同它上面印的数字一样,都不太大。即使是投进香火箱里,恐怕也会跟飘浮在空中似的难以听到其落下的声音。可以看出,这种货币的使用价值都很低。昭和十三年(1938年)十一月,随着日本深陷“七七事变”后中国全面抗日战争之中,纯铝货币首次在日本登场,但大概只有我一个人由此联想到了当时的1钱货币吧。

那么,这种1元铝币的未来究竟会如何呢?从理论上来讲,若生铝的价格超过了铝币面值,就必须对该币的发行再作讨论了。这点先暂且不谈,考虑到将来可能会发生的通货膨胀,其面值与主要计价单位(100日元)的比价就不能按1比100来考虑,而应该按照1比1000来考虑。这种1比100的比率参考的是美元与美分的比价情况,但在日常生活中我们已经可以体会到,5钱的糖果涨为50元,1钱5厘的明信片涨至20元进行贩卖。由首相府统计局进行的一项调查显示,以战前基准设置的京都区五项主要费用为依据,则昭和九年至十一年(1934～1936年)物价指数为1.0,而昭和五十一年(1976年)一月为1044.2。据此,有人认为将现在的货币设置为战前货币价值的1‰较为妥当。现行铝币若仍以1元的面额即计价单位的1%得以保留,则因其实际价值已仅等于以前的1钱,与之相关的问题将会继续存在。战争引起的通货膨胀和通货紧缩成为决定铝币未来的主要因素。

第三节　纪念货币

笔者认为,以下所述的三种或者说三套货币的问题,应该归于货币发行中的同一个分类。因为这些货币虽由货币发行局发行,但并不以流通为目的。因为下述三种货币具有这一共同点,所以在政策上应同等对待。

第一种为纪念硬币(commemorative coins)。有关这种货币,《世界货币大事典》[平木启一著,昭和四十九年(1974年)出版]中作出了如下解释：

这是为了纪念国家某事业的开展或国民英雄的功绩而发行的硬币，一般被称为纪念币。

纪念币的开端，大体上可以追溯到罗马时期的谥号币。如果发行目的清晰，就没有在钱币上刻铭文的必要。当时，为纪念罗马帝国元首结婚而铸的银币曾在欧洲范围内正式发行。

纪念币的主题包括国王或当权者的结婚纪念、诞辰纪念、逝去纪念，或有名的建筑物的建设纪念、再建纪念，以及国家的战胜纪念、大学的创设纪念等。历史上最著名的系列纪念币有：19 世纪德国的路德维希一世、马克西米利安二世的 43 种纪念币，瑞士 17 种射击比赛的纪念币等。进入 20 世纪后，还有德国魏玛共和国的 28 种纪念币、德意志联邦共和国（现仍在发行中）纪念币、美国金银系列纪念币、以色列独立日系列纪念币等（见表 27）。

表 27　日本的纪念币

名称	制造数量	正面图案	背面图案	品位	重量	直径
1. 千元银币（第 18 届东京奥运会纪念币）	4500 万枚	 正面有富士山和樱花的设计，上部写有“日本国”，下部写有面额“千元”	 背面写有面额“1000 YEN”，奥运会会标四周画有樱花，上部写有举办年份和地点“1964 TOKYO”，下部有举办年份“昭和三十九年”	银 92.5%、铜 7.5%	20 克	35 毫米

续表

名称	制造数量	正面图案	背面图案	品位	重量	直径
2. 百元银币（第 18 届东京奥运会纪念币）	8000 万枚	 正面为奥运圣火台以及其上的奥运会会标浮纹，上部写有“日本国”，下部为面额“百元”	 背面以日章为背景写有面额“100”，上部写有举办地点“TOKYO”和举办时间“1964”，中间饰有橄榄叶。下部有举办年份“昭和三十九年”。边缘有锯齿（该图案为公开征集作品）	银 60%、铜 30%、锌 10%	4.8 克	22.6 毫米
3. 百元白铜币（日本世博会纪念币）	4000 万枚	 正面为葛饰北斋的富岳三十六景之一“凯风快晴（赤富士）”，上部为“日本国”，下部为面额“百元”	 背面以地球为背景，配以日本世博会会标，上部写有面额“100YEN”，下部为举办年份“昭和四十五年”。边缘有锯齿	铜 75%、镍 25%	9 克	28 毫米

续表

名称	制造数量	正面图案	背面图案	品位	重量	直径
4. 百元白铜币（第11届札幌冬奥会纪念币）	3000万枚	正面画有札幌奥运圣火台，上部左侧写着“日本国”，右侧写着举办地“SAPPORO”，下部写着“百元”	背面标有面额“100”和奥运会会标，两侧为雪纹（初雪），下部为举办年份“昭和四十七年”	铜75%、镍25%	12克	30毫米
5. 百元白铜币（冲绳国际海洋博览会纪念币	12,000万枚	正面中间为守礼门以及滚滚波涛（参考冲绳红型①的波涛式样），上部写有“日本国”，下部写有面额“百元”	背面中间为面额“100”，上部为“EXPO 75”和“OKINAWA”，二者之间为冲绳海洋博览会会标，中间左右两侧为海豚图案，下部为举办年份“昭和五十年”	铜75%、镍25%	4.8克	22.6毫米

① 红型，指一种冲绳传统染色技法。——译者注

或许是因为人人都需要用到货币，所以国家当权者们都认为货币是能够展示自身权力的最好媒介。这大概就是纪念币的由来吧。除如上所述的主题外，由此开始的纪念币渐渐向文化领域进军，所涉地域也由欧洲扩大到了美国，又到了全世界。如今，即使是发展稍微落后的国家也会为了挣取外币收入而发行多种多样的纪念币。

在日本，战前昭和十三年（1938 年），众议院议员曾提议发行“爱国纪念货币”。这项提议在第 73 届帝国会议上被采纳，但之后并没有实际进行。因此，日本实际上最早发行的纪念币应为昭和三十九年（1964 年）东京举办第 18 届奥运会时所发行的东京奥运会纪念币。

在发行东京奥运会纪念币之后，日本共发行了 3 次纪念币①，分别是世博会纪念币（昭和四十五年即 1970 年），第 11 届札幌冬季奥运会纪念币（昭和四十七年即 1972 年）以及冲绳海洋博览会纪念币（昭和五十年即 1975 年）。具体内容如表 27 所示。

从这一系列纪念币的情况可以看出，纪念币最初的规格为大型或普通的银币，接着变为大型的白铜币，最后变为了普通的白铜币。对此，《新场桥情报》第 11 卷第 2 号中的记载为：“发行这种寒酸的纪念币，还不如不发行。因此，内阁会议决定发行百元以下的五种硬币，同时决定了纪念币也按此发行。我想，不只我一个人想向国会要求发行千元或 500 元纪念币吧。”

发行纪念币的一个要求是，不论是在什么情况下发行的纪念币，其图案都不能相同，因此决不能匆忙决定其图案。除东京奥运会纪念币百元币的图案是面向公众公开征集的外（最终从 3 万多件投稿作品中挑选出来的是神户市 20 岁女性前岛晶子的作品），其他各枚纪念币的图案均为造币局职员所设计。因为是匆忙创作的，这些图案也曾被评价为“没有点睛之笔而稍显遗憾”。

为什么要发行纪念币，又该何时发行纪念币呢？站在货币爱好者

---

① 截至本书成书的 1976 年。——译者注

的立场来看，好不容易发行的纪念币应当品质优异、形状优美、尺寸较大。除此之外还要有沉甸甸的质感，图案深刻分明，这就需要充分利用时间来进行制作。

日本发行纪念货币始于奥林匹克运动会的召开。从世界范围内来讲奥运会也是发行纪念币的好机会。由于奥运会纪念货币有着很高的人气，接下来我也稍稍讲述一下与其有关的内容。

以奥运会为主题制作纪念币的历史并不长。芬兰赫尔辛基举办的第 15 届奥运会（1951 年发行货币单位为 500 芬兰币的银币）、东京举办的第 18 届奥运会（1964 年发行百元银币和千元银币）、墨西哥举办的第 19 届奥运会（1968 年发行 25 比索银币）、慕尼黑举办的第 20 届奥运会（1972 年发行 10 马克银币）、蒙特利尔举办的第 21 届奥运会（1976 年发行 5 元银币、10 元银币和百元银币）都发行了纪念币。冬季奥运会也同样如此，因斯布鲁克举办的第 9 届冬奥会（1964 年发行 50 先令银币）、札幌举办的第 11 届冬奥会（1972 年发行百元白铜币）以及因斯布鲁克举办的第 12 届冬奥会（1976 年发行 100 先令银币）都发行了纪念币。

不仅如此，东京奥运会纪念币的成功也让奥运纪念币的发行额和发行枚数激增。加拿大政府计划用纪念币收入覆盖现在正在进行中的[①]加拿大奥运会开幕式成本的 80%。加拿大政府奥运企划厅太平洋地域长官汉克・W. 布朗说道："现在，最让奥运主办国苦恼的即为激增的运营费。这个问题开始破坏奥运会举办权的平等原则。我们在 1976 年蒙特利尔奥运会中采用的资金募集方法已经过时，但似乎还有新的方式可以解决这个问题。计划中纪念币的销售额将达 4.5 亿加拿大元（换算成日元为 1260 亿日元）……通过这方面的收益，可以减轻政府的财政负担，覆盖一部分开幕式所需费用……包括加拿大在内有五个国家发行了奥运纪念币，但过去奥运会纪念币还未在全球规模发行过……"

---

① 指本书成书的 1976 年。——译者注

奥运会原本就是一场体育盛典，它既不属于国家庆典，也不属于民族庆典。格勒诺布尔举办的第10届冬季奥运会未发行奥运纪念币筹措资金，于是有当地居民向日本记者抱怨："税金又提高了。"与热爱奥运会的日本人民不同，最近出现了一些奥运会举办候补地的居民因费用问题而反对举办奥运会的声音。与之对应，用纪念币赚取收入也是一种新方式。

然而，这种方式也存在一些问题。比如，纪念章与纪念币的制作方式完全一样，即使作为艺术品来说纪念章的工艺更为精湛，人们也会认为货币具有更高的价值。以世博会主题纪念币的发行量为例，日本世博会发行了4000万枚纪念币，人们纷纷进行抢购。直到现在，其市场价格依然保持稳定。同主题纪念章虽也有人气，但与纪念币的发行量相比，其发行量就要少得多。其金银铜套装仅发行了20万组，白金套装仅发行了3万组，即便如此还有人评价其没有升值空间。之所以会产生这样的差别，是因为即使人们并不会将纪念币作为普通货币投入市场进行流通，但纪念币本身说到底也还是一种货币，有着国家规定的面值，有国家强制力的保证，因此在纪念币里实则隐藏着国家的权威。若仅是利用了人们的喜好，将纪念币的发行看作调遣资金和获得外币的手段而胡乱大量发行纪念币的话，只会让公众对货币本身的评价降低，使人们更加讨厌纪念币，这样反而会与当初发行纪念币的初衷相违背。现在加拿大的情况就正是如此。由于销量不及预期，加拿大政府将最初计划的6000万枚奥运会纪念币减少为4400万枚，但按照这个趋势下去恐怕之后还需再次减少。因此，无论哪个国家，在发行纪念币时都应该慎重考虑。

第四节　精制币

精制币是指外国收集成套的闪闪发光的硬币。在之前提到过的

《世界货币大事典》中写道："抛过光的币面上精心刻着美丽的印记，整个硬币的状态看起来宛如一面镜子。繁复的花纹和铭文清晰可见。作为精制币的前身，最初被认为是标准币的货币制造于英国，其中银币铸造于查尔斯二世统治下的1662年，金币铸造于乔治二世统治下的1729年。这些标准币原意是为了上呈时使用。近年来瞄准收藏市场而发行的此类货币也有很多，尤其是新兴国家相继发行标准币。但实际上在这些被称为精制标准币的硬币里，有许多都难以被认定为正规的货币。"这原本是个很简单的命题，但在货币界难以对精制标准币作出明确的定义。冈政道在《泰星月刊》第1卷第6号中作出了如下说明：

美国财政部官方用语"proof"一词，指的是"发行前高度打磨，由特别甄选的生金制作出来的铸币。为了让铸造过程中的刮伤和擦伤最小化，在制造这种货币时要谨慎小心、缓慢作业。铸币所用的机具在使用过程中也需要反复检查有无问题。有时相比于使用机具，手工操作会更好。这种缓慢费工的作业会使刻痕变得更加分明，图案变得更加清晰。在经过这样的流程后，硬币的表面会变得像镜子一样闪闪发光"。

加拿大奥运会标准纪念币套装

美国货币协会对此下的定义为:"它是由特别准备的铸具和生金,加以特殊的技术或特殊的铸币法铸造而成的货币。尤其是在细节上,这种货币几乎可以称之为完美。"

与这种充满"特殊"的看法相对的是,20世纪60年代初期,认为精制币是收藏家使用的货币,因此其标准应由国家来制定的想法十分盛行。结果是,许多与普通货币品质相同的硬币被刻上该国语言,并作为精制币发行。

对精制币的不同见解使硬币收藏界一度变得十分混乱。发行硬币的权力属于国家,因此国家可以将其发行的硬币随意称呼为精制币。但是由于这些硬币的规格可能达不到硬币收藏界的标准,因而也可能不被硬币收藏界所承认。

在这种情况下,以具有权威性的杂志《世界硬币》为中心,美国硬币收藏界决定对精制币的定义进行统一。以拉谢尔·路罗为委员长的五人组成了精制币委员会,并于1965年对相关各方进行了长达半年的通知预告,要求1966年以后生产或发行的精制币必须符合其对应的铸造标准。若不符合,该杂志会在公布精制币时将其排除在外。

根据以上文字对"proof"一词的解释,不难看出对精制标准币的定义曾在硬币收藏界和发行国之间引发一片混乱。硬币收藏界坚持未能达到一定规格的货币不能被称为精制币,只有符合其标准、未被使用过的且泛着光泽的硬币才能被称为精制币。其实原本"proof"一词的意思即为"通过检测""有质量保证的",特殊的铸币机具也是在这种货币流通之后才产生的,因此即使国家打出旗号声称自己铸造的是精制币,硬币收藏界也很难对其进行认同。

总之,这种货币的起源是为了赠送或上供,因而在制作时格外用心。现在其已经发展为能代表一个国家造币技术声誉的特殊之物,再加上其美丽正中货币收藏者们的下怀,很多国家都大量制造了这种货币。虽然发行了纪念货币的国家数量众多,但如今在其中未曾发行过精制币的国家大概少之又少。日本便是这少数国家之一。

就这一点而言,笔者也曾怀疑日本是否制作过精制币。明治九年(1876年)、明治十年、明治十三年铸造的金币等货币中有一部分似乎符合精制币的条件。难怪这些货币看起来与普通货币的制造方式有所不同,且像镜子一样闪闪发光。笔者想查阅一些史料,但遗憾的是史料中都没有相关记载。明治九年五月十日到十一月十日,纪念美国独立战争100年世博会在美国费城开幕,日本也将本国货币送至世博会。据《造币局长年度报告书》记载:"为了在美国世博会上进行展览,从去年中旬开始,我便受命为金、银、铜币重新雕刻新的印章,直到今年一月终于完成。我将各种重新压印后的货币送往东京。这些货币的质量比之前发行的货币质量要高。"

明治十年(1877年),首届日本国内博览会于八月二十一日至十一月三十日在东京上野公园召开,展品中也有造币局的作品。同样是《造币局长年度报告书》中记载:"去年八月,阁下命令该所所长大野纪章在东京博览会上展出其作品。命令他们制造和西方大小一样的称重机器。又下令将硫酸、硝酸、盐酸,以及石炭、巴麻油、砖石等制造材料送至会场以做准备。曾在费城世博会展出过的同一批金、银、铜币,这次同样也在博览会召开之前被送往了东京。"

明治十三年(1880年)三月一日至六月三十日,第2届国内博览会同样在上野公园召开,本次博览会中造币局再次参展,加纳夏雄制作的鲤鱼图获得了妙技一等奖。

通过以上资料,我们不难想象,这些货币是如何被精心制作出来的。然而,即使他们符合所谓的精制币定义,也不可能被大量生产。因此可以说日本没有制造过精制币。

既然是为了满足收藏者的需求而特意制造,那么精制币的发行价值当然会超过其面值,因此也不能奢望它在市场上与普通货币归为一类。不得不说，作为货币，它并没有起到货币的效用。是否允许发行此种性质的货币，首先要看有关国家当局对货币的看法。如果当局认为货币只能履行交换的职能，或者认为货币是一种极为神圣的存在，不该带有娱乐性质，那么这个国家可能就毫无发行这种精制币的可能。

从制造方面来看，钱币虽然不是艺术品，但其艺术性也是不可否认的。从图案的设计到印章制作，全部都由工匠承担，费心之处数不胜数。这些人希望能制作出最为满意的成品也是自然而然的。从财政方面来看，很明显国家从这种行为中获得了很大的利益。但所获得的利益是否恰当也是个问题。然而，大洋彼岸的超级大国美国每年都会发行大量的精制币。精制币的发行既能满足货币爱好者的需求，又能为国家创收，可谓是一石二鸟。纪念币的发行也好，套币的发行也好，它们共同的收藏群体大小往往取决于公众和当局对货币的认识。笔者也期待着日本能够发行精制币的那一天。

第五节　套币

套币，又称为货币套装，从字面上即可理解为盒装成套的未流通新铸货币。套币的贩卖于1930年开始，如今美国、英国、西德、法国等170多个国家发行了套币。在美国，套币的初次发行是在1936年。这一年发行的套币总数只有3837套。但自1961年开始，美国每年发行套币的数量为300万套。

套币本身不过只是用盒子将货币包装起来了而已，因此如果是为了收集货币本身的话，这种汇集各类货币的套币还是很好的。但是它的配对、包装等都需要一定成本，因此相比其中货币的面值，套币的价格自然会高一些。比如，美国发行的1969年版套币，其中包含1美分硬币3枚，5美分硬币2枚，4美元硬币2枚，25美分硬币2枚和50美

美国货币套币（原尺寸13.3厘米）

美国标准套币（原尺寸13.6厘米）

分硬币 1 枚，合计 10 枚，面值总额为 1 美元 33 美分，但实际发售价格为 2 美元 50 美分。看看如今的潮流，在保存与鉴赏方面，套币还是与货币爱好者们的兴趣非常一致的。

鉴于其他国家的情况，日本也计划从昭和四十四年（1969 年）开始制造发行套币，但原本的计划发生了变化。据说，这是因为某媒体采用“无良卖法”，将面额 160 元的货币卖到了 360 元（摘自冈政道《泰星月刊》创刊号）。因此，虽然日本政府原本应像其他国家那样率先在本国进行套币贩卖，但是实际上是以宣传日本造币技术为口号，率先发行了目标瞄准外国货币收藏家的“海外版”套币。

无论是哪位货币收藏家都不可能马上注意到，一个在此之前默默无闻的远东国家突然开始发售的套币。因此在最初发行套币的 1969 年，日本只售出了 6162 份套币。后来虽然在《世界硬币》上刊登了广告，但 1970 年版的套币也只售出了 26,000 份，1971 年版售出了 14,653

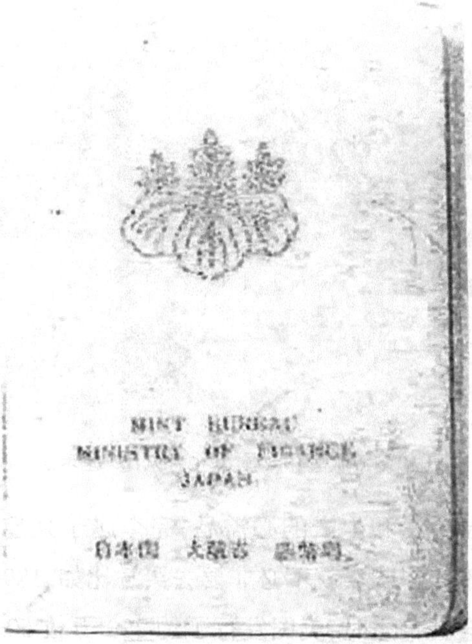

1975年版货币

份，销量并不高（1972 年版收到的预定即有 3 万份，但从后述来看这属于非正常的表现）。与此同时，获悉日本政府发行了套币的日本收藏家们渴望得到这种套币，因此原本旨在向海外出口的套币反而开始转为进口。套币的稀少性带来的不利影响，就是趁着“硬币热”，国内市场上的套币价格开始暴涨。昭和四十八年（1972 年）二月，1969 年版（昭和四十四年）的套币已经被炒到 22 万日元，是发行时价格的 611 倍，是套币中所含货币面值 166 日元的 1325 倍，实在是叫人惊叹。当年发售的 1972 年版套币价格也升至了 31,000 日元。这样看来，套币已经成为一种投机对象，完全失去了正常收集货币的乐趣。这种状况虽遭到了部分业界人士的批评，但同时也有人趁机发表文章，教人们如何利用套币发大财。这种钻法律空子的鼓噪实在是荒谬至极。正是因为这些文章，国会发现了这一问题。于是在 1973 年后，日本政府暂停发售套币，1969 年才开始发行的套币，仅存在 4 年后便悲惨地消失了。

1975年版套币（原尺寸为纵10.7厘米）

套币并不是生活和生产的必需品，完全属于兴趣爱好之物而已，因此如果认为不值得购买就不必非要去买。比如，1893 年在芝加哥举办的世界博览会开幕之时，美国发行了约 250 万枚 50 美分的纪念币。这些纪念币的价格为面值的 2 倍，也就是 1 美元。结果大量的纪念币无人购买，只好按其面额作为普通货币使用。这样的例子还有很多。

幸运的是，经过两年空白期后，昭和五十年（1975 年）日本再次发行套币，并且同时向日本国内外发行。这次发行的套币人气极高，从九月一日开始接受预订到九月二十五日截止时，共收到了国内约 65 万份预订（约为计划发行的 3 万份的 20 倍）。希望今后政府在发行货币时也能慎重考虑。

第六节　包层货币

与前三者不同，包层硬币区别于其他硬币纯粹是因为技术上的问题。包层（clad）为 clothe 的过去分词，有“着衣”“蔽体”之意。包层硬币指的是内核金属和外层金属不一样的货币，在日本也被称为“三明治硬币”。最初制造这种硬币的国家是美国。美国于1966年(昭和四十一年)将50美分银币改为银包层币,又将25美分银币以及10美分银币改为白铜包层币(1971年,即昭和四十六年,50美分银包层币也被改为白铜包层币)。这是为了节约银而采取的措施。

之后,随着西德开始制造包层货币,世界各国也都开始采用包层货币,但包层货币所采用的金属不完全相同。比如,美国,1美元币内核为纯铜,表层为铜75%、镍25%的白铜包层;某纪念币内核为银21.5%、铜78.5%的合金,表层为银80%、铜20%的合金包层;50美分和25美分、10美分的货币和1美元货币金属组成一样。阿根廷的25比索货币则是以铁为内核,表层为纯镍。哥伦比亚5比索以下的货币均为包层货币。厄瓜多尔1苏克雷以下的货币也为包层货币。法国的5法郎货币内核为铜75%、镍25%的白铜,表层为纯镍。西德的2马克货币则正好相反,内核为纯镍,表层为铜75%、镍25%的白铜;10芬尼和5芬尼内核为铁,表层为铜;2芬尼和1芬尼的内核为铁,表层为铜和锌的合金。巴拿马的0.5巴波亚货币内核为银20%、铜80%的合金,表层为银80%、铜20%的合金;0.25和0.1巴波亚币的内核为铜,表层为铜75%、镍25%的白铜。葡萄牙10埃斯库多货币内核为纯镍,表层为铜75%、镍25%的白铜。瑞典1瑞典克朗的内核为铜97%、镍3%的合金,表层为铜75%、镍25%的合金。

这种由各金属混合而成的货币不仅可以节约高昂的原料成本,还可以减少甚至杜绝自动售货机的使用问题。自动售货机中内置的硬币分拣机被要求成本低廉并能准确地判断币种、甄别假币。因此生产商需要从以下几个方面来进行产品的开发:(1)直径、厚度、重量;(2)磁性;(3)缘厚、孔、齿;(4)图案和电性。目前,我们正致力于开发结合以上分类方法的技术,即如果要鉴别的货币属于包层币,那么运用第(2)种或第(4)种方法将能有效分辨假币。在西欧等经济交往频繁的地区,统一各国货币是非常有必要的,并且也符合各国自身所需。那么包层币在其中发挥的巨大作用值得期待。三轮英夫在《泰星月刊》第二卷第四号中写道："次年，欧洲造币局局长会议在欧洲召开，西德提出本国货币价值较高，与其他国家货币差距较大，且物理上的性质非常相像，恐怕会发生自动贩卖机无法辨别的情况。但为了不让自动贩卖机出故障，各国通过在厚度和金属构成上做一些改变，使得货币的物理特性产生细微差异。而其他各国为避免相互造成经济混乱，也认为这一措施理所当然。"

由于包层货币选用材料的不同，其回收熔炼后还能否作为货币原料继续使用成为一个问题。德国的 2 马克和美国的普通 1 美元一样，其铜镍混合的回收金属被当作镍来使用。美国 1 美元精制币的银、铜回收金属仍可被分别用作银、铜。法国 5 法郎货币的铜、镍回收金属也被当作镍来使用。但德国芬尼中含有的铁则不可能被当作铜锌合金或铜来使用。阿根廷 25 比索所含的铁也不能再被回收使用。在无法回收使用的情况下，包层货币的材料成本反而会增加。

日本与包层货币的关系又如何呢？与经济往来极为密切的欧盟成员方不同，日本不得不采用较为宽松的政策。但是在国际联系越发紧密的今天，或许是时候让高面额硬币登场，或对代用货币的普及进行讨论了。随着国际化的进行，对包层货币的研究刻不容缓。

第七节　以后的货币

在最后一节中，笔者讲述了今后货币制造上的变化及其带来的影响。货币这一小小的金属片，常能反映出一个时代的政治形势与经济形势。从这个观点以及其他一些角度来看，需要思考的地方还有很多。笔者想通过以下几点问题来结束本书。

在过去一段时间里，有关缩小货币面值的事情就一直在讨论中。无论这种讨论是否激烈，其潜在的危险一直伴随着我们直到今日。如果真的缩小货币面值，那么这将是件划时代的事情，也是一个重编货币体系的机会。但同时,这也会给造币带来很大的负担,因此是否要实施还需经过慎重的考虑。

美国1美元币　右（正面），左（反面）

接下来是高面额硬币发行的问题。相比战前昭和九年至昭和十一年,现在的物价水平已上升至那时的约1000倍,也就是说当时50钱的价值等于现在500元的价值。与此同时,通货膨胀使自动贩卖机内的商品价格都变得以百元结尾,笔者感到这是一个将最低货币面值改为500元的好机会。战前,50钱货币被老百姓亲切地称为“小齿轮”,而500元硬币的发行仅意味着取代500元纸币,同高面额银行券的发行有着本质上的不同。现行《临时通货法》中仅规定了1元到100元之间五种类型的硬币。所有货币的发行都无法绕开这部法律。并且,纪念币的发行也可能使货币体系出现问题。能够预想到,对已经设置好的自动贩卖机进行改造,一定会出现很多问题。而自动贩卖机出现问题,又会使货币发行受到自动贩卖机的制约,这样讽刺的情况不可忽视。因此,最终是否发行高面额硬币,还是要依据舆论的呼声。[昭和五十年(1974年)八月内阁广报室发布的调查结果显示,有71%的受访者认为,使用现有的货币“并没有感到特别不便”]

除了上述问题以外,还有一个问题,那便是改善现行货币的样式。现行的五种临时辅助货币各自都有各自的由来,相互之间并没有什么联系,并且也不是由一个共同构思制作出来的[昭和三十四年(1958年)虽修改了有关临时辅助货币样式的政令,使其相互之间有了关联,但修改得并不彻底]。像外国一样,以关联性和统一性为目标再次规定货币的种类会如何呢？在现在这个时代，这已经不能称为一个问题了。因为现在造币局一年已经可以铸造 60 亿枚货币，但在制造之余也该想想如何让现行货币更上一层楼。

以上便是日本从古至今的货币史。回顾这部历史，笔者深感每种货币都是我们祖先流传下来的时代物语。不管是什么样的货币，都有其独特的面貌。不管货币上刻的是王侯的侧脸或铭文，还是复杂的纹章，从货币中我们都能读出背后的历史，深感时间之流动。这种感动就是吸引货币爱好者们的原因吧。前文称其不成体系的现行货币在几个世纪后被人置于掌中之时，又能带给人怎样的历史变迁之感呢？

参考文献

一、著作

1. 小叶田淳:《日本货币流通史》,刀江书院(昭和五年)。

2. 小叶田淳:《日本的货币》,至文堂(昭和三十三年)。

3. 小叶田淳:《日本矿山史的研究》,岩波书店(昭和四十五年)。

4. 小川浩:《日本的古钱》,人物往来社(昭和四十一年)。

5. 冈田稔:《钱的历史》,大陆书房(昭和四十六年)。

6. 奥平昌洪:《东亚钱志》,岩波书店(昭和十三年)。

7. 作道洋太郎:《近世日本货币史》,弘文堂(昭和三十三年)。

8. 作道洋太郎:《日本货币史概论》,大日本货币史刊行会(昭和四十五年)。

9. 三岛四郎、作道洋太郎:《货币——历史和鉴赏》,创元社(昭和三十八年)。

10. 濑户浩平:《货币的文化史》,出版春秋社(昭和三十二年)。

11. 濑户浩平:《古钱》,读卖新闻社(昭和四十一年)。

12. 高桥龟吉:《日本近代经济形成史》,东洋经济新报社(昭和四十三年)。

13. 泷泽武雄:《日本货币史的研究》,吉川弘文馆(昭和四十一年)。

14. 泷本诚一:《日本货币史》,弘文堂(大正十二年)。

15. 竹越与三郎:《日本经济史》,平凡社(昭和九年)。

16. 田谷博吉:《近世银座研究》,吉川弘文馆(昭和三十八年)。

17. 丸山清康:《封建社会的通货问题》,白扬社(昭和十四年)。

18. 细川龟一:《上代货币经济史》,森山书店(昭和九年)。

19. 山鹿义教:《赝造通货》,精文馆(昭和八年)。

20. 山崎觉次郎:《若干的货币问题》,有斐阁(昭和二年)。

21. 山崎觉次郎:《货币问题杂观》,有斐阁(昭和八年)。

22. 山崎觉次郎:《货币琐话》,有斐阁(昭和十一年)。

23. 荒木光太郎:《货币制度概说》,日本评论社(昭和八年)。

24. 新庄博:《货币论》,岩波书店(昭和二十七年)。

25. 铃木武雄:《钱之话》,岩波书店(昭和四十五年)。

26. 平木启一:《世界货币大事典》,杰米尼社(昭和四十九年)。

27.《大隈侯昔日谈》,早稻田大学出版部(昭和四十四年)。

28.《世外井上侯传》,原书房(昭和四十三年)。

29. 芳贺八弥:《由利公正全》,八尾书店(明治三十五年)。

30. 由利正通:《子爵由利公正传》(昭和十五年)。

31. 葛西宪夫:《斗南藩史》,斗南会津会(昭和四十六年)。

32. 德富猪一郎:《公爵松方正义传》,公爵松方正义传记发行所(昭和十年)。

33. Bonanza 编辑部:《货币手帐》,颂文社(每年)。

34. 中公文库:《日本的历史》(全二十六卷),中央公论社(昭和四十九年)。

35. 吉川弘文馆:《古事类苑》(泉货部·称量部),(昭和四十二年)。

36. 日银调查局:《图录日本之货币》各卷,东洋经济新报社(昭和四十七年以降)。

37. 大藏省:《大日本货币史》,大日本货币史刊行会(昭和四十四年)。

38. 大藏省:《明治财政史》(第十一、十二卷),(昭和二年)。

39. 大藏省:《明治大正财政史》(第十三卷),(昭和三十四年)。

40. 大藏省:《昭和财政史》(第九卷),东洋经济新报社(昭和三十一年)。

41. 造币局:《货币的成长史》,朝日新闻社(昭和十五年)。

42. 造币局:《造币局沿革志》(非卖品),(大正十年)。

43. 造币局:《造币局六十年史》(非卖品),(昭和六年)。

44. 造币局:《造币局七十年史》(非卖品),(昭和十七年)。

45. 造币局:《造币局八十年史》(非卖品),(昭和二十八年)。

46. 造币局:《造币局九十年史》(非卖品),(昭和三十八年)。

47. 造币局:《造币局百年史资料编》(非卖品),(昭和四十九年)。

48. Wang Yuchuan, *Early Chinese Coinage*, The American Numismatic Society 1951.

49. R. A. G. Carson, *Coins of the World*, Harper & Row, Publishers 1966.

二、论文

1. 长谷川荣:《造币寮中的加纳夏雄》,Mesium 昭和四十一年三月号、八月号。

2. 长谷川荣编:《夏雄和胜珉》,日本的美术昭和五十年八月号。

3. 山本胜太郎:《观古钱　学日本社会经济发达史》,历史公论第三卷第十三号(昭和九年)。

4. 入田整三:《关于本朝十二钱》,历史公论第三卷第十三号(昭和九年)。

5. 沼田赖辅:《和同开珎考》,历史公论第三卷第十三号(昭和九年)。

6. 菊池真次:《货币的私铸》,历史公论第三卷第十三号(昭和九年)。

7. 佐藤虎雄:《奈良朝时代的钱货》,历史公论第三卷第十三号(昭和九年)。

8. 藤田元春:《元禄宝永的货币改铸》,历史公论第三卷第十三号(昭和九年)。

9. 集萃《古钱的赝品》,历史公论第三卷第十三号(昭和九年)。

10. 松本章:《造币首长威廉姆·金道尔追放始末记》,造币局时报四十二年九月号开始二十回连载。

后　记

说起日本对货币收集的兴趣，就要追溯到遥远江户时期的元禄时代。现在也被评价为“昭和元禄”，真是耐人寻味。最近大家对货币如此关心，如此兴致盎然，让我感到有些惊讶。

这一点从硬币店的开设和纪念货币发行时窗口前排成的长队就能看出来。但是，我同时也深感痛心——除少部分人外，一般人对货币的了解，竟是令人意外的浅薄。

本书的目的就在于，通过真实的历史尽可能让更多的人对货币有进一步的了解，除此之外再无他意。

昭和十五年(1940年)由造币局编写出版的《货币的成长史》一书，可以说内容简明扼要，作为普及货币知识的书籍来说再好不过。但同时，它作为一本以图片为主体的读物，内容并不成体系。除此之外，由于它是战时出版的，其内容未免让人略感有些过时。

本书以文字作为主要表现形式，同时希望内容能够触及现代的课题。昭和四十七年(1972年)十一月到昭和五十年(1975年)四月的两年半时间里，我在杂志《泰星月刊》上连载了一系列名为《日本货币史概说》的文章。

但由于当时公务繁忙，没有充分的时间进行内容的构想和讨论。如今再去读时，感觉文章非常生硬，内容也很零散，并没有达到我的预期，因而我不禁有些生自己的气。当然，由于得到了建议与批评，今后我会写出更好的作品。如果能带来一点点帮助，那么我真是荣幸至极。

在写这本书时，我参考了许多前辈的著作。前辈们的姓名我都一一记录在本书末尾的“参考文献”中。很多书现在已属于古典读物。虽然在列举一系列书名时省略了，但我尤其想高度评价一下江户时代大阪的町人学者草间直方（伊助）。明治维新后政府编写的《大日本货币史》，恐怕就是以他所写的《三币图鉴》为基础编写出来的。本书中也时常引用他的文字。

本书中所刊载的图片，以造币局所藏的照片为主体，也使用了日本银行（加纳夏雄试作币）、田中桂治（中国古代币）、小林二郎（书的开头部分和其他一些地方的照片）珍藏的照片。本书的出版，离不开冈政道、郡司勇夫、小林二郎、饭沼耕策等人的鼎力相助。在收集资料时，造币局的松本章、三轮英夫、觉张稔、岩井务、伊川敏彦、落合陞也为我提供了支持。还有《每日新闻社》的编辑们，一直以来给你们添麻烦了。在这里，我从心底对你们表示敬意与谢意。

昭和五十一年初夏

久光重平

译者附录

一、历代年表①

<table>
<tr><th>年号</th><th>在位天皇</th><th>院、将军、执权</th><th>公元年(年)</th></tr>
<tr><td colspan="4">飞鸟时代(592 年—710 年)</td></tr>
<tr><td>—</td><td>推古天皇(女)</td><td>—</td><td>592—628</td></tr>
<tr><td>—</td><td>舒明天皇</td><td>—</td><td>629—641</td></tr>
<tr><td>—</td><td>皇极天皇</td><td>—</td><td>642—645</td></tr>
<tr><td>大化</td><td rowspan="2">孝德天皇</td><td>—</td><td>645—650</td></tr>
<tr><td>白雉</td><td>—</td><td>650—654</td></tr>
<tr><td>—</td><td>齐玥天皇(女)</td><td>—</td><td>655—661</td></tr>
<tr><td>—</td><td>天智天皇</td><td>—</td><td>661—671</td></tr>
<tr><td>—</td><td>弘文天皇</td><td>—</td><td>671—672</td></tr>
<tr><td>—</td><td>天武天皇</td><td>—</td><td>673—686</td></tr>
<tr><td>朱鸟</td><td rowspan="2">持统天皇(女)</td><td>—</td><td>686—686</td></tr>
<tr><td>—</td><td>—</td><td>686—697</td></tr>
</table>

① 日本古代年号与天皇、将军、执权在位时间往往并不对应,即位、掌权和更改年号往往有时间差。此表仅为示意表,供读者参考。——译者注

续表

年号	在位天皇	院、将军、执权	公元年(年)
—	文武天皇	—	697—701
大宝		—	701—704
庆云		—	704—708
和铜	元明天皇(女)	—	708—715
奈良时代(710年—794年)			
灵龟	元正天皇(女)	—	715—717
养老		—	717—724
神龟	圣武天皇	—	724—729
天平		—	729—749
天平感宝		—	749—749
天平胜宝	孝谦天皇(女)	—	749—757
天平宝字	淳仁天皇	—	757—765
天平神护	称德天皇(女)	—	765—767
神护景云		—	767—770
宝龟	光仁天皇	—	770—781
天应	恒武天皇	—	781—782
延历		—	782—806
平安时代(794年—1192年)			
大同	平城天皇	—	806—810
弘仁	嵯峨天皇	—	810—824
天长	淳和天皇	—	824—834
承和	仁明天皇	—	834—848
嘉祥		—	848—851
仁寿	文德天皇	—	851—854
齐衡		—	854—857
天安	清和天皇	—	857—859
贞观		—	859—877

续表

年号	在位天皇	院、将军、执权	公元年(年)
元庆	阳成天皇	—	877—885
仁和	光孝天皇、宇多天皇	—	885—889
宽平	宇多天皇	—	889—898
昌泰	醍醐天皇	—	898—901
延喜		—	901—923
延长		—	923—931
承平	朱雀天皇	—	931—938
天庆		—	938—947
天历	村上天皇	—	947—957
天德		—	957—961
应和		—	961—964
康保		—	964—968
安和	冷泉天皇	—	968—970
天禄	圆融天皇	—	970—973
天延		—	973—976
贞元		—	976—978
天元		—	978—983
永观		—	983—985
宽和	花山天皇	—	985—987
永延	一条天皇	—	987—989
永祚		—	989—990
正历		—	990—995
长德		—	995—999
长保		—	999—1004
宽弘	一条天皇、三条天皇	—	1004—1013
长和	三条天皇	—	1013—1017

续表

年号	在位天皇	院、将军、执权	公元年(年)
宽仁	后一条天皇	—	1017—1021
治安		—	1021—1024
万寿		—	1024—1028
长元		—	1028—1037
长历	后朱雀天皇	—	1037—1040
宽德		—	1044—1046
永承	后冷泉天皇	—	1046—1053
天喜		—	1053—1058
康平		—	1058—1065
治历		—	1065—1069
延久	后三条天皇、白河天皇	—	1069—1074
承保	白河天皇	—	1074—1077
承历		—	1077—1081
永保		—	1081—1084
应德		—	1084—1087
宽治	堀河天皇	白河	1087—1094
嘉保			1094—1096
永长			1096—1097
承德			1097—1099
康和			1099—1104
长治			1104—1106
嘉承			1106—1108
天仁	鸟羽天皇		1108—1110
天永			1110—1113
永久			1113—1118
元永			1118—1120

续表

年号	在位天皇	院、将军、执权	公元年(年)
保安			1120—1124
天治	崇德天皇		1124—1126
大治			1126—1131
天承		鸟羽	1131—1132
长承			1132—1135
保延			1135—1141
永治	近卫天皇		1141—1142
康治			1142—1144
天养			1144—1145
久安			1145—1151
仁平			1151—1154
久寿			1154—1156
保元	后白河天皇		1156—1159
平治	二条天皇	后白河	1159—1160
永历			1160—1161
应保			1161—1163
长宽			1163—1165
永万	六条天皇		1165—1166
仁安			1166—1169
嘉应	高仓天皇		1169—1171
承安			1171—1175
安元			1175—1177
治承		高仓	1177—1184
养和	安德天皇	后白河	1181—1182
寿永			1182—1185
元历			1184—1185

续表

年号	在位天皇	院、将军、执权	公元年(年)
镰仓时代(1185 年—1333 年)			
文治	后鸟羽天皇	后白河	1185—1190
建久		后白河、源赖朝	1190—1199
正治	土御门天皇	后鸟羽	1199—1201
建仁		后鸟羽、源赖家	1201—1204
元久		后鸟羽、源实朝、北条时政	1204—1206
建永			1206—1207
承元		后鸟羽、源实朝、北条义时	1207—1211
建历	顺德天皇		1211—1213
建保			1213—1219
承久	顺德天皇、仲恭天皇	后鸟羽、北条义时	1219—1222
贞应	后堀河天皇	北条义时	1222—1224
元仁		北条泰时	1224—1225
嘉禄			1225—1227
安贞			1227—1229
宽喜			1229—1232
贞永	四条天皇	后堀河、北条泰时	1232—1233
天福		北条泰时	1233—1234
文历			1234—1235
嘉祯			1235—1238
历仁			1238—1239
延应			1239—1240
仁治			1240—1243
宽元	后嵯峨天皇	北条经时	1243—1247

续表

年号	在位天皇	院、将军、执权	公元年(年)
宝治	后深草天皇	北条时赖	1247—1249
建长			1249—1256
康元		北条长时	1256—1257
正嘉			1257—1259
正元	龟山天皇		1259—1260
文应			1260—1261
弘长			1261—1264
文永		北条政村、北条时宗	1264—1275
建治	后宇多天皇	北条时宗	1275—1278
弘安		北条时宗、北条贞时	1278—1288
正应	伏见天皇	北条时宗	1288—1293
永仁			1293—1299
正安	后伏见天皇		1299—1302
乾元	后二条天皇	北条师时	1302—1303
嘉元			1303—1306
德治			1306—1308
延庆	花园天皇		1308—1311
应长		北条宗宣	1311—1312
正和		北条熙时、北条基时	1312—1317
文保		北条高时	1317—1319
元应	后醍醐天皇		1319—1321
元亨			1321—1324
正中		北条高时、北条贞显	1324—1326
嘉历		北条守时	1326—1329
元德			1329—1332

续表

年号	在位天皇	院、将军、执权	公元年(年)
室町时代(1336年—1573年)			
南北朝(1336年—1392年)			
南朝			
元弘	后醍醐天皇	—	1331—1334
建武		—	1334—1336
延元		—	1336—1340
兴国	后村上天皇	—	1340—1346
正平	后村上天皇、长庆天皇	—	1346—1370
建德	长庆天皇	—	1370—1372
文中		—	1372—1375
天授		—	1375—1381
弘和		—	1381—1384
元中	后龟山天皇	—	1384—1392
北朝			
正庆	—	—	1332—1334
建武		—	1334—1338
历应		足利尊氏	1338—1342
康永			1342—1345
贞和			1345—1350
观应			1350—1352
文和			1352—1356
延文		足利尊氏、足利义诠	1356—1361
康安		足利义诠	1361—1362
贞治			1362—1368
应安		足利义满	1368—1375
永和			1375—1379

续表

年号	在位天皇	院、将军、执权	公元年(年)
康历			1379—1381
永德			1381—1384
至德			1384—1387
嘉庆			1387—1389
康应			1389—1390
明德			1390—1394
南北朝统一后(1393 年—1466 年)			
明德	后小松天皇	足利义满	1390—1394
应永	后小松天皇、称光天皇	足利义持、足利义量	1394—1428
正长	后花园天皇	—	1428—1429
永享		足利义量	1429—1441
嘉吉		足利义胜	1441—1444
文安		足利义政	1444—1449
宝德			1449—1452
享德			1452—1455
康正			1455—1457
长禄			1457—1460
宽正	后花园天皇、后土御门天皇		1460—1466
文正	后土御门天皇		1466—1467
战国(1467 年—1600 年或 1615 年)			
应仁	后土御门天皇	足利义政	1467—1469
文明		足利义政、足利义尚	1469—1487
长享		足利义尚	1487—1489
延德		足利义植	1489—1492
明应		足利义植、足利义澄	1492—1501

续表

<table>
<tr><th>年号</th><th>在位天皇</th><th>院、将军、执权</th><th>公元年(年)</th></tr>
<tr><td>文龟</td><td rowspan="2">后柏原天皇</td><td>足利义澄</td><td>1501—1504</td></tr>
<tr><td>永正</td><td>足利义澄、足利义植</td><td>1504—1521</td></tr>
<tr><td>大永</td><td>后柏原天皇、后奈良天皇</td><td rowspan="2">足利义晴</td><td>1521—1528</td></tr>
<tr><td>享禄</td><td rowspan="5">正亲町天皇</td><td>1528—1532</td></tr>
<tr><td>天文</td><td>足利义晴、足利义辉</td><td>1532—1555</td></tr>
<tr><td>弘治</td><td>足利义辉</td><td>1555—1557</td></tr>
<tr><td>永禄</td><td>足利义辉、足利义荣、足利义昭</td><td>1557—1570</td></tr>
<tr><td>元龟</td><td>足利义昭</td><td>1570—1573</td></tr>
<tr><td colspan="4">安土桃山时代(1573 年—1603 年)</td></tr>
<tr><td>天正</td><td>正亲町天皇、后阳成天皇</td><td>—</td><td>1573—1592</td></tr>
<tr><td>文禄</td><td>后阳成天皇</td><td>—</td><td>1592—1596</td></tr>
<tr><td>庆长</td><td>后阳成天皇、后水尾天皇</td><td>—</td><td>1596—1615</td></tr>
<tr><td colspan="4">江户时代(1603 年—1868 年)</td></tr>
<tr><td>庆长</td><td rowspan="2">后水尾天皇</td><td rowspan="2">德川家康</td><td>1596—1615</td></tr>
<tr><td>元和</td><td>1615—1624</td></tr>
<tr><td>宽永</td><td>后水尾天皇、明正天皇(女)</td><td rowspan="3">德川家光</td><td>1624—1644</td></tr>
<tr><td>正保</td><td rowspan="3">后光明天皇</td><td>1644—1648</td></tr>
<tr><td>庆安</td><td>1648—1652</td></tr>
<tr><td>承应</td><td rowspan="6">德川家纲</td><td>1652—1655</td></tr>
<tr><td>明历</td><td rowspan="2">后西天皇</td><td>1655—1658</td></tr>
<tr><td>万治</td><td>1658—1661</td></tr>
<tr><td>宽文</td><td>后西天皇、灵元天皇</td><td>1661—1673</td></tr>
<tr><td>延宝</td><td rowspan="3">灵元天皇</td><td>1673—1681</td></tr>
<tr><td>天和</td><td rowspan="2">德川纲吉</td><td>1681—1684</td></tr>
<tr><td>贞享</td><td>1684—1688</td></tr>
</table>

续表

<table>
<tr><th>年号</th><th>在位天皇</th><th>院、将军、执权</th><th>公元年(年)</th></tr>
<tr><td>元禄</td><td>东山天皇</td><td></td><td>1688—1704</td></tr>
<tr><td>宝永</td><td>东山天皇、中御门天皇</td><td>德川纲吉、德川家宣</td><td>1704—1711</td></tr>
<tr><td>正德</td><td rowspan="2">中御门天皇</td><td>德川家宣、德川家继</td><td>1711—1716</td></tr>
<tr><td>享保</td><td rowspan="3">德川吉宗</td><td>1716—1736</td></tr>
<tr><td>元文</td><td rowspan="3">樱町天皇</td><td>1736—1741</td></tr>
<tr><td>宽保</td><td>1741—1744</td></tr>
<tr><td>延享</td><td>德川吉宗、德川家重</td><td>1744—1748</td></tr>
<tr><td>宽延</td><td>桃园天皇</td><td>德川家重</td><td>1748—1751</td></tr>
<tr><td>宝历</td><td>桃园天皇、后樱町天皇(女)</td><td>德川家重、德川家治</td><td>1751—1764</td></tr>
<tr><td>明和</td><td>后樱町天皇(女)、
后桃园天皇</td><td rowspan="2">德川家治</td><td>1764—1772</td></tr>
<tr><td>安永</td><td>后桃园天皇、光格天皇</td><td>1772—1781</td></tr>
<tr><td>天明</td><td rowspan="4">光格天皇</td><td>德川家治、德川家齐</td><td>1781—1789</td></tr>
<tr><td>宽政</td><td rowspan="4">德川家齐</td><td>1789—1801</td></tr>
<tr><td>享和</td><td>1801—1804</td></tr>
<tr><td>文化</td><td>1804—1818</td></tr>
<tr><td>文政</td><td rowspan="2">仁孝天皇</td><td>1818—1830</td></tr>
<tr><td>天保</td><td>德川家齐、德川家庆</td><td>1830—1844</td></tr>
<tr><td>弘化</td><td>仁孝天皇、孝明天皇</td><td rowspan="2">德川家庆</td><td>1844—1848</td></tr>
<tr><td>嘉永</td><td rowspan="5">孝明天皇</td><td>1848—1854</td></tr>
<tr><td>安政</td><td>德川家定、德川家茂</td><td>1854—1860</td></tr>
<tr><td>万延</td><td rowspan="3">德川家茂</td><td>1860—1861</td></tr>
<tr><td>文久</td><td>1861—1864</td></tr>
<tr><td>元治</td><td>1864—1865</td></tr>
<tr><td>庆应</td><td>孝明天皇、明治
(睦仁)天皇</td><td>德川家茂、德川庆喜</td><td>1865—1868</td></tr>
</table>

续表

年号	在位天皇	院、将军、执权	公元年(年)
近现代(1868 年至今)			
明治	明治(睦仁)天皇	—	1868—1912
大正	大正(嘉仁)天皇	—	1912—1926
昭和	昭和(裕仁)天皇	—	1926—1989
平成	明仁天皇	—	1989—2019
令和	德仁天皇	—	2019—

二、货币史大事记

年代	年号	大事记
674 年	—	日本首次出产白银，由对马进贡
708 年	和铜元年	日本首次发现天然铜，改年号为“和铜”，新设催铸钱司，开始发行银币、铜币
708 年	和铜元年	官府开始铸造和发行和同开珎
709 年	和铜二年	官府停止发行和同开珎银币，次年禁止使用
711 年	和铜四年	官府颁布蓄钱叙位令
713 年	和铜六年	官府首次颁布禁止选钱制度
749 年	天平二十一年	日本正史首次出现黄金，由陆奥国进贡
758 年	天平宝字二年	藤原仲麻吕被授予铸钱权
760 年	天平宝字四年	官府开始铸造和发行万年通宝
760 年	天平宝字四年	官府少量铸造大平元宝银币
765 年	天平神护元年	官府开始铸造和发行神功开宝
796 年	延历十五年	官府开始铸造和发行隆平永宝
818 年	弘仁九年	官府开始铸造和发行富寿神宝
835 年	承和二年	官府开始铸造和发行承和昌宝
848 年	嘉祥元年	官府开始铸造和发行长年大宝

续表

年代	年号	大事记
859 年	贞观元年	官府开始铸造和发行饶益神宝
870 年	贞观十二年	官府开始铸造和发行贞观永宝
890 年	宽平二年	官府开始铸造和发行宽平大宝
907 年	延喜七年	官府开始铸造和发行延喜通宝
958 年	天德二年	官府开始铸造和发行乹元大宝
958 年起	—	日本 600 余年无官府铸币,大量进口并通行中国钱币
1226 年	嘉禄二年	幕府颁布政令,废除准布(以布匹为基准计算物价),启用铜钱计价
1242 年	仁治三年	西园寺公经与宋朝贸易,进口中国铜钱 10 万贯
1334 年	建武二年	后醍醐天皇试图发行铜钱,并效仿中国元朝发行纸币
1350 年	—	日本倭寇首次入侵朝鲜
1401 年	应永八年	足利义满派遣僧祖阿、肥富出使中国明朝,递交称臣国书
1408 年	—	中国明成祖铸永乐通宝,该币作为贸易货币大量流入日本,一度成为日本关东地区主导货币
1419 年	—	望海埚之战,中国明朝政府全歼入侵倭寇
1433 年		中国明宣宗铸宣德通宝,该币曾在日本大量流通并被仿铸
1475 年	文明七年	足利义政上表中国明朝皇帝,请求赐予铜钱
1483 年	文明十五年	足利义政再次上表中国明朝皇帝,请求赐予铜钱
1485 年	文明十七年	大内氏条令颁布,为室町幕府时期最早的选钱令

续表

年代	年号	大事记
1521年—1527年	大永	石见银矿开始出产大量白银
1547年	天文十六年	中国明朝官府与日本之间官方勘合贸易结束
1569年	永禄十二年	织田信长颁布“定精撰条”
1581年	天正九年	织田信长命令后藤德乘制造分铜金、大板金
1587年	天正十五年	丰臣秀吉铸造天正通宝金银币、永乐通宝金银币，用于赏赐将士。这是继乹元大宝后，日本官方时隔600余年首次铸造金属货币（一说1573年）
1588年	天正十六年	丰臣秀吉铸造“铭之菱大判”，为日本最早的官铸大判
1589年	天正十七年	丰臣秀吉举行金赋活动
1595年	文禄四年	德川家康铸造“墨判金”小判，为日本中世最早的定位金币
1601年	庆长六年	德川家康首次铸造大判金（庆长大判金），随后又铸庆长小判、庆长1分判等，建立金座、银座，确立庆长币制
1604年	庆长九年	德川幕府决定全国以永乐通宝为基准货币
1606年	庆长十一年	德川幕府决定废止永乐通宝
1609年	庆长十四年	德川幕府规定金、银、铜币比价，金币1两为银币50匁，或铜钱4贯文
1631年	宽永八年	德川幕府首次设置山田奉行，掌管山田羽书等事务
1636年	宽永十三年	德川幕府开始铸造和发行宽永通宝，该币随后成为日本江户时代基准（铜）货币
1661年	宽文元年	福井藩开始发行银札，为日本最早的藩札

续表

年代	年号	大事记
1695 年	元禄八年	德川幕府金币开始由金座垄断铸造，在此之前称“手前吹时代”，之后称“直吹时代”
1695 年	元禄八年	德川幕府改恶货币，史称“元禄改铸”
1706 年	宝永三年	德川幕府改恶货币，史称“宝永改铸”
1714 年	正德四年	德川幕府改良货币，为新井白石主导的币制复古
1715 年	享保元年	德川幕府开始享保改革
1736 年	元文元年	德川幕府改恶货币，史称“元文改铸”
1736 年	元文元年	德川幕府开始铸造 10 字钱、伏见钱，为日本最早的官铸铁币
1765 年	明和二年	德川幕府铸造明和 5 匁银，为日本最早的官铸定位银币
1768 年	明和五年	德川幕府铸造宽永通宝黄铜 4 文钱，该币以中国明代货币为样板，为日本最早的黄铜货币
1772 年	安永元年	德川幕府铸造南镣 2 朱判
1818 年	文政元年	德川幕府改恶货币
1835 年	天保六年	德川幕府铸造天保通宝当百铜钱
1837 年	天保八年	德川幕府改恶货币，集中发行一系列金银货币
1853 年	嘉永六年	美国特命使节培里闯入日本港口，递交国书威胁幕府开国，史称“黑船来航”
1854 年	嘉永七年	《日美亲善条约》（又称《神奈川条约》）签订
1854 年	嘉永七年	德川幕府铸造嘉永 1 朱银
1856 年	安政三年	哈里斯担任美国驻日本总领事
1857 年	安政四年	《下田协议》签订
1858 年	安政五年	《日美友好通商条约》签订
1858 年	安政五年	阿礼国担任英国驻日本总领事兼外交代表

续表

年代	年号	大事记
1859 年	安政六年	德川幕府铸造安政 1 分银、丁银、豆板银
1859 年	安政六年	德川幕府将洋银(墨西哥银元)加盖“改 3 分”极印用于日本国内流通
1860 年	万延元年	德川幕府改恶货币,首次铸造精铁 4 文钱
1862 年	文久二年	萨摩藩铸造琉球通宝
1867 年	庆应三年	德川幕府发行金札,为其首次发行纸币
1868 年	明治元年	日本政府发行太政官札,禁止丁银、豆板银流通
1869 年	明治二年	日本政府颁布《伪造宝货律》
1871 年	明治四年	日本造币局开业
1871 年	明治四年	日本政府颁布《新币条例》
1874 年	明治七年	日本政府发行 1 钱铜币(又称 1 钱玉)
1889 年	明治二十二年	日本政府发行 5 钱铜币,为日本首次发行白铜货币
1897 年	明治三十年	日本政府颁布《货币法》
1938 年	昭和十三年	日本政府颁布《临时通货法》
1953 年	昭和二十八年	日本政府颁布《小额通货整理法》
1955 年	昭和三十年	日本政府首次发行 50 元镍币
1957 年	昭和三十二年	日本政府发行百元银币
1964 年	昭和三十九年	日本政府发行东京奥运会纪念币,为日本首次发行纪念币
1969 年	昭和四十四年	日本政府首次发行套币

三、专业词汇对照

中文	日文	注解
货 币 类		
金币	金貨	金制的货币
银币	銀貨	银制的货币
铜币	銅貨	铜制的货币，亦多称为钱币
铸币	鋳貨	指铸造的具有一定形状、重量、成色和面值的金属货币
和同开珎	和同開珎	和同开珎是公认日本官铸的第一枚铜币。始铸于公元 708 年。该币规制基本统一，为直径 8 分 (24 毫米)、重量 1 匁 (3.75 克)，官铸时间达 52 年。其大小和重量规制成为之后日本官铸货币的规范
皇朝 12 钱	皇朝 12 銭	从奈良年间到平安年间，在总共约 250 年之中，日本官府铸造了包括和同开珎在内的 12 种钱币，被统称为皇朝 12 钱或者本朝 12 钱
大判	大判	即大判金，日本 16 世纪之后生产的一种大型椭圆金币，一枚标注重量为 10 两
小判	小判	即小判金，是日本江户时期通用金币之一，一枚标注重量为 1 两
2 分金	2 分金	即 2 分判金，日本江户时代流通的一种金币，一枚标注重量为 2 分（1/2 两）
1 分金	1 分金、1 步金	即 1 分判金、1 步金，日本江户时代的一种长方形金币，一枚标注重量为 1 分（1/4 两）
南廷	南廷	也称南镣、南挺、南庭，古日本银币。南廷并无固定的形状和重量，价值由其重量决定，重量单位多以“两”表示
宽永通宝	寛永通宝	日本历史上铸量最大、铸期最长、版别最多的一种钱币，始铸于 1626 年
平钱	平錢	平钱是铜钱最普通的形制，即 1 文小钱，又称小平钱

续表

中文	日文	注解
永乐钱	永楽銭	中国明代发行的永乐通宝，曾在日本大量流通
铁钱	鉄銭	铁制钱币
真鍮钱	真鍮銭	黄铜制钱币
恶钱	悪銭、びた銭	材质恶劣的铸币
赝金	贋金	假币
制钱	制銭	官制的铜币
善钱	善銭	品质优良的铸币
割钱	割れ銭	碎裂的铸币
京钱	京銭	一种品质恶劣的铸币
荻原钱	荻原銭	荻原重秀下令制造的宽永通宝，其品质恶劣
藩札	藩札	日本江户时代各藩国发行的纸币
金札	金札	一种代替金币的纸钞
银札	銀札	一种代替银币的纸钞
私钞	私札	一般指日本古代由私人制造发行，仅在限定范围内使用的纸钞
羽书	羽書	日本近世伊势国内私人制造发行的一种纸钞
单 位 类		
文	文	一枚方孔钱
贯	貫	1000 枚方孔钱
文目	文目	尺贯法的重量单位，即 1 文钱的标准重量，3.75 克
匁	匁	即文目
两	両	古代重量单位
朱	朱	日本江户时期的货币单位，1 两的 1/16
铢	銖	古代重量单位，亦称朱，1 两的 1/24

续表

中文	日文	注解
累	絫	古代重量单位，1 铢的 1/10
黍	黍	古代重量单位，1 铢的 1/100，为一粒黍的重量
日元	円	日本近现代货币单位
钱	銭	日本近现代货币单位，1 日元的 1/100。
厘	厘	日本近现代货币单位，1 钱的 1/10
盎司	オンス	金衡制的一种质量单位，等于 480 格令或 31.1034768 克。相当于中国过去 16 两制的 1 两
斛	斛	古时一种体积计量单位，1 斛为 10 斗
石高	石高	日本近世指土地产量，也指以“石”为单位衡量领地规模的制度
货币相关概念类		
切遣	切り遣い	将金银按照重量进行切割而作为货币使用
金 / 银遣	金 / 銀遣い	亦称金 / 银目遣，指江户时期东西日本交易货币不同，东国（以东京为中心）以金币交易，西国（以京都大阪为中心）以银币交易
定位银币	定位銀貨	按固定的品位、重量和样式铸造的银币，在使用时无须再行称量，只需计数即可知道价值
生银 / 金	生銀 / 金	未经加工的金银
选钱	撰銭	金属货币质量不一时甄选货币的行为
地金	地金	为了易于保存而将金属按一定形状熔成的金属块
金座	金座	日本江户时期的金币铸造所
银座	銀座	日本江户时期的银币铸造所
钱座	銭座	日本江户时期的钱币铸造所
改铸	改鋳	对金属货币进行重铸
铸溃	鋳潰	将金属货币重新融化为地金

续表

中文	日文	注解
毁铸点	鋳潰点	指市场的地金价格高于币值，可以融化货币获取利益
灰吹法	灰吹法	日本古代从金银共生分离和银铅分离出银的方法
南蛮绞	南蛮絞り	日本古代从含有贵金属的粗铜中提炼金银的方法，也称南蛮吹
水银流	水銀流し	日本古代将矿石中的金银以汞合金的方式提炼，之后蒸发水银回收金银的方法
极印	極印	日本江户时代作为合格保证而盖在金属货币等物的印章，有防伪功能
墨字	墨字	用墨写在大判金上的签名，作用与极印类似
敕令	敕令	日本天皇所发布的命令、法令或立法
触书	触書	日本江户时代发布法令的布告
参勤交代制	参勤交代制	亦称为参觐交代，是日本江户时代一种控制各大名的制度。各藩的大名需要前往江户替幕府将军执行政务一段时间，然后返回自己领土执行政务
冥加金	冥加金	日本江户时代的杂税之一，工商业的从业者为了获取营业资格而将一部分收益作为回扣返还给幕府
反钱	反錢	日本中世的一种税目，也称段钱
地子钱	地子錢	日本中世的地税
公事钱	公事錢	日本中世的一种替代劳役的税目
运上金	運上金	日本近世的一种税租
勘合符	勘合符	勘合，是一种编有字号、用于校勘比对以防欺诈的纸质文书
勘合贸易	勘合貿易	中国明朝政府与日本等国进行朝贡贸易的一种称呼，也称“贡舶贸易”
南蛮贸易	南蛮貿易	日本安土桃山、江户时代与西班牙、葡萄牙等国商人进行的贸易

续表

中文	日文	注解
丝割符仲间	糸割符仲間	日本德川幕府时期命令京都、堺、长崎三地（后扩大至大阪、江户）的贸易商人组成“丝割符仲间”，统一收购进口生丝，确定价格后再分配、转卖给各个商人。这个方法称丝割符或白丝割符
土仓	土倉	日本中世的当铺及金融业
质屋	質屋	日本中世的当铺
问	問	也称问丸，日本中世从事贡品的保管、运输及交易的中间商
币制	幣制	货币制度
金银复本位制	金銀複本位制	即金银两种金属同时为本位货币，且金币和银币之间的比价由政府通过立法的形式确立
金本位制	金本位制	以黄金为本位币的货币制度
实物货币	自然貨幣	实物货币是货币形式发展的第一阶段，其作为货币用途的价值，与其作为非货币用途的价值相等
硬币	コイン	由政府发行上有印记的具有一定实在价值或交换价值的金属币（偶尔也用其他材料和皮革、瓷制成）
小町钱	小町錢	没有开孔的日本古钱币
白铜币	白銅貨	白铜制钱币
有孔币	有孔貨	中心开孔的硬币
陶币	陶貨	陶制钱币
铝币	アルミ貨	铝制钱币
镀金币	クラッド貨幣	将多种金属压在一起制成的硬币
一钱玉	一錢玉	日本维新后曾大量制造和流通的一种面额为1钱的青铜货币
纪念币	プルーフ貨幣	一个国家为纪念国际或本国的政治、历史、文化等方面的重大事件、杰出人物、名胜古迹、珍稀动植物、体育赛事等而发行的法定货币

续表

中文	日文	注解
B 百元券	B 号百円券	日本于 1953 年发行的一种银行券
美币	米貨	美国货币，在日本江户时期一般指墨西哥或美国银元
洋银	洋銀	外国银币，在日本江户时期一般指墨西哥银元
重量	量目	金属货币的重量
品位	品位	金属货币中金银等贵重金属的含量
比价	比価	价值比率
平将门	平将門	日本平安时代中期关东豪族、武将（？—940 年）
大江维时	大江維時	日本平安时代中期权臣，醍醐、朱雀、村上三位天皇的侍读，官至中纳言（888 年—963 年）
藤原纯友	藤原純友	日本平安时代中期贵族、海盗（？—941 年）
菅原道真	菅原道真	日本平安时代中期公卿、学者（845 年—903 年）
平清盛	平清盛	日本平安时代末期权臣，武家政权鼻祖，亦称平大相国、清盛入道（1118 年—1181 年）
源义经	源義経	日本平安时代末期名将（1159 年—1189 年）
足利义满	足利義満	日本室町幕府第三任征夷大将军（1358 年—1408 年）
织田信长	織田信長	日本战国时代枭雄，与丰臣秀吉、德川家康合称战国三雄（1534 年—1582 年）
丰臣秀吉	豊臣秀吉	日本战国时代枭雄，又名木下藤吉郎、羽柴秀吉等，继室町幕府之后首次统一日本（1537 年—1598 年）
太阁	太閣	对丰臣秀吉的尊称
德川家康	徳川家康	日本战国时代枭雄，德川幕府开创者（1543 年—1616 年）
神君	神君	对德川家康的尊称

续表

中文	日文	注解
毛利元就	毛利元就	日本战国时代大名，使毛利氏成为西日本第一大势力，被日本民众视为“战国谋神”（1497 年—1571 年）
武田信玄	武田信玄	日本战国时代大名，甲斐国统治者（1521 年—1573 年）
新井白石	新井白石	日本江户时代政治家、诗人、儒学学者，名君美，号白石（1657 年—1725 年）
培里	ペリー	马休·培里，美国海军将领，率领军舰打开锁国时期的日本国门（1794 年—1858 年）
哈里斯	ハリス	汤森·哈里斯，美国首任驻日公使（1804 年—1878 年）
坂本龙马	坂本龍馬	日本明治维新时代的维新志士，倒幕维新运动活动家，思想家（1836 年—1867 年）
伊藤博文	伊藤博文	日本明治维新时代政治家，日本第一任、第五任、第七任、第十任首相（1841 年—1909 年）
福泽谕吉	福澤諭吉	日本明治维新时代杰出的教育家、启蒙思想家（1835 年—1901 年）
桶狭间一战	桶狭間の一戦	日本战国时代织田信长与今川义元在尾张国知多郡桶狭间的大战，织田信长获胜（1560 年）
本能寺之变	本能寺の変	织田信长被部下明智光秀在京都本能寺中起兵杀害（1582 年）
大阪冬之阵	大阪冬の陣	日本战国时代末期德川政权与丰臣政权在大阪附近交战（1614 年）
大阪夏之阵	大阪夏の陣	日本战国时代末期德川政权与丰臣政权在大阪附近交战，战胜方的德川统一日本（1615 年）
江户开府	江戸開府	指德川家康在江户（东京）创立幕府（1603 年）
黑船来航	黒船来航	美国东印度舰队司令培里率领的四艘军舰来到日本，向德川幕府提出开国通商要求，被认为是日本近代化的开端（1853 年）
樱田门外之变	桜田門外の変	江户城樱田门外针对井伊直弼的政治暗杀事件（1860 年）

续表

中文	日文	注解
大政奉还	大政奉還	德川幕府第15代将军德川庆喜将政权还给天皇，标志江户时代的结束和明治时代的开始（1867年）
维新	維新	明治维新，指日本明治时代初期的日本所推行的一系列重大复兴举措
戊辰战争	戊辰戦争	大政奉还后新政府军与旧幕府军之间的内战（1868年—1869年）
日本书纪	日本書紀	日本留传至今最早的正史，原名《日本纪》，记载神代天皇至持统天皇时代的历史
续日本纪	続日本紀	日本平安时代编撰的官方史书，记载自文武天皇元年（697年）至桓武天皇延历十年（791年）之间的历史
拾芥抄	拾芥抄	记载日本南北朝时期历史的百科辞典类书籍
日本纪略	日本紀略	日本平安时代编撰的史书
弥生	弥生	日本古代的一个历史时期即弥生时代，公元前300年—公元250年
奈良年间	奈良朝	日本古代的一个历史时期，始于日本天皇迁都平城京（今奈良市），终于天皇迁都于平安京（今京都），上承飞鸟时代，下启平安时代（710年—794年）
镰仓时代	鎌倉時代	日本古代的一个历史时期，指以镰仓为全国政治中心的武家政权时代（1185年—1333年）
南北朝	南北朝	日本古代的一个历史时期，同时出现了南、北两个天皇，之前为镰仓时代，之后为室町时代（1336年—1392年）
室町时代	室町時代	日本古代的一个历史时期，指将幕府设在京都室町的武家政权时代，上承镰仓时代，下启安土桃山时代（1336年—1573年）
战国时代	戦国時代	日本古代的一个历史时期，一般指室町幕府后期到安土桃山时代的战乱历史（1467年—1600年或1615年）
德川时代	徳川時代	日本古代的一个历史时期，指将幕府设在江户的武家政权时代，统治者为德川氏（1603年—1868年）

续表

中文	日文	注解
江户时代	江戸時代	即德川时代
幕府时代	旧幕時代	日本明治维新之后指代德川（幕府）时代
田沼时代	田沼時代	指田沼意次掌握德川幕府实权的时期（1767 年—1786 年）
松方财政	松方财政	指日本明治中期松方正义推行的财政政策，为日本确立了金本位币制
石见银山	石見銀山	位于日本岛根县大田市，是日本战国时代后期、江户时代前期日本最大的银矿山，据推算其产量曾高达当时全球的 1/3 左右
平城	平城	即平城京，现今的奈良
平安京	平安京	京都的旧称
藤原京	藤原京	位于奈良县橿原市，被认为是日本首个正式都城
畿内	畿内	一般指王都及其周围地区
关原	関ヶ原	地名，被认为是日本关东关西的分界线，位于日本岐阜县
关东	関東	一般指日本东京（江户）及其周边区域，包括日本茨城县、枥木县、群马县、埼玉县、千叶县、东京都、神奈川县等
关八州	関八州	历史上日本关东的九个藩国：上野（上州）、下野（下州）、相模（相州）、伊豆（豆周）、武藏（武州）、常陆（常州）、上总、下总（总州）、安房（房州）
西国	西国	一般指以日本京都为中心的区域
陆奥	陸奥	日本古地名，现为福岛、宫城、岩手、青森、秋田等县
上方	上方	日本江户时代对京都、大阪地区的称呼
关白	関白	日本古代职官，相当于中国的丞相
大藏大臣	大蔵大臣	日本古代职官，主管财政
大御所	大御所	日本幕府将军退休后的称谓

续表

中文	日文	注解
御三家	御三家	日本江户时代除德川本家外，拥有征夷大将军继承权的尾张德川家、纪州德川家、水戸德川家三支分家
桐纹	桐紋	玄参科植物的花与叶进行图案化处理后而成的家纹的总称，现代日本政府所用的纹章
八棱镜	八稜鏡	镜缘为八瓣菱花形状的铜镜
日章	日章	太阳的图案，多为红色或金色
八咫乌	八咫烏	日本神话中登场的神鸟
金鸱	金鵄	《日本书纪》中指引日本建国的神鸟
唐草	唐草	蔓生的草，有茂盛、长久的吉祥寓意

图书在版编目(CIP)数据

日本货币史概说 / (日) 久光重平著 ; 孟郁聪译
. -- 北京 : 法律出版社, 2023
(外国货币史译丛)
ISBN 978-7-5197-7298-7

Ⅰ. ①日… Ⅱ. ①久… ②孟… Ⅲ. ①货币史-日本
Ⅳ. ①F823.13

中国版本图书馆 CIP 数据核字(2022)第 209874 号

日本货币史概说
RIBEN HUOBISHI GAISHUO

[日]久光重平 著
孟郁聪 译

责任编辑 似 玉 李 军
装帧设计 李 瞻

出版发行 法律出版社
编辑统筹 法律应用出版分社
责任校对 朱海波
责任印制 刘晓伟
经　　销 新华书店

开本 710 毫米×1000 毫米 1/16
印张 28 **字数** 380 千
版本 2023 年 8 月第 1 版
印次 2023 年 8 月第 1 次印刷
印刷 北京建宏印刷有限公司

地址:北京市丰台区莲花池西里 7 号(100073)
网址:www.lawpress.com.cn
投稿邮箱:info@lawpress.com.cn
举报盗版邮箱:jbwq@lawpress.com.cn
销售电话:010-83938349
客服电话:010-83938350
咨询电话:010-63939796

书号:ISBN 978-7-5197-7298-7
定价:128.00 元
凡购买本社图书,如有印装错误,我社负责退换。电话:010-83938349